**TERRITOIRES PARTAGÉS**

# L'ARCHIPEL MÉTROPOLITAIN

**PAVILLON DE L'ARSENAL**
Centre d'information, de documentation et d'exposition d'urbanisme
et d'architecture de la Ville de Paris

Jean-Pierre Caffet, Président, Adjoint au Maire de Paris, Chargé de
l'Urbanisme et de l'Architecture

Ouvrage et exposition créés par le Pavillon de l'Arsenal – octobre 2002

**Éditions du Pavillon de l'Arsenal**
Ann-José Arlot, Directrice de la publication
**Picard Éditeur**
Chantal Pasini-Picard, Présidente-Directrice Générale

**Commissariat général** : Pavillon de l'Arsenal
Ann-José Arlot, Architecte dplg, Directrice Générale
Marianne Carrega, Architecte desa, Adjointe au Directeur
Coordination et suivi de l'ouvrage : Martine Pitallier, Documentaliste,
Responsable du centre de documentation, Alexandra Plat, architecte
desa avec Alexandre Labasse, Architecte dplg, Paul Armand Grether
et Antonella Caselatto, Documentaliste
Coordination de l'exposition : Alexandre Labasse, Architecte dplg,
Responsable des expositions, et Gwenaëlle Rivière, Architecte dplg
Documentation : Martine Pitallier, Documentaliste

**Ouvrage**
Conception graphique : Augustin Gimel
Conception de la couverture : Alexandre Labasse et Augustin Gimel,
photomontage © Pavillon de l'Arsenal
Secrétariat de rédaction : Julie Houis

**Conception scientifique de l'ouvrage et de l'exposition**
Jean-Pierre Pranslas-Descours, Architecte dplg, Enseignant,
Commissaire scientifique invité, avec l'agence [siz '- ix] :
Etienne Régent et Emmanuelle Andréani, Architectes ensais
Michel Carmona, Géographe, Consultant avec Guy Chemla, Géographe

**Exposition**
Scénographie : Shigeru Ban, Architecte, Scénographe invité avec
Jean de Gastines, Architecte

Conception graphique : Fabien Hahusseau

**Reportages photographiques**
Jean-Marie Monthiers
François Fauconnet

Le Pavillon de l'Arsenal remercie la Direction du Patrimoine et de
l'Architecture de la Ville de Paris, Service Technique du Génie Civil
et des Aménagments Intérieurs pour sa participation à la réalisation
et au montage de l'exposition.

**REMERCIEMENTS**
Le Pavillon de l'Arsenal et le Commissaire scientifique invité
remercient les directions, institutions, organismes et sociétés ayant
contribué à la réalisation de l'exposition et du catalogue :
la Ville de Paris, Direction de la Décentralisation et des Relations avec
les Associations, les Territoires et les Citoyens, Sous Direction de la
Coopération Territoriale ; Direction du Logement et de l'Habitat ;
Direction des Parcs, Jardins et Espaces Verts ; Direction de la
Protection de l'Environnement ; Direction de l'Urbanisme, Mission
SRU/PLU ; Direction de la Vie Locale et Régionale ; Direction de la
Voirie et des Déplacements
et plus particulièrement Dominique Alba, Olivier Nicoulaud, Aurélien
Rousseau, Bernard Landau, Martine Liotard

ainsi que
l'Atelier Parisien d'Urbanisme,
la Société d'Économie Mixte d'Aménagement de Paris

le Pavillon de l'Arsenal remercie les municipalités d'Ile-de-France pour
leur aide précieuse et leur soutien
ainsi que les institutions qui ont apportées leur concours à la
réalisation de ce catalogue et de cette exposition
et plus particulièrement : l'Association des Collectivités Territoriales
de l'Est Parisien, la Direction Régionale de l'Équipement de l'Ile-de-
France, l'École d'architecture de la ville & des territoires à Marne-la
Vallée, l'Institut d'Aménagement et d'Urbanisme de la Région Ile-de-
France, l'Institut Géographique National, l'Institut National de la
Statistique et des Études Économiques Ile-de-France, la Régie
Autonome des Transports Parisiens, la Société Nationale des Chemins
de fer Français et les éditions Créaphis, les éditions de l'Epure

ainsi que
Stéphane Abin, M. Achille, Bernard Barre, S. Bazantay, Elodie
Beaugendre, Alain Bertrand, Jérôme Bertrand, Yannick Betrando,
Jean-Marc Bylinski, Pascale Blin, M. Bocquet, Florence Bonnaud,
M. Borrezee, Fleur Bouspcaud, Pierre Bousquet ,Boudou, Odile Bovar,
Alain Carbon, Nathalie Champion, Dominique Cocquet, Stéphanie
Cocquet, Thérèse Cornil, Joëlle Coste, Sylvie Deponte, Françoise et
Pierre Douzenel, Anca Duguet, Line Dru, Ruth Ferry, Anne Fourniau,
Jacqueline Fraysse, Patrick Galas, Christina Garcez, Pierre Gaudin,
Charlotte Girerd, Sandra Guillien, Michel Hénin, Mauricette Hercelin,
Jacques Jo Brac de la Perrière, Françoise Jolimet, Florence Kolher,
Marie-Léna Kourniati, Charlotte Kruk, Emmanuel de Lanversin, Corine
Martin, Daniel Menet, Lise Mesliand, Anne Molinier, Marie-Françoise
Monthiers, M. Nabeth, Bertrand Ousset, Jean Papoul, Michel Perrot,
Anne-Marie Pettré, Dominique Paultre, Jean-Luc Porcedo, Sophie
le Pourhiet, Didier Prince, Françoise Pujol, Martine Renan, Claire
Reverchon, Paul Rouet, Patrice Rouxel, Sophie Schmitt, Olivier Sinet,
Jean Taricat, François Tirot,Tipa, Jean Tricoire, Jean-Louis Subileau,
Caroline Valode, Fabienne Venet, Pierre Viallefont, Annie Viguier,
M. Villagrassa

Le Pavillon de l'Arsenal et le Commissaire scientifique invité
remercient plus particulièrement les architectes, géographes,
ingénieurs, paysagistes et urbanistes qui ont participé à cet ouvrage
et à cette exposition.

Éditions du Pavillon de l'Arsenal
21, boulevard Morland, 75004 Paris
ISBN 2-907513-78-8

Picard Éditeur
82, rue Bonaparte, 75006 Paris
ISBN 2-7084-0684-1

**TERRITOIRES PARTAGÉS**

# L'ARCHIPEL MÉTROPOLITAIN

sous la direction de Jean-Pierre Pranlas-Descours

Cet ouvrage est publié à l'occasion de l'exposition
créée par le Pavillon de l'Arsenal
Territoires partagés, l'archipel métropolitain
Octobre 2002

Éditions du Pavillon de l'Arsenal / Picard Éditeur

**1.** Ivry-sur-Seine, Val-de-Marne, 2002, © Gabriele Basilico.

# PRÉFACE

**Bertrand Delanoë**
Maire de Paris

Des générations d'hommes et de femmes ont fait l'histoire de la métropole parisienne. Paris et les communes de l'agglomération ont ainsi destin lié, ne serait-ce que parce que les transports, l'habitat, les lieux de travail, de culture et de loisirs ont façonné et façonnent encore une identité propre à ce vaste territoire urbain.
Il nous revient aujourd'hui de poursuivre et surtout de maîtriser ce mouvement.

Le 5 décembre 2001, lors des premières rencontres « Paris et les collectivités du cœur de l'Ile-de-France », organisées conjointement par la Région Ile-de-France et la Mairie de Paris, il est clairement apparu à tous les participants que des partenariats ciblés entre les collectivités de la métropole, portant sur des projets concrets, permettront d'améliorer la qualité de vie des habitants des communes concernées.

Néanmoins, pour bien travailler ensemble, dans le respect de l'indépendance et de l'identité de chacun, il faut se comprendre, et pour se comprendre, il faut se connaître.

Cet ouvrage et l'exposition « Territoires partagés, l'archipel métropolitain » ont été imaginés pour accompagner cette démarche. Vous y découvrirez les différents processus de formation de la métropole parisienne et ses réalités actuelles, tant physiques que sociologiques. Y ont été ajoutées plusieurs réflexions prospectives sur le devenir de ces territoires, illustrées par des textes de spécialistes et par des projets d'actualité.

Ce parcours à travers l'histoire, la géographie, l'urbanisme, l'architecture, la sociologie, scandé par de très belles photographies, est d'une remarquable richesse. Il met en lumière les cohérences et les discordances, les réalités et les projets, croise les regards et les approches. Bref, il donne à voir, à penser, à rêver aussi.
Il est le témoignage de la vitalité de notre métropole et sans doute aussi la promesse d'un avenir à dessiner ensemble.
Je remercie celles et ceux qui ont contribué à ce très beau travail et vous souhaite une bonne lecture.

**Shigeru Ban**
Architecte
scénographe de
l'exposition *Territoires partagés, l'archipel métropolitain* au Pavillon de l'Arsenal
Tokyo, octobre 2002

À partir des éléments de programme établis pour l'exposition « Territoires partagés, l'archipel métropolitain », j'ai imaginé un parcours structuré autour de trois atmosphères distinctes, chacune en relation avec un thème à traiter :
– des paravents en tubes de carton carrés ou ronds comme supports des illustrations et des textes expliquant la formation du territoire et ses perspectives de transformation ;
– des structures en tubes d'aluminium tressés, enveloppées d'un film translucide, pour délimiter les espaces présentant des parcours métropolitains ;
– des gaines de tissu feutré de 10 mètres de haut, suspendues à la verrière, pour abriter le travail de trois photographes sur ces nouveaux territoires.

Les murs périphériques ne sont pas utilisés comme support de présentation, ce qui repousse latéralement les limites de l'espace scénographique, à l'image du volume sous verrière qui soudain participe à cet espace grâce à la forte présence des trois gaines de tissu.

Le visiteur circule dans un territoire où sont disposés des éléments de formes, de dimensions et d'aspects variés. Tantôt un tunnel, une spirale ou une coquille, tantôt un éclairage zénithal ou diffus, tantôt une matière chaude ou froide. Les sources de lumière naturelle sont volontairement occultées afin de donner plus de densité à l'ensemble.

Le choix des matériaux et leur mise en œuvre découlent à la fois de mon souci de recherche de solutions simples et économiques, et du souhait du Pavillon de l'Arsenal de concevoir une exposition itinérante. Les 650 tubes en carton circulaires – pareils à ceux que l'on trouve dans le commerce – sont assemblés par des câbles et lestés avec du sable. Une fois démontés, ils sont facilement transportables. Les 800 tubes en aluminium sont « manchonnés » entre eux à l'aide de simples tuyaux en caoutchouc et solidarisés par des colliers de serrage choisis dans un catalogue de matériel électrique. Ces structures en aluminium tressées résultent d'un réemploi des tubes de l'exposition précédente pour donner naissance à de nouvelles formes.

Cette démarche est similaire à celle que j'avais adoptée en 1983 lorsque j'ai conçu l'aménagement de l'exposition de Alvar Aalto. J'avais remarqué, lors du démontage de l'exposition qui précédait, les nombreux tubes de carton stockés dans un coin de la galerie et destinés à être jetés. Je décidai alors, pour la première fois de ma carrière, de les récupérer comme support scénographique.

Une fois encore, mon avarice se révèle au grand jour.

坂　茂

# CINQ QUESTIONS À PROPOS DU TERRITOIRE MÉTROPOLITAIN

*Entretien avec Jean-Pierre Caffet, Adjoint au Maire de Paris, chargé de l'Urbanisme et de l'Architecture, Président du Pavillon de l'Arsenal, et Pierre Mansat, Adjoint au Maire de Paris, chargé des Relations avec les Collectivités Territoriales d'Île-de-France.*
*Propos recueillis par Jean-Pierre Pranlas-Descours.*

**Aujourd'hui, dans le territoire métropolitain, on observe un profond décalage entre les pratiques urbaines liées à la mobilité et l'organisation administrative et politique qui régit la vie des habitants. N'y a-t-il pas ici la nécessité d'entamer un vrai bouleversement institutionnel pour combler ce décalage, et selon quelles procédures ?**

**Pierre Mansat**
Je suis d'accord avec la première partie de votre question mais je ne crois pas qu'elle induise pour autant la nécessité d'un bouleversement institutionnel. Certes, la vie des citoyens est marquée par une très grande mobilité qui a peu à faire des barrières administratives. La jeunesse, en particulier, en utilisant très largement les transports en commun, pour la détente, les loisirs ou les études, vit la ville à l'échelle de l'agglomération, et les territoires sont très complexes et imbriqués, interdépendants. Cependant, les identités et les légitimités des collectivités – communes ou départements – sont très fortes. Depuis des décennies, elles ont construit des politiques publiques territorialisées qui sont reconnues par les citoyens.

Affirmer cela n'empêche pas, cependant, de constater et de déplorer qu'il n'existe pas de lieu d'échange démocratique politique et citoyen à l'échelle de la métropole, plus particulièrement dans sa zone centrale hyperdense, pour y aborder en commun des sujets qui nous concernent tous ensemble : logement et habitat, déplacement, développement durable, etc. J'avance l'hypothèse que les territoires de la décision et de la démocratie ne coïncident pas.

**Jean-Pierre Caffet**
Je partage le point de vue de Pierre Mansat. Les questions de mobilité et d'organisation institutionnelle ne se recouvrent pas. L'élargissement de la mobilité est un fait qui tient à l'évolution progressive des modes de vie et des techniques. À bien des égards, d'ailleurs, la question ne se pose plus dans ce domaine à l'échelle de l'agglomération, mais à une échelle bien plus large encore.

L'organisation institutionnelle renvoie à des préoccupations d'une autre nature, beaucoup plus complexes. Les motifs qui ont conduit aux lois récentes sur l'intercommunalité, mais aussi sur la démocratie de proximité, le montrent bien. Ce qui est demandé, ce n'est pas une structure unique, une sorte de « Grand Paris » qui ferait bondir nos voisins à juste titre, c'est au contraire la mise en place de structures plus souples et plus partenariales, aux différentes échelles où se posent les problèmes de gestion des villes : les quartiers, la ville, l'agglomération.

**Quels sont, dans le cadre des nouveaux rapports entre l'administration parisienne et les communes limitrophes, les axes de recherche et de discussion qui peuvent fonder une nouvelle visibilité du territoire ?**

# INTERFACE PARIS-PREMIÈRE COURONNE

*8*

ST. OUEN
CLICHY
LEVALLOIS-PERRET
NEUILLY-SUR-SEINE
17
9
8
2
1
16
7
6
15
BOULOGNE BILLANCOURT
ISSY-LES-MOULINEAUX
VANVES
MALAKOFF
MONTROUGE
14

**Étude**
- Secteur d'étude ou de réflexion
- Mise en valeur du site de la Seine et des canaux
- Aménagement réversible des emprises non utilisées de la Petite Ceinture
- Redécouverte de la Bièvre

**Aménagement**
Zone d'Aménagement concertée
- Périmètre
- travaux achevés
- travaux en cours ou programmés
- travaux à l'étude

Opération de réhabilitation ou de construction
- en cours
- à l'étude

**Renouvellement urbain**
- GPV, ORU, GPRU (à Paris)
- Périmètre de ZUS hors Paris ou de la Politique de la Ville à Paris

**Réhabilitation**
Requalification de logements sociaux
- en cours
- à l'étude

Opération Programmée d'Amélioration de l'Habitat (OPAH)
- en cours ou programmée

# État des projets au 1er semestre 2002

## Déplacements
- ○ Projet de station de métro ou de RER
- ⋯ Projet de transport en commun en site propre

## Espace public
- □ Projet de couverture d'infrastructure

Création d'espace public
- ⋯ en cours
- ⋯ à l'étude

Requalification d'espace public
- — en cours
- — à l'étude

## Jardin public – sport
Création de jardin public ou de terrain de sport
- ● en cours
- ● à l'étude

Requalification de jardin public ou de terrain de sport
- ▬ en cours
- ▬ à l'étude

Sources : communes limitrophes, Plaine-Commune.
Pour Paris : APUR, Direction de la Jeunesse et des Sports, Direction du Logement et de l'Habitat, Direction de l'Urbanisme.

apur
ATELIER PARISIEN D'URBANISME

**Pierre Mansat**
Tout d'abord, c'est un fait très positif, le dialogue – que le Maire de Paris, Bertrand Delanoë, a voulu en décidant la délégation qu'est la mienne – se développe.

Ensuite, une innovation : nous avons mis en place au sein de l'administration parisienne une sous-direction de la Coopération territoriale. Concrètement, sur quels sujets cette coopération s'engage-t-elle ?

Nous avons commencé par ce qui était urgent, ce que j'appellerai la « régulation transfrontalière ». Il y a beaucoup à faire, en effet, pour gérer mieux les espaces ou les équipements qui marquent les limites entre Paris et ses voisins. C'est une exigence quotidienne que d'améliorer les relations entre services et entre élus sur les questions de propreté, de stationnement, entre autres. Mais la sécurité des transports collectifs, le développement des modes de transports alternatifs à l'automobile sont autant de sujets d'intérêt commun avec nos voisins.

Avec certaines villes, nous passons des chartes de partenariat pour formaliser nos engagements réciproques. Cela a été le cas avec Montreuil. Cela va l'être dans quelques semaines ou quelques mois avec Saint-Ouen, Clichy, Vanves, Issy-les-Moulineaux, Saint-Mandé, Nogent-sur-Marne... Mais nous souhaitons également enclencher des coopérations dans des territoires plus complexes, plus contradictoires. Cela nous amène à un travail avec les départements voisins, la Seine-Saint-Denis, le Val-de-Marne, ou avec des communautés d'agglomérations comme Plaine Commune.

**Jean-Pierre Caffet**
Nous souhaitons effectivement développer notre action dans plusieurs directions. Gérer la zone de contact entre territoires riverains, c'est l'un des objectifs, notamment, du grand projet de renouvellement urbain de la couronne, que nous avons lancé à la fin 2001. Il concerne plusieurs quartiers de la périphérie de Paris : Porte Pouchet, Porte de Clignancourt, Porte des Lilas, Porte de Vanves, par exemple, avec dans certains cas des projets de couverture du périphérique. On peut y ajouter le secteur Masséna de Paris-Rive-Gauche. Nous évoquons ces projets avec les villes voisines pour en améliorer la conception.

Mais nous souhaitons également développer nos échanges à une échelle plus vaste, comme le disait Pierre Mansat. C'est d'abord la question des transports avec plusieurs projets de tramway, comme celui des Maréchaux mais aussi le prolongement du T2, pour lequel les contacts ont été approfondis avec Issy-les-Moulineaux. C'est aussi la question du logement et de certains grands équipements. C'est enfin celle de l'aménagement en profondeur des principaux territoires de projets de l'agglomération, dont les limites recouvrent en réalité plusieurs communes. Le secteur le plus significatif à cet égard est, vous le savez, celui du nord-est de Paris, sur lequel la Ville vient d'engager les réflexions, et de la Plaine Saint-Denis.

**La mobilité est au cœur de la vie métropolitaine. En limitant les possibilités de circulation et d'accessibilité à la ville-centre, n'y a-t-il pas ici un danger de renforcer une forme de ségrégation ? N'y a-t-il pas le besoin d'entamer une profonde modification de l'organisation des transports à l'échelle métropolitaine ?**

**Jean-Pierre Caffet**
Je voudrais revenir sur votre première affirmation. La mobilité n'est pas seule au cœur de la vie métropolitaine. La mobilité est l'expression de l'ouverture au monde. Et cette ouverture n'est pas toujours vécue sans appréhension. De sorte que le

souci de proximité, la capacité d'être en mesure de gérer les problèmes qui les concernent directement, en est le pendant indispensable pour un nombre croissant d'habitants. On ne peut évoquer l'un sans tenir compte de l'autre, parler de l'agglomération sans parler des quartiers.

Pour répondre à votre question, il ne s'agit pas de limiter l'accès à la ville-centre, mais de faire en sorte qu'il s'effectue de manière privilégiée par des moyens de transport garantissant une qualité de vie satisfaisante. Vous savez, cette question se pose à toutes les agglomérations et la réponse ne varie guère : il faut maîtriser l'usage de l'automobile. Cette priorité aux transports en commun ne me paraît d'ailleurs pas de nature à accroître la ségrégation, puisqu'elle facilite les déplacements des personnes à revenus modestes.

Quant à la réforme des transports, c'est, je crois, une question ancienne très difficile à résoudre. Beaucoup pensent d'ailleurs que ce n'est pas tant la question des transports en eux-mêmes qui est en jeu, que la bonne adéquation entre politique d'urbanisme et politique des transports. Réduire la pollution suppose de favoriser les transports en commun, ce qui ne peut se faire qu'avec une densité minimale d'occupation du sol. Ce type de question est d'ailleurs ressorti de nos travaux préparatoires sur le PLU. La densité, dans des proportions convenables, peut être un atout pour la qualité de l'environnement.

**Pierre Mansat**
La densité évidemment, la mixité des fonctions également. Jean-Pierre Caffet le sait mieux que moi, mais un des points forts des opérations d'aménagement que nous lançons ou réorientons consiste à essayer de garantir la mixité des fonctions urbaines : logements, activités, espaces de détente, équipements publics. En cela, nos objectifs rejoignent très largement ceux qui sont poursuivis par nos voisins, comme par exemple sur la Plaine Saint-Denis.

**Si l'on replace la question du travail comme élément majeur de l'organisation urbaine, on est amené à s'interroger sur les systèmes de production qui ont toujours procédé par substitution (moins d'industrie, plus de tertiaire, moins de services publics, plus de high-tech), réduisant les formes de mixité de la ville et de son territoire. Ce phénomène a eu pour conséquence d'amplifier la distinction entre Paris et son territoire métropolitain.**
**Comment est-il possible de réorienter ce mouvement qui tend à muséifier la ville-centre ?**

**Jean-Pierre Caffet**
Il y a trois questions différentes dans vos propos. Le travail, en premier lieu, reste un élément majeur de l'organisation urbaine, mais vous savez bien qu'il perd de son poids dans les pratiques sociales qui émergent dans l'agglomération parisienne, comme d'ailleurs dans les plus grandes métropoles. Prenez l'exemple des transports, la distinction classique entre heures de pointe et heures creuses a beaucoup vieilli et les motifs de déplacement se sont considérablement diversifiés. Cette évolution des modes de vie, les nouvelles manières de gérer son temps jouent beaucoup sur l'organisation de la ville et poussent à l'innovation, au changement, notamment sur le plan de l'activité. Paris demeure à cet égard extraordinairement divers. L'importance du tertiaire ne doit pas cacher toutes les activités qui sont liées au tourisme, à la tradition, comme la bijouterie, l'habillement, la haute couture, mais aussi à la recherche et la haute technologie, et bien entendu tous les services à la population.

Il est vrai que le renouvellement urbain devient parfois plus difficile à Paris, en raison des sensibilités qui s'expriment vis-à-vis du patrimoine. Il faut en tenir compte. Mais si l'on veut que Paris reste une ville accueillante et active, il faut qu'elle puisse évoluer. C'est donc un double mouvement qui s'exprime, dont il faut trouver le point d'équilibre. Nous ferons des propositions dans ce sens dans le nouveau plan local d'urbanisme.

Je ne partage donc pas votre analyse sur la distinction qui s'affirmerait de ce point de vue entre Paris et son territoire métropolitain. Je suis même convaincu que les différences se réduisent et que toutes les communes de l'agglomération sont concernées par ces tendances antagonistes, même si c'est à des degrés divers. La préservation du patrimoine, comme l'évolution des métiers et la création de nouveaux pôles d'attraction, de nouvelles « centralités », comme disent les urbanistes, est une réalité qui concerne l'ensemble de l'agglomération.

**Pierre Mansat**
Je crois, comme Jean-Pierre Caffet, qu'il faut arrêter de présenter tout le modèle de développement de l'agglomération sous la forme centre/périphérie. Les dossiers quotidiens auxquels nous sommes confrontés démentent cette présentation. Les 18e ou 19e arrondissements ressemblent plus à Saint-Denis ou Aubervilliers qu'au 16e. D'autre part, toute notre action – et le PLU comme le PADD s'en feront l'écho – consiste à permettre aux familles de revenir vivre à Paris ; l'effort de construction de logements que nous avons entrepris est très important. De même, sous l'impulsion de Christian Sautter, le développement économique est devenu un axe central de la politique municipale, c'est-à-dire un projet urbain fondé sur l'analyse de l'émergence et de la complémentarité des centralités et sur une vraie solidarité.

**Un nouveau paysage urbain se constitue depuis quelques années autour du périphérique, venant des communes limitrophes. La constructibilité s'y développe de manière massive par un front de tertiaire, fermant un ensemble de perspectives sur le paysage de la ville et bouleversant ce rapport issu de l'histoire.**
**N'y a-t-il pas là la nécessité et l'urgence de porter un projet commun, lié à une idée de refonte du paysage, pour organiser ce qui apparaît aujourd'hui comme un vaste mouvement spéculatif de valorisation des terrains limitrophes ? À l'opposé d'une approche fragmentaire, le boulevard périphérique, infrastructure majeure du lien au territoire, ne devrait-il pas être repensé comme une grande unité de paysage fédératrice ?**

**Pierre Mansat**
Certes, vous avez raison. Il ne faut cependant pas méconnaître le poids symbolique que représente le périphérique, construit sur la « zone ». Le renversement des mentalités autour d'un tel équipement est dur à mettre en œuvre. Par ailleurs, un bon nombre des vingt-neuf communes limitrophes de Paris connaît des difficultés sociales et urbaines. Elles ne peuvent négliger la manne financière que représente la « constructibilité », comme vous dites, des terrains proches du périphérique.

Il n'en reste pas moins qu'il serait absurde de reconstruire une barrière d'immeubles de verre fumé au moment même où l'on couvre par endroits le périphérique. Mais là aussi les mentalités changent. Tout d'abord nous sommes engagés dans des concertations très intéressantes avec les communes qui bordent les secteurs de couverture du périphérique. Nous souhaitons concevoir en commun avec elles les équipements qui seront mis sur les couvertures. Par ailleurs, certaines collectivités font l'effort de modifier quelques-uns de leurs projets pour marquer leur lien avec

Paris. C'est le cas, par exemple, de Gentilly qui, pour un des immeubles « phares » de sa ZAC d'entrée de ville, a fait appel à Henri Gaudin qui avait construit le stade Charléty de l'autre coté du périphérique.

**Jean-Pierre Caffet**
Oui, la question posée est importante. Si l'on observe l'évolution de la limite de Paris, on voit qu'elle a toujours été pensée en terme transversal, comme une ceinture : les fortifications, les HBM et les espaces sportifs, puis le boulevard périphérique. Dans ce contexte, cela ne me choque pas que des constructions adaptées à cet environnement viennent longer le boulevard périphérique. Cela laisse espérer que ce boulevard joue enfin son rôle urbain. Et on ne peut pas regretter le paysage dégradé et délaissé des anciennes limites.

Cela dit, il ne faut effectivement plus penser cet espace uniquement par bandes homogènes successives et occulter ce qui est aujourd'hui notre souci premier : comment utiliser le territoire de la couronne pour mieux s'ouvrir aux communes et aux territoires qui nous entourent ? N'est-il pas préférable par exemple d'avoir, ici, un grand espace public qui fasse le lien entre Paris et la commune voisine en profitant d'une couverture du périphérique, là, de traiter cette liaison par un « plein », c'est-à-dire un aménagement plus construit qui permettrait de rétablir une continuité urbaine et commerciale, et, ailleurs encore, de protéger les quartiers riverains par des immeubles le long du périphérique lorsqu'aucune couverture ou aucun franchissement n'apparaît possible ?

Créer cette unité fédératrice que vous évoquez passe donc par un travail diversifié et prospectif, associant actions paysagères et projets urbains, mais aussi une réflexion sur l'architecture et sur la lumière, sans oublier naturellement la question des nuisances.

# 1. TERRITOIRES PARTAGÉS

Préface
Bertrand Delanoë
Maire de Paris

7 Cinq questions à propos du territoire métropolitain
Entretien avec Jean-Pierre Caffet, Adjoint au Maire de Paris chargé de l'Urbanisme et de l'Architecture, Président du Pavillon de l'Arsenal, et Pierre Mansat, Adjoint au Maire de Paris chargé des Relations avec les Collectivités Territoriales d'Ile-de-France.

17 Territoires partagés, regards croisés
Jean-Pierre Pranlas-Descours

20 Territoires partagés mode d'emploi
Michel Carmona

29 REGARD · Oltre il confine, (Par delà la limite)
Gabriele Basilico

39 L'Archipel instable
Jean-Pierre Pranlas-Descours

50 À propos
Jean-Pierre Pranlas-Descours

## GÉOGRAPHIE, HISTOIRE ET RÉSEAUX

52 Géographie et formation du territoire
Michel Carmona

58 Les structures du paysage classique dans l'espace métropolitain
Georges Farhat

68 Des réseaux municipaux aux flux métropolitains, évolution
Jean-Marc Offner

73 REGARD · Transit
Jean-Christophe Ballot

## AMÉNAGER LE TERRITOIRE

84 La mobilité comme nouvelle condition urbaine
Serge Wachter

92 Métamorphose de la ville, politiques de transport
Jean-Michel Paumier

101 Les lotissements pavillonnaires de l'entre-deux-guerres, du scandale au modèle
Annie Fourcaut

110 Régénérer la banlieue parisienne, les premiers grands ensembles
Annie Fourcaut

118 Le devenir de la banlieue ouvrière, identités et représentations
Marie-Hélène Bacqué et Sylvie Fol

126 L'habitat et le peuplement dans Paris et sa banlieue : changements et permanences
Jean-Pierre Lévy

134 Les pôles universitaires dans la métropole : du plan université 2000 au schéma U3M
Pierre Bernard

142 La dynamique des grands équipements commerciaux dans l'agglomération centrale parisienne
Guy Chemla

150 Les densités dans l'agglomération parisienne : évolution et impacts des politiques publiques
Vincent Fouchier

163 REGARD · Paysages périphériques
Emmanuel Pinard

## PAYSAGES ÉMERGENTS

174 Seuils et limites de Paris
Jean-Michel Milliex

186 La tour Eiffel, le Stade de France et les Franciliens
Bernard Landau

194 Fêtes, loisirs et politique. La construction d'un espace public
Danielle Tartakowsky

200 Intercommunalités franciliennes, territoires émergents
Martine Liotard

206 La Bièvre : projet d'un paysage partagé
Anne Pétillot et Daniela Pennini

212 Dix-sept communes, deux départements : l'ACTEP
Patrice Berthé

# 2. L'ARCHIPEL MÉTROPOLITAIN

220 À propos
Jean-Pierre Pranlas-Descours

## DE L'HABITAT

222 PARCOURS - *Transfert radial : découverte d'un rivage intérieur*
L'Atelier Wunderschön Peplum

226 ESSAI - *Habiter l'interstice*
Edith Girard

232 ESSAI - *Comment éviter de passer de la barre à l'îlot ou les logiques interprétatives contre la résidentialisation*
Nicolas Michelin

238 APPLICATIONS
**Seine-Saint-Denis** Plaine Commune, habitat expérimental contemporain, Pascal Chombart de Lawe **Aubervilliers** Studio BNR **Saint-Denis** Emmanuelle Marin-Trottin et David Trottin (Périphériques) **Villetaneuse** Marjoliin et Pierre Boudry

## NOUVELLES CENTRALITÉS

246 ESSAI - *De l'information mutuelle de la petite et de la grande échelle : les micro-centralités*
Djamel Klouche

252 ESSAI - *La métropole universitaire*
Catherine Chauffray

256 ESSAI - *Le vide est une vertu*
Jean Nouvel

260 ESSAI - *Commerce et marchandage*
François Leclercq

264 ESSAI - *(Ban)lieux de plaisirs*
Marc Mimram

268 ESSAI - *Organiser le territoire diffus*
Ariella Masboungi

272 APPLICATIONS
**75012** Bercy villlage Denis Valode et Jean Pistre **Carré Sénart** François Tirot / centre commercial, Jean-Paul Viguier **Chilly-Mazarin** Eva Samuel et Patrick Sourd **La Courneuve** Cité des 4000, Paul Chemetov et Borja Huidobro / logements, Catherine Furet **Montreuil** Siza à Montreuil, Christina Garcez / de la ville... Alvaro Siza / projet urbain, Alvaro Siza, Laurent et Emmanuelle Beaudouin / étude paysage, Michel Corajoud / schéma d'infrastructure Christian Devillers / logements, Studio BNR et Frédéric Bonnet **Plaine Saint–Denis** Hippodamos **Nanterre** Seine Arche : la mise en tension du local et du métropolitain, Michel Calen / de Nanterre à Nanterre, Marcel Roncayolo / consultation urbaine : Bruno Fortier et David Mangin, Treuttel-Garcias-Treuttel, Christian Devillers **Boulogne-Billancourt** Christian Devillers / Patrick Chavannes, Jacques Ferrier et Thierry Lavernes / François Grether, Michel Desvigne / Fondation Pinault, Tadao Ando **Pantin** site des Grands Moulins, Robert Reichen et Philippe Robert / Canal de l'Ourcq Isabelle Schmitt / Centre National de la danse, Antoinette Robain et Claire Guieysse **Bagnolet** Jean et Aline Harari **Orly** Jean et Maria Deroche / logements, Emmanuelle Colboc / « cour du silence », Laurent Salomon / Parc des Saules, Le Bureau des Paysages **75013 Paris Rive Gauche** Nouveau pôle universitaire, Pascale Joffroy / École d'architecture du Val de Seine, Frédéric Borel / Université Denis Diderot Paris VII, Philippe Chaix et Jean-Paul Morel / Labfac / Laurent Pierre et François Chochon / Rudy Ricciotti **Nanterre** université Nanterre Paris X, Christian Devillers, Bénédicte d'Albas et Laurence Schlumberger-Guedj **Villetaneuse** université Villetaneuse Paris XIII, Christian Devillers **Orsay** université Orsay Paris XI / Florence Lipsky et Pascal Rollet, Onne Paysage

## DE LA MOBILITÉ

318 PARCOURS - *(Boues) de pistes. Trois parcours depuis le terminus*
Le Mouvement des Chemineurs

322 ESSAI - *Un projet opérationnel, la nationale 7 entre Paris et Orly*
Yves Lion

326 ESSAI - *Penser les transports pour une ville accessible*
Edith Heurgon

330 ESSAI - *Une stratégie pour les transports*
entretien avec Jean-Marie Duthilleul, propos recueillis par François Lamarre

332 APPLICATIONS
**Seine-Saint-Denis** Penser les transports, Patrick Maugirard **Tramway T1** Prolongement de Bobigny à Noisy-le-Sec, RATP, Paul Chemetov et Borja Huidobro **Tramway T2** Prolongement du T2 d'Issy-Val de Seine à la porte de Versailles, RATP, Gautrams et de la Défense à Pont de Bezons **Trans-Val-de-Marne** Prolongement du marché de Rungis à la Croix-de Berny, RATP, SETEC, Bernard Reichen et Philippe Robert **Météor** Charte architecturale et stylistique, Bernard Kohn / station Saint-Lazare, RATP, Arte Charpentier **Créteil** Carrefour Pompadour, Master AMUR, École nationale des ponts et chaussées **Tangentielle Nord** de Sartrouville à Noisy-le-Sec, lecture d'un territoire, Master AMUR, École nationale des ponts et chaussées **Éole** Gares RER E, Magenta et Haussmann-Saint-Lazare, Agence des gares, DOIF (SNCF) **Massy Palaiseau** Pôles d'échange et développement urbain, Agence des Gares (SNCF), AREP **75010** Espace transilien de la gare du Nord, Agence des Gares (SNCF)

## PAYSAGES

352 PARCOURS - *Le voyage immobile*
Eric Lapierre, Jacques Lucan, Emmanuel Pinard, séminaire Eavt 2002

356 ESSAI - *Nature intermédiaire, paysages ferroviaires*
Michel Desvigne

360 ESSAI - *Paysages artificiels, le bonheur est dans les prés*
Etienne Régent

363 Paysages, l'archipel au quotidien
Jean-Pierre Pranlas-Descours

366 APPLICATIONS
**Port de Gennevilliers** Odile Decq et Benoît Cornette / Arboretum, Anne-Sylvie Bruel et Christope Delmar / Aménagement d'un ancien bâtiment des douanes en pépinière d'entreprises, Patrice Dekonink et Emmanuel Kuhn / Entrepôt, Manuelle Gautrand / Immeuble de bureaux, Dietmar Feichtinger / Entrepôts C40 et C41, Jean-Marc Ibos et Myrtho Vitart / Reconversion d'un bâtiment en hôtel d'activités, Claire Petetin et Philippe Grégoire **Saint-Denis** Couverture de l'autoroute A1 : les jardins Wilson, Michel Corajoud **Plaine Saint-Denis** Aménagement des berges du canal Saint-Denis, Catherine Mosbach et David Besson-Girard **Port d'Ivry-sur-Seine** Aménagement de la zone de loisirs, Jean-Jacques Treuttel, Jean-Claude Garcias et Jérôme Treuttel **Colombes** Aménagement de l'aire de jeux sud du parc Pierre Lagravère, Anne-Sylvie Bruel et Christophe Delmar **Nanterre** Parc du Chemin-de-l'Ile, Acanthe / Paul Chemetov et Borja Huidobro **Ivry-sur-Seine** Parc des Cormailles, Agence TER **Marne-la-Vallée** secteur IV Val d'Europe

**1.** *Paysage industriel en bord de Seine, Nanterre, 1958,*
© Willy Ronis, agence Rapho.

# TERRITOIRES PARTAGÉS, REGARDS CROISÉS

**Jean-Pierre Pranlas-Descours**
Architecte, commissaire scientifique invité

Dans le livre consacré à son père Pierre Auguste Renoir, Jean Renoir évoquait son enfance sur la butte Montmartre, et rappelait ainsi ce rapport de liens et d'« affection » qui existe entre une ville et son paysage : « Notre maison, la dernière du long rectangle, bénéficiait dans le grenier d'une fenêtre donnant vers l'ouest. Par cette fenêtre on voyait le mont Valérien et les collines de Meudon, celles d'Argenteuil et de Saint-Cloud, et la plaine de Genevilliers. Par les fenêtres du nord on voyait la plaine Saint-Denis et le bois de Montmorency. Par temps clair on distinguait la basilique Saint-Denis. On était vraiment dans le ciel. [...] Il y avait aussi un pré avec des vaches. »[1]

Aujourd'hui, la périphérie à laquelle se réfère toute réflexion sur la ville et ses mutations, est un territoire qui s'est progressivement affirmé au cours du XX$^e$ siècle dans les mentalités, se substituant aux identités urbaines classiques.

Aujourd'hui, nous pouvons penser ne plus habiter véritablement dans telle ou telle ville (même si l'identification du nom de la ville permet de se référer à une situation locale), mais dans des territoires-régions, des aires urbanisées, des étendues d'occupation continue et discontinue recomposées selon des scénarios multiples.

La banlieue parisienne en est un archétype. Territoire le plus dense d'Europe en termes d'occupation au sol et d'activités, la banlieue est un phénomène récemment identifié dans l'histoire de l'urbanisation de la ville-centre, mais plus ancienne dans les modèles de transformations qu'elle véhicule, tel celui de la constitution de ses faubourgs.

Si l'on peine à cerner son identité, si aucune figure traditionnelle ne permet d'en lire la cohérence et l'unité, si la perception de ses échelles semble résister aux logiques qui ont constitué la *forma urbis* des villes européennes, peut-être faut-il reconnaître alors une forme d'identité propre à ce territoire.

Une telle reconnaissance peut s'initier par une série de regards croisés comme un premier jalon d'une réflexion sur son évolution. Ces regards n'ont pas pour ambition de fonder une nouvelle théorie sur la ville émergente, diffuse, fractale ou autre ; ils sont la simple observation de phénomènes dont nous n'aurions pas l'innocence de croire qu'ils sont si spontanés et si incontrôlables que cela, mais plutôt des phénomènes issus de processus de pensées, d'imbrications d'organisations sociales et de transgressions qui font l'originalité de ces territoires.

Loin de nous également, à travers cette exposition et dans cet ouvrage, l'idée de porter un regard esthétisant sur les phénomènes métropolitains qui traduisent avant tout les liens entre des hommes qui habitent et vivent, à un certain moment, des fragments du paysage urbain.

Si l'on peut penser aujourd'hui que la ville n'est pas une architecture globale (bien qu'elle demeure une question architecturale), le territoire métropolitain, lieu de la discontinuité, ne peut se réduire à l'esthétique d'une urbanité

---

1. Jean Renoir, *Pierre-Auguste Renoir, mon père*, Gallimard, 1999.

déconstruite ; de même l'idée d'un « *land art* banlieusard » n'est pas recevable dans une telle perspective.

Le territoire de la banlieue parisienne, dont nous voulons cerner certaines réalités, doit se lire dans toute l'épaisseur de sa constitution afin de véritablement saisir le processus d'évolution qui a amené à des situations si complexes et parfois conflictuelles.

Il est sans doute nécessaire de comprendre avant tout pourquoi certaines situations urbaines, comme les cités des années soixante qui portaient les valeurs et les espoirs d'une époque, sont arrivées à de tels états de dégradation. Elles n'en ont peut-être pas pour autant perdu les qualités fondamentales qui les ont constituées, méritant en cela une approche plus contemporaine sur ce qui fondait leur pertinence.

La périphérie parisienne possède un des plus importants réseaux de déplacements des villes occidentales. La polycentralité s'y est développée massivement comme une pratique commune à l'ensemble des habitants.

De nouveaux espaces sont apparus dans ce territoire, qui posent de nombreuses questions quant aux catégories traditionnelles de l'espace public : ces lieux délaissés liés aux infrastructures, parkings, gares, friches industrielles, etc., ouvrent un champ immense de déshérence et de distances lacunaires dans le paysage.

Regarder de tels lieux aujourd'hui comme un ensemble de situations portant de véritables énergies de renouvellement de la ville est également un objectif de cette exposition. Sans volonté exhaustive, mais plutôt par exemplarité, sont ici révélées l'essence et la nature de ces nouvelles situations urbaines.

Que les lieux fragmentaires du territoire s'expriment en projets ou en simples états de fait, peu importe. Ce que voudraient souligner cette exposition et l'ouvrage qui l'accompagne est l'extrême fragilité de ces lieux et parallèlement leur incroyable disponibilité évolutive, ce territoire du possible et de la transgression, ce territoire paradoxal de la précarité et de l'enracinement.

Ces réflexions sont présentées en deux grandes parties, l'une autour de la constitution et de l'histoire de ces territoires partagés, l'autre dans un ensemble de prospectives sur la transformation de cet archipel métropolitain.

Nous avons voulu compléter cette approche par le regard que trois photographes portent sur le paysage métropolitain – Gabriele Basilico, Jean-Christophe Ballot et Emmanuel Pinard –, ainsi que par trois parcours de vidéastes à travers ce territoire.

Nous souhaitons aborder l'archipel métropolitain non comme un projet inachevé, mais tel une diversité de lieux où se mêlent des projets complexes et des situations échappant à toute pensée urbaine globalisatrice.

De ces liens tendus, parfois conflictuels, émerge sans doute la véritable nature de cet archipel. Tout ce qui peut affiner notre regard doit être comme un fil conducteur d'une exposition qui prend davantage la forme d'une mise en perspective d'un état des choses que d'une représentation d'un vaste projet qui unifierait la totalité de la métropole.

**2.** *Sarcelles, 1965*, © METL / SIC.

# TERRITOIRES PARTAGÉS MODE D'EMPLOI

**Michel Carmona**
Professeur
à la Sorbonne,
Responsable du
Magistère de
gestion et
aménagement
de l'espace et
des collectivités
territoriales

**Banlieue**
C'est l'espace sur lequel s'exerce, dans le monde médiéval et d'Ancien Régime, la juridiction du seigneur de la ville au-delà des murailles de cette dernière. Les limites de cette zone étant généralement fixées à une lieue, 4 kilomètres, ou une heure de marche à pied, l'espace qui entoure ainsi la ville prend le nom de banlieue ; couronne à la fois protectrice et nourricière, mais volontiers considérée par les citadins comme un dépotoir, la banlieue revêt souvent une image négative. La banlieue rouge fait frémir le bourgeois ; son aspect inorganisé en fait le « paillasson de la France » dans les années 1930. Et la vie de banlieue, pour le commun des Parisiens, se résume aux clichés véhiculés par le cinéma, tel dans le film *Elle court, elle court la banlieue* (1973). Mais il existe aussi des banlieues de charme, des banlieues laborieuses et, dans son ensemble, la banlieue parisienne nous fait assister aujourd'hui à son incontestable réveil.

**Communauté d'agglomération**
La communauté d'agglomération est un EPCI créé par la loi « Chevènement » du 12 juillet 1999. Elle regroupe plusieurs communes formant un ensemble de plus de 50 000 habitants d'un seul tenant et sans enclave autour d'une ou plusieurs communes centrales de plus de 15 000 habitants. Le seuil démographique de 15 000 habitants ne s'applique pas lorsque la communauté d'agglomération comprend le chef-lieu du département. Ces communes s'associent au sein d'un espace de solidarité en vue d'élaborer et concevoir ensemble un projet commun de développement urbain et d'aménagement de leur territoire.

La communauté d'agglomération exerce de plein droit, en lieu et place des communes membres, les compétences obligatoires suivantes :
– en matière de développement économique : création, aménagement, entretien et gestion de zones d'activité industrielle, commerciale, tertiaire, artisanale, touristique, portuaire ou aéroportuaire qui sont d'intérêt communautaire ; actions de développement économique d'intérêt communautaire ;
– en matière d'aménagement de l'espace communautaire : schéma directeur et schéma de secteur ; création et réalisation de zones d'aménagement concerté d'intérêt communautaire ; organisation des transports urbains ;
– en matière d'équilibre social de l'habitat sur le territoire communautaire : programme local de l'habitat ; politique du logement, notamment du logement social, d'intérêt communautaire et action, par des opérations d'intérêt communautaire, en faveur du logement des personnes défavorisées ; amélioration du parc immobilier bâti d'intérêt communautaire ;
– en matière de politique de la ville dans la communauté : dispositifs contractuels de développement urbain, de développement local et d'insertion économique et sociale d'intérêt communautaire ; dispositifs locaux, d'intérêt communautaire, de prévention de la délinquance.

Elle doit aussi exercer, en lieu et place des communes, au moins trois compétences parmi les cinq suivantes :
– création ou aménagement et entretien de voirie d'intérêt communautaire ; création ou aménagement et gestion de parcs de stationnement d'intérêt communautaire ;
– assainissement ;
– eau ;
– en matière de protection de l'environnement et de mise en valeur de l'environnement et du cadre de vie : lutte contre la pollution de l'air, lutte contre les nuisances sonores, élimination et valorisation des déchets des ménages et déchets assimilés ou partie de cette compétence ;
– construction, aménagement, entretien et gestion d'équipements culturels et sportifs d'intérêt communautaire.

Une communauté d'agglomération reçoit une dotation de l'État de 38,57 euros par habitant.

### Communauté de communes

Les communautés de communes ont été instituées par la loi du 6 février 1992. Une communauté de communes est un EPCI qui regroupe plusieurs communes formant un territoire d'un seul tenant et sans enclave. Elle a pour objet d'associer des communes au sein d'un espace de solidarité en vue de l'élaboration d'un projet commun de développement et d'aménagement de l'espace.

Elle exerce, en lieu et place des communes membres, deux compétences obligatoires :
– en matière de développement économique : aménagement, entretien et gestion de zones d'activité industrielle, commerciale, tertiaire, artisanale ;
– en matière d'aménagement de l'espace communautaire : schéma directeur et schéma de secteur ; aménagement rural ; zones d'aménagement concerté d'intérêt communautaire.

Elle choisit également au moins une des quatre compétences optionnelles suivantes :
– création ou aménagement et entretien de voirie d'intérêt communautaire ;
– politique du logement social d'intérêt communautaire et action, par des opérations d'intérêt communautaire, en faveur du logement des personnes défavorisées ;
– élimination et valorisation des déchets des ménages et déchets assimilés ;
– construction, aménagement, entretien et gestion d'équipements culturels et sportifs et d'équipements de l'enseignement pré-élémentaire et élémentaire.

L'étendue du transfert de compétences, tant obligatoires que facultatives, ainsi que la notion d'intérêt communautaire doivent être précisées par les communes, afin de fixer la ligne de partage entre les compétences de la communauté et celles des communes. Les communes peuvent décider librement de transférer à la communauté de communes d'autres compétences que celles imposées par la loi.

Non soumises à un seuil démographique, les communautés de communes peuvent opter pour la taxe professionnelle unique en échange d'une dotation globale d'intercommunalité versée par l'État, d'un montant variant de 16,13 à 27 euros par habitant.

### Communauté urbaine

Par la loi du 31 décembre 1966 instituant ce mode de coopération intercommunale, quatre communautés urbaines ont été créées dès l'origine : Bordeaux, Lille, Lyon et Strasbourg.

Les créations suivantes, volontaires, sont : Dunkerque en 1968 ;
Le Creusot/Monceau-les-Mines et Cherbourg en 1970 ; Le Mans en 1971 ; Brest en 1973.
Puis, après plusieurs années d'interruption : Nancy en 1995 ; Alençon en 1996 ;
Arras en 1997.

Une communauté urbaine est un EPCI regroupant des communes qui forment un ensemble d'au moins 500 000 habitants. Elle exerce quatre compétences obligatoires : développement économique, transport et aménagement de l'espace, logement et enfin politique de la ville. Elle doit également se donner trois compétences facultatives à choisir parmi les suivantes : voirie, assainissement, eau, ordures ménagères, équipements sportifs et culturels.

Une communauté urbaine est obligatoirement soumise au régime de la taxe professionnelle unique. Elle est dotée par l'État de 69,65 euros par habitant.

La loi intercommunalité du 13 juillet 1999 a relancé le processus de création de communautés urbaines. Il n'y a pas de communauté urbaine en région Ile-de-France.

### Département

Le département a été créé par l'Assemblée constituante au tout début du nouveau pouvoir issu de la Révolution française, par la loi des 22 décembre 1789-6 janvier 1790. La loi des 6 février-4 mars 1790 partage le territoire métropolitain en 83 départements. Depuis la loi de décentralisation du 2 mars 1982, le département s'administre lui-même par le conseil général, dont tous les membres sont élus pour six ans au suffrage universel, et dont le président est l'organe exécutif du département. Il convient de rappeler que le département est une collectivité locale, mais que son territoire correspond aussi à une circonscription administrative de l'État, où le pouvoir central est représenté par un préfet.

### Département de la Seine

C'est l'un des 83 départements français institués en 1791. L'Assemblée constituante instituée par la Révolution française a opté pour un territoire de petites dimensions, comprenant les communes situées à l'intérieur d'un rayon de 3 lieues
(12 kilomètres) autour de Notre-Dame. À partir du département de la Seine, une loi du 10 juillet 1964 crée la collectivité de Paris, à la fois commune et département ; les autres communes de la Seine, auxquelles s'ajoutent une quarantaine de communes situées dans le département limitrophe de Seine-et-Oise, constituent trois départements, les Hauts-de-Seine, la Seine-Saint-Denis et le Val-de-Marne, qu'on a pris l'habitude de rassembler sous la dénomination de « départements de la petite couronne ».

### Dotation générale d'intercommunalité

La dotation générale d'intercommunalité, que perçoivent les communes qui se sont regroupées, est composée de deux volets :
– une dotation de base (15 %), calculée en fonction de la population intercommunale pondérée par le coefficient d'intégration fiscale ;
– une dotation de péréquation (85 %), calculée en fonction de la population intercommunale, de son potentiel fiscal et pondérée par le coefficient d'intégration fiscale.

### EPCI (Établissement public de coopération intercommunale)

Un établissement public de coopération intercommunale reçoit des compétences d'attribution transférées par les communes membres. Les syndicats intercommunaux et les syndicats mixtes constituent la forme la plus souple de la coopération intercommunale. Aucun bloc de compétences n'est imposé. À l'inverse, les communautés d'agglomération et les communautés urbaines, qui constituent les structures de coopération les plus intégrées, doivent détenir des compétences fixées par le législateur.

**EPCI à fiscalité propre**
Cette catégorie d'EPCI perçoit une fiscalité propre, définie indépendamment de la perception de taxes liées à l'exercice de compétences particulières (taxe d'enlèvement des ordures ménagères, taxe de balayage, taxe de séjour…). Il existe aujourd'hui trois types de groupements à fiscalité propre : les communautés de communes, les communautés d'agglomérations et les communautés urbaines. L'État verse à ces établissements publics une dotation générale dite d'intercommunalité. Ils exercent de plein droit certaines compétences établies par les textes juridiques (quatre obligatoires et trois optionnelles pour les communautés d'agglomération ; deux obligatoires et une optionnelle pour les communautés de communes).

**Fiscalité additionnelle**
Dans le régime de la fiscalité additionnelle, l'EPCI vote des taux de contribution portant sur les quatre taxes directes locales – taxe d'habitation, taxe professionnelle, taxe sur le foncier bâti et taxe sur le foncier non bâti –, dont le produit s'ajoute au produit perçu par les communes. Les contribuables paient donc à la commune et au groupement. C'est la raison pour laquelle ce système porte le nom de fiscalité additionnelle.

**Fiscalité mixte**
Ce régime permet à l'EPCI ayant opté pour la taxe professionnelle unique de percevoir en plus une fiscalité additionnelle sur les trois autres taxes directes locales (taxe d'habitation et taxes foncières).

**HLM (Habitations à loyer modéré)**
C'est l'une des principales catégories de logements sociaux, et, dans le langage courant, HLM équivaut à logements sociaux. Les HLM ont succédé après 1950 aux HBM ou habitations à bon marché, instituées en 1889. Certains HLM sont des logements destinés à être vendus (HLM accession), mais la grande majorité d'entre eux sont destinés à la location. Pour bénéficier d'un logement HLM, on doit disposer de ressources qui ne dépassent pas certains plafonds – mais il faut aussi être capable de payer son loyer. Les organismes HLM se répartissent principalement entre les offices publics, lorsque les actions de l'organisme sont détenues par une ou plusieurs collectivités locales, et les sociétés anonymes d'HLM, lorsque les actions sont détenues par des banques, des personnes privées, des entreprises, des mutuelles, des caisses d'épargne, etc. Certains organismes d'HLM ont adopté le statut d'OPAC, offices publics d'aménagement et de construction.

**Intérêt communautaire**
La notion d'intérêt communautaire constitue la ligne de partage au sein d'une compétence entre les domaines d'action transférés à la communauté et ceux qui demeurent au niveau communal. Pour les communautés de communes, cet intérêt est déterminé par les conseils municipaux des communes membres. Pour les communautés d'agglomération et les communautés urbaines, il est défini par l'organe délibérant de l'EPCI.

**PLU (Plan local d'urbanisme)**
Institué par la loi Solidarité et renouvellement urbains (SRU) du 13 décembre 2000,

le plan local d'urbanisme se substituera à terme au plan d'occupation des sols. Alors que le POS réglementait le droit du sol selon une logique de zonage des droits du sol à construire, le PLU exprime un véritable projet de ville et n'est pas uniquement un document d'urbanisme réglementaire. Son élaboration se fonde sur un nouveau document d'analyse : le PADD, projet d'aménagement et de développement durable. Les habitants seront désormais associés à son élaboration bien avant la phase d'enquête publique. La substitution du PLU au POS ne se fera que le jour où la délibération du conseil municipal approuvant la révision de ce document sera devenue exécutoire.

**Les pôles restructurateurs de banlieue**
Paul Delouvrier, nommé en août 1961 délégué général du district de la Région parisienne, puis bientôt préfet de la Région parisienne, doit faire face à une double nécessité : organiser la poursuite de la croissance urbaine de l'agglomération de Paris, tout en restructurant la banlieue existante. Les villes nouvelles, créées en limite d'agglomération, sont chargées de répondre au premier de ces objectifs, les pôles restructurateurs de banlieue au second. Restructurer signifie alors créer ou renforcer les infrastructures, notamment de transports, développer les commerces et les services, favoriser la création d'emplois nombreux et de qualité ; le but est d'alléger, pour les populations voisines de ces pôles, le poids de l'hyperconcentration des emplois et des services dans Paris *intra-muros*. Deux pôles s'ébauchent au début des années 1960 : La Défense et Créteil. D'autres localisations viendront s'ajouter à l'initiative du district de la Région parisienne, sous l'administration de Paul Delouvrier et de ses successeurs, comme Belle-Épine/Orly/Rungis, Rosny-sous-Bois ou Bobigny.

La création de pôles d'emplois parfois considérables dans ces secteurs, renforcés par l'implantation de grands centres commerciaux dits régionaux en raison de leur taille et pour souligner leur importance, a profondément modifié, dans un sens positif, les conditions de vie des banlieusards en diminuant leur dépendance à l'égard du centre de Paris.

**POS (Plan d'occupation des sols)**
La loi d'orientation foncière du 30 décembre 1967 institue deux niveaux de planification urbaine : le schéma directeur d'aménagement et d'urbanisme, et le plan d'occupation des sols ou POS. Le POS repose sur le principe du zonage, qui découpe le territoire qu'il intéresse (un POS peut être communal ou intercommunal) en zones dont la destination et les conditions d'usage sont strictement définies. On distingue deux grandes catégories : les zones U, c'est-à-dire urbanisables, et les zones N, ou naturelles. Les terrains constructibles possèdent un « droit de construire », ou une constructibilité, qui est notamment mesuré par le coefficient d'occupation du sol ou COS. Le COS est le rapport entre la surface de planchers constructibles et la surface au sol ; un COS 1 signifie par exemple que l'on peut construire un mètre carré de plancher par mètre carré au sol. Lorsqu'un permis de construire est délivré, il entraîne le paiement par le bénéficiaire du permis de construire d'une taxe locale d'équipement, dont le niveau est décidé par chaque municipalité.

**SEM (Société d'économie mixte)**
Société anonyme par actions dont le capital est détenu à la fois par des actionnaires ayant le statut de collectivités publiques et par des actionnaires de droit privé. Les SEM sont des sociétés à forme commerciale, pouvant notamment exercer des missions d'aménagement, de construction, voire de gestion, y compris dans le domaine sportif. Les SEM d'aménagement et de construction doivent comporter une présence majoritaire de collectivités publiques, détenant au moins 50 % des actions

plus une, et dont la part dans le capital peut s'élever jusqu'à 90 % selon une loi récente (80 % auparavant).

Les SEM constituent l'un des outils privilégiés d'intervention des collectivités publiques, grâce à leur souplesse de gestion. Parmi les SEM d'aménagement qui intéressent nos « territoires partagés », figurant de grandes SEM parisiennes comme la SEMEA XV (Front-de-Seine, quartier Citroën-Cévennes), la SEMAEST (aménageur de l'Est parisien à Bercy, dans le XIIe arrondissement), la SEMAPA (Seine-Rive-Gauche, dans le XIIIe arrondissement). Les départements limitrophes de Paris ont aussi chacun une SEM départementale : SIDEC en Seine-Saint-Denis, SEM 92 dans les Hauts-de-Seine, SADEV dans le Val-de-Marne ; sans compter de nombreuses SEM communales et intercommunales.

### Statut de Paris

Dès l'Ancien Régime, la ville de Paris est dotée d'un statut particulier. Après une période de très grande décentralisation sous la Révolution, la loi du 28 pluviôse an VIII (8 janvier 1800) divise le département de la Seine en trois arrondissements ; l'un d'eux est la ville de Paris, qui est directement administrée par le préfet de la Seine. Un conseil municipal aux pouvoirs limités fait son apparition en 1834. Après la Commune de Paris de 1871, le département de la Seine et Paris sont soumis à des lois spéciales, et les pouvoirs exécutifs sont confiés au préfet de la Seine et au préfet de police. Après la Libération, les statuts évoluent dans un sens plus libéral, et la loi n° 75-1331 du 31 décembre 1975 étend à Paris les statuts de droit commun. Paris est à la fois une commune et un département, avec notamment un maire élu, qui exerce aussi les fonctions de président du conseil général. La loi de décentralisation du 2 mars 1982 s'applique à Paris comme aux autres communes et départements de France. Elle se complète par une loi particulière à Paris, Marseille et Lyon, votée le 31 décembre 1982, donnant des pouvoirs accrus aux conseils d'arrondissements (il y en a 20 à Paris).

### Syndicat de commune, intercommunalité

Une loi du 22 mars 1890 a fixé les règles du syndicat intercommunal à objet unique ; l'ordonnance n° 59-29 du 5 janvier 1959 a rendu possible la création de groupements polyvalents de communes, les SIVOM (syndicats intercommunaux à vocation multiple). Depuis, des réformes successives ont accentué le caractère de groupements « ouverts » des syndicats de communes, et institué le principe du « syndicalisme à la carte », ou à géométrie variable, parmi les communes qui décident de se regrouper au sein d'un SIVOM (loi du 5 janvier 1988). Les communes décident elles-mêmes de la liste des compétences qu'elles délèguent à un syndicat de communes. Les compétences transférées doivent toutefois correspondre à la notion d'« œuvres ou services d'intérêt communal ». Un syndicat intercommunal possède un budget propre, alimenté par les contributions des communes membres.

Des degrés supplémentaires dans l'intégration, notamment fiscale, ont été franchis par les dispositions législatives instituant les districts (ordonnance n° 59-30 du 5 janvier 1959), les communautés urbaines (loi n° 66-1069 du 31 décembre 1966), les communautés de villes et les communautés de communes (loi du 6 février 1992). Enfin, la loi d'intercommunalité, dite « Chevènement », du 12 juillet 1999 (publiée au Journal officiel le 13 juillet) organise un système à trois étages – communauté de communes, communauté d'agglomération, communauté urbaine –, tandis que disparaissent les districts et les communautés de villes ; l'intégration fiscale implique un rapprochement des différents taux des impôts locaux des communes concernées, et l'attribution directe d'une part des recettes fiscales au groupement de communes. La loi du 12 juillet 1999 ne supprime pas les syndicats de communes, même si elle tend à une concentration des coopérations intercommunales autour des trois formules énoncées.

L'agglomération parisienne ne comprend pas à ce jour de communauté urbaine. En revanche, de nombreuses communautés de communes et de communautés d'agglomération ont vu le jour.

**TPU (taxe professionnelle unique)**
Dans le régime de la taxe professionnelle unique, les communes ne perçoivent pas directement la taxe professionnelle ; c'est la structure intercommunale qui vote le taux et qui en perçoit le produit : il y a alors un taux unique pour l'ensemble du territoire communautaire.

**ZAC (Zone d'aménagement concerté)**
La loi d'orientation foncière du 30 décembre 1967 a institué deux niveaux de planification urbaine : le schéma directeur d'aménagement et d'urbanisme, et le plan d'occupation des sols ou POS. Le POS repose sur le principe du zonage, qui découpe le territoire qu'il intéresse (un POS peut être communal ou intercommunal) en zones dont la destination et les conditions d'usage sont strictement définies. Mais certaines zones peuvent changer d'affectation, leur usage peut évoluer ; il est alors possible soit d'effectuer une révision partielle du POS pour les zones en question, soit d'utiliser la procédure contractuelle de la ZAC (zone d'aménagement concerté), qui est signée entre la collectivité publique et un aménageur de droit public ou privé. La ZAC est donc une procédure souple, qui permet dans son principe à la collectivité d'urbaniser des terrains selon ses *desiderata*, en faisant prendre en charge – c'est l'un des principes de la ZAC – une part substantielle des dépenses d'infrastructure par l'opération elle-même. Les ZAC, souvent accusées d'ouvrir la porte à tous les favoritismes, ont été fortement critiquées ; elles constituent pourtant, depuis le début des années 1970, une des procédures d'aménagement les plus utilisées pour l'urbanisation ou la reconversion de secteurs importants des territoires communaux ; dans les communes de la petite couronne, on estime que, ces dernières années, un tiers du volume des opérations de construction s'est réalisé dans le cadre de ZAC. La loi SRU (« solidarité et renouvellement urbain ») du 13 décembre 2000 supprime pour l'avenir la procédure de ZAC.

*Quelques exemples d'intercommunalités en Seine-Saint-Denis et Val-de-Marne*
**Association des collectivités de l'Est parisien**
Elle regroupe les conseils généraux de la Seine-Saint-Denis et du Val-de-Marne, ainsi que 15 communes situées de part et d'autre de la limite entre les deux départements (Bagnolet, Bondy, Bry-sur-Marne, Fontenay-sous-Bois, Montreuil, Neuilly-sur-Marne, Neuilly-Plaisance, Nogent-sur-Marne, Noisy-le-Grand, Noisy-le-Sec, Le Perreux-sur-Marne, Rosny-sous-Bois, Saint-Mandé, Villiers-sur-Marne, Vincennes). Souffrant du déséquilibre est-ouest de l'agglomération parisienne, ces communes ressentent, en matière d'aménagement et d'emploi, la forte concurrence des pôles de Roissy, de la Plaine Saint-Denis et de Marne-la-Vallée. Pour réagir contre cette situation, elles ont décidé de s'unir et de s'engager dans une « coopération intercommunale de projet » de forme associative. Quatre objectifs prioritaires ont déjà été arrêtés : le développement économique, les transports et les déplacements, l'environnement, la formation.

**Cœur de Seine-Saint-Denis (ou Cœur de département)**
Ce territoire regroupe les communes de Bobigny, Bondy, Aubervilliers, Drancy, Noisy-le-Sec, Pantin et Romainville, en association avec le conseil général de la Seine-Saint-Denis. Une charte de coopération intercommunale a été signée en octobre 2000. Les principaux thèmes abordés par la charte sont : le développement de la filière

économique de la santé, la relance du fret ferroviaire, la mise en valeur du canal de l'Ourcq. Ce regroupement se donne pour vocation d'affirmer le cœur du département comme « pôle directionnel et d'excellence », et d'en faire un espace de cohésion économique, urbaine et sociale.

**Communauté d'agglomération de Clichy-sous-Bois/Montfermeil**
La communauté de communes de Clichy-sous-Bois/Montfermeil a été créée en 1997. Elle fut transformée en communauté d'agglomération par arrêté préfectoral du 29 décembre 2000.

**Plaine Commune**
Cette communauté d'agglomération est née de la transformation en 2000 d'une communauté de communes, qui a été créée en novembre 1999. Elle regroupe les cinq villes d'Aubervilliers, Épinay-sur-Seine, Pierrefitte-sur-Seine, Saint-Denis et Villetaneuse.

**Plaine de France**
Cet établissement public d'aménagement créé le 8 avril 2002 regroupe les conseils généraux de Seine-Saint-Denis et du Val-d'Oise, ainsi que 31 communes situées de part et d'autre de la limite entre les deux départements. Cette vaste zone a été classée « territoire prioritaire » par le dernier contrat de plan, 2000-2006, passé entre l'État et la région Ile-de-France.

**Plaine de France Active**
Elle regroupe les communes du Blanc-Mesnil, du Bourget, de La Courneuve, de Drancy, de Dugny et de Stains. Sans véritable statut juridique, ce regroupement a pris la forme d'une « conférence de projet » ayant pour vocation principale le développement économique de la zone, en étroite collaboration avec le conseil général. Les thèmes abordés sont : l'aménagement des grands axes de circulation, l'amélioration de la desserte en transports en commun (d'ailleurs inscrite au contrat de plan État-Région), la requalification des espaces d'activités, la constitution d'un pôle de formation aux métiers de la maintenance et de l'aérien, la mise en valeur de la vitrine technologique que constitue le musée de l'Air et de l'Espace au Bourget, et plus largement le renouvellement urbain de tout le territoire qui s'articule autour du parc de La Courneuve et des centres-ville traditionnels.

**Plaine Développement**
Cette société d'économie mixte (SEM) a été fondée par les communes d'Aubervilliers et de Saint-Denis. À la suite de la création de Plaine Commune, les villes d'Épinay-sur-Seine, Pierrefitte-sur-Seine et Villetaneuse ont décidé de participer elles aussi au capital de la SEM.

**Plaine Renaissance**
Ce syndicat intercommunal, créé en 1985, regroupe les communes d'Aubervilliers, de Saint-Denis et de Saint-Ouen. La démarche s'est concrétisée par le projet urbain de la Plaine Saint-Denis. Plaine Renaissance s'est donné comme ambition d'apporter une réponse à la dégradation que subissait le territoire de la Plaine, depuis les années 1970, du fait de la désindustrialisation.

**Plaine Saint-Denis Élargie**
Elle regroupe les villes signataires de la Charte intercommunale de développement : Aubervilliers, Épinay-sur-Seine, L'Ile-Saint-Denis, La Courneuve, Pantin, Pierrefitte-

sur-Seine, Saint-Denis, Saint-Ouen, Stains et Villetaneuse. Ce territoire a été retenu comme site prioritaire du contrat de plan 2000-2006 passé entre l'État et la région Ile-de-France, et bénéficie de l'accès aux Fonds structurels européens pour les projets consistant à lui redonner cohérence et attractivité. Les dix communes se sont engagées dans l'élaboration d'une politique de développement économique, social et urbain. Sept axes de coopération ont été retenus : déplacements, logement, politique de la ville, économie, emploi, formation et cadre de vie.

**Syndicat d'équipement et d'aménagement des Pays de France et de l'Aulnoye (SEAPFA)**
Ce syndicat intercommunal à vocation multiple créé le 12 juillet 1971, regroupe les communes d'Aulnay-sous-Bois, Le Blanc-Mesnil, Sevran, Tremblay-en-France, Villepinte et, depuis le 22 janvier 1993, la commune de Drancy. Cinq thèmes prioritaires de réflexion et d'intervention ont été identifiés comme pouvant être des supports en vue d'actions de portée intercommunale : l'amélioration de l'habitat et la gestion urbaine de proximité, le développement économique et l'insertion professionnelle, le développement et la mise en réseau des équipements collectifs, l'amélioration du cadre de vie, et enfin l'amélioration des déplacements et des dessertes.

*Liste des abréviations*
**APUR** : Atelier parisien d'urbanisme
**CARP** : comité d'Aménagement de la Région parisienne
**DAT** : direction de l'Aménagement du territoire
**DATAR** : délégation générale à l'Aménagement du territoire et à l'Action régionale
**DDE** : Direction Départementale de l'Équipement
**DGEN** : délégation générale à l'Équipement national
**DREIF** : Direction régionale de l'Équipement d'Ile-de-France
**EPA** : Établissement public d'aménagement
**EPAD** : Établissement public d'aménagement de La Défense
**HQE** : haute qualité environnementale
**IAURIF** : Institut d'aménagement et d'urbanisme de la région Ile-de-France
**LOFOPA** : logements populaires familiaux
**LOGECOS** : logements économiques et familiaux
**MELT** : ministère de l'Équipement, du Logement et des Transports
**MRU** : ministère de la Reconstruction et de l'Urbanisme
**PADD** : projet d'aménagement et de développement durable
**PADOG** : plan d'aménagement et d'organisation générale de la Région parisienne
**PARP** : plan d'aménagement de la Région parisienne
**PNR** : parc naturel régional
**PUCA** : Plan Urbanisme Construction Architecture
**PUD** : plan d'urbanisme directeur
**SARP** : service d'Aménagement de la Région parisienne
**SDAURIF** : schéma directeur d'aménagement et d'urbanisme de la région Ile-de-France
**SDAURP** : schéma directeur d'aménagement et d'urbanisme de la Région parisienne
**SDRIF** : schéma directeur de la région Ile-de-France
**SHON** : surfaces hors œuvre nettes
**STIF** : Syndicat des transports d'Ile-de-France
**ZUS** : zone urbaine sensible

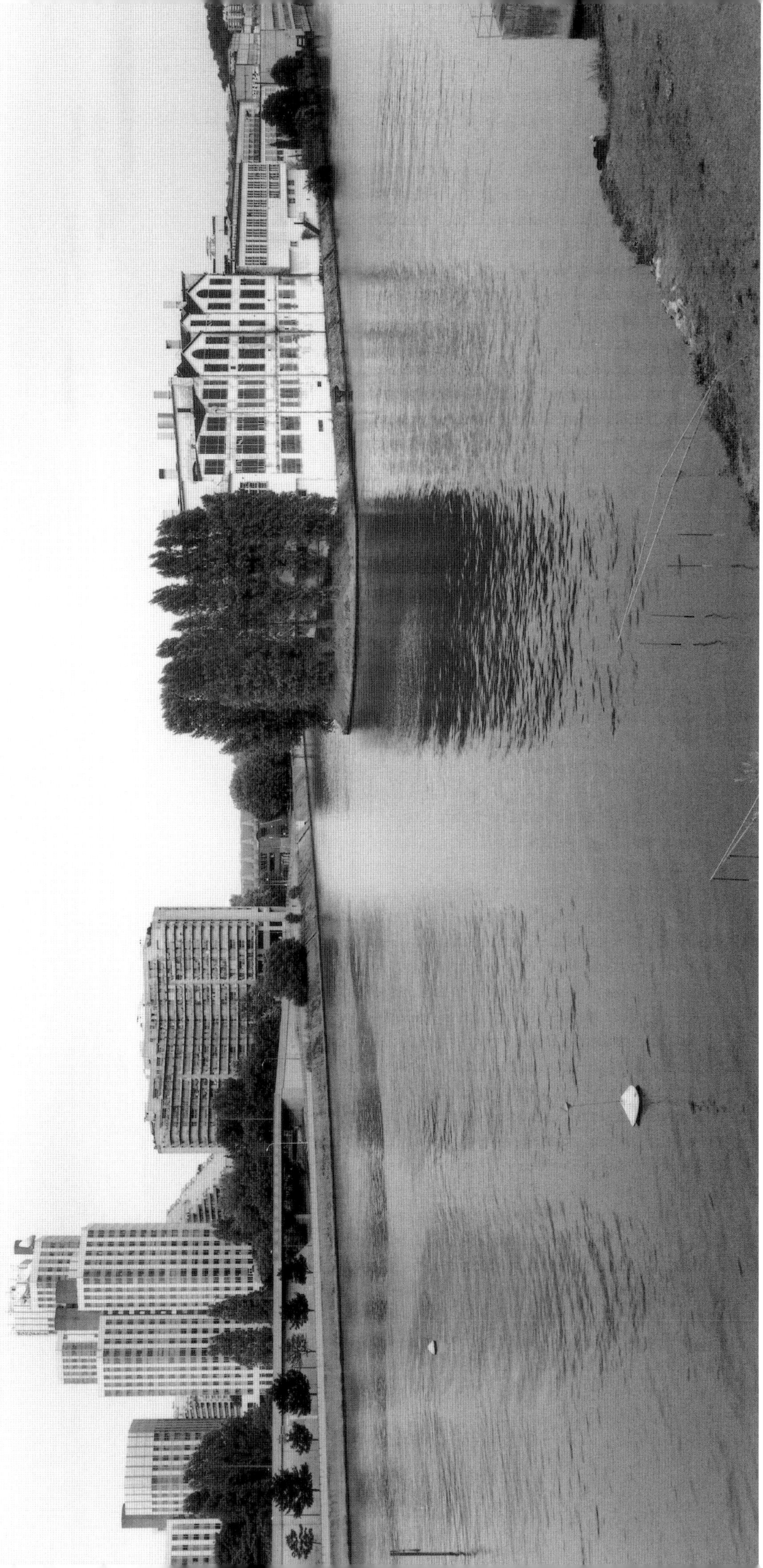

1. Canal Saint-Denis, Aubervilliers, Seine-Saint-Denis.

2. Courbevoie, Hauts-de-Seine.

3. Clichy, Hauts-de-Seine.

4. Canal de l'Ourcq, Pantin, Seine-Saint-Denis.

5. Gentilly, Val-de-Marne.

6. Montreuil, Seine-Saint-Denis.

7. Les Lilas, Seine-Saint-Denis.

8. Ile Seguin, Boulogne-Billancourt, Hauts-de-Seine.

© Gabriele Basilico, 2002.

# L'ARCHIPEL INSTABLE

« Un jour le siècle sera deleuzien. »
Michel Foucault

Jean-Pierre
Pranlas-Descours

### Identité

Les fondements de notre culture urbaine occidentale ont subi au XXe siècle un bouleversement considérable. Nous n'habitons plus ainsi des villes aux dimensions établies par l'histoire progressive des urbanisations, mais des territoires métropolitains dont les confins ne sont plus les éléments de définition et de régulation de l'organisation sociale.

La notion de banlieue – terme dont on trouve l'origine au XIIe siècle et qui définissait le territoire jusqu'à une lieue autour de la commune sur lequel s'étendaient la juridiction de la ville et son droit de ban –, est aujourd'hui inadaptée pour cerner des identités spécifiques, liées à des valeurs d'enracinement et de permanence. Il faut rappeler ici que cette désignation s'inscrit dans un temps historique précis, et une réalité qui a succédé à celle des faubourgs. Ainsi, « la petite banlieue » est le terme adopté pour désigner les communes entre Paris et les fortifications vers 1845. Après l'annexion de 1860, ce sont toutes les communes appartenant au département de la Seine qui constituent la banlieue parisienne.

Cette identité ainsi définie, illustrée par une littérature abondante, un regard presque ethnologique des photographes entre les deux guerres, a été un objet d'étude par excellence pour les sciences humaines qui ont pu explorer les symptômes d'une société émergente et en mutation. Mais ce qui caractérisait, selon des processus fragiles, les mouvements de stratification dans lesquels les communes de la périphérie se faisaient et se défaisaient, n'a plus de commune mesure avec les phénomènes de déterritorialisation et de reterritorialisation qui font émerger un nouveau mode urbain.

Cette évolution majeure dans la constitution de la métropole entraîne une redéfinition profonde de l'identité. Bien moins liée à la proximité entre lieu de travail et lieu résidentiel, elle ne s'inscrit plus dans l'histoire de la banlieue ouvrière, celle en particulier des découpages relativement homogènes des classes sociales dans le territoire métropolitain qui avait été à l'origine de la création (politique) des départements de la proche couronne en 1964.

Aujourd'hui, dans ce territoire métropolitain, lieux de travail, lieux d'habitat, lieux de loisirs, lieux de rencontre se répartissent dans des distances où les limites communales ont perdu de leur pertinence. Parallèlement, les lieux de résidence ne sont plus liés à des valeurs d'enracinement. L'identité résidentielle se décline selon plusieurs modes. Elle peut ainsi se présenter sous la forme d'un réinvestissement ludique – les « bobos » rénovant d'anciennes fabriques dans les communes limitrophes de Paris –, ou par fort rejet d'une situation dont il faut s'échapper – telles les cités des années soixante.

La crise identitaire qui, depuis quinze-vingt ans, a émergé dans ces lieux souvent abandonnés, rejetés et dégradés, révèle la précarité de cette identité et le soin à apporter à sa préservation. Leur réintégration, leur réinstallation dans le tissu urbain des villes, qui est l'objet d'un effort considérable des communes depuis de nombreuses années, a tendance à se traduire dans certains projets par la

**1.** Aubergenville, Val d'Oise, 1999, © IGN.

substitution de modèles urbains inadaptés, voire par une « disneylandisation » caricaturale.

En permanence soumises à des pulsions destructives et à des pressions spéculatives, la construction et la pérennité de lieux de vie enracinés demeurent parmi les questions majeures de l'identité métropolitaine.

**Densité**

Dépassant les notions d'emplacement évoquées en son temps par Michel Foucault[1], émerge aujourd'hui un nouveau système géographique qui organise le territoire et qui pourrait s'assimiler à un archipel, mais un archipel d'un nouveau genre, fondé sur l'instabilité permanente, où l'irruption de phénomènes *a priori* incontrôlés ne permet pas d'aboutir à la reconnaissance d'une *forma urbis* identifiable.

La coexistence de densités urbaines dans un même territoire, issue de processus spécifiques et autonomes, a achevé en cela la destruction de figures séculaires et a entraîné l'effacement des grands tracés historiques qui avaient structuré le paysage métropolitain jusqu'à l'entre-deux-guerres, et sur lesquels un certain nombre de plans prospectifs s'étaient fondés pour repenser ce territoire (de Jaussely à Prost, en passant par Forestier). La juxtaposition, l'entrecroisement de modèles de densités dans le territoire forment aujourd'hui un *patchwork* qui court-circuite les hiérarchies traditionnelles de la ville ancienne.

De nouveaux passages insulaires permettent de constituer un enchâssement de lieux qui n'ont aucune relation d'échelle, de dimension ou de nature : de la rue au RER, du centre commercial au musée, de la cité au quartier des Halles, un chapelet se déroule en une succession d'atolls totalement autonomes les uns par rapport aux autres, reliés par les liens arachnéens des réseaux.

Les articulations du local et du global qui avaient structuré les relations entre centre et périphérie n'ont plus de réalité. Mais le paradoxe de la métropole parisienne est qu'elle présente un territoire qui, en termes d'occupation au sol et d'activités, se situe au troisième rang mondial après New York et Tokyo. La discontinuité réelle de la vie métropolitaine se trouve ainsi contredite, tout au moins brouillée par cette caractéristique propre au territoire de la métropole parisienne.

Cette maille urbaine dense, faite de poches de déshérence, est en permanence flexible, elle s'étend et se relâche selon les grands mouvements pendulaires des cycles d'urbanisation. Elle s'évase depuis quarante ans de manière exponentielle, mais bien moins radioconcentrique que l'on pourrait imaginer, grâce en particulier à la création des villes nouvelles.

Ce territoire a vu ainsi se succéder une longue série de modèles urbains qui ont marqué différentes époques, et qui se sont juxtaposés souvent dans des paysages qui avaient perdu toute logique d'organisation. Les grandes vagues de lotissements de l'entre-deux-guerres, puis la politique des Trente Glorieuses avec la construction des grands ensembles, ont constitué les premières juxtapositions anarchiques et spectaculaires dans le territoire. De nouveaux centres urbains ont eu l'ambition de contrôler l'étalement urbain. Les anciens centres, quant à eux, selon la volonté politique, se sont transformés et densifiés avec plus ou moins de bonheur.

Cette juxtaposition a finalement été rendue possible grâce au développement considérable des réseaux de transports et d'infrastructures routières depuis cinquante ans. En définitive, tous ces modèles urbains ont pu se déployer de manière autonome grâce à l'offre enrichie d'accessibilité.

1. « Nous sommes à une époque où l'espace se donne à nous sous la forme de relations d'emplacements », Michel Foucault, *Des espaces courts*, Gallimard, 1994.

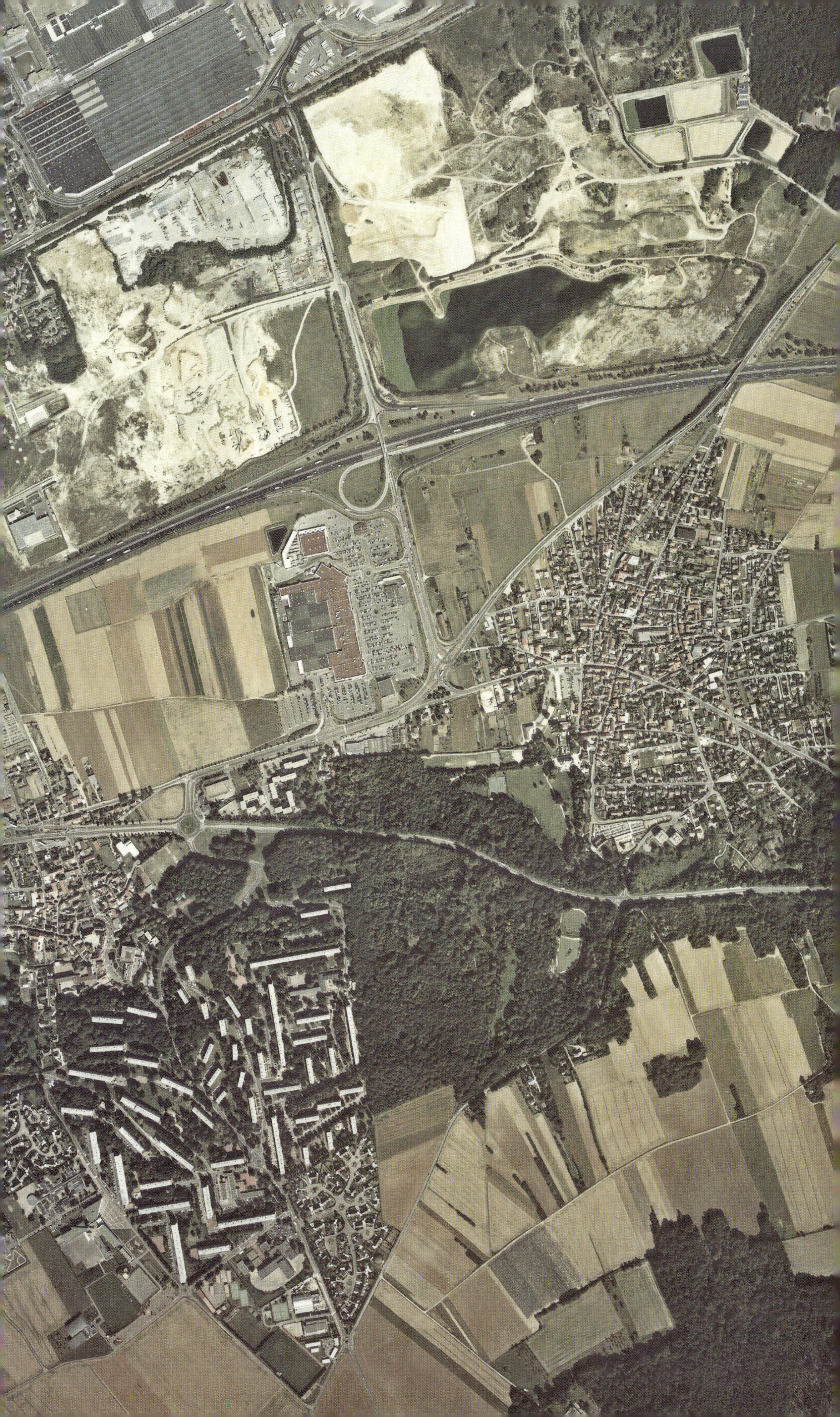

42

**2.** Marne-la-Vallée, Seine-et-Marne, 1999, © IGN.
**3.** Saint-Quentin-en-Yvelines, Yvelines, 1999, © IGN.
**4.** Évry, Essonne, 1999, © IGN.
**5.** Carrefour Pompadour, Créteil, Val-de-Marne, 1999, © IGN.
**6.** Nanterre et La Défense, Hauts-de-Seine, 1999, © IGN.
**7.** Pantin et Aubervilliers, Seine-Saint-Denis, Paris, 1999, © IGN.
**8.** Sceaux, Hauts-de-Seine, 1999, © IGN.
**9.** Versailles et Jouy-en-Josas, Yvelines, 1999, © IGN.

La coupe transversale que l'on peut faire aujourd'hui en allant du centre de Paris vers des pôles comme Roissy ou Disneyland, est totalement irrégulière et non décroissante dans ses profils. Car, à la différence du rôle joué anciennement par les voies et les routes qui étaient des lieux d'agrégation et de hiérarchisation, ces nouvelles infrastructures se sont répandues dans le territoire au « revers » des pôles urbains.

L'archipel des densités inscrit une nouvelle perception du paysage de la métropole, et induit de nouvelles pratiques des centralités.

### Mobilité

Un univers urbain se construit sous nos yeux, fondé sur les flux de tous ordres que structure la mobilité. Au centre de la vie urbaine s'impose aujourd'hui la palette démultipliée de ces mobilités. Si le temps du transport n'a finalement que très peu évolué en trente ans, les distances au centre n'ont fait que s'allonger. Ainsi, l'on met à peu près autant de temps aujourd'hui pour se rendre de certaines communes de la deuxième couronne vers le centre de Paris qu'il y a vingt ans à partir d'une commune de la première couronne. Ce que révèle l'analyse de la mobilité dans l'aire métropolitaine est le décalage croissant entre les déplacements à Paris (la voiture en assurant 14 %) et ceux en petite et grande couronnes (où la voiture en représente 55 %).

Malgré ces différences, la mobilité est devenue globalement une pratique sociale en soi sur laquelle les responsables territoriaux réfléchissent pour fonder des liens communautaires et civils, conscients que tous ces lieux de vie et d'activités dans le territoire doivent être reliés, non par de simples flux circulatoires mais en « accrochant » des pratiques collectives qui reconstruisent du lien social.

Cependant, « la mobilité est aujourd'hui plus qu'une pratique, c'est un statut socialement différencié »[2], elle a pour conséquence d'avoir accentué dans l'espace métropolitain des territoires en creux d'inaccessibilité, où se trouvent expatriées des populations socialement exclues.

Le poids absolu donné aux infrastructures, la capacité technique d'adaptation de ces infrastructures au territoire, leur tendance à l'autonomie vis-à-vis des développements urbains sont manifestes. Si ce processus tend à se résorber

2. Voir le texte de Jean-Pierre Lévy dans cet ouvrage.

**10.** Meudon et l'Ile Seguin, Hauts-de-Seine, 1999, © IGN.
**11.** Garges-les-Gonesses, Val d'Oise, 1999, © IGN.
**12.** Enghien-les-Bains, Val d'Oise, 1999, © IGN.
**13.** Ivry-sur-Seine et Alfortville, Val-de-Marne, 1999, © IGN.
**14.** Port de Gennevilliers, Hauts-de-Seine, 1999, © IGN.
**15.** Montesson, Yvelines, 1999, © IGN.
**16.** Cergy-Pontoise, Val d'Oise, 1999, © IGN.
**17.** Bonneuil-sur-Marne, Val-de-Marne, 1999, © IGN.

ponctuellement en première couronne, il ne fait que croître en deuxième couronne, reproduisant les schémas rodés d'enclavement et de destruction programmée du paysage que nous connaissons (voir les programmes de lotissements actuels au pourtour des villes nouvelles). L'accumulation des grands réseaux de mobilité – RER, autoroutes, aéroports, etc. – constitue ce striage proliférant dans le paysage d'une ville « générique » telle que l'a évoquée Rem Koolhaas[3].

À partir de la création de ces nœuds de transports et d'infrastructures émergent des urbanisations qui échappent aux développements cohérents des communes, créant une succession d'enclaves spéculatives. Dans ces nœuds multimodaux qui résultent de ces entrecroisements, de nouvelles mailles apparaissent d'urbanisations autonomes et de centralités basées sur une « marchandisation » généralisée du territoire.

**Centralités**
La question des centralités se trouve ainsi posée différemment dans cet espace de la périphérie, car elle interroge le sens même et la représentation de la ville. Est apparu progressivement dans cet espace générique un ensemble de territorialisations contemporaines fait de centres commerciaux, de multiplexes, d'égrainage d'enseignes et de services le long des voies urbaines, vers lesquels nous ne voyageons plus, mais pour lesquels nous nous « déplaçons ». L'entre-deux n'est plus la distance à parcourir, il est le territoire même, il en est le substrat absolu que nous tentons d'identifier.

Dans cette ville diffuse telle que l'a évoquée Bernardo Secchi[4], s'étale une succession de centralités qui ne s'imbriquent ni topographiquement, ni spatialement.

Mais cette ville n'est pas synonyme de dispersion et d'éparpillement. Elle est plus liée à des phénomènes de densités, de concentrations et de réactivations de parties anciennes de la ville. Elle s'inscrit dans des processus de raréfaction, elle produit en permanence des lieux de possibles urbanités, elle n'est surtout pas isotrope. Elle mêle distanciation, éloignement avec proximité et concentration.

La ville émergente dont on parle depuis quelque temps n'est qu'une partie de l'histoire des phénomènes urbains. D'ailleurs, cette ville a toujours été émergente

3. Rem Koolhaas, *SMLXL*, The Monacelli Press Inc, 1995, p.1250.

4. Voir le texte d'Ariella Masboungi dans cet ouvrage.

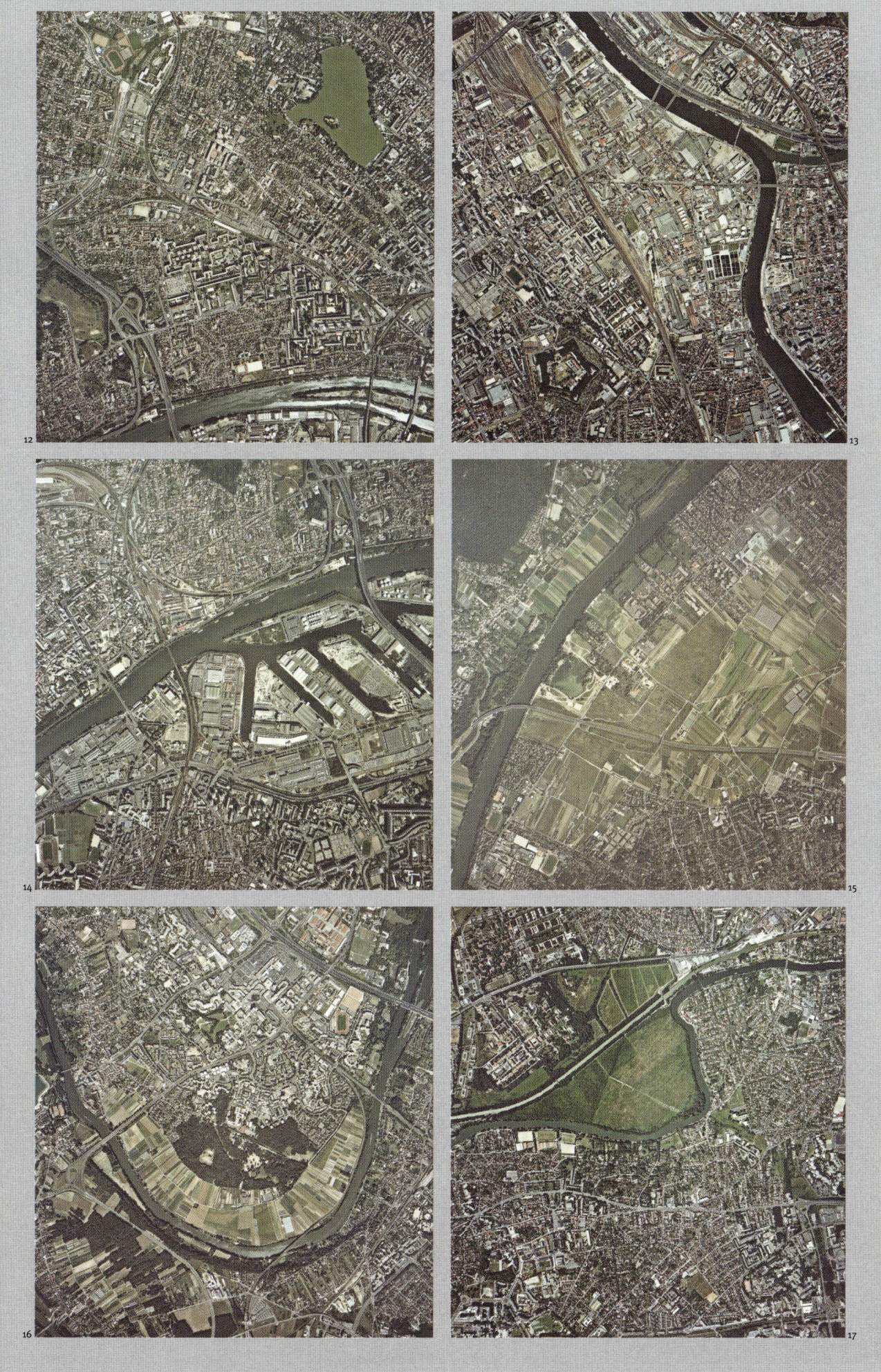

L'archipel instable

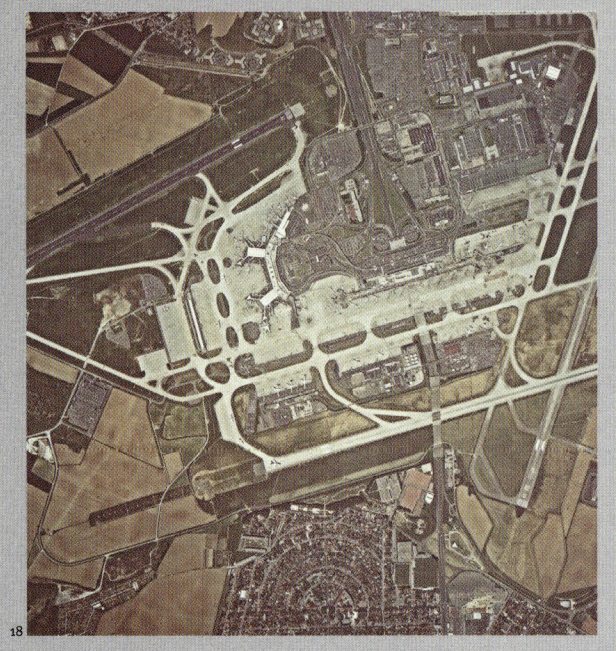

**18.** Aéroport d'Orly, Val-de-Marne, 1999, © IGN.
**19.** Aéroport de Roissy, Val d'Oise, 1999, © IGN.
**20.** Montreuil, Seine-Saint-Denis, et Paris, 1999, © IGN.

depuis le XII$^e$ siècle, c'est même la nature profonde des phénomènes urbains et de la transformation des territoires.

Mais la question des centralités est autre. Cette métropole multiethnique et multiculturelle affirme peut-être que le besoin d'association entre les hommes, qui a toujours été le sel de la ville, tente en permanence de réémerger dans ces territoires cassés et interrompus. À travers des phénomènes de microcentralités, des lieux du possible et de la transgression se construisent, que n'offre sans doute pas la ville institutionnelle et qui constituent la grande richesse de ces territoires.

Aujourd'hui, la question que posent ces situations est celle des projets possibles sur les interstices d'un paysage ouvert auquel il faut donner un sens, une forme et une architecture. C'est la totalité du paysage, celui des infrastructures, celui des réseaux, qui doit être l'objet de projets en relation avec les formes urbaines. Il faut repenser l'aménagement du territoire non pas en terme d'efficacité, mais en fonction des épaulements possibles de fragments urbains issus d'une lecture attentive du paysage.

La matière vivante de la ville contemporaine est bien là, et la responsabilité des aménageurs et des architectes est sollicitée pour imaginer ce que sera demain le devenir de cet archipel métropolitain.

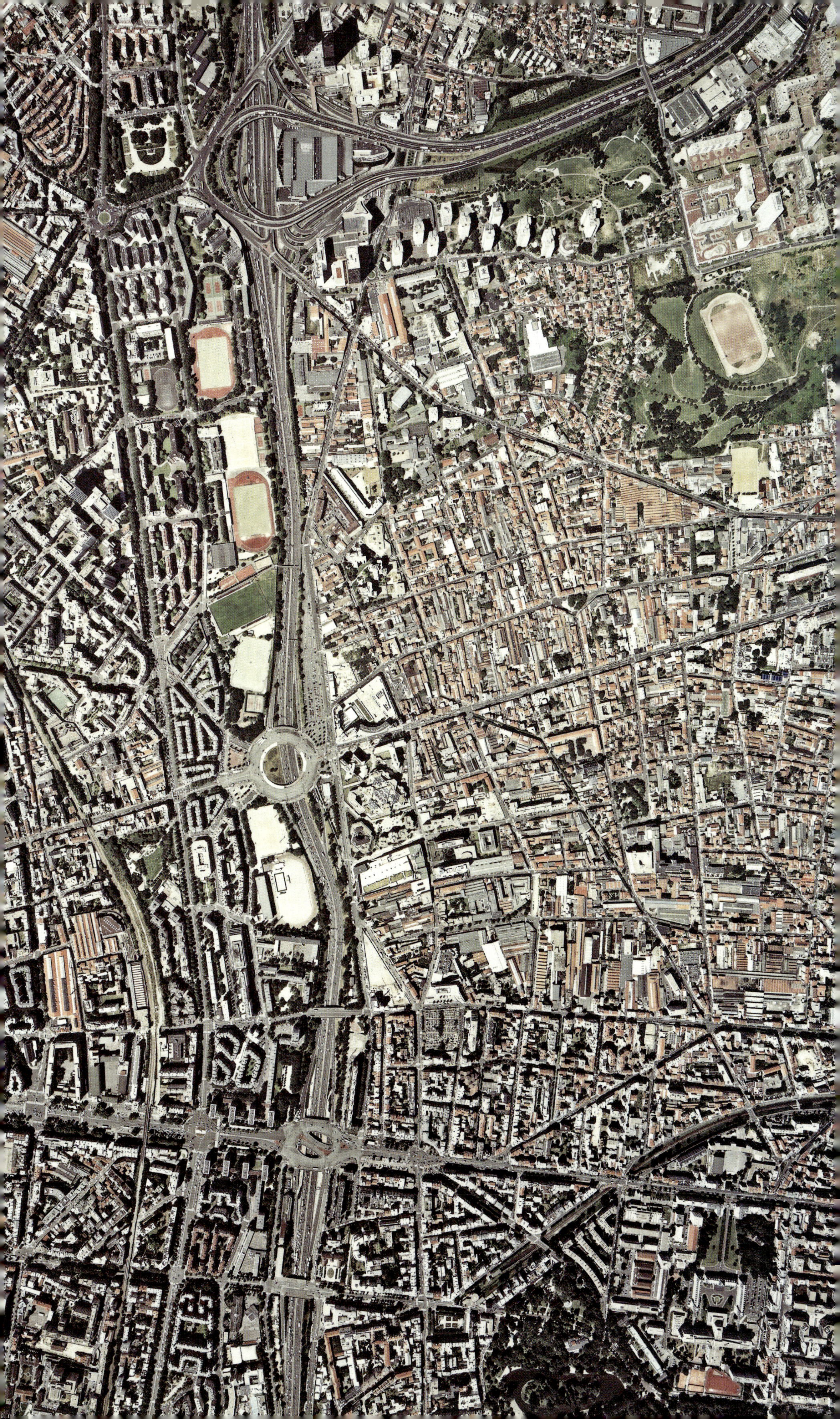

# TERRITOIRES PARTAGÉS

51 GÉOGRAPHIE, HISTOIRE ET RÉSEAUX

83 AMÉNAGER LE TERRITOIRE

173 PAYSAGES ÉMERGENTS

# À PROPOS

**Jean-Pierre Pranlas-Descours**

La constitution du territoire métropolitain est le fruit d'un long processus et d'une histoire qui trouvent leur origine dans la géographie du site de la vallée de la Seine.

Le sujet est, ici, immense et complexe, et il ne s'agit pas pour nous de l'épuiser, mais plutôt d'en donner différents éclairages autour de thèmes majeurs qui permettent une compréhension globale de la formation de ce territoire.

En premier lieu sont abordées les questions liées aux rapports entre géographie, histoire et réseaux.

Sont approfondis par la suite les thèmes relatifs aux politiques d'aménagement, tant celles concernant la mobilité et le transport que celles liées à l'éducation et au commerce. Ici s'ouvre un vaste domaine qui, au cours du XX$^e$ siècle, avec la notion de planification, a totalement bouleversé la lente évolution de la formation historico-géographique du territoire métropolitain.

L'habitat est le troisième volet abordé dans le cadre de cette première partie : les différentes politiques du logement, les identités qui s'en dégagent, marquent et structurent fondamentalement ce territoire.

Création de lotissements, politique des grands ensembles, mutation des habitats, et déplacement ou stabilité des groupes sociaux en fonction des situations géographiques et économiques sont ici traités pour une compréhension de l'inscription résidentielle des habitants de la métropole.

Est approfondie ensuite la question des densités, qui est au cœur de l'organisation territoriale de la région parisienne. La répartition et l'évolution des densités ont été l'objet de grands projets durant le siècle dernier, et ont ainsi abouti à la constitution de ce territoire si riche et si varié de l'aire métropolitaine.

De nouvelles organisations, de nouveaux paysages émergent aujourd'hui dans ce territoire, à commencer par les liens entre Paris et sa proche couronne. De grandes ambitions sont portées ainsi pour définir de nouvelles relations intercommunales. La métropole se cherche et tente de faire émerger des structures transcommunales, afin d'organiser ces territoires partagés et de répondre à l'évolution de la vie métropolitaine. Tel est le thème qui conclut la première partie de cet ouvrage.

# GÉOGRAPHIE, HISTOIRE ET RÉSEAUX

# GÉOGRAPHIE ET FORMATION DU TERRITOIRE

**Michel Carmona**
Professeur
à la Sorbonne,
Responsable du
Magistère de gestion
et aménagement
de l'espace et
des collectivités
territoriales

Le site originel de Paris est bien connu dans sa relative simplicité : un carrefour de rivières, en un lieu où la multiplicité des îles et la présence de buttes et d'éperons calcaires qui se rapprochent du lit de la Seine, facilitent le franchissement de cette dernière, sur la grande voie qui conduit de la France du Nord et de la Belgique vers l'Ouest atlantique, le Massif central, l'Italie et l'Espagne.

Les avantages sont nombreux. À la facilité des franchissements s'ajoutent l'aptitude des îles, surtout celle de la Cité, à procurer des défenses naturelles, et la présence de terrasses insubmersibles, comme celle qui s'étend sur la rive droite entre le pont Notre-Dame et le Pont-Neuf à 6 mètres au-dessus du niveau du fleuve. L'extrême découpage des rebords de plateaux et de buttes qui sont comme projetés vers les rivières crée des voies de passage naturelles comme la vallée de la Bièvre qui s'insinue entre la colline Sainte-Geneviève (60 mètres) et la Butte aux Cailles (60 mètres également), ou le col de la Chapelle entre la butte Montmartre et Belleville (128 mètres). Les forêts qui ceinturent la cuvette parisienne constituent une ligne de défense avancée en même temps qu'elles offrent aux habitants les ressources de la cueillette, de la chasse et du bois. Les matériaux du sous-sol sont nombreux et de qualité : calcaire grossier, grès, meulière, gypse qui fournit le plâtre de Paris, sables et argiles, permettant des constructions rapides et durables. Enfin, l'alternance de couches perméables et imperméables favorise la présence de nappes souterraines et de sources, fournissant de l'eau pure en abondance.

Les environs immédiats de Paris comportent au sud et à l'ouest des paysages de plateaux entre 60 et 175 mètres d'altitude, entaillés de vallées peu nombreuses à l'est (rebord de la Brie, avec l'éperon de Villejuif, plateau d'Orly, coteaux abrupts de Sucy-en-Brie, Chennevières-sur-Marne, Boissy-Saint-Léger), un peu plus nombreuses à l'ouest (coteaux du Hurepoix, au-delà de la Bièvre et de l'Orge). Au nord et au nord-est, entre la Seine et la Marne, prédominent les plaines qu'aucune vallée significative ne vient interrompre ; à des altitudes qui varient entre 30 et 75 mètres, se succèdent ainsi la plaine de France, la Goële, la plaine de Montmorency-Pierrelaye ; aux approches des fleuves, Seine, Marne, Oise, ces plaines sont dominées par des buttes, isolées comme Montmartre, allongées comme les buttes de Sannois (171 mètres) et de Montmorency (131 mètres), parfois aussi étendues que des petits plateaux, au nord de la Marne : plateaux de Bagnolet-Montreuil, de Romainville (130 mètres d'altitude), d'Avron, de Montfermeil. Au nord-ouest, en direction de la Normandie, la Seine dessine d'amples méandres qui ont déblayé de vastes plaines alluviales à une altitude variant entre 24 et 60 mètres, où les cultures maraîchères et l'élevage trouvent des terrains de production ; les coteaux qui les bordent

**1.** Le relief de l'Ile-de-France, © IGN.

le long de la Seine à Meudon, Sèvres, Saint-Cloud, Suresnes, au Mont Valérien (161 mètres), à Bougival, Port-Marly et jusqu'à la terrasse de Saint-Germain-en-Laye, et de même en amont de Paris entre Marne et Seine au Mont Mesly et sur le coteau de Chennevières-sur-Marne (109 mètres d'altitude), se prêtent à la vigne et aux cultures fruitières. Il est vrai que les grands méandres multiplient les zones inondables; longtemps délaissées par les logements, celles-ci ont pu accueillir d'importantes industries lors de la révolution industrielle, avant que la poussée de la population n'y attire plus tard des logements, malgré les risques d'inondation. Si l'on ajoute que bon nombre de plateaux, dont la surface est constituée de terres lourdes et humides, sont plus propices à la forêt qu'à la culture, on comprend que les zones privilégiées ont été les coteaux et les rebords de colline. Depuis l'époque gauloise, ce sont ces sites qui ont de préférence attiré les habitants.

**Géographie et formation du territoire**

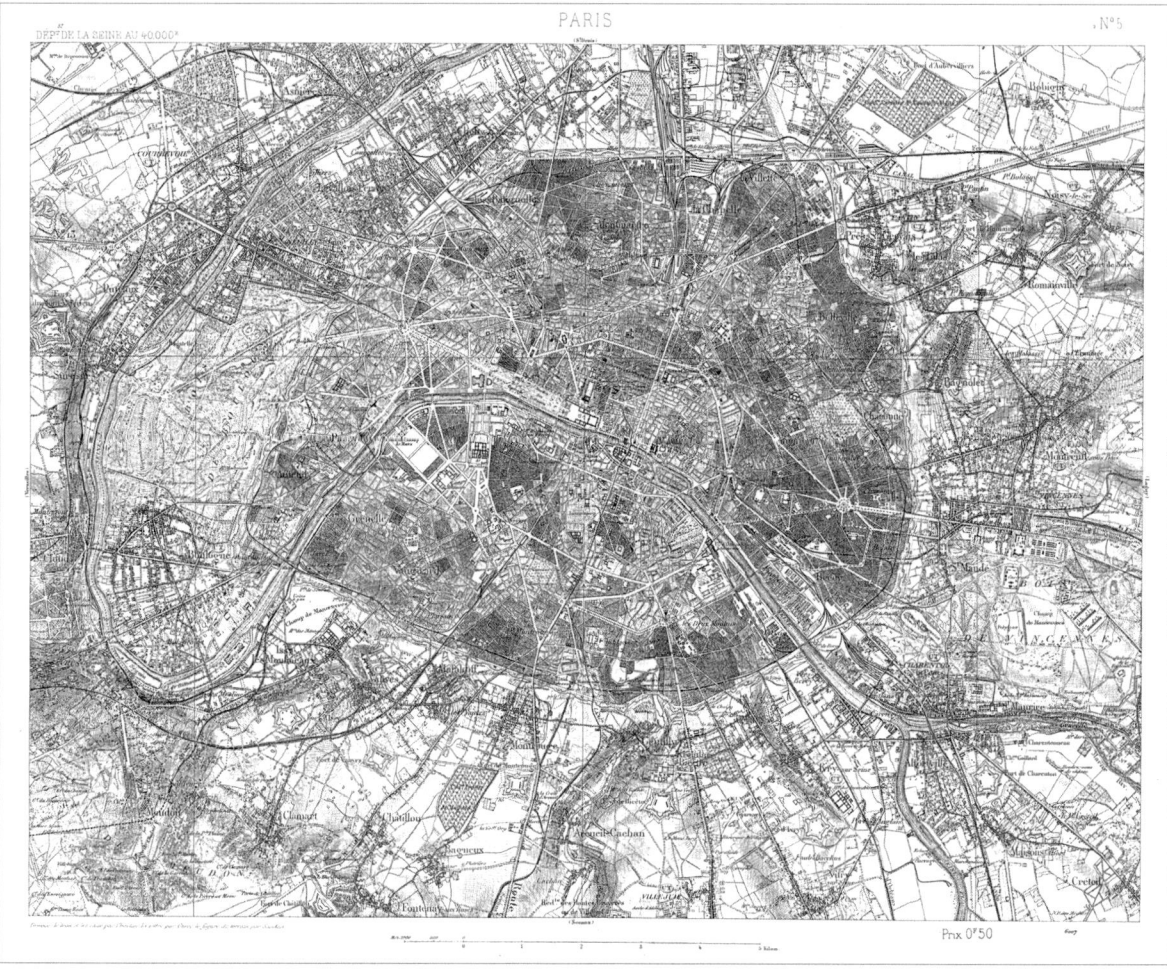

**2.** Carte du département de la Seine au début du XXe siècle, coll. APUR.

À chaque poussée démographique, le même scénario s'est répété. Ne trouvant plus de place sur les coteaux, les nouveaux arrivants ont occupé les vallées, puis sont montés sur les plateaux. Depuis le XIVe siècle, ce schéma n'a jamais varié ; les sites de coteaux sont restés les sites privilégiés. Parfois, une certaine équité s'instituant, les habitants se trouvaient dotés de terres qui combinaient les trois types de terroir : coteau, vallée, plateau.

Il existe d'autres secteurs répulsifs. L'importance des forêts rebelles à l'exploitation agricole a multiplié les propriétés princières ou bourgeoises, devenues par la suite des propriétés d'agrément ; la pression continue de l'urbanisation au début du XXe siècle, puis entre les deux guerres, enfin après la Seconde Guerre mondiale, en exacerbant les besoins en logements, a poussé les propriétaires à vendre en bloc ces vastes domaines, qui accueillirent lotissements et grands ensembles. À l'inverse, les terres à vigne qui morcelaient le paysage ne se prêtaient guère qu'à la réalisation de pavillons ou de petits collectifs. De même, les carrières, sablières et plâtrières, nombreuses du fait de la qualité des matériaux et de l'ampleur des besoins de la construction, rendirent certaines zones quasiment inaptes à l'urbanisation : les carrières d'Amérique n'ont pu donner naissance qu'au parc des Buttes-Chaumont, les plâtrières de Romainville et de Sannois, les sablières de Vitry-sur-Seine, de Villeneuve-le-Roi et de Draveil ont bloqué pendant des décennies toute réalisation de logements.

Ces éléments expliquent la structure très particulière de l'urbanisation autour de Paris. Une seule ville véritable s'est constituée anciennement près de Paris : Saint-Denis, ancien centre religieux de la tribu gauloise des Parisii,

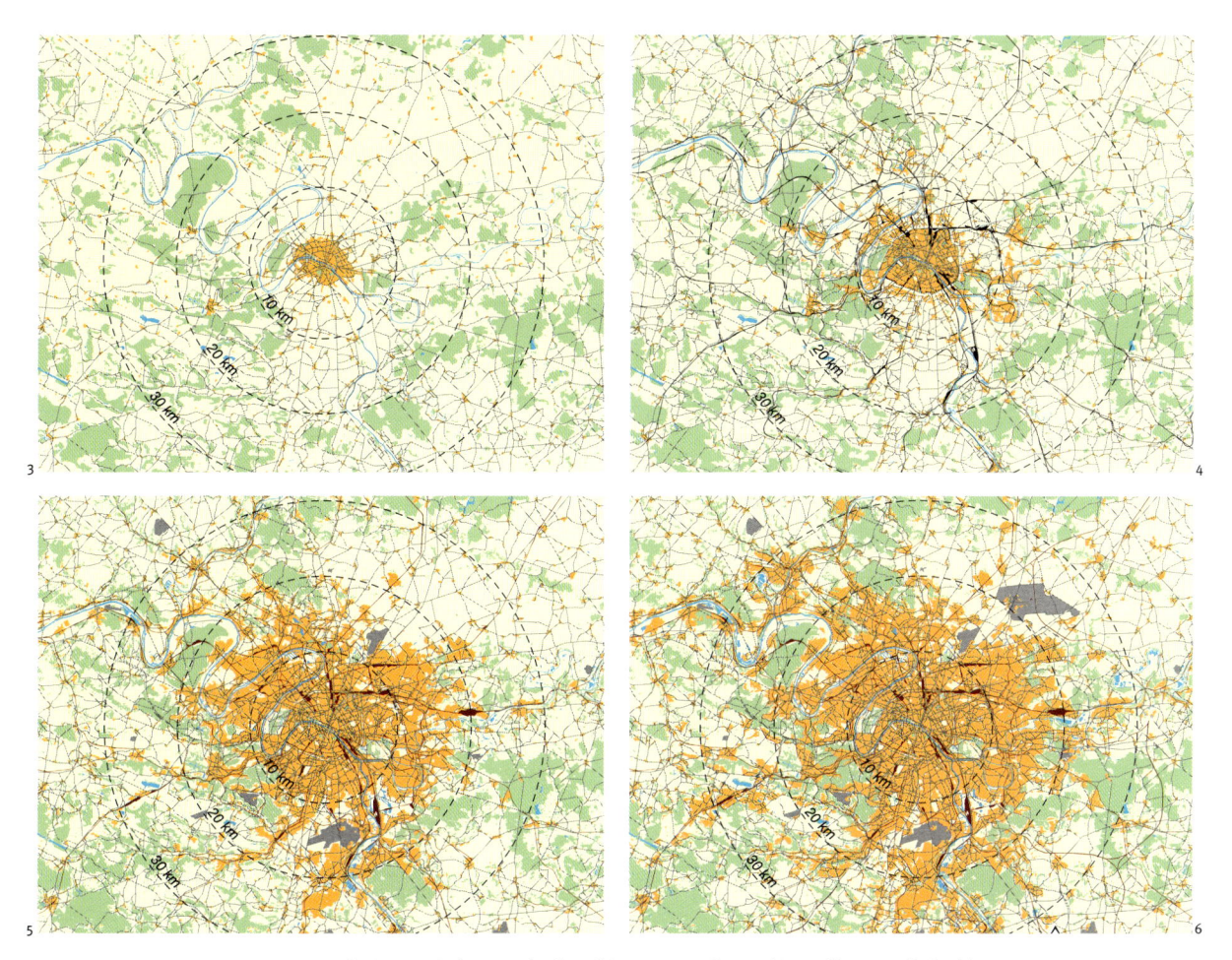

Croissance
de l'agglomération centrale
**3.** 1830
**4.** 1900
**5.** 1960
**6.** 2000
Source et © IAURIF.

- espace construit
- espace boisé
- aéroport
- autres rural
- réseau routier
- réseau ferré
- cours, plan d'eau

christianisé avec la basilique royale, et lieu d'accueil de l'immense et prestigieuse foire du Lendit dans la vaste plaine du même nom. Les autres petites villes ne sont, jusqu'à l'époque révolutionnaire, que des villes-bourgs, comme Rosny-sous-Bois ou Choisy-le-Roi. À partir du XVIIe siècle, certaines résidences royales ou princières ont commencé à porter certains de ces bourgs au rang de villes : Choisy-le-Roi précisément, mais aussi Vincennes, Saint-Cloud, Sceaux – pour ne pas évoquer les villes plus éloignées de Fontainebleau, Saint-Germain-en-Laye ou Versailles. Peu de hiérarchie, de ce fait, entre des villes dont aucune ne peut tirer argument, pour affirmer une quelconque prééminence sur ses rivales, de l'histoire, du prestige ou de la taille. Quand le chemin de fer développa ses tentacules autour de Paris, les voies ferrées qui n'aiment pas grimper et se glissent par conséquent dans les fonds de vallées, colonisèrent des sites jusque-là délaissés pour y implanter des triages et des dépôts ; Juvisy, Noisy-le-Sec et Le Bourget, Villeneuve-Saint-Georges, témoignent de l'émergence d'une nouvelle génération de bourgs-centres.

La croissance de Paris au-delà des limites de son enceinte va submerger cet espace limitrophe de la capitale. L'agglomération s'étend d'abord dans les méandres de la vallée de la Seine, dont les zones inondables, peu attractives jusque-là, permettent l'établissement des voies de chemin de fer et des industries lourdes. Bientôt, chaque ligne de chemin de fer entraîne une nouvelle extension de Paris, attirant des industries et facilitant les déplacements quotidiens des travailleurs. En 1900, les vingt-quatre communes qui jouxtent Paris forment une sorte de couronne industrielle et résidentielle, fortement urbanisée ; mais la croissance urbaine a déjà commencé à gagner une vingtaine d'autres communes : à l'ouest et au nord, dans la boucle de Gennevilliers, ce sont Asnières, Courbevoie, Puteaux, Suresnes, Colombes, à l'est Fontenay-sous-Bois, Livry-Gargan et Champigny-sur-Marne, au sud-est Maisons-Alfort et Alfortville, au sud Vitry et Villejuif. L'agglomération couvre au début du XXe siècle une cinquantaine de communes, peuplées de 4 millions d'habitants, dont 3 millions à Paris et 1 million dans ces communes suburbaines.

Les lotissements accélèrent le mouvement. Les bois, résidus des grandes propriétés d'antan, disparaissent les premiers. Au fur et à mesure que les voies ferrées se construisent, de grands lotissements se créent à Romainville (1848), Bois-Colombes (1851), puis Bondy, Les Pavillons-sous-Bois, Le Raincy, Villemomble. Quand la plupart des bois privés ont disparu, c'est au tour des parcs d'être lotis, à Saint-Maur, Juvisy, Villeneuve-le-Roi (l'un des derniers de ce type, en 1900). Les lots, d'abord importants pour une clientèle aisée, deviennent de plus en plus petits, à la mesure d'acquéreurs aux moyens modestes ; entre 1920 et 1930, les superficies loties sont multipliées par cinq, atteignant 16 000 hectares – deux fois la superficie de Paris *intra-muros*.

Entre 1930 et 1954, les lotissements se raréfient, et la construction réinvestit Paris, où plus de 30 000 logements locatifs sociaux sont construits sur l'emplacement des anciennes fortifications, tandis qu'apparaissent une trentaine de cités-jardins en proche banlieue, comme celles de Suresnes, de Châtenay-Malabry, du Plessis-Robinson ou de Stains.

À partir de 1954, ce sont les grands ensembles qui deviennent, pendant une génération, la formule type de l'urbanisation. Les espaces libres qui subsistaient sont occupés de manière intensive ; les plateaux, dernières zones encore délaissées jusqu'à cette date, sont désormais urbanisés. Loin des gares mais relativement proches de Paris par l'utilisation de moyens de transports individuels, ils vont un jour souffrir de l'insuffisance de desserte en transports en commun, et du voisinage de grands équipements indispensables mais peu recherchés : aéroports (Le Bourget, Orly, Roissy), traitements de déchets (centre de tri de Romainville, usines d'Issy-les-Moulineaux, de Saint-Ouen, de Vitry), traitements d'eau (Valenton, Colombes), centrales électriques, infrastructures de traitement du gaz.

Un espace contrasté et compact forme ainsi, autour de Paris, la « première couronne ». Peuplée de 4 millions d'habitants, elle dépasse largement la ville de Paris avec ses 2 125 000 résidents. Ensemble, ces deux secteurs constituent l'agglomération restreinte, 6 125 000 habitants établis sur 76 200 hectares (762 kilomètres carrés) environ ; large de 8 kilomètres, la première couronne englobe 127 communes, réparties en nombre à peu après égal entre chacun des trois départements qui la composent, Hauts-de-Seine, Seine-Saint-Denis et Val-de-Marne.

**7.** Relief et points de vue remarquables, source APUR - IAURIF, © APUR - IAURIF.

point de vue

panorama

Le cadre administratif a peu changé depuis la Révolution. Celle-ci avait dessiné un département de la Seine, de petites dimensions, en principe limité aux territoires situés à l'intérieur d'un rayon de 3 lieues (12 kilomètres) autour de Notre-Dame. Un nouveau découpage a été réalisé par la loi du 10 juillet 1964 ; le département de la Seine a été amputé de Paris, tandis que les autres communes, auxquelles ont été ajoutées une quarantaine de communes antérieurement situées dans le département de Seine-et-Oise qui entourait le département de la Seine, ont formé les trois départements de la première couronne. Mais les limites communales sont restées pour la plupart ce qu'elles étaient avant la Révolution ; les communes actuelles sont les héritières de paroisses d'une taille plutôt moyenne, 700 à 800 hectares environ, avec guère plus de 2 kilomètres d'un village à l'autre. Après la Révolution, certaines communes se sont coupées en deux à la faveur de l'urbanisation, entraînant ainsi à la fin du XIX$^e$ siècle et au début du XX$^e$ la création de plus d'une vingtaine de nouvelles communes, comme Levallois-Perret, Les Lilas, Le Kremlin-Bicêtre, Le Plessis-Trévise ou Malakoff.

Dans les modes d'occupation de l'espace de la cuvette centrale, les contraintes géographiques ont donc été fortement modulées, au cours des deux derniers siècles, par des considérations démographiques et économiques. C'est probablement l'une des sources des déséquilibres que l'on constate aujourd'hui. De profondes coupures strient les paysages : voies ferrées, routes à grande circulation et autoroutes, gares, gares de triage, aéroports, usines de traitement de déchets et de traitement de l'eau, centrales électriques, usines à gaz, sans parler des cimetières, marchés, abattoirs des entrepôts. Faute de place, faute d'une politique raisonnée de répartition des habitants et des équipements sur le territoire, l'histoire a empilé des zones disparates d'habitation sur des sites qui ne sont pas toujours bien desservis, à proximité immédiate d'équipements bruyants, dangereux, polluants, ou tout cela à la fois.

Les habitants qui disposent d'une relative aisance ont tendance à fuir ces territoires pour aller s'établir plus loin du centre, Paris *intra-muros* faisant exception – c'est l'une des grandes villes du monde actuel où l'attraction du centre est la plus forte. Quand on compare les résultats des deux derniers recensements, en 1990 et 1999, on voit que l'effectif de la population stagne.

Le but d'un nouveau partage de ces territoires n'est pas de relancer une urbanisation forcenée, d'augmenter coûte que coûte la population. Les vraies questions que pose l'utilisation inadéquate d'une partie importante de cet espace sont ailleurs. Comment gommer ces coupures, éviter qu'elles fracturent la vie sociale, qu'elles provoquent des sentiments d'injustice, de frustration ? Les technologies de notre époque permettent de résoudre à peu près tous les problèmes ; mais à quel prix ? Et comment ne pas souhaiter qu'une juste place soit restituée à la géographie, aux réalités de l'espace, en restaurant les vraies couleurs de ces paysages où se dessine l'histoire deux fois millénaire d'une présence humaine continue, créatrice d'une richesse et d'une densité humaine que l'on ne trouve que là où des générations ont successivement vécu, travaillé, souffert, rêvé…

# LES STRUCTURES DU PAYSAGE CLASSIQUE DANS L'ESPACE MÉTROPOLITAIN

**Georges Farhat**
Architecte, enseignant
à l'École d'architecture
de Versailles

Contre une urbanisation en tâches d'huile, Jean Claude Nicolas Forestier imaginait, autour de Paris, un développement raisonné, structuré par une armature d'« espaces libres ». Celle-ci comprenait, outre des bords de rivières et des paysages protégés, les forêts domaniales et de grands parcs hérités de l'Ancien Régime. Leur distribution défavorable à l'est devait être rééquilibrée par la création d'espaces verts. Des avenues-promenades auraient relié tous ces éléments entre eux et au centre de l'agglomération.[1] Contrairement aux systèmes de parcs américains qui l'inspiraient, Forestier mettait en valeur les vestiges d'un réseau paysager historique, figuré par l'abbé Delagrive en 1740 sur l'étendue aujourd'hui encadrée par la Francilienne et desservie par le RER (fig. 1). Les parcs représentés dans ce document ont laissé une trace dans la trame viaire de la banlieue, des espaces publics majeurs et des équipements de loisirs à l'échelle régionale. Certains, en rebord de plateau, offrent une vision saisissante de la métropole dans la vallée de la Seine (fig. 2, 3 et 4).

Cet héritage en perpétuelle évolution est à penser désormais dans les termes d'un nouvel espace administratif auquel se surimposent le découpage et la mobilité induits, simultanément, par des infrastructures de transport. Mais, au préalable, l'histoire de ce patrimoine et certaines interprétations doivent être actualisées à la lumière de recherches récentes. C'est ce que l'on esquissera ici, en rappelant le poids de cet héritage, en évoquant ensuite son origine dans les institutions du sol et son appartenance à l'économie terrienne, enfin, en revenant sur sa place dans la formation de la métropole.

### Les environs de Paris en 1740

Bien qu'il n'indique pas le relief, c'est avec un souci du détail et une précision géométrique rares que Delagrive fait exécuter sa carte des environs de Paris. Celle-ci profite de tous les acquis de la cartographie et de la géodésie depuis la création de l'Académie des sciences en 1666.[2] L'intérêt pour les voies de communication terrestres et les cours d'eau y est manifeste. Un fond clair figure les terres cultivées sur les plateaux et dans les vallées : aire d'approvisionnement du carreau des Halles. Il est parsemé de remises à gibier, lacéré de chemins et de routes. S'y détachent de grands massifs boisés, des forêts et des parcs parcourus par un réseau d'allées et d'avenues plantées, orthogonales, en étoiles ou en pattes-d'oie. Les plus larges, reliées parfois à des routes, prolongent les perspectives de châteaux et de leurs jardins.

---

1. Jean Claude Nicolas Forestier, *Grandes villes et systèmes de parcs*, Paris, Hachette, 1906 ; rééd. par B. Leclerc et S. Tarragò i Cid, Paris, Norma, 1997.

2. Sur cette histoire liée à la mesure de la terre et à l'évolution de l'astronomie, lire G. Picolet (dir.), *Jean Picard et les débuts de l'astronomie de précision au XVII<sup>e</sup> siècle*, Paris, CNRS, 1987. Voir aussi, Antoine Picon et Jean-Paul Robert, *Un atlas parisien, le dessus des cartes*, Paris, Pavillon de l'Arsenal/Picard éditeur, 1999.

Au nord-est, on reconnaît la forêt de Bondy avec, entre Villemomble et Livry, le parc du château du Raincy dont les deux axes majeurs (actuelles RD 116 et 117) rejoignent la route d'Allemagne par Meaux (RN 3)[3] ; à l'est, le parc de Champs et le bois Saint-Martin, à présent dans la ville nouvelle de Marne-la-Vallée ; au sud, la forêt de Notre-Dame et le parc de Grosbois (Boissy-Saint-Léger). Le bois de Brou, les forêts d'Armainvilliers et de Sénart sont laissés en coulisses. Les plateaux céréaliers ainsi encadrés sont parsemés de plus petits parcs, dont les allées forment à présent des rues comme Maison-Blanche, Ville-Évrard, Le Perreux ou Émery.

Les parcs de Saint-Maur et Vincennes marquent les avant-postes de cette constellation. Ils sont reliés à la place du Trône et au faubourg Saint-Antoine par quatre longues avenues, grands axes de l'Est parisien délimitant la plaine de Bercy et les territoires de Conflans, Charenton et Saint-Mandé.

À l'opposé, convergent vers le jardin des Tuileries : l'avenue de Neuilly, la route de Saint-Cloud dans le parc de Boulogne et le « nouveau chemin » de Versailles dans la plaine de Billancourt (RN 10). Ces voies, reliées à des ponts sur la Seine, forment le débouché d'un réseau dense mieux conservé que celui de l'est car constitué pour majeure partie de biens nationaux : c'est l'espace couvert par la carte des chasses du roi, centré sur Versailles. Il comprend, entre le massif de Montmorency et la vallée de Chevreuse, les forêts de Saint-Germain-en-Laye, Marly et Fausses Reposes, les bois du Vésinet, de Satory et de Verrières. On y trouve les parcs de Marly, Versailles, Chaville, Meudon, Saint-Cloud, domaines mis en réseau, qui ne formeront plus qu'un seul ensemble de 15 000 hectares à la fin de l'Ancien Régime.[4] Trois parcs complètent ce tableau. Au nord, Maisons (ville-parc au XIXe siècle) lance au-delà de la Seine une grande avenue (RN 308) qui redouble le chemin de Sartrouville jusqu'à Houilles et la Garenne de Colombes (dont le plan radié marquera le lotissement). Au sud, Sceaux croise ses deux perspectives du Grand Canal et du Tapis Vert avec la route de Versailles à Choisy-le-Roi (RN 186-A 86). De taille plus modeste, Choisy rayonne néanmoins sur les terroirs de Villeneuve-le-Roi, Orly, Grignon, Thiais, Vitry-sur-Seine, sur les villages, châteaux et petits parcs reliés à la route de Fontainebleau (RN 7).

Avec une grande force de séduction, Delagrive présente l'image d'un territoire dans sa perfection, rendu homogène grâce à la précision cartographique ; d'où quelques malentendus auxquels les chantiers de Vaux-le-Vicomte ou Versailles, pourtant pleins de contradictions, ne sont pas étrangers. On a considéré ces tracés comme issus d'un projet unitaire, celui de l'âge classique. On a voulu y reconnaître les origines de l'aménagement du territoire et du zoning, une manifestation de l'espace infini, homogène et isotrope qu'impliquait la science moderne depuis Galilée et Descartes.[5] Hypothèse tout aussi hardie : des moyens de levé de terrain plus performants auraient pour corollaire des tracés plus étendus. Le héros de cette histoire est le jardinier de Louis XIV, André Le Nôtre.

---

3. Constitué à partir de 1639, par Jacques Bordier, intendant des finances du roi, Le Raincy est déclaré propriété nationale en 1848 et loti, commune autonome en 1869.

4. Voir l'excellente étude de Vincent Maroteaux, *Versailles, le roi et son domaine*, Paris, Picard, 2000.

5. Ce sont respectivement les thèses de T. Mariage, *L'Univers de Le Nostre. Les origines de l'aménagement du territoire*, Bruxelles, Mardaga, 1990, et de Leonardo Benevolo, *La cattura dell'infinito*, Rome, Laterza, 1991.

**1.** *Environs de Paris levés géométriquement par M. l'abbé Delagrive [...]*, s. l., 1740, (neuf feuilles, chacune 63,5 x 88 cm), cliché IGN.

En réalité, ce maillage dense mais discontinu résulte de projets hétérogènes, soumis aux contingences topographiques, aux aléas des acquisitions, aux statuts du sol : une histoire de la longue durée sur un territoire foncièrement différent du nôtre ?

### Grands parcs et nouveaux seigneurs

Alors que l'on a, aujourd'hui, tendance à les confondre, jardins et parcs sont deux entités distinctes mais complémentaires dans l'aménagement d'une unité territoriale : le domaine seigneurial. Ce dernier, sous la dépendance directe du seigneur, comprend autour du château : jardins d'agrément, fruitiers, potagers, fermes, moulin, colombier, champs, bois, prés, étangs, dont une partie peut se retrouver enclose dans un parc. Le domaine constitue avec les censives (terres labourables soumises à redevance), les communaux et les forêts, l'essentiel d'une seigneurie, territoire sous la juridiction d'un seigneur.⁶ Le parc n'a alors pas ses fonctions actuelles : il s'agit d'un lieu clos de production vivrière et sylvicole où se pratique la chasse. Il assure des revenus réguliers. Les opportunités du site dictent certains choix. À Sceaux, Jean-Baptiste Colbert qui tenait à rééquilibrer les dépenses de sa maison, profite d'une extraterritorialité fiscale et crée un marché d'intérêt régional⁷ que son fils englobe dans un grand parc après 1683.

À partir des réalisations du XVIe siècle, la division et la distribution des jardins et des parcs se précisent. Dans un texte de 1624, Louis Savot résume ces antécédents en un schéma type où le parc est divisé par des allées dessinant « une forme d'estoile au milieu… [et] aux quatre coings, [des] demies estoiles, ou pates d'oye »⁸. Celles-ci divisent le parc en secteurs spécialisés, facilitent les visées sur le gibier et contrôlent les vues sur la campagne. Avec ses masses boisées à l'arrière-plan des jardins, le parc convoque l'imaginaire et la scénographie du paysage classique élaboré en littérature et en peinture. Bien qu'il en soit indissociable, le travail de la terre y est sublimé.

En travers d'une vallée peu profonde, on sépare parc et jardin « par un canal égal en longueur [largeur] à celle du parc »⁹. Limite ouverte, ce canal, qui peut se réduire à un bassin axial, permet d'étendre, dans le parc, les perspectives du jardin ainsi protégé du bétail ou du gibier. Idéalement, il est transversal à l'axe de la composition annoncée, côté cour, par « une place grande, et spatieuse, avec une avenue à trois allées, la plus longue qu'on pourra »¹⁰.

Par principe, parcs, jardins, avenues, canaux, perspectives ne sont établis ni tracés au hasard. Le relief (plateau, coteau, exposition) ou l'hydrographie (rivières, marais) ainsi que la qualité des sols orientent le choix du site. Paradoxalement, pour le jardin « il sera à propos aussi de choisir l'endroit le plus aride [le moins fertile] du terroir, […] afin de n'employer la partie propre à rapport, en places qui ne peuvent estre cultivées »¹¹. Par ailleurs, la chasse est un privilège royal dans les capitaineries¹² dont Paris est entouré. Il y a donc intérêt, après autorisation, à former un parc : derrière les murs tombent certaines

6. Cette présentation simplifiée est évidemment très loin de la variété et de la complexité des situations réelles, avec des implications lourdes pour la juridiction et la fiscalité (cens, champart, dîme) : plusieurs seigneurs par terroir voire pour un même lopin, des seigneuries étendues sur différentes paroisses, un même propriétaire pour des fiefs distincts. Cf. P. Goubert et D. Roche, *Les Français et l'Ancien Régime*, 2 vol., Paris, Armand Colin, 1984.
7. Voir J. Vilain, *La Fortune de Colbert*, Paris, Imprimerie nationale, 1995.
8. « Les places entre ces allées seront remplies les unes de bois sauvage, les autres d'arbres fruitiers, et les autres employées en prairies, terres labourables, et vignes selon l'estenduë du parc. » In Louis Savot, *L'Architecture françoise des bastimens particuliers*, Paris, S. Cramoisy, 1624, chap. 29.
9. *Ibid.*
10. *Ibid.*
11. L. Savot, *op. cit.*, chap. 3.
12. Étendue de terre soumise à une même juridiction pour la chasse.

restrictions et meilleure est la surveillance du bien.

C'est ce que font, dès la fin du XVIe siècle, de nouveaux seigneurs issus de la noblesse de robe ou de la roture bourgeoise en quête d'investissements terriens et de crédit social. À la faveur d'une longue crise de l'économie terrienne, on observe un mouvement de concentration foncière et de rassemblement de petites seigneuries. Parallèlement au cours du bois que l'on y plante [13], les parcs connaissent une expansion telle que parfois domaines et seigneuries se superposent. [14] D'anciens parcs, dès lors dénommés petits, sont englobés dans de grands parcs. L'échelle des compositions change.

Les nouveaux propriétaires se rencontrent dans la haute finance (1597 : Valois à Gros-Bois ; 1637 : Bordier au Raincy ; 1699 : Touane à Champs), parmi les parlementaires (1598 : Brûlart à Berny ; 1630 : Longueil à Maisons) ou dans l'appareil d'État (1635 : Le Tellier à Chaville ; 1670 : Colbert à Sceaux). Ils forment très tôt l'avant-garde d'une commande qui n'est pas royale et qui souvent précède l'entrée en scène d'André Le Nôtre. [15]

Sur des étendues considérables, la campagne de l'Ile-de-France va subir des transformations. Dans ces parcs atteignant 500 hectares, des routes sont détournées, des villages déplacés, des paysans poussés à vendre et les cultures modifiées.

## Le temps long des tracés

Le grand axe de Meudon illustre bien la complexité d'un tracé développé sur trois kilomètres et trois cents ans, considéré à tort comme résultant d'un geste démiurgique. Tout le « pays », que l'on voit dans la perspective plongeante qui en est donnée vers 1685-1690 (fig. 5), était annexé au parc. Mais entre l'achat du château par Servien (1654) et l'achèvement de ses perspectives axiales par Louvois (avenue de Trivaux au-delà de l'« Hexagone » et avenue du château), il aura fallu attendre trente ans : le temps qu'aboutissent les négociations touchant des terres encloses avant 1657. [16] Plus tôt, les directions de cette composition mouvementée étaient déjà fixées avec un premier château construit pour Sanguin (1520-1525) puis la Grotte, casin conçu par le Primatice (1552) à l'emplacement

**2.** Vue depuis la Grande Terrasse de Meudon, cliché G. Farhat.
**3.** Vue depuis la Grande Terrasse de Saint-Germain-en-Laye, cliché G. Farhat.

13. Les fonctions cynégétiques et économiques du bois dans les parcs classiques sont exposées par J. Buridant, « Le bois dans les parcs au XVIIe siècle », in Georges Farhat (dir.), La Culture d'André Le Nôtre, 1613-1700. Institutions, arts, sciences et techniques, Paris, l'Imprimeur, à paraître.
14. Sur l'évolution de la propriété seigneuriale dans l'ouest parisien, voir V. Maroteaux, op. cit.
15. La particularité de l'œuvre de Le Nôtre répondant à un changement d'échelle dans ce contexte est développée dans G. Farhat, « Le Nôtre : anamorphoses, topographie, territoires », Diachroniques / Pages Paysages, n° 8, 2000-2001, pp. 44-53, ainsi que sur le site internet : http//www.lenotre.culture.gouv.fr/
16. Sur cette saga territoriale, on pourra lire l'article de M.-T. Herlédan, « Les perspectives de Meudon et la constitution foncière d'un axe », in La Culture d'André Le Nôtre, op. cit.

**Géographie, histoire et réseaux**

de l'actuel observatoire. Plus tard, le domaine connaît un démantèlement continu après la Révolution et l'incendie du château démoli en 1806, libérant ainsi la Grande Terrasse. Alors seulement, les deux perspectives, côté cour et côté jardin, qui étaient séparées se rejoignent. Le Grand Axe que l'on connaît apparaît sans que le projet n'en ait été formulé auparavant. Il constitue aujourd'hui le lien majeur entre trois parties de cette ville-territoire : Bellevue, le centre et Meudon-la-Forêt (fig. 6).

À Meudon, les champs sur le plateau, les prés et de nombreux petits vignobles dans le vallon avaient été cédés, sous la pression, par les paysans qui les tenaient sur différentes seigneuries. À leur place ont surgi les boisements du parc, origine de l'actuelle forêt urbaine.[17] La constitution de ces parcs est souvent vécue comme un bouleversement que l'on cherchera à réparer avec la confiscation des biens à la Révolution. Ce fut le cas, par exemple, sur la terre voisine de Chaville, où Michel Le Tellier avait fait dévier le chemin de Paris à Montfort-l'Amaury – créant la Route des Gardes en 1657 (RD 181) – et raser, en 1674, le village d'Ursine pour creuser un réseau d'étangs. Son parc ayant par la suite été réuni à celui de Meudon puis au grand domaine royal de l'ouest, ces opérations et bien d'autres encore sont épinglées par les habitants de la paroisse en 1789. Ils font « réclamation contre les abus de la chasse, ruineux et oppressifs où le cultivateur à cause du lapin et du gibier ne retire pas souvent le grain qu'il met en terre et où la grande bête foule et détruit tout et qui, étant chassée, attire 30 à 40 fois par année, cent chevaux à travers les champs et une foule de gens à pied, les champs sont dégradés, les denrées dévastées »[18]. En outre, ils déplorent que « les deux tiers du territoire de cette paroisse ont été néanmoins enclos sur différents temps, dans le Grand et le Petit Parc de Meudon, contre le gré des habitants et sans dédommagement suffisant, que les Officiers des Chasses ont fait percer des routes à travers les propriétés des particuliers sans leur aveu sans forme et sans indemnités » avec défense « de passer pour l'exploitation de leurs terres par ces routes formées à leur dépend et dont la communication est empêchée par des barrières »[19]. Il est

**4.** Vue depuis l'Allée royale dans le parc de Saint-Cloud, cliché G. Farhat.
**5.** Meudon, vue regardant l'« Hexagone » (étang de Chalais), gravure d'I. Silvestre vers 1685-1690.

17. M.-T. Herlédan, art. cit. Pour une histoire sociale des paysans, surtout vignerons et maraîchers des vallées qui n'ont jamais la propriété éminente de la terre qu'ils exploitent, lire P. Goubert, Les Paysans français au xviie siècle, Paris, Hachette, 1998. Les plus entreprenants d'entre eux, marchands-laboureurs des plateaux céréaliers, agents et bénéficiaires d'un capitalisme agricole naissant, sont étudiés dans J.-M. Moriceau, Les Fermiers de l'Ile-de-France. L'ascension d'un patronat agricole (xve-xviiie siècles), Paris, Fayard, 1994.
18. Cahier de doléances de Chaville, 16 avril 1789, art. 8.

**Les structures du paysage classique dans l'espace métropolitain**

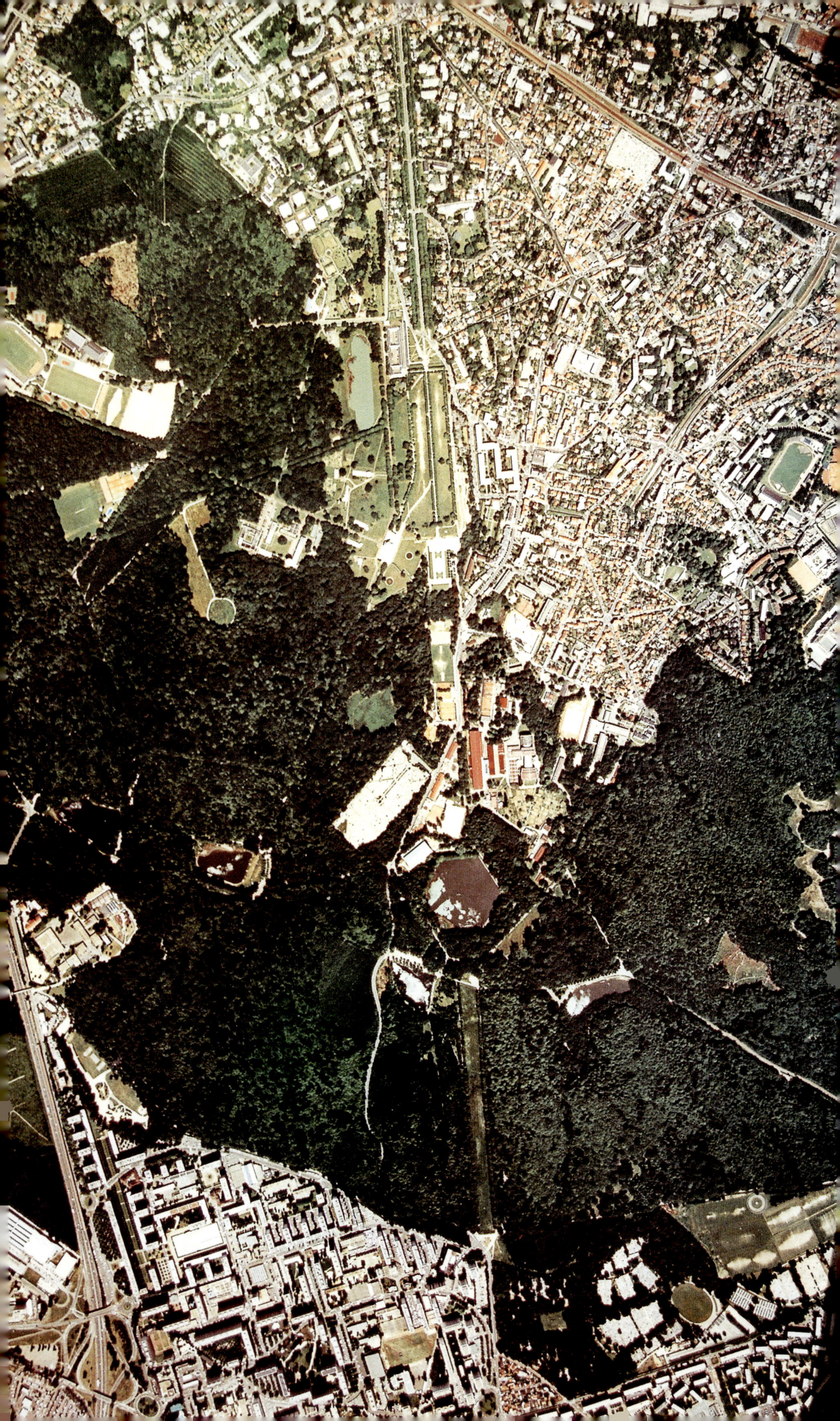

6. Meudon, Haut-de-Seine, vue aérienne, 1992, © IGN.

demandé que les terres encloses soient déclarées aliénables et que les eaux captives soient libérées.

### Des allées plantées à la métropole

Apparemment peu appréciées par ceux dont elles encadrent l'espace vital, les avenues dans les parcs et la campagne répondent à plusieurs buts. Marquées par une origine cynégétique, elles cadrent la vue pour la chasse et l'architecture, forment de longs promenoirs ombragés et des allées d'honneur. Elles facilitent aussi la circulation des personnes et des biens, l'acheminement des denrées produites sur le domaine. Pour tout cela, les parcs se trouvent au croisement de routes comme celles d'Orléans à Paris et de Versailles à Choisy (Sceaux/RN 20 et 186), le long de grands chemins tel celui de Provins (Gros-Bois/RN 19), parfois à proximité d'une voie d'eau où flottent le bois et les barques : pour Berny, la Bièvre, pour Saint-Maur, la Marne, pour Évry, la Seine.

Citadins, les propriétaires de parcs opèrent, de fait, un rayonnement de la ville sur la campagne recomposée. Mais ce mouvement est double, agissant, à l'opposé, depuis les demeures vers les champs et des maisons royales aux résidences urbaines.

Dans les années 1730, l'avenue du Maine permet de mieux relier Sceaux à l'hôtel Biron depuis la route d'Orléans.[20] Le duc du Maine, alors propriétaire du parc de Colbert, contribue ainsi au réseau des voies périphériques créées autour de Paris : boulevards du Montparnasse et de l'Hôpital, avenue de Breteuil et, surtout, Grands-Boulevards. Hésitant entre promenade plantée et dynamique économique, ces voies vont engager une transition de la ville cernée à la ville sans limite ni figure.[21] Jeu de mail (1597), cours de l'Arsenal et de la Reine (1628), les origines de ce nouveau dispositif urbain sont diverses.[22] Mais ne procède-t-il pas aussi de la logique des avenues de parcs dans les environs de la capitale ? C'est du moins ce que l'on pourrait penser du plus célèbre de tous les tracés : celui des Champs-Élysées représenté, à l'échelle régionale et en partie à l'état de projet, en 1675 par David du Vivier. On notera que le plan de Bullet (1673-1675) relatif au décret de démolition des fortifications de Paris (1670) n'y est pas encore pris en compte (fig. 7).

Avant la mutation des remparts, Le Nôtre agrandit le jardin des Tuileries, de 1666 à 1672, en y intégrant un bastion qui détermine la hauteur de la terrasse en retour le long de l'eau et qui, percé, laisse échapper la perspective sur le nouveau Grand Cours.[23] Il s'agit d'une avenue avec contre-allées qui prolonge l'allée axiale du jardin dans la capitainerie de la Varenne des Tuileries. Elle s'étend jusqu'au parc de Boulogne et aux ponts de bois sur l'île de la Jatte – en réalité, elle n'atteindra la Seine et ne la franchira qu'après 1766. Le schéma décrit par Savot est inversé : on arrive par une garenne ouverte face au jardin du plus beau palais de Paris. Ce faisant, l'accès occidental de toute la ville est réorganisé en redoublant une section de la route de Saint-Germain-en-Laye où, en 1666, le roi avait installé sa résidence ainsi que le siège du gouvernement et de la Cour.[24] Ce parcours

19. Ibid.
20. B. Rouleau, Le Tracé des rues de Paris, Paris, CNRS, 1988.
21. Sur l'ambivalence et les vicissitudes de ce projet de Colbert et Louis XIV exprimé par le plan de Bullet, lire Y. Brault, « Le plan de Pierre Bullet (1673-1675) », in Les Grands Boulevards, Paris, AAVP, 2000, pp. 29-37.
22. Cf. Y. Brault, « Radiographie historique d'un modèle », in Les Grands Boulevards, op. cit., pp. 52-56.
23. M. Poëte, Au jardin des Tuileries, Paris, 1924, reste incontournable. Il est néanmoins complété et actualisé par G. Bresc-Bautier, D. Caget et E. Jacquin, Jardins du Carrousel et des Tuileries, Paris, 1996.
24. Jusqu'à l'établissement à Versailles qui n'a lieu qu'en 1682.

**7.** « *Plan particulier de partie des environs de Paris, Versailles et Saint-Germain-en-Laye, faict par David Vivyer en l'année 1675* », Paris, musée des Plans-Reliefs.

part donc du jardin de pente d'Henri IV au pied du Château-Neuf de Saint-Germain dont on avait envisagé, un temps, de remanier les terrasses : deux rampes elliptiques parcourant d'un trait tout le coteau auraient formé là un dispositif d'accès monumental relayé par une place quadrilobée et des avenues dans la forêt du Vésinet.[25] Finalement, à Saint-Germain, les efforts se sont portés sur le plateau : la Grande Terrasse est réalisée (1669-1681) en lisière du parc de chasse (fig. 8). Orientée nord-sud, elle n'est axée sur aucun édifice, plantée d'un seul rang d'ormes le long du parc qu'elle ouvre à la vue sur toute la vallée fluviale. C'est une allée-chaussée en corniche, longue de 2200 mètres et large de 30, ponctuée de deux bastions : en somme, un boulevard qui domine la Seine de 60 mètres.[26] Pour ce tracé, on a acquis des parcelles en contrebas du parc dès 1665[27] tandis qu'à Paris, on réfléchissait déjà à l'avenue des Tuileries[28].

25. Projet abandonné, attribué à Le Nôtre (avant 1663), publié dans F. H. Hazlehurst, *Gardens of illusion*, Nashville, VUP, 1980.
26. Cf. G. Farhat, « Optique topographique : la Grande Terrasse de Saint-Germain-en-Laye », in *Le Nôtre, un inconnu illustre […]*, Paris, Monum, Éditions du Patrimoine, 2002, pp. 122-135.
27. Archives nationales, O¹1718, liasse 1, pièces 4 à 21.
28. Chantelou rapporte dans son journal du séjour du Bernin que celui-ci, discutant le 7 octobre 1665 avec Colbert « de la sortie de Paris par les Tuileries […], en a envoyé quérir le plan chez M. Le Nôtre et le plan des dehors pour les routes qui doivent mener de Paris à Saint-Germain ». Cité par M. Poëte, *op. cit.*

Les cas abordés dans ce texte permettent d'énoncer l'un des problèmes qui se posent à l'analyse du réseau paysager. En effet, il paraît difficile de dissocier les éléments de certains tracés — jardins, parcs, avenues, ouvrages d'art – qui vont structurer des axes de la métropole comme celui de l'ouest au-delà de la Grande Arche ; néanmoins, d'hésitations en repentirs, il s'agit rarement, à grande échelle, de projets unitaires ou univoques. Certes, les promenoirs, avenues ou boulevards de Paris et ses environs serviront de modèles aux promenades urbaines de province, aux infrastructures des Ponts et Chaussées, enfin à l'art urbain et à la planification régionale.[29] Mais ce sera *a posteriori,* au terme d'une longue sédimentation des pratiques.

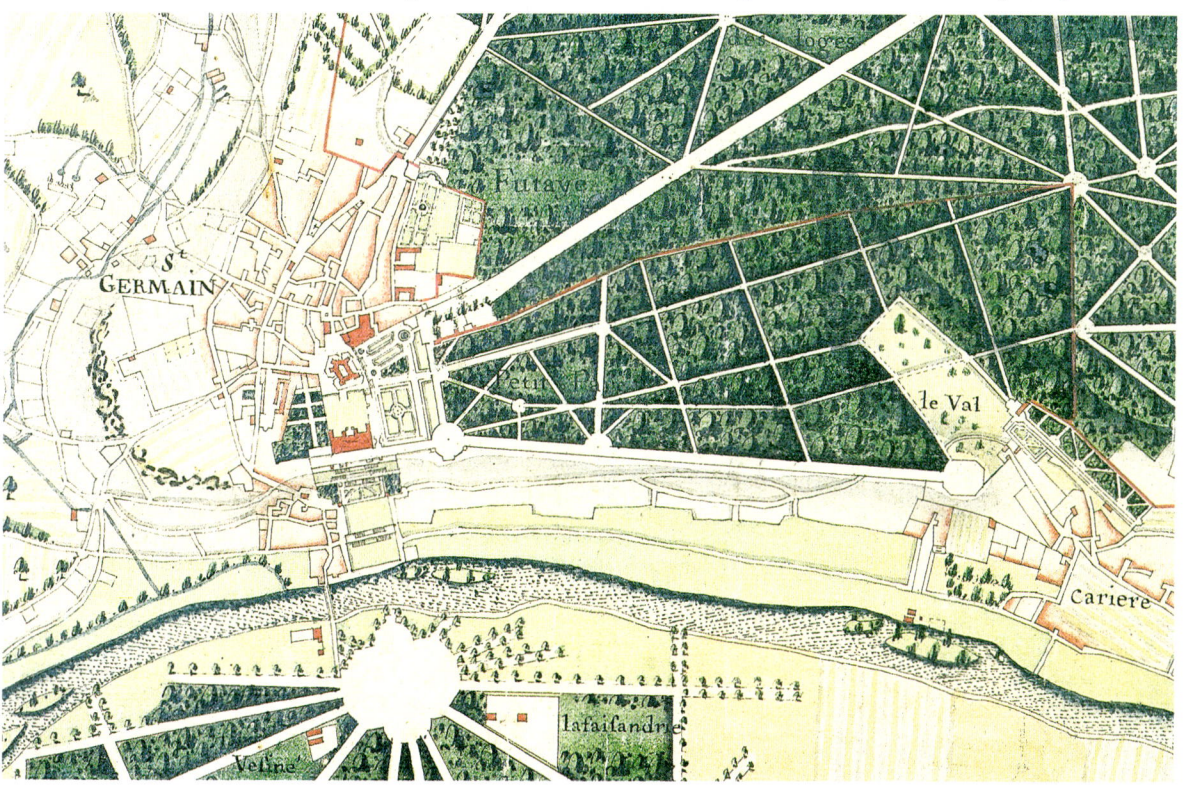

**8.** Détail de la *Carte générale de la forêt de Saint-Germain-en-Laye*, début du XVIIIe siècle, Archives nationales, VA/66, pièce 1, cliché J.-L. Charmet.

L'ouverture des jardins français recouvre l'extrême complexité de la notion de territoire en jeu à l'âge classique. Aussi, avec une institution comme le « domaine », son organisation et son inscription dans l'économie terrienne, il semble que l'on tienne une introduction, parmi d'autres, aux formes de la banlieue. Pour partie issue du lotissement des parcs classiques, celle-ci conserve avec certains d'entre eux de grands « espaces libres » de la métropole.

29. Sur la promenade, lire D. Rabreau, « La promenade urbaine en France aux xviie et xviiie siècles : entre planification et imaginaire », *in* M. Mosser et G. Teyssot (dir.), *Histoire des jardins de la Renaissance à nos jours,* Paris, Flammarion, 1991, pp. 301-312. Sur les ingénieurs : A. Picon, *Architectes et ingénieurs au siècle des Lumières,* Marseille, Parenthèses, 1988. Pour le xxe siècle, il suffira de relire, en réédition critique, J. C. N. Forestier, *Grandes villes et systèmes de parcs, op. cit.*

**Les structures du paysage classique dans l'espace métropolitain**

# DES RÉSEAUX MUNICIPAUX AUX FLUX MÉTROPOLITAINS, ÉVOLUTION

**Jean-Marc Offner**
Ingénieur, politologue, Directeur du Laboratoire techniques, territoires et sociétés (LATTS) Professeur à l'École nationale des ponts et chaussées

Discontinuité des pouvoirs locaux, discontinuité du bâti, discontinuité de l'accessibilité. Au-delà des « fortifs », la vie parisienne change de visage. Le boulevard périphérique – mur murant le Paris des temps modernes – modifie codes et espaces : bus à deux chiffres pour la capitale, à trois pour la banlieue ; correspondances bus-métro aux portes de Paris ; maillage dense des transports collectifs *intra-muros*, lignes effilochées pour l'arrière-ban…

Dans la plupart des grandes agglomérations françaises, les réseaux (de transport, de distribution d'eau, d'assainissement, d'énergie, etc.) ont participé au développement et à la consolidation des coopérations intercommunales. Ils ont fourni aux institutions d'agglomération leur légitimité originelle, de nouveaux territoires politiques s'arrimant aux espaces techniques. Dans le temps long, les logiques fonctionnelles des flux, s'affranchissant des frontières préexistantes, l'ont emporté sur les zonages politico-administratifs.

À Paris, rien de cela. Depuis la fin du XIX$^e$ siècle, quand s'installent les réseaux techniques urbains de toute sorte, la Ville lumière en contrôle jalousement le maillage, qu'il s'agisse du cas célèbre du métro, de l'électricité ou du pneumatique. L'échelle de l'agglomération ou de la région reste en filigrane, ignorée. Lorsque les réseaux sont prolongés hors de Paris, ce n'est que marginalement, courtes ramifications en proche banlieue. Lorsque les mailles s'agrandissent, la logique radiale prévaut, au profit de la capitale. Les actuelles ambitions politiques en faveur d'un rapprochement entre Paris et les communes périphériques doivent compter avec cet héritage séculaire. L'action publique locale en matière de déplacements est singulièrement concernée par ce nécessaire *aggiornamento* des relations entre réseaux et territoires.

## Histoires de maillage

Quand après quinze années de conflits, le conseil municipal de Paris obtient de l'État par un décret du 22 novembre 1885 la concession à la ville d'un réseau métropolitain, c'est une vision locale et non régionale du transport collectif qui s'impose, durablement. Stations rapprochées, dans Paris *intra-muros*, plutôt que mailles larges et interconnexions. Il faudra patienter presque un siècle (les récentes extensions du Réseau express régional) pour que les gares parisiennes commencent à être commodément reliées entre elles. Et des prolongements de lignes de métro décidés par le conseil général de la Seine en 1928 attendent encore leur mise en œuvre ! Voulant prévenir la « fuite » des hommes et des activités pour préserver ses rentrées fiscales, la Ville de Paris s'est volontairement isolée de sa périphérie (pour le plus grand bonheur de ses habitants actuels qui peuvent, grâce à la qualité du réseau de transport collectif parisien, se passer, plus que tout autre citadin français, de voitures : luxe suprême, même si 800 000 automobiles arborent fièrement un 75 sur leur plaque d'immatriculation).

La banlieue parisienne va néanmoins se développer, surtout après la Première Guerre mondiale, poussée démographique, croissance industrielle, réduction de la durée quotidienne du travail à huit heures et baisses tarifaires des transports publics aidant. Dès 1922, il est question d'un réseau régional. Mais le plan Prost de 1935 évoque à peine la question des transports collectifs. En 1938, la Compagnie du métropolitain parisien acquiert la ligne de chemin de fer dite «ligne de Sceaux» pour en faire un «métro régional». Quelques décennies seront encore nécessaires pour que le projet se concrétise. Le plan d'aménagement et d'organisation générale de la Région parisienne de 1960 prévoit des transversales ferroviaires nord-sud et est-ouest. Le schéma directeur d'aménagement de la Région parisienne de 1965 innove par l'ampleur des projets (250 kilomètres de voies nouvelles), l'affirmation de l'échelle régionale et du polycentrisme, une structure en H incluant des «tangentielles». Ce schéma ne sera pas exécuté. «Réalisme» et aléas décisionnels feront retrouver une ossature de lignes radiales, la station Châtelet-Les Halles devenant *de facto* le centre de l'agglomération, à l'ouverture du tronçon central Auber-Nation du RER en 1977.

Les principaux projets de transport collectif des années 1990 ne dérogent pas au modèle : la nouvelle ligne de métro Météor renforce encore le quadrillage dans Paris *intra-muros*, la nouvelle ligne de RER Eole reste radiale. Ce n'est qu'au cours de ces dernières années que prennent consistance les projets de transport collectif en site propre de rocade (pour la première couronne) et les tangentielles ferroviaires ne passant pas par Paris.

**L'amarrage municipal des réseaux techniques**
Cette autonomie ou domination de la ville-centre dans la morphogenèse des réseaux de transports collectifs de la région parisienne se retrouve peu ou prou dans l'histoire des autres réseaux techniques. De manière moins visible, mais tout aussi efficace, réseaux de communication et d'énergie vont ainsi, dans un premier temps au moins, opposer organisations parisienne et banlieusarde.

Créé en 1866 en complémentarité du réseau télégraphique, victime de son succès, le réseau pneumatique relie les bureaux télégraphiques parisiens, utilisant pour ses 450 kilomètres de tuyauteries les égouts établis par Belgrand et Haussmann. Neuilly-sur-Seine constituera la seule échappée périphérique. La Société urbaine d'air comprimé (SUDAC), lointaine héritière de la Compagnie générale des horloges pneumatiques de 1880, tentera quant à elle son expansion dans une vingtaine de communes de la proche périphérie. Mais les égouts n'y étant généralement pas visitables, contrairement aux équipements de Belgrand à Paris, la pose en tranchée coûte cher. Cette contrainte technico-économique, s'ajoutant au déclin de l'usage industriel de l'air comprimé après la Seconde Guerre mondiale, confère à la SUDAC un destin essentiellement parisien. La Société générale des téléphones pour sa part, à laquelle est concédé le réseau téléphonique de Paris, passera également ses fils dans les égouts sans dépasser la limite des fortifications. Il faudra attendre les années 1920 pour que des études de restructuration du réseau prennent en compte les liaisons suburbaines. Dans le secteur du transport et de la distribution de chaleur, la Compagnie parisienne de chauffage urbain, concessionnaire de la ville de Paris à partir de 1928, ne se permettra que de rares incursions en banlieue, malgré ses 415 kilomètres de canalisation.

Le cas de l'électricité se révèle particulièrement intéressant. La Compagnie parisienne de distribution d'électricité, créée en 1914 par fusion des diverses sociétés opérant sur Paris, reste autonome. En banlieue, en revanche, les sociétés de production et distribution ont intercommunales : Nord-Lumière, Sud-Lumière, etc. Et en 1924, sur la suggestion du préfet de la Seine, les communes de la première couronne se regroupent dans un Syndicat des communes de la banlieue de Paris pour l'électricité. La rationalisation technico-économique – encouragée par l'émiettement communal – s'effectue tant du côté des concédants, les collectivités locales, que de celui des concessionnaires, les entreprises de réseau.

L'introversion parisienne conduit ainsi, par contrecoup, à une solidarité accrue des communes de la banlieue. Aujourd'hui, de puissants syndicats intercommunaux fédèrent d'importants territoires périphériques. Le SEDIF (Syndicat des eaux d'Ile-de-France), créé en 1923, produit et distribue de l'eau potable pour 144 communes des sept départements franciliens hors Paris. Le SIPPEREC (Syndicat intercommunal de la périphérie de Paris pour l'électricité et les réseaux de communication) est autorité concédante de la distribution publique d'électricité pour le compte de 80 communes de la petite couronne. En 1997, il a ajouté à ses compétences les réseaux urbains de télécommunication. De même nature, le SIGEIF (Syndicat intercommunal pour le gaz et l'électricité en Ile-de-France) peut se considérer comme le plus grand établissement intercommunal de France. Créé en 1904 pour organiser la distribution publique de gaz, il s'occupe également d'électricité à partir de 1994 et effectue depuis 2001 des prestations de service en matière de télécommunication pour le compte de ses adhérents.

Souvent méconnus, ces regroupements intercommunaux ne possèdent pas la légitimité politique des établissements publics à fiscalité propre, à l'instar des communautés d'agglomérations. Ils n'en mobilisent pas moins des ressources importantes, développent des solidarités techniques et géographiques réelles, favorisent l'apprentissage des collaborations entre communes et l'interconnaissance entre élus locaux. Parce que l'intercommunalité exclut autant qu'elle intègre, ces syndicats de distribution d'eau, d'énergie, de télécommunication contribuent au *statu quo* de la partition entre Paris et le reste de l'Ile-de-France.

D'abord liés aux structures communales existantes par le régime juridique de la concession municipale, les réseaux techniques urbains ne restent en général pas figés dans leurs frontières administratives initiales. Ils s'étendent soit par extension spatiale (un réseau de base prolonge ses lignes au-delà des limites communales) soit par interconnexion (des réseaux de communes différentes sont reliés et mis en compatibilité). Pour ce faire, l'affranchissement des barrières institutionnelles s'effectue de deux manières : les communes peuvent se regrouper et s'entendre en vue de confier leurs intérêts à une seule entité ; une entreprise unique peut gérer les réseaux de plusieurs communes (ce sera plus difficile si l'entreprise est organiquement liée à un territoire, comme une régie municipale). Rien – sinon les positions politiques, l'héritage historique, les déséquilibres démographiques et économiques, la préservation des autonomies communales de la « ceinture rouge »…, ce qui n'est certes pas rien mais ne paraît pas rédhibitoire – n'empêchait donc la Ville de Paris de s'allier avec ses voisines pour prendre en charge, au-delà de cas exceptionnels, tel ou tel service urbain.

Trois syndicats échappent à l'ostracisme parisien. Le SYCTOM (Syndicat de traitement des ordures ménagères de l'agglomération parisienne) regroupe Paris et 92 communes de proche banlieue. Le SIAAP (Syndicat intercommunal pour l'assainissement de l'agglomération parisienne) concerne Paris et les trois départements de la petite couronne. Les facteurs techniques sont là prédominants. Dans les années 1920, Paris et le département de la Seine disposaient d'ailleurs déjà de services techniques d'assainissement communs. La loi de la gravitation, régissant l'acheminement des eaux usées, édicte son organisation territoriale... Quant au STIF (Syndicat des transports d'Ile-de-France), il associe l'ensemble des départements franciliens (dont Paris), l'État (majoritaire au conseil d'administration) et – depuis peu – la région. Longtemps considéré comme une chambre d'enregistrement des *desiderata* de la RATP, le STIF pourrait être un acteur majeur de la gestion des interconnexions, des interfaces et de l'intermodalité.

Le défi essentiel posé aux acteurs locaux aujourd'hui désireux de coopérer reste en effet celui de la planification et de la gestion des déplacements, un peu plus d'un siècle après la mise en service des premières lignes d'un métro conceptuellement fort peu « métropolitain ».

### Une mobilité métropolitaine

Aujourd'hui, afin de se rendre sur leur lieu de travail dans Paris, les habitants de la capitale utilisent les transports collectifs (TC) pour 57 % de leurs trajets, la marche à pied (MAP) pour 21,5 % et leur voiture particulière (VP) pour 15 % seulement. En première couronne, le partage modal pour les mêmes déplacements domicile-lieu de travail se transforme profondément : 24 % TC, 17,5 % MAP, 55 % VP. Cette tendance se renforce au sein de la deuxième couronne : 9 % TC, 14 % MAP et 73 % VP. Le transport collectif conserve néanmoins sa compétitivité pour les liaisons entre Paris et la périphérie.

Les statistiques de taux d'équipement en automobiles des ménages confirment cette vision. À Paris, il y a 52 véhicules pour 100 ménages (plus de la moitié des ménages parisiens n'a pas de voiture) ; en première couronne, ce sont 94 véhicules pour 100 ménages et, en deuxième couronne, 126 véhicules. C'est dans ces zones les moins denses d'Ile-de-France, là où la croissance démographique s'avère la plus forte, que la motorisation par habitant augmente le plus. La deuxième voiture – que la RATP ambitionnait de remplacer, le temps d'un slogan – est désormais la règle dans la « grande banlieue » des espaces périurbains.

Ainsi, trois territoires se côtoient. Un centre d'agglomération, en l'occurrence Paris, où transports collectifs et marche à pied assurent plus des trois quarts des déplacements ; durant les années 1990, le trafic automobile y a même diminué de 8 %. Une grande couronne, où règne quasi sans partage la voiture (on s'y déplace en moyen de transport mécanisé deux fois plus rapidement qu'à Paris) ; la marche ne subsiste que pour aller à l'école, le transport collectif pour se rendre à Paris. Dans la petite couronne, la situation demeure intermédiaire ; les piétons comme les transports collectifs résistent (70 % des résidents de la zone d'influence de la RATP disposent d'au moins une ligne de transport collectif en site propre à moins de cinq minutes à pied de leur domicile), mais 45 % des déplacements y sont effectués en automobile.

Le plan de déplacements urbains (PDU) d'Ile-de-France veut réduire le trafic automobile, en conformité avec la loi sur l'air et l'utilisation rationnelle de l'énergie de 1996. Dans ce but, de nombreuses mesures d'organisation de la voirie, de réglementation du stationnement, de gestion des transports collectifs, etc. sont prévues. Des lignes de bus à vitesse, fréquence et confort améliorés (le réseau Mobilien) sont en cours d'étude et de négociation au sein de comités d'axes. Le contrat de plan État-Région 2000-2006 a pour sa part programmé un certain nombre d'infrastructures : prolongements de lignes de métro et de RER, nouvelles lignes de tramway.

Malgré des marges de manœuvre réduites, des choix stratégiques demeurent. Tout semble aujourd'hui encourager une dualisation de l'espace francilien : un noyau d'agglomération avec Paris et, peut-être, les communes limitrophes, espace dense, très bien desservi par des transports collectifs gagnant en efficacité, où marche à pied et usage du vélo se voient encouragés, « reconquête » de la voirie aidant ; le reste du territoire laissé à l'automobile, malgré quelques efforts de réduction de l'étalement urbain et la concentration des nouvelles localisations sur les sites desservis par les transports collectifs. C'est ce qui se passe dans les agglomérations de province, évolution d'ailleurs majoritairement entérinée par les PDU. Un deuxième scénario impliquerait de prendre en compte le caractère véritablement métropolitain de la région Ile-de-France, sorte de territoire mille-feuilles fonctionnant simultanément à plusieurs échelles et plusieurs vitesses. Il faudrait, pour cela, adapter en conséquence organisation institutionnelle, processus décisionnels, méthodes de planification, représentations sociales et spatiales de la banlieue.

Les réseaux de transport et les autres réseaux techniques, qui n'ont jusqu'à présent contribué qu'*a minima* à la formation d'une solidarité territoriale entre Paris et sa « périphérie », doivent trouver toute leur place, au-delà de leur rôle logistique, dans les nécessaires réflexions sur l'archipel métropolitain.

# JEAN-CHRISTOPHE BALLOT
*TRANSIT*

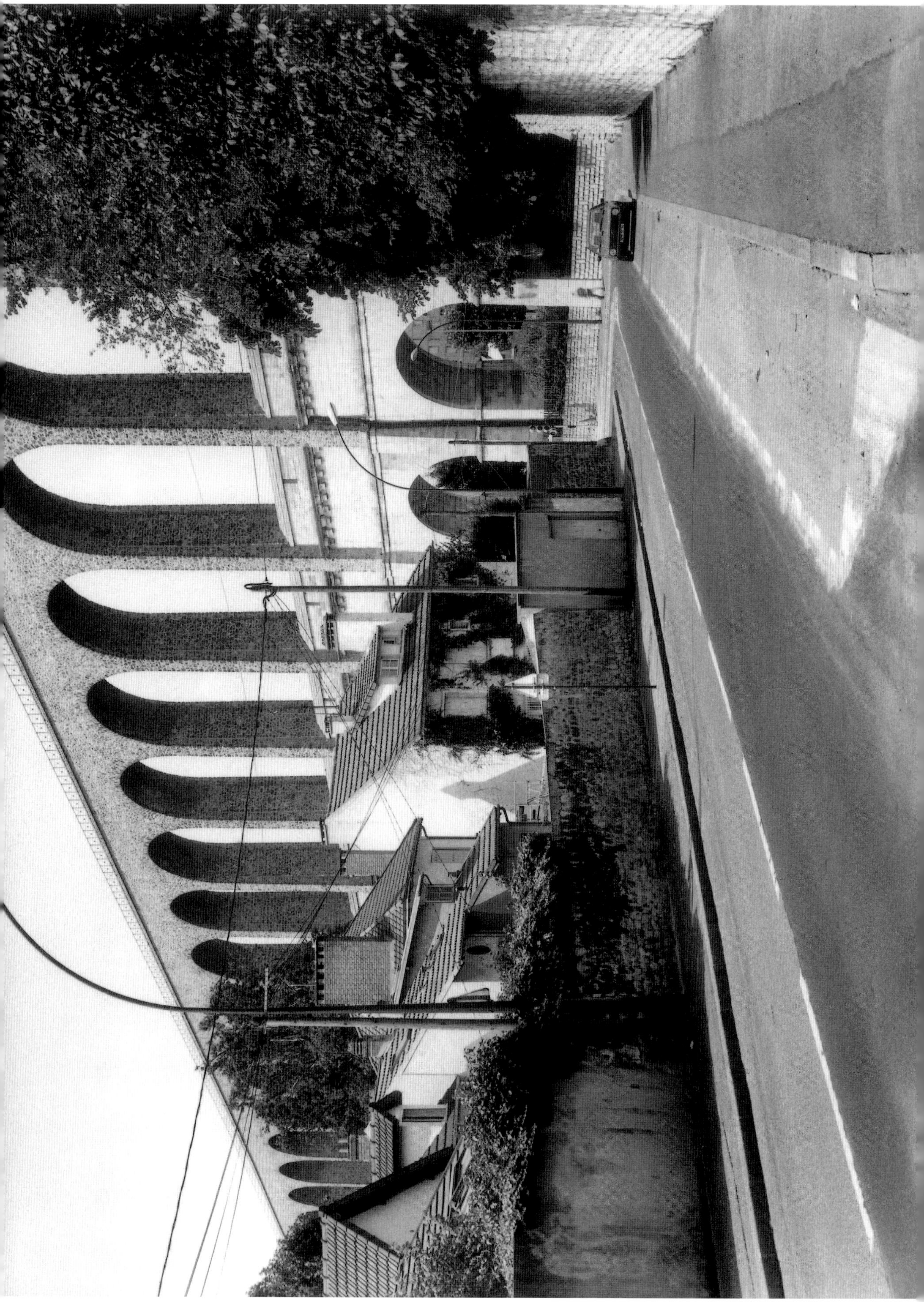

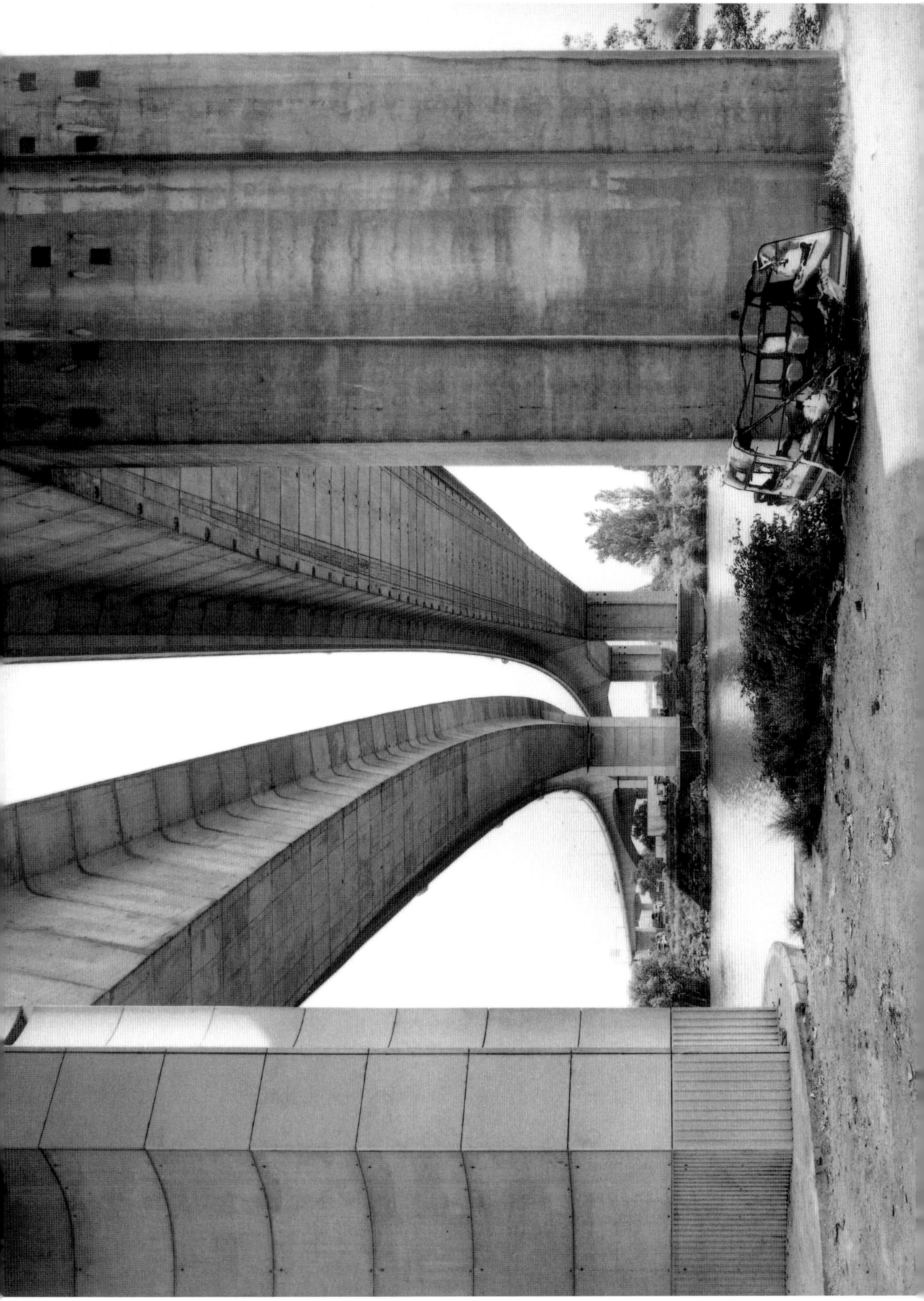

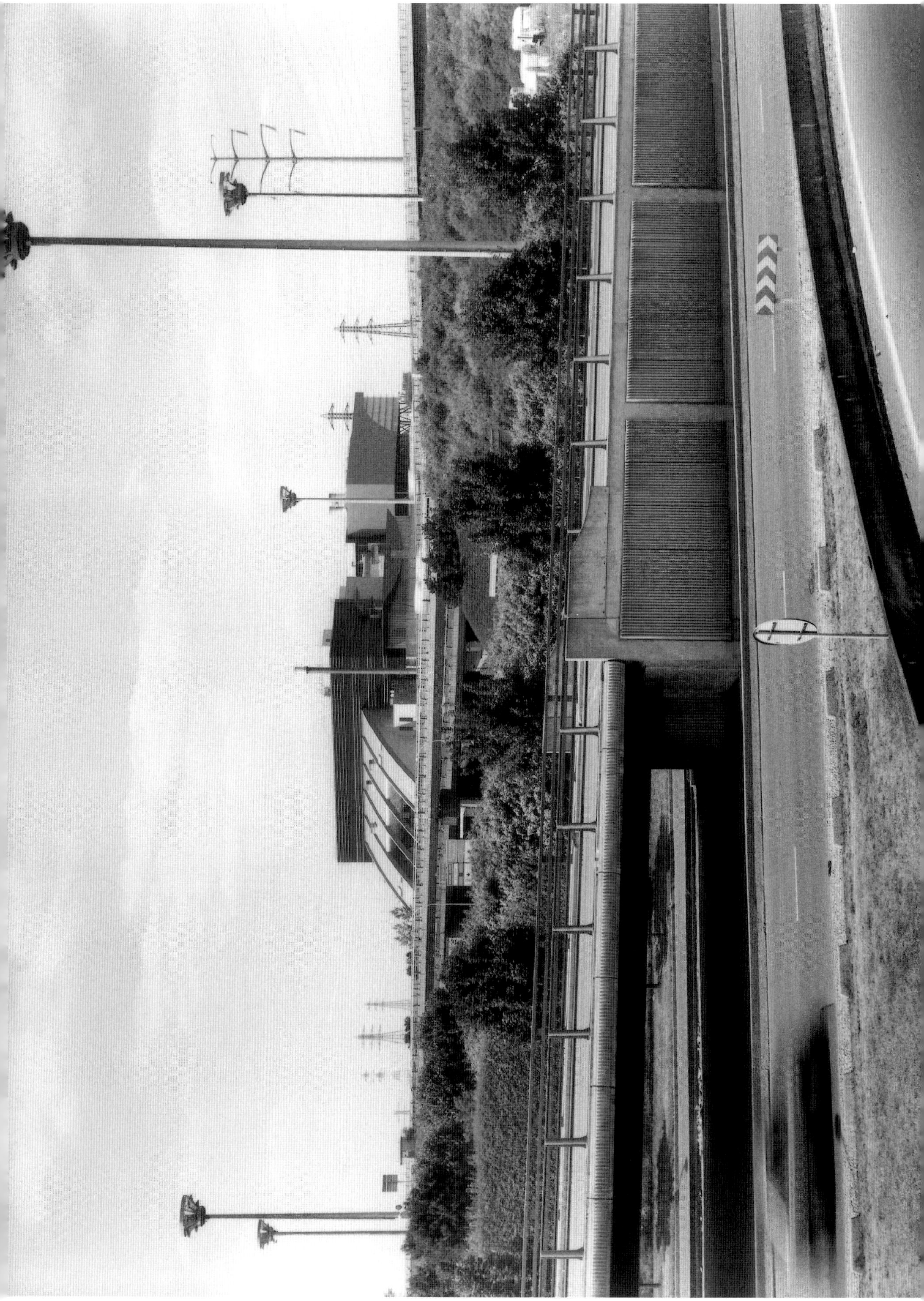

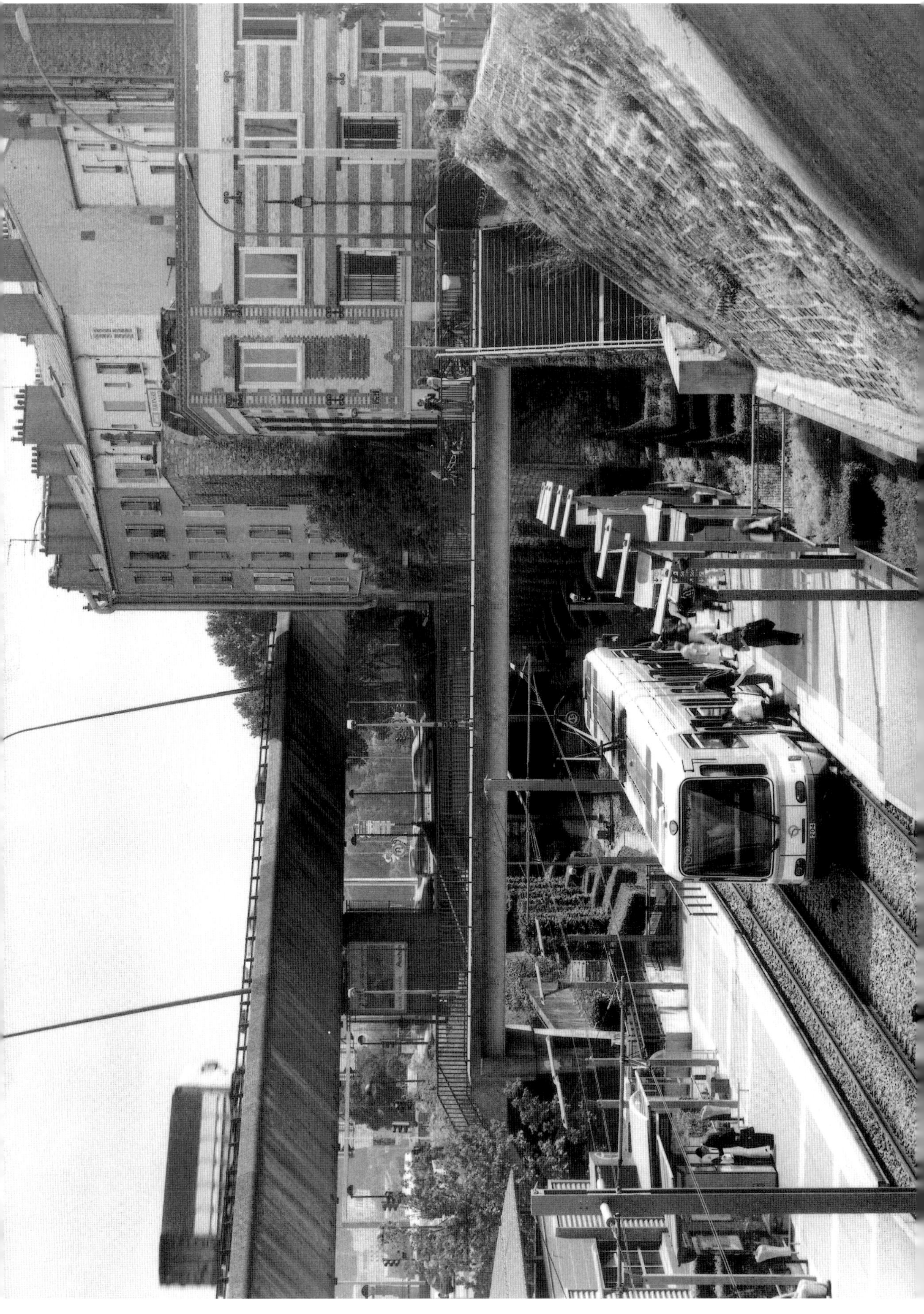

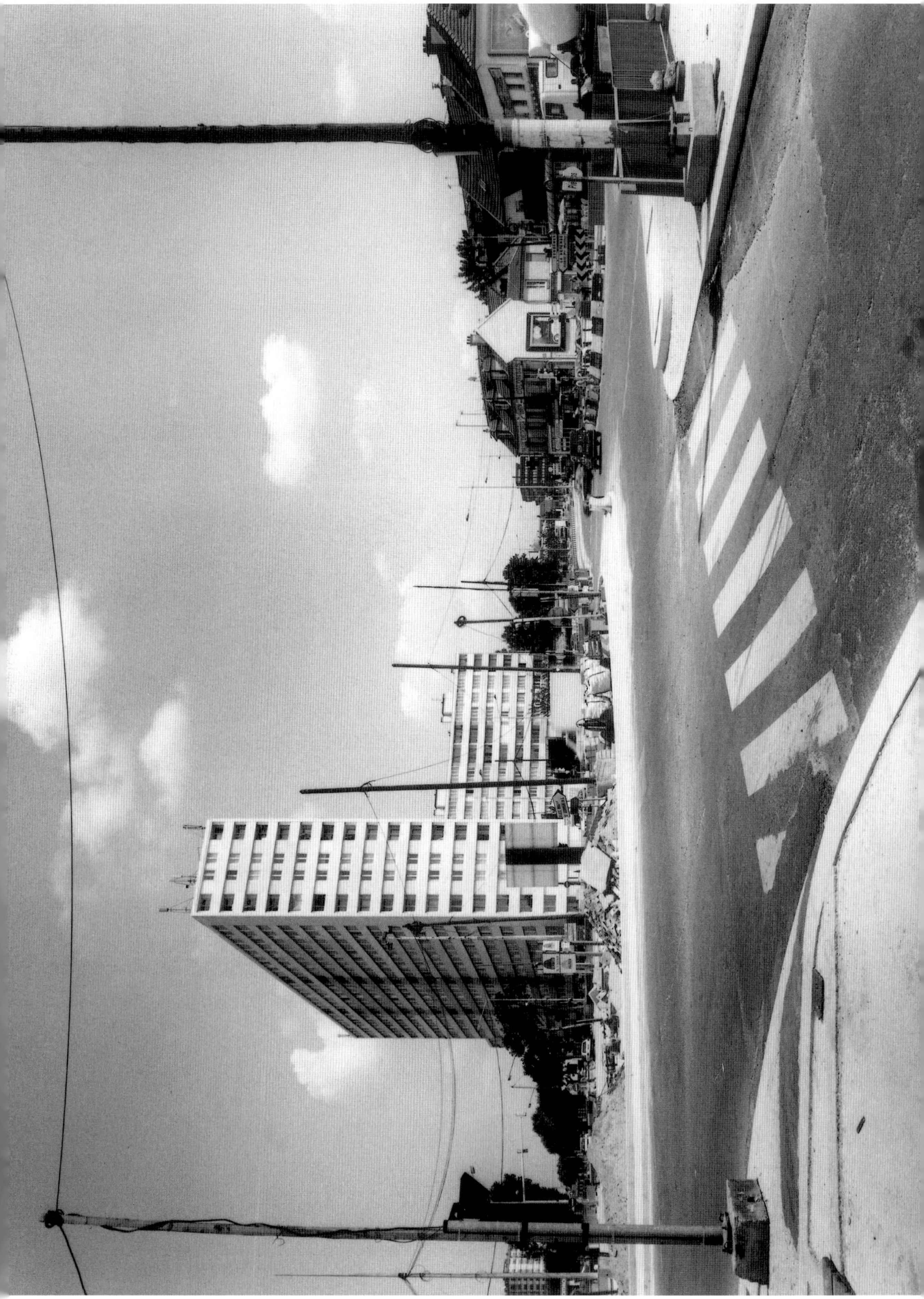

LE PEN
PRÉSIDENT

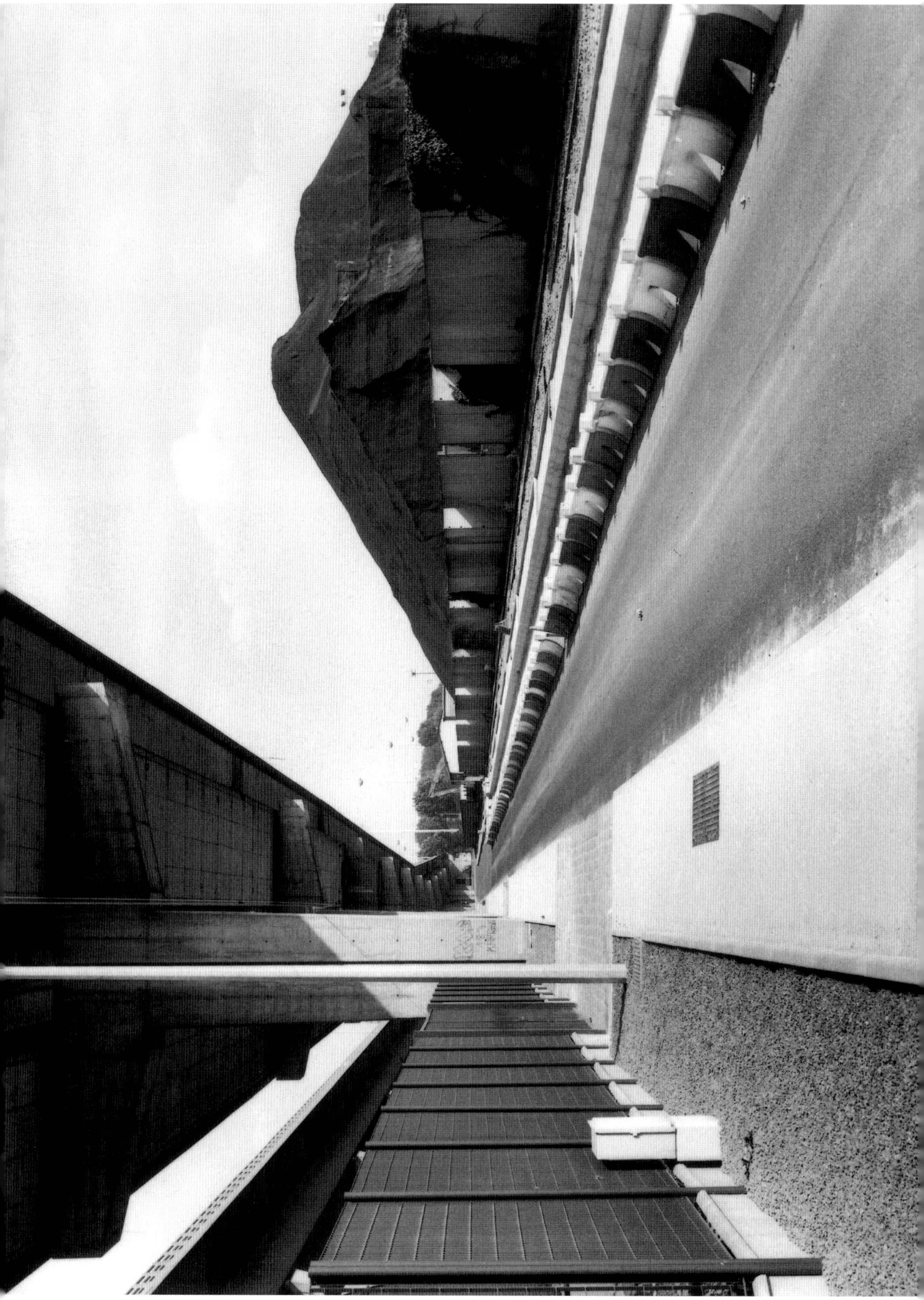

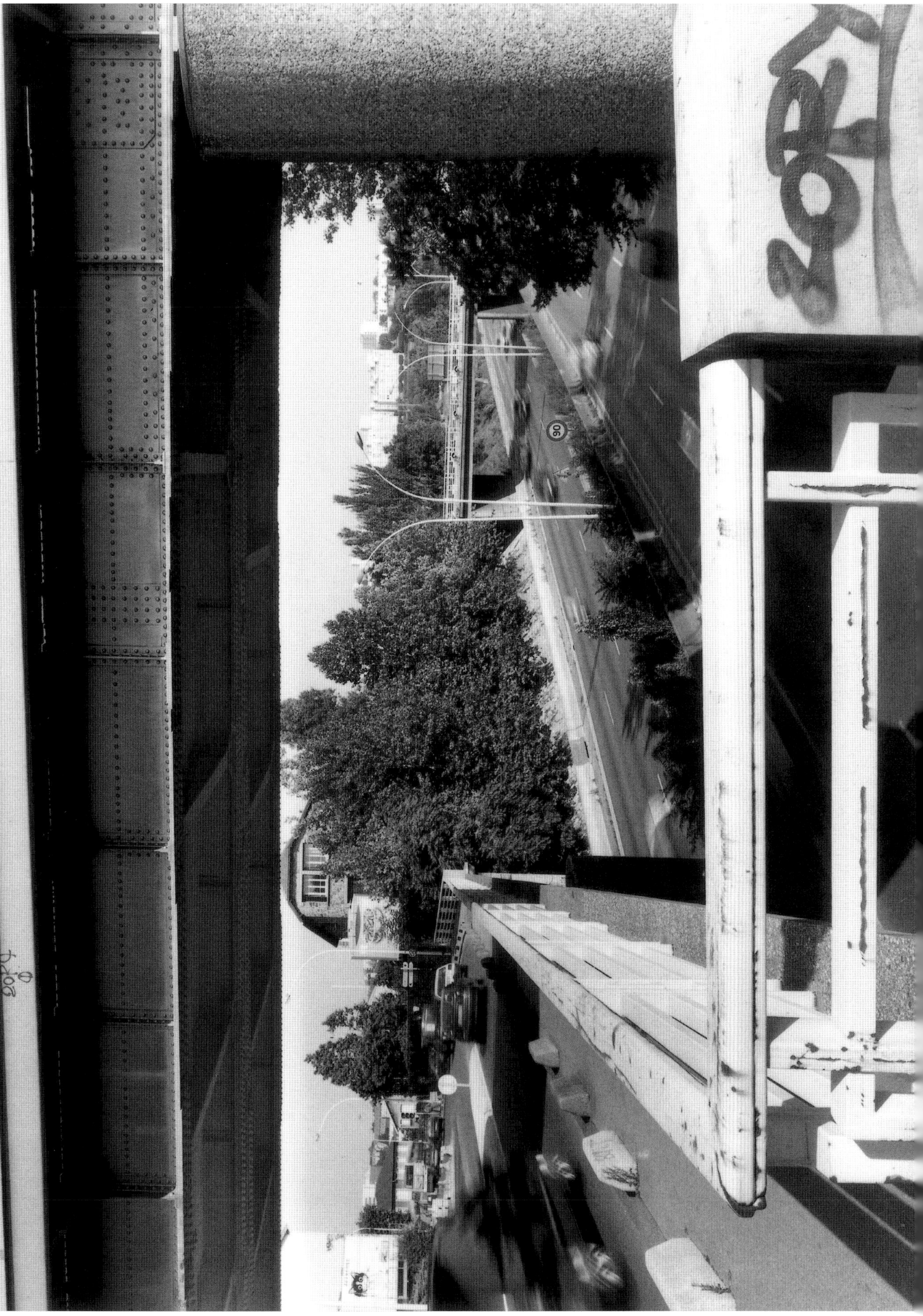

1. Arcueil, Val-de-Marne.

2. Port de Gennevilliers, Hauts-de-Seine.

3. Carrefour Pompadour, Créteil, Val-de-Marne.

4. Saint-Cloud, Hauts-de-Seine.

5. Nanterre, Hauts-de-Seine.

6. Bondy, Seine-Saint-Denis.

7. Port de Gennevilliers, Hauts-de-Seine.

8. Cachan, Val-de-Marne.

© Jean-Christophe Ballot, 2002.

# AMÉNAGER LE TERRITOIRE

# LA MOBILITÉ COMME NOUVELLE CONDITION URBAINE

**Serge Wachter**
Économiste, urbaniste, professeur à l'École d'architecture de Bretagne Conseiller scientifique au centre de Prospective de la direction de la Recherche et des Affaires scientifiques et techniques (ministère de l'Équipement)

La mobilité est un phénomène social à deux faces, une sorte de Janus qui active les représentations du bien et du mal. Elle est simultanément vénérée et stigmatisée. Ainsi le citoyen doit-il se montrer vertueux et pratiquer une mobilité durable, et en même temps, comme individu, il est tenu d'être performant dans ses déplacements, ce qui implique la vitesse et l'usage de l'automobile. Cette contradiction apparaît aussi dans les déclarations issues des sondages : les acteurs sociaux affirment vouloir participer à la lutte contre la pollution, mais ils utilisent quotidiennement leur automobile. De fait, la mobilité exprime une tension existentielle, un dilemme qui révèle les contradictions sociales et – osons le mot – anthropologiques de la modernité urbaine ou métropolitaine. Par ses différentes facettes, la mobilité se présente comme un « fait urbain total », par analogie avec l'expression de « fait social total » employée par Marcel Mauss pour illustrer les ressorts et implications des comportements humains dans tous les domaines de la vie collective.[1]

Aujourd'hui, beaucoup de maux sont reprochés à la mobilité. Bien sûr, les circulations motorisées sont avant tout visées pour leurs effets destructeurs sur l'urbanité et la vie de la cité. Pollutions, atteintes à l'environnement, ségrégation sociale et spatiale, insécurité routière, occupation abusive de l'espace public, éclatement de la vie urbaine et citoyenne sont dénoncés. La voiture est considérée comme un des principaux agents de ces dérèglements et elle apparaît sinon comme l'ennemi de la ville, tout au moins comme un risque potentiel qui mine les fondements de l'urbanité.

De l'autre bord, la mobilité est plutôt vue comme une marge de liberté supplémentaire qui est dorénavant offerte à l'individu pour élargir ses espaces de choix, pour sélectionner les endroits où il veut résider et travailler et les divers lieux qu'il souhaite fréquenter pour sa détente et ses loisirs. Historiquement, la mobilité a été un des moyens par lequel l'agent social a affirmé son individualisme et s'est émancipé des servitudes et des contraintes de la proximité. Pour reprendre les catégories fondamentales de la sociologie, elle a permis de passer de la communauté à la société. De fait, le citadin du XXI<sup>e</sup> siècle est tout à la fois nomade et sédentaire. Il bénéficie d'une haute capacité de tirer parti des diverses aménités que propose la vie métropolitaine grâce à l'amélioration constante, depuis plusieurs décennies, des conditions de la mobilité. Désormais, on ne saurait penser la modernité urbaine ou métropolitaine sans une bonne accessibilité garantissant l'efficacité des déplacements. On peut dire que la mobilité est devenue, comme « l'habité », un des piliers d'une nouvelle condition urbaine et, qu'à

---

1. Marcel Mauss, *Sociologie et anthropologie*, Paris, PUF, 1989, pp. 145-279.

l'heure actuelle, le déplacement participe au moins autant au bien-être urbain que le logement.

### Les nouveaux espaces-temps de l'archipel francilien

Toutes les agglomérations françaises ont connu, depuis au moins trente ans, un phénomène de desserrement urbain. Leur emprise géographique s'est étendue de façon continue au rythme des extensions périphériques des résidences et des activités. Cela a pris des formes variées selon les localisations et les profils métropolitains : généralement, l'ampleur de l'étalement a été proportionnelle à la taille de l'agglomération. Celle de Paris a enregistré une telle évolution à une échelle d'autant plus massive qu'elle a porté sur un poids considérable de population et d'activités. Ainsi, de 1968 à 1990, la capitale a accru sa surface de 750 km² et a intégré plus de 100 communes rurales dans son aire d'attraction.[2] Depuis, ce mouvement s'est poursuivi et le recensement de 1999 n'a pas signalé de coup d'arrêt dans cette tendance de longue durée. Au contraire, le processus de périurbanisation a maintenu son essor et il a bénéficié principalement à la deuxième couronne de l'agglomération, les banlieues et la ville de Paris enregistrant un déficit migratoire. *De facto*, l'aire urbaine de Paris s'est dilatée en tâche d'huile et inclut désormais les agglomérations de Meaux, de Fontainebleau, de Coulommiers ou d'Étampes, qui en étaient auparavant disjointes.[3]

Comme les autres aires urbaines, mais à une échelle beaucoup plus vaste, celle de Paris est devenue polycentrique et sa morphologie évoque la figure d'un archipel. Celui-ci, encore fortement structuré par le pôle dominant, se dilue sur une large surface polarisée par des villes de tailles diverses et faisant alterner une variété de territoires et de paysages, associant dans un même ensemble la ville et la campagne. Depuis au moins deux décennies, le déclin démographique de Paris, parallèle à la montée de la mobilité et aux débordements périphériques des résidences et de l'emploi, a modifié le tableau d'une unité urbaine organisée autour de son centre historique. Dans l'archipel métropolitain, la première couronne a enregistré d'importants changements et elle offre, aujourd'hui encore, un visage contrasté, composé d'espaces en plein essor et d'autres en panne de

**1.** *Autoroute de l'Ouest, 1948*, © Roger-Viollet.

2. Martine Berger, « Mobilité résidentielle et navettes domicile-travail en Ile-de-France », *Espaces, populations, sociétés*, 1999-2, pp. 207-217.

3. *Cf.* P. Bessy-Pietri et Y. Sicamois, « Le zonage en aires urbaines en 1999, 4 millions de plus dans les aires urbaines », *INSEE premières*, n° 765, avril 2001.

renouvellement. À la périphérie, des hameaux, des villages ont muté, passant du monde rural au monde urbain en s'entourant d'une couronne de lotissements d'où, chaque matin, des flux d'automobilistes partent pour leur lieu de travail. De fait, la mobilité a été, ces trente dernières années, et elle reste aujourd'hui le principal levier de la constitution et de l'évolution de cet archipel métropolitain.

D'après la dernière enquête globale sur les transports, le nombre de déplacements effectués un jour moyen de semaine en Ile-de-France a augmenté de 11 % entre 1991 et 1997.[4] À cette dernière date, on recensait 37 millions de déplacements effectués journellement dans la région. La mobilité des Franciliens s'est donc accrue sur la période, mais de manière inégalitaire géographiquement. En effet, cette hausse s'est essentiellement concentrée dans les petite et grande couronnes, alors qu'elle a été modeste dans Paris. Les liaisons périphériques ont connu un formidable essor, celles de nature radiale ont un peu augmenté alors que celles internes à Paris ont stagné. Dans cette évolution, il faut noter que les mobilités périphériques, qui ont enregistré la plus vive croissance, ont été principalement satisfaites par l'usage de la voiture. Parallèlement, la vitesse des déplacements s'est elle aussi accrue (+ 25 % de 1976 à 1997), malgré la hausse du volume des circulations. Cela s'est accompagné d'un allongement des distances parcourues, d'une croissance de la portée des déplacements. À l'inverse des idées communément admises, le temps moyen passé par les Franciliens dans les transports n'a pas augmenté, mais ceux-ci, en particulier grâce à un usage plus fréquent de la voiture, sont allés plus vite et plus loin. De fait, dans la région, la durée moyenne des déplacements mécanisés est passée de 29 minutes en 1991 à 27 minutes en 1997.[5]

À ce stade de la réflexion, il convient d'isoler le statut particulier des évolutions parisiennes de la mobilité de celles que l'on observe dans l'espace francilien. À bien des égards, Paris constitue une exception nationale, voire européenne, y compris dans le domaine des déplacements ! En effet, dans Paris, la marche à pied et les transports en commun répondent à plus de 80 % des besoins de mobilité, la voiture assurant seulement 14 % des déplacements. Entre Paris et la banlieue, le transport en commun couvre 60 % de la demande de mobilité. En revanche, dans les petite et grande couronnes, où habitent 80 % des Franciliens, la voiture assure 55 % des déplacements contre 10 % seulement pour les transports en commun. Les Parisiens seraient-ils plus vertueux et plus enclins à pratiquer une mobilité durable que les autres ressortissants des communes de la région ? Non, car en réalité, les uns comme les autres ajustent, si possible avec rationalité, leurs moyens financiers ainsi que leur budget-temps de déplacement à leur programme d'activités et aux moyens de transport qu'ils choisissent – ou qu'ils subissent.

À cet égard, d'importantes mutations sont intervenues ces dernières années dans les comportements de mobilité en Ile-de-France, comme dans les autres régions. Cela résulte, tout d'abord, d'évolutions socio-économiques impliquant une gestion différente de l'espace-temps. Flexibilité et vitesse sont devenues les deux facteurs de l'efficacité productive et de l'approvisionnement des marchés. La ville en continu et « juste à temps » illustre une des facettes de la globalisation de l'économie : il faut rendre

4. *Les Déplacements des Franciliens en 1997-1998. Enquête globale de transport*, direction régionale de l'Équipement d'Ile-de-France, mai 2001.

5. *Les Déplacements et les rythmes urbains*, direction régionale de l'Équipement d'Ile-de-France, mars 2001.

**2.** *Autoroute du Sud, fin des années 50,* © Roger-Viollet.

possible le déplacement des hommes et des marchandises de nuit, le dimanche, à des heures atypiques. Cette désynchronisation des rythmes de la ville trouve son équivalent dans les partages et arbitrages entre temps libre et temps de travail d'une partie grandissante de la population. Ainsi, en Ile-de-France, la baisse amorcée dans les années 1990 des déplacements domicile-lieu de travail se poursuit. À l'inverse, les loisirs génèrent une part croissante de la mobilité pour atteindre 17 % du total en 1997, soit autant que le motif domicile-lieu de travail. La dérégulation du marché de l'emploi, associé au passage aux 35 heures, devrait alimenter ce mouvement dans les prochaines années et diversifier encore plus les rythmes quotidiens de la mobilité. De fait, temps partiel, horaires variables ou à la carte modifient peu à peu le tic-tac des migrations alternantes aux heures de pointe du matin et de l'après-midi, et ont tendance à introduire beaucoup plus de variété dans les destinations et les trajectoires de mobilité des individus.[6] D'une manière générale, on constate depuis plusieurs années

6. André Pény et Serge Wachter (dir.), *Les Vitesses de la ville*, Paris, Éditions de l'Aube, 1999, pp. 9-22.

que les déplacements contraints diminuent au profit des déplacements dits
« libres » ou effectués pour des motifs d'ordre personnel.[7] Cette diversification
des buts et des trajectoires de la mobilité a tendance à favoriser l'utilisation
de la voiture par rapport à celle des transports en commun. C'est ainsi que
les deux tiers des déplacements supplémentaires en Ile-de-France de 1991 à
1997 ont été faits en voiture. D'ici 2015, d'après les projections, ce ratio
pourrait atteindre les trois quarts.

### Les défis de la mobilité

Il est politiquement et moralement délicat de réguler la mobilité. Celle-ci
répond à des besoins, à une demande montante des individus et des
ménages, et elle obéit à des impératifs économiques qui exigent de bonnes
performances en matière de vitesse et d'accessibilité. En même temps,
les circulations motorisées sont à l'origine de dommages, d'atteintes
diverses à l'environnement que les gens tolèrent de moins en moins. Les
solutions qui doivent être apportées à cette contradiction figurent en tête
de l'agenda des autorités publiques qu'elles soient européennes, nationales
ou locales. Comment garantir le développement de la région capitale et
son rayonnement international tout en appliquant les principes du
développement durable ? Plusieurs défis sont à relever.

En premier lieu, les objectifs de diminution du trafic automobile que
poursuit le plan de déplacements urbains de l'Ile-de-France sont
souhaitables. Une meilleure occupation de l'espace public par les « modes
doux » devrait en résulter, de même qu'une contribution utile à la lutte
contre l'effet de serre. Toutefois, il faut considérer avec réalisme les chances
de report modal de la voiture particulière vers le transport collectif. Surtout

**3.** *Triangle de Rocquencourt,
Yvelines, Autoroute de l'Ouest,*
1990, © Dreif.

---

7. *L'Évolution des motifs de déplacement
des Franciliens*, IAURIF, juillet 2001.

**4.** Accessibilité à la gare de Lyon par les transports en commun en 1990, 2002 et 2020, © RATP.

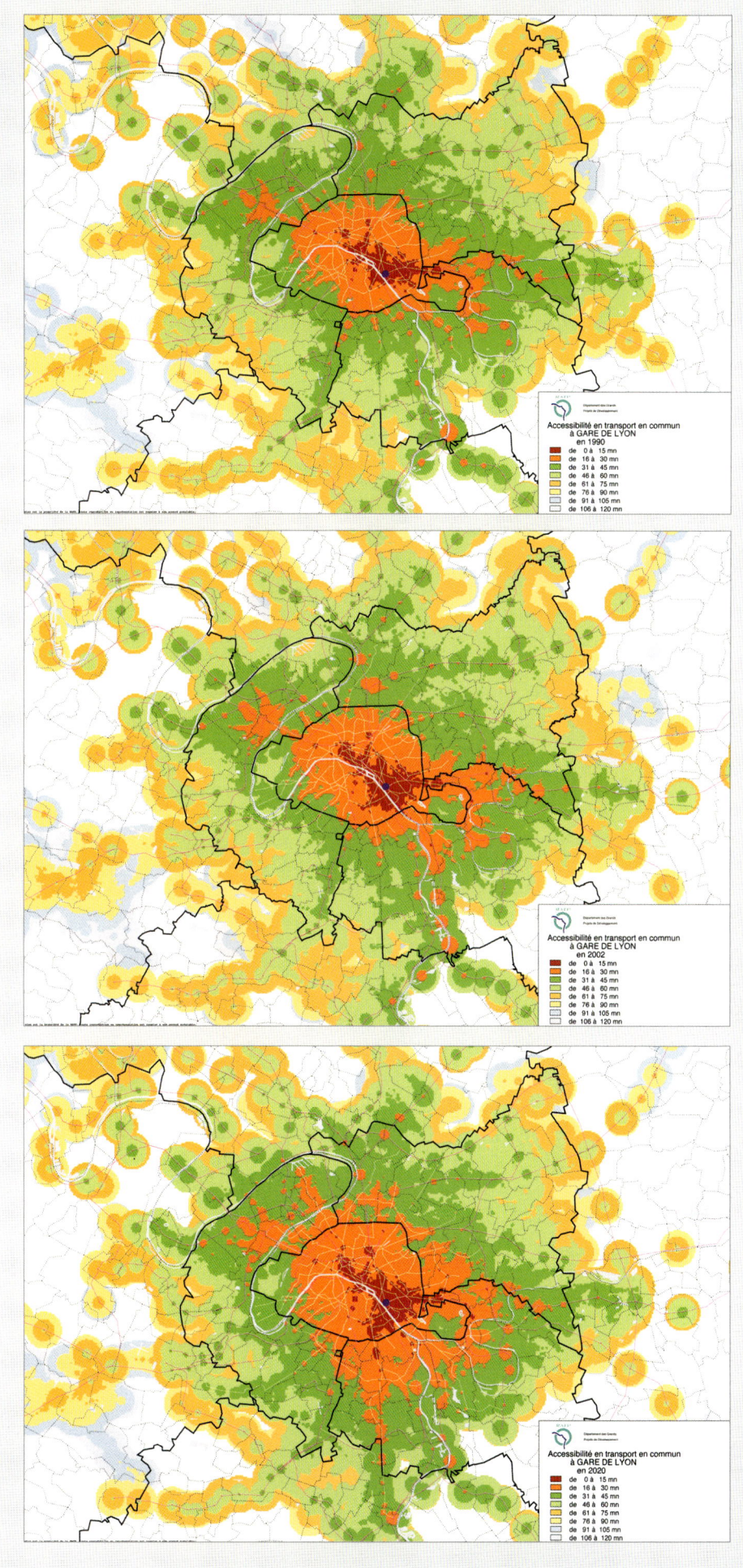

La mobilité comme nouvelle condition urbaine

dans la périphérie, l'automobile détient une supériorité importante par rapport au transport en commun. Temps de transport plus court, souplesse du déplacement, service de porte à porte sans rupture de charge constituent des avantages importants comparés à une offre de transport en commun sinon défaillante, du moins insuffisante. De fait, les solutions d'avenir ne doivent pas opposer dans une bataille rangée la voiture et le transport collectif, mais explorer les voies de complémentarité qui existent entre ces deux modes de déplacement. Ainsi, les parcs-relais, le covoiturage ou le transport à la demande peuvent être des réponses crédibles pour apporter des solutions. De telles perspectives devraient conduire à reconnaître

**5.** *Carrefour Pompadour, Créteil, Val-de-Marne*, 2000, © Dreif / Guiho.

qu'aujourd'hui, et sans doute encore plus demain, l'équation simpliste qui pose intérêt collectif = transport en commun et intérêt individuel = véhicule particulier mérite d'être dépassée.

En second lieu, les politiques de déplacement ont souvent été conduites sans coordination avec les politiques d'urbanisme et de logement. Ainsi, on a construit des maisons et urbanisé des secteurs sans même se soucier de leur desserte en transports collectifs. De même, on a développé les infrastructures et amélioré la gestion des trafics, ce qui a conduit à l'augmentation du volume et de la vitesse des circulations motorisées. On s'accorde aujourd'hui à reconnaître que les pratiques de la planification spatiale à l'échelle de l'agglomération ont été sinon confuses, du moins beaucoup trop sectorielles. Tous les niveaux de responsabilité sont en cause, au premier rang desquels l'État, qui n'a pas accéléré la mise en place des procédures et des institutions permettant de mieux maîtriser la coordination des politiques de transport et d'aménagement. Les récentes avancées introduites par la loi « solidarité et renouvellement urbain » peuvent remédier à ces dysfonctionnements, mais il est clair que seules des ententes approfondies et des coopérations étroites entre toutes les collectivités – et les opérateurs de transport – concernées à l'échelle de l'aire urbaine pourront réellement porter leurs fruits.

**Aménager le territoire**

**6.** *Échangeur de Bagnolet*, 1972, © Dreif.

Enfin, il convient d'accepter les nouvelles pratiques de la ville et les nouveaux paysages urbains générés par l'essor de la mobilité. La métropole contemporaine est diverse, faite de lieux et d'ambiances offrant une variété. Cela doit être considéré comme un atout et une potentialité tout à la fois pour la création architecturale et pour répondre à des besoins ou des demandes différenciés d'urbanité. Il vaut mieux voir la mobilité comme une ressource plutôt que comme une contrainte, et des voies de conciliation existent qui peuvent permettre de maintenir l'éventail des choix urbains induits par les déplacements grâce à des compromis intégrant de plus en plus la légitimité montante de la ville durable.

# MÉTAMORPHOSE DE LA VILLE, POLITIQUES DE TRANSPORT

« La forme d'une ville change plus vite, hélas que le cœur d'un mortel. »
Charles Baudelaire

**Jean-Michel Paumier**
Directeur de projet
au GIE Ville et transports,
Directeur du
développement
à la RATP 1991-2002

Y a-t-il un risque de paraître éloigné du sujet que de placer la réflexion de l'évolution de la ville et du transport au centre des valeurs dominantes de nos sociétés urbaines – en Ile-de-France certes, mais aussi dans nombre de villes européennes –, respect de la pensée et rejet de son unicité, respect de la création et de l'innovation, primauté de la variété, de la diversité, du métissage ? Ne faut-il pas inscrire cette réflexion dans ce que l'on pourrait appeler « l'intelligence urbaine », seule démarche capable de transcender les logiques sectorielles ?

Interroger la ville et le transport, c'est réfléchir autour de thématiques communes et indissociables : la mobilité, l'accessibilité, la mixité. Les évolutions dans le temps, ni concomitantes, ni linéaires, marquées par des temps forts et des périodes de latence, se sont avérées porteuses de ruptures, conduisant progressivement à promouvoir une démarche globale qui associe au transport les politiques d'urbanisme, d'habitat, d'emploi et, plus récemment, de sécurité. L'enjeu est double : assurer une gestion démocratique de la ville et garantir un développement durable de ses territoires.

Rien d'étonnant alors de trouver, au cœur des débats sur l'avenir des sociétés urbaines, les nouvelles pratiques de mobilité et les formes d'accessibilité aux activités et aux événements, avec le souci des équilibres économiques, sociaux et environnementaux et la conscience de l'enjeu central que constituent aujourd'hui les diverses formes de régulations temporelles et spatiales. Ce sont le sens et la portée de textes législatifs récents comme la loi « solidarité et renouvellement urbain » de décembre 2000 (loi SRU) qui réaffirme la volonté de promouvoir un développement urbain plus solidaire et plus durable, visant à réduire les inégalités et les ségrégations sociales et territoriales, par une meilleure cohérence entre habitat, transport et urbanisme. La loi fait aussi évoluer le cadre institutionnel des transports en Ile-de-France dans le sens d'une plus forte responsabilisation des acteurs.

**1.** Construction du métro, place de l'Opéra, Paris 2ᵉ, 1903, © RATP-ND.

Dire que ville et transport ont partie intimement liée en raison de la dynamique d'évolution de nos sociétés, caractérisée par l'intensification des échanges, le développement urbain et la métropolisation, semble aujourd'hui relever de l'évidence. Dans le temps cependant, les interactions entre politiques de transport et d'aménagement urbain, convergentes à certaines périodes – les temps forts –, se sont avérées décalées à d'autres.

**Aménager le territoire**

**Le développement des réseaux de transports en commun depuis 1969**

**2.** 1969 - 1989
Le Réseau Express Régional se met en place et les lignes de métro se prolongent en banlieue.

**LES TRONÇONS MIS EN SERVICE**
- métro
- Réseau Express Régional
  - section nouvelle
  - exploitation nouvelle sur lignes existantes

**LES LIGNES EXISTANTES**
- ligne de chemin de fer
- ligne de métro

**3.** 1990 - 1999
Le RER D, Le RER E et la ligne de métro 14 renforcent l'axe est-ouest parisien tandis que les premières lignes de banlieue à banlieue voient le jour.

**LES TRONÇONS MIS EN SERVICE**
Métro ou TCSP
- métro
- tramway et site propre autobus

Réseau Express Régional
- section nouvelle
- exploitation nouvelle sur lignes existantes

Liaison La Verrière - La Défense
- section nouvelle
- exploitation nouvelle sur lignes existantes

**LES LIGNES EXISTANTES**
- ligne RER
- autre ligne de chemin de fer
- ligne de métro

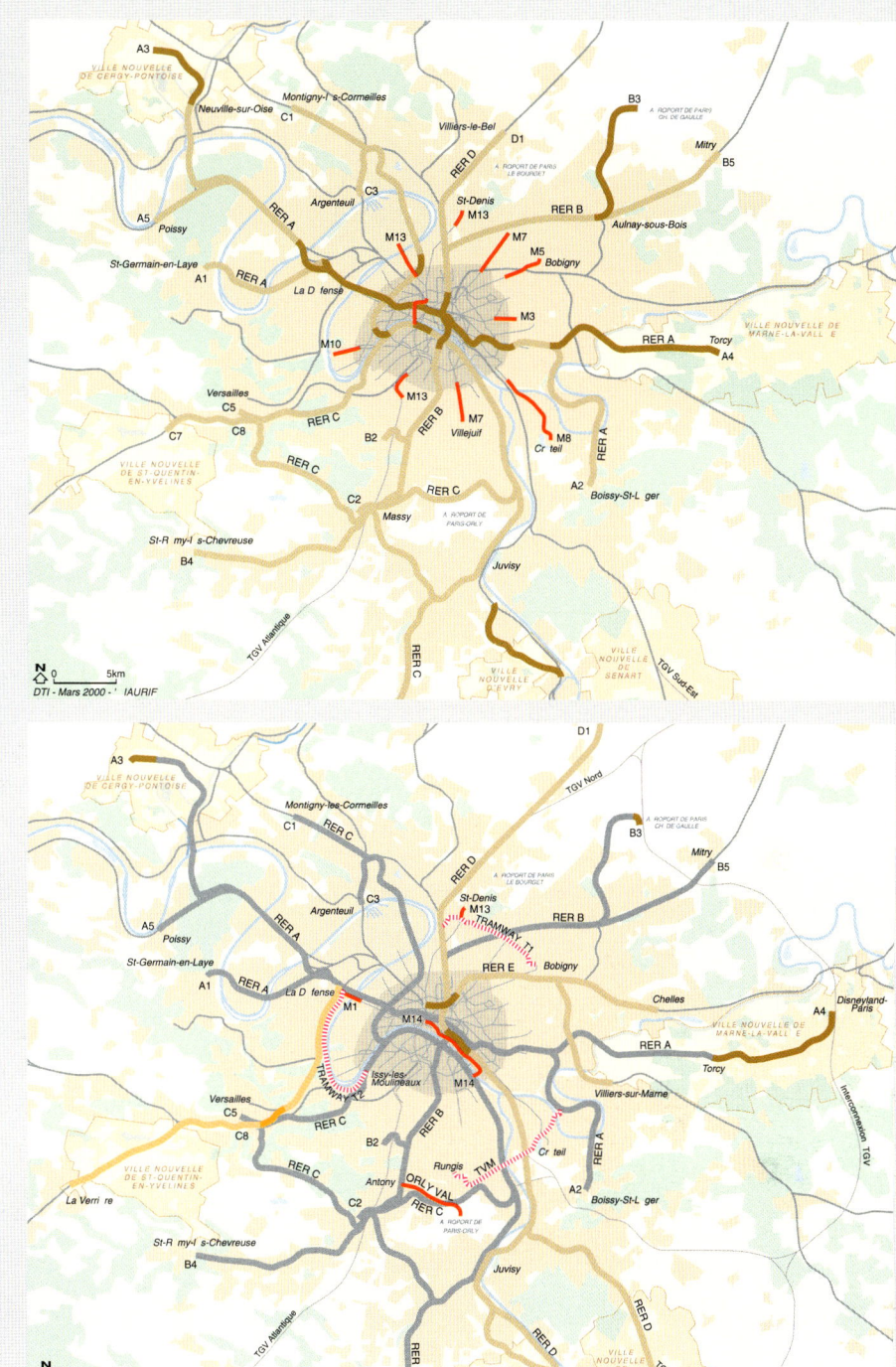

Deux composantes majeures et intrinsèquement liées permettent de comprendre évolutions et ruptures. Il s'agit, d'une part, de la complexité des mécanismes qui participent de l'élaboration de la décision publique publique avec des démarches, le débat, la concertation, qui progressent ; d'autre part, de la spécificité de la zone urbaine, de « l'archipel métropolitain » considéré – Paris, Paris et sa banlieue, le Bassin parisien. À cela s'ajoutent des données croisées telles que l'attente des citadins vis-à-vis d'un service public de transport et l'impact des évolutions comportementales qui mettent souvent à mal une conception étroitement technicienne des transports.

Le subtil équilibre des mécanismes intervenant dans la décision publique en matière de transport s'appréhende principalement à travers la construction des réseaux métro, tramway et RER, mais également – il faut aussi s'y référer – leur destruction, s'agissant du tramway.

**Métamorphose de la ville**

## Urbanisme et transport : les temps forts de la décision publique

Si, avec la révolution industrielle, la mobilité devient une donnée essentielle de l'évolution de la ville, la restructuration de Paris par Haussmann ne s'intéresse pas pour autant aux transports en commun. Cette formidable opération de voirie doublée d'une opération immobilière vise essentiellement un nouveau découpage de Paris, fonctionnel et social à la fois. Dans ce contexte nouveau d'économie de marché, la recherche d'une adéquation entre contenu social et contenu fonctionnel renvoie à la mise en place du métropolitain. Sa conception donne lieu à un grand débat entre l'État – souhaitant un réseau reliant les gares de banlieue pour « une rotation rapide des troupes » – et l'intérêt local, la Ville de Paris souhaitant précisément un système de transports qui ne dépasse pas son territoire, réponde aux stricts besoins de mobilité des Parisiens et retienne ces derniers à l'intérieur même de la ville. Le niveau local l'emporte : le métro devient un mode de déplacement essentiellement parisien, indépendant des grands réseaux. Il correspond à un modèle de ville dense qui réduit, par un tarif uniforme, les inégalités dues à la distance, tout en gardant l'essentiel de l'activité dans la capitale. C'est le début d'une longue histoire entre la ville et son métro, une histoire qui situe aujourd'hui Paris dans le peloton de métropoles, tant par l'étendue de son réseau – quatorze lignes totalisant plus de 210 kilomètres dont près de 45 en banlieue – que par sa fréquentation – près de 5 millions de voyages chaque jour.

Autre temps fort, plus proche de nous, celui des années 1960, qui voit la priorité se porter sur la gestion de la croissance démographique de l'agglomération. Si l'urbanisation accélérée de la banlieue sous forme de grands ensembles collectifs a permis d'y faire face, à tout le moins quantitativement – la Région parisienne comptait 8,3 millions d'habitants

4. Source RATP

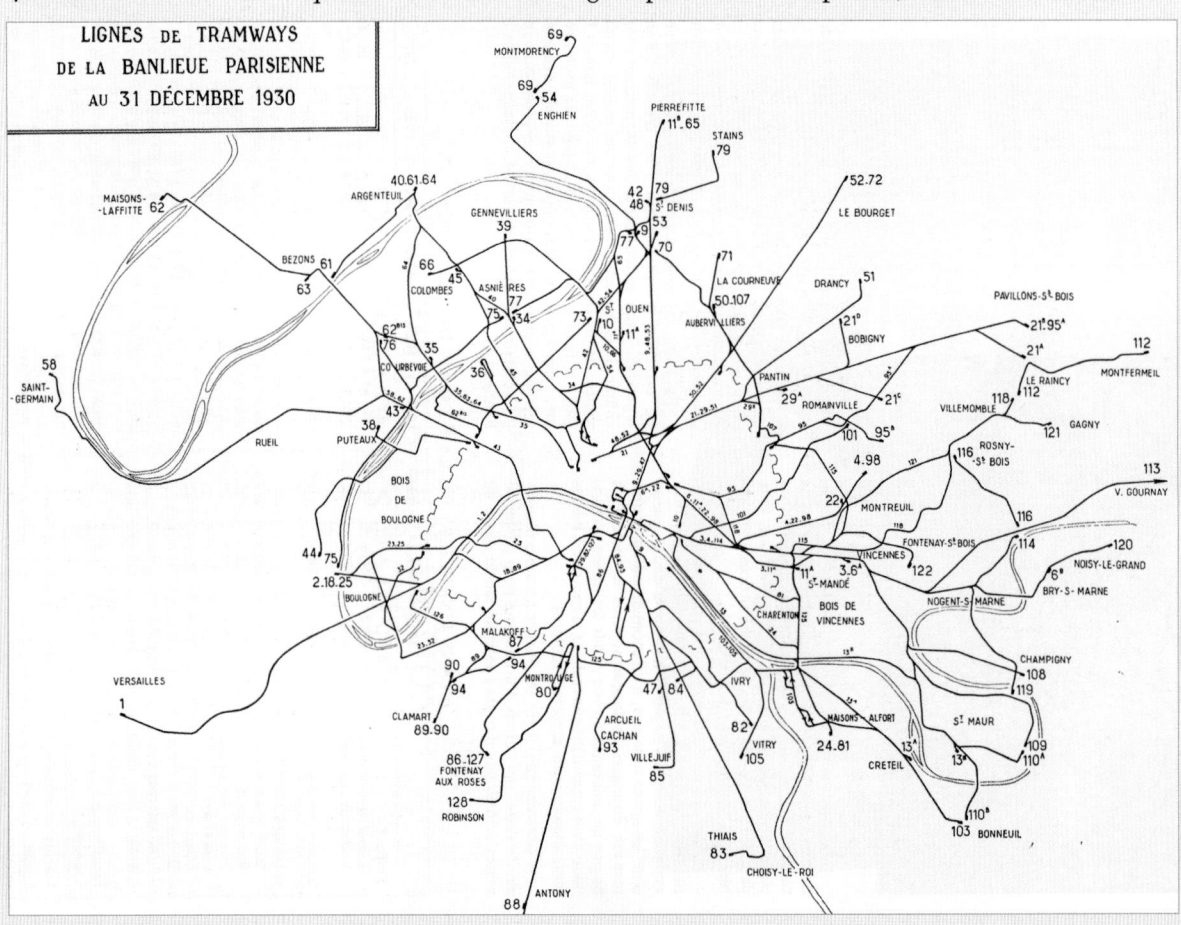

en 1960 –, force est de constater l'insuffisance des infrastructures de transport.

« C'est important politiquement et pour la France que Paris retrouve son image de cité moderne. Il faut mettre de l'ordre là-dedans. » Telle est la mission que le général de Gaulle confie en 1961 à Paul Delouvrier qui élabore le premier schéma directeur d'aménagement et d'urbanisme de la région Ile-de-France fondé sur une notion nouvelle, celle de la nécessité d'organiser une expansion spatiale « inéluctable », intégrant *in fine* une projection de 12 millions d'habitants pour l'Ile-de-France en 2000 et associant dans une même dynamique la construction du RER et la création de villes nouvelles.

Même si d'aucuns y voient l'affirmation d'un interventionnisme étatique qui va exclure de fait pendant cinquante ans les collectivités locales du processus de concertation, il s'agit bien là d'une première réelle planification des transports corrélée à une maîtrise de l'expansion urbaine dans le cadre d'une politique concertée d'aménagement du territoire.

Ces deux « temps forts », 1900 à 1930, puis 1960 à 1975, illustrent à bien des égards comment une vision commune des problèmes d'urbanisme, d'aménagement et de transport peut contribuer à structurer durablement l'espace urbain autour de réalisations exceptionnelles (le métro, puis le RER). Et, dans ces deux périodes marquées par une anticipation des transports sur l'aménagement, c'est une conception du service public qui a prévalu.

Il en sera ainsi chaque fois que se trouveront rassemblés les éléments indissociables qui fondent cette construction :
– une vision claire du devenir de la ville ;
– un acteur politique fort (au début du siècle dernier, la Ville de Paris ; en 1960, l'État) ;
– un projet « phare », le métro, puis le RER ;
– et, bien entendu, des financements, privés ou publics, efficaces.

En contrepoint, l'absence d'une vision prospective de l'aménagement, l'inexistence d'acteurs forts, une dynamique économique et démographique ralentie ont fait de la période 1920-1950, « un temps faible » de l'histoire récente. Preuve en est la disparition progressive, en Ile-de-France, du réseau de tramway : il y avait en 1925 près de 1 200 kilomètres de lignes et la dernière d'entre elles, « Le Raincy-Montfermeil » (déjà une rocade de moyenne banlieue, clin d'œil à l'histoire récente !), a disparu en 1938, « dans l'indifférence générale ». Comment un mode de transport, reconnu au début du siècle dernier (Congrès international de Milan en 1926) comme le mode idéal d'aménagement des périphéries urbaines, a-t-il pu être ainsi sacrifié sur l'autel de l'automobile ? L'absence d'une vision globale, celle de l'aménageur, au profit d'une démarche strictement « technique », limitée à la seule fonction du déplacement, suffit à l'expliquer. Et cette conception réductrice du transport comme moyen de se rendre d'un point à un autre lui donne naturellement les caractéristiques et, par conséquent, la fragilité de ce qui n'est conçu que comme « un mal nécessaire ».

### Les années 1990 : une nouvelle donne pour l'aménagement

Est-il nécessaire de rappeler quel a été l'impact de la répartition des populations en région Ile-de-France au cours du siècle dernier ? La prédominance de Paris n'a cessé de s'affaiblir à partir des années 1930. D'abord au profit de la petite couronne dont la population a crû régulièrement, puis au profit de la grande couronne qui connaît une croissance rapide depuis les années 1950. En 1921, avec 2,9 millions d'habitants, Paris représentait la moitié de la population de la région.

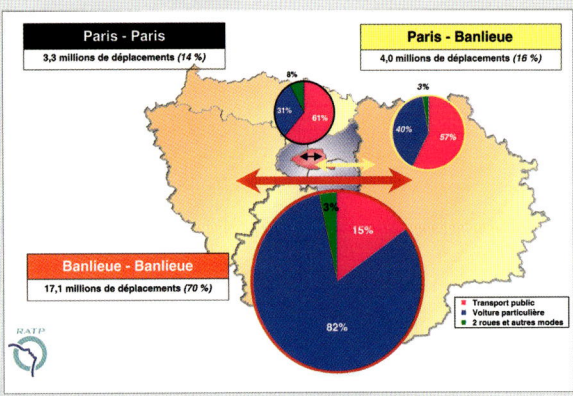

Dans la décennie 1990, avec guère plus de 2 millions d'habitants, elle n'en représente que le cinquième.

Cette évolution constitue une forme de défi pour le transport urbain : l'étalement des populations joint à l'hyperconcentration des emplois dans la zone centrale a entraîné des déplacements de plus en plus longs. Le développement des réseaux et l'amélioration de leurs performances ont cependant permis de maintenir constant le temps quotidien de déplacement d'un individu. C'est ainsi que, depuis trente ans, en Ile-de-France, chaque habitant consacre en moyenne quatre-vingt-cinq minutes par jour à se déplacer.

Le nouveau schéma directeur (SDRIF), adopté en 1994 après de longues procédures de concertation et de débats publics, fixe la stratégie d'aménagement de la région pour une période de vingt-cinq ans environ.

**5.** Évolution des modes de déplacements mécanisés de 1976 à 1997.
**6.** Déplacements mécanisés (par type de liaison et par mode).

Il intègre les évolutions profondes des vingt années précédentes, en particulier les conséquences de l'étalement urbain qu'il importe de maîtriser à défaut de le contenir, mais également les nouveaux pouvoirs de décisions en matière d'aménagement du territoire donnés aux communes, la tertiarisation et l'internationalisation des activités. À cela s'ajoutent la préoccupation de plus en plus marquée pour les questions d'environnement et d'écologie urbaine et la nécessaire solidarité des territoires en Ile-de-France. Le SDRIF prend en compte les déséquilibres qui sont apparus : montée du sous-emploi et constitution de nouvelles friches de désindustrialisation, durcissement de l'environnement urbain et émergence des problèmes de violences urbaines dans certains quartiers.

En matière de transports, le schéma directeur marque une inflexion sensible par rapport aux plans précédents, sur trois points : une primauté donnée aux projets de développement des transports en commun sur les projets routiers ; une volonté de rattrapage de l'équipement de la région pour ses liaisons entre villes de banlieue ; et le recours à des modes de transport intermédiaires – bus en site propre ou tramways dont le renouveau s'est concrétisé en 1992 par la mise en service de la ligne T1 reliant Saint-Denis à Bobigny, la première à revoir le jour en région Ile-de-France.

Concrétisant cette volonté d'accompagner, voire d'anticiper le développement urbain, le contrat de plan État-Région 2000-2006 arrête un programme de 5,3 milliards d'euros d'investissements pour les transports (60 % du montant du contrat) qui se répartissent entre l'environnement des infrastructures, notamment la diminution des nuisances sonores, la qualité de services, thème émergent lié à la mise en œuvre du plan de déplacements urbains et surtout les infrastructures nouvelles de transports en commun, qui représentent à elles seules les deux tiers du total des investissements consacrés aux transports. Au nombre de celles-ci, un projet phare illustre, dans ses objectifs, l'approche globale croisant les problématiques urbaines et le transport : le projet du « Grand Tram ».

### Comment le « Grand Tram » construit la ville ?

Le contrat de plan État-Région donne priorité à l'équipement de la banlieue avec le lancement, en petite couronne, d'une rocade de tramway, le « Grand Tram », qui devrait être achevée à échéance de deux plans (à l'horizon 2013-2015). Le contrat de plan prévoit également, pour relier entre eux les pôles urbains de grande couronne, l'aménagement de la grande ceinture ferroviaire (les projets de tangentielles) ainsi qu'un ensemble de liaisons en site propre par bus ou tramway, desservant les pôles d'emplois et maillées avec les lignes ferroviaires régionales et le métro, dont quatre lignes seront prolongées sur près de 10 kilomètres.

Comme de nombreux autres projets, le « Grand Tram » fait appel à une technologie, pas réellement innovante, le tramway, mode de transport intermédiaire entre le bus et le métro (on le désigne souvent sous le vocable de « métro léger »), d'un investissement trois à quatre fois moindre que le métro, bien adapté au niveau de la demande dans les zones de densité moyenne que constituent les villes des proche et moyenne couronnes. Totalisant près de 80 kilomètres (englobant les actuelles lignes T1 et T2), l'intérêt principal de ce projet réside dans le rôle de levier, de « catalyseur » de la requalification urbaine des villes et des quartiers qu'il irriguera et qui, pour la plupart, font aujourd'hui l'objet d'actions et de financements publics, dans le cadre de la politique de la ville.

Au-delà de cet aspect novateur, la mise en œuvre d'un tel projet pose, en des termes renouvelés, les mécanismes décisionnels en matière de transport, d'habitat et d'urbanisme en ce qu'ils associent désormais pouvoirs publics

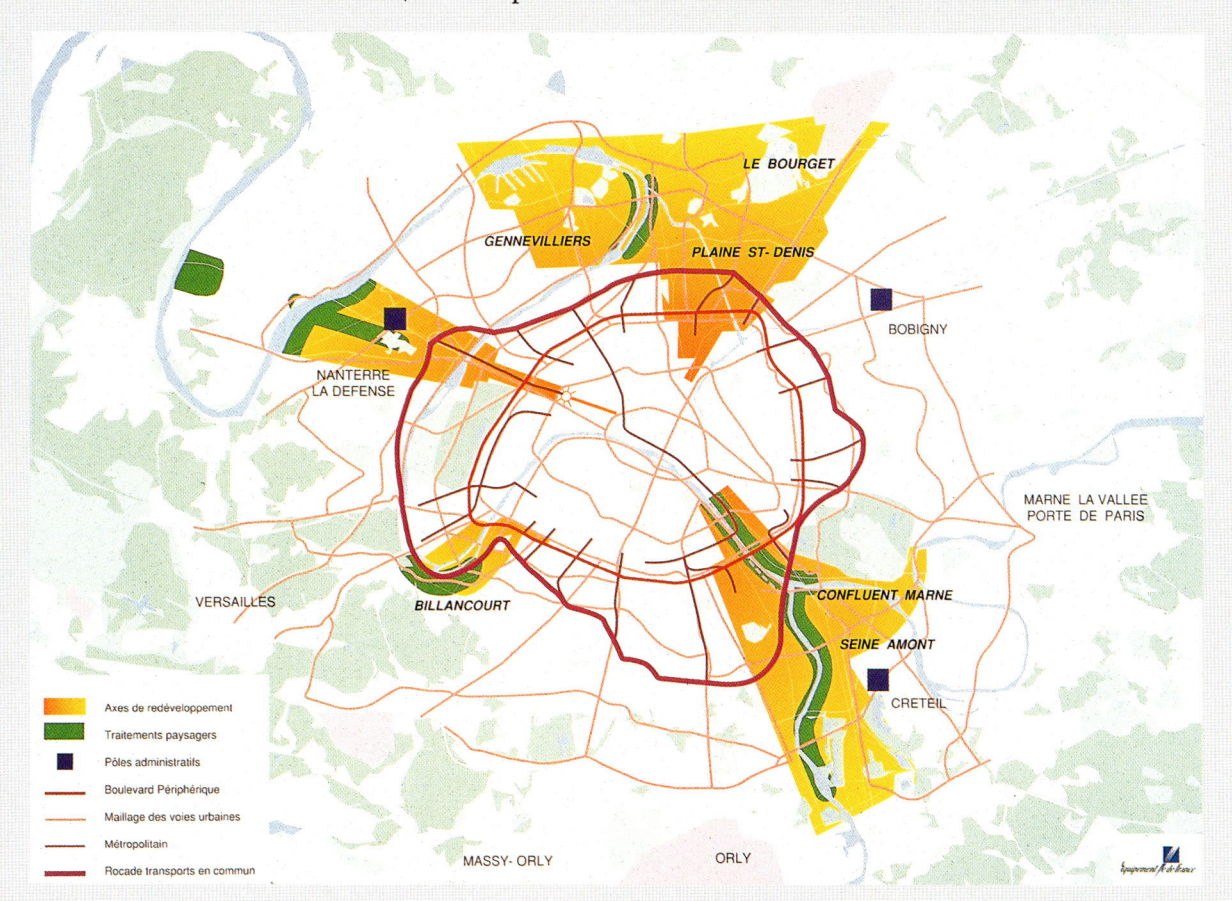

**7.** Les sites de redéveloppement, © DREIF.

et acteurs privés, collectivités locales et entreprises, dans un nouveau mode de gouvernance urbaine.

### Les nouveaux enjeux du développement pour demain

Aux enjeux traditionnels de mobilité viennent aujourd'hui se greffer de nouveaux enjeux liés à la qualité de l'air mais aussi à la sécurité et à l'exclusion sociale. Entre la demande de transport et l'organisation du transport public, des décalages multiformes se sont également instaurés :
– décalage spatial entre Paris et les banlieues franciliennes mal desservies – moins bien en tout cas que nombre de villes moyennes en France – alors même que les déplacements de banlieue à banlieue représentent plus des deux tiers des déplacements de la région ;
– décalage temporel : les horaires des réseaux de transport public correspondent de moins en moins à la structure de la mobilité marquée par une désynchronisation croissante des rythmes de vie et une aspiration pour une ville « ouverte » vingt-quatre heures sur vingt-quatre ;
– décalage culturel entre l'attente générale d'autonomie des personnes et les exigences spécifiques à certains groupes (les jeunes et la carte Imagine'R par exemple) ;
– et des décalages latents qui commencent à s'exprimer notamment par la généralisation de nouveaux moyens électroniques de communication (les « NTIC »).

Même si tout laisse à penser que se dessine un nouveau « temps fort » de développement, de nombreuses questions se trouvent alors aujourd'hui posées.

L'Ile-de-France saura-t-elle dépasser les clivages entre Paris ville-centre et les villes de banlieue pour créer une « agglomération francilienne » équilibrée et solidaire ? Sera-t-elle en capacité d'offrir une véritable approche multimodale respectant la diversité, la variété, le métissage ?

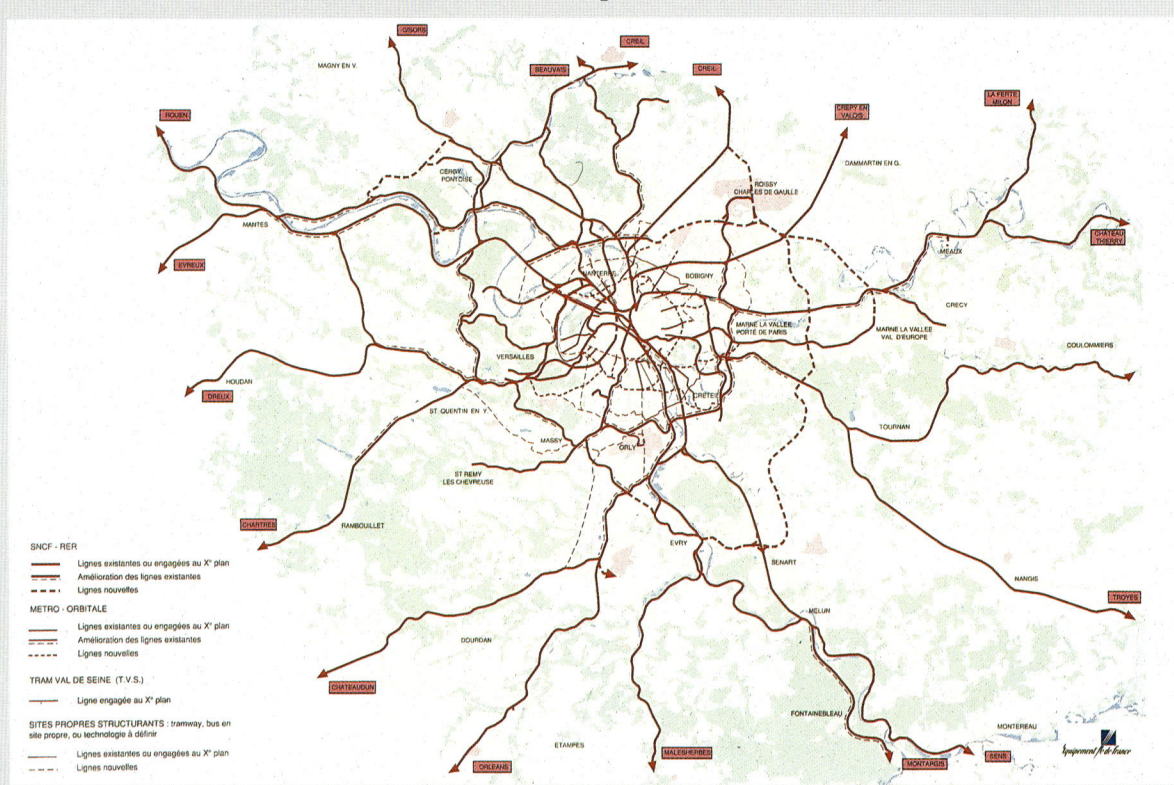

**8.** Schéma directeur de transports en commun long terme, © DREIF.

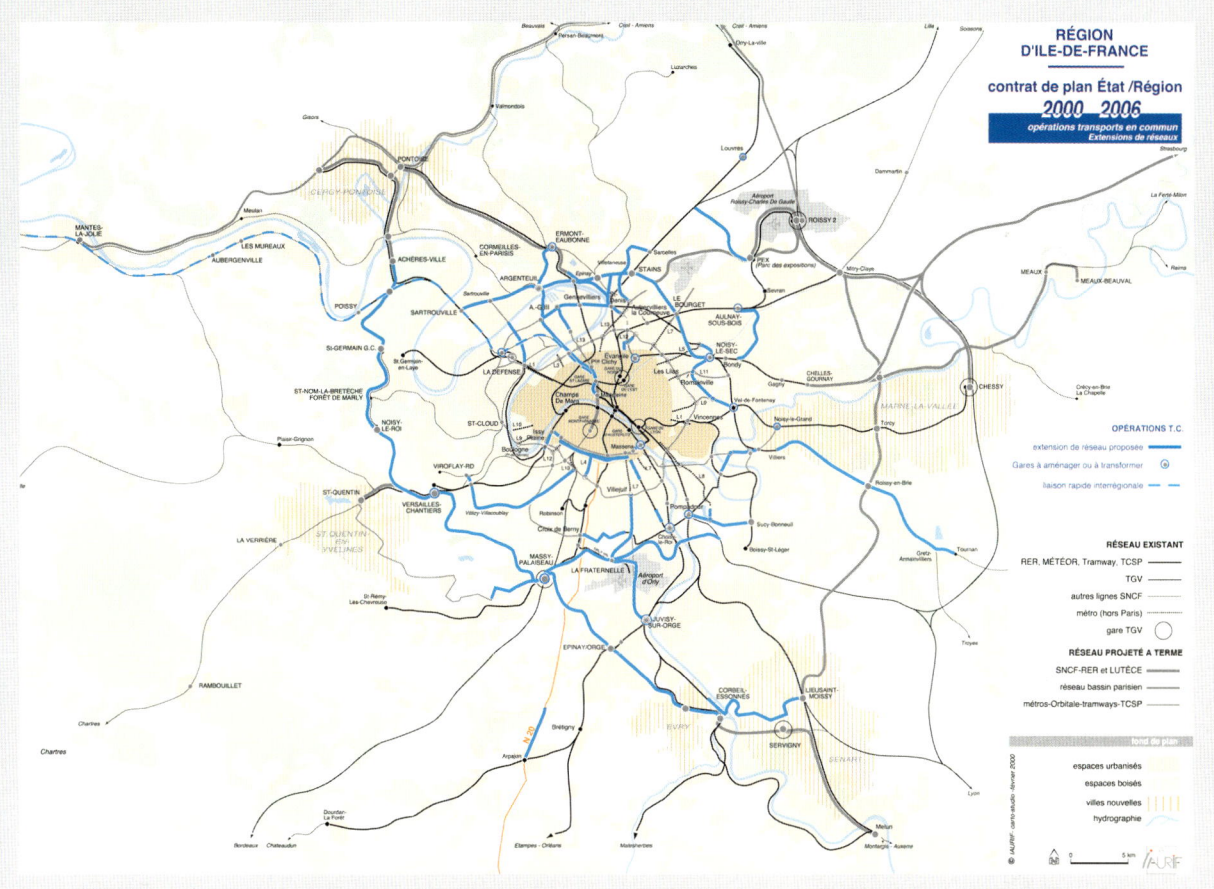

9. © IAURIF.

Saura-t-elle promouvoir une intelligence urbaine lui permettant de faire émerger un développement contribuant à réduire déséquilibres et exclusions ?

L'Ile-de-France se donnera-t-elle les moyens de mieux maîtriser le développement du « suburbain » en sachant tisser des liens de solidarité entre ses différents territoires ? Le transport public constitue, à cet égard, un atout indiscutable par son maillage assurant à la fois une irrigation fine des quartiers et un accès rapide au centre-ville comme, d'une façon générale, aux nouvelles centralités nées de la polarisation de l'espace francilien décidée et dessinée dans les années 1960.

La mise en chantier effective des opérations du contrat de plan État-Région, avec la réalisation du « Grand Tram », devrait constituer une préfiguration d'un nouveau modèle urbain associant l'ensemble des acteurs, publics et privés, impliquant davantage le citoyen et suscitant l'adhésion de l'opinion publique dans un nouveau mode de gouvernance urbaine que devrait faciliter le mouvement annoncé vers plus de décentralisation.

L'enjeu central de demain n'est-il pas, pour le transport, d'être en capacité d'offrir à l'agglomération francilienne une vision plus large du service public de mobilité englobant à la fois une bonne complémentarité des modes collectifs et individuels, un équilibre entre déplacements de proximité et trajets de pôle à pôle, un déploiement de la gamme de services associés au transport et adaptés à la variété des territoires ? Dans ce contexte où les collectivités locales participent davantage au processus de décision, nul doute que le réseau de bus, moins structurant il est vrai que les lignes ferroviaires, soit appelé à jouer un rôle central, que la mise en œuvre du plan de déplacements urbains – avec son réseau principal de bus, le réseau « Mobilien » – est à même de consolider.

S'agissant des infrastructures, n'y a-t-il pas lieu de les concevoir comme de véritables projets de développement territorial intégrant l'approche des

**Métamorphose de la ville**

**10.** Les temps de parcours à partir du Châtelet par les transports en commun en 1966 et en 1997, source : *Atlas de la région parisienne*, 1967 et RATP, 1997, © IAURIF.
**11.** Le « Grand Tram », projet de rocade de tramway en petite couronne.

— une demie heure en 1966
— une demie heure en 1997

— une heure en 1966
— une heure en 1997

responsables politiques et la démarche plus fonctionnelle des techniciens, dans cette alchimie complexe mais vitale qui préside à la construction (ou à la reconstruction) de la ville ?

Pour conclure, le fait que le transport soit presque toujours en retard par rapport aux besoins peut être source de frustration sinon de découragement. L'offre étant toujours par nature insuffisante, la tentation est grande de faire sienne la devise des empereurs de la dynastie mandchoue : « surtout ne pas agir ». En vérité, il n'est de système de transport achevé que dans les « villes-musées », entrées dans l'histoire.

Bien au contraire, il faut voir dans cette dynamique permanente une marque de vitalité fondée sur le bien le plus précieux et le plus exigeant des villes : la mobilité. Ce challenge permanent oblige à rechercher perpétuellement des solutions innovantes pour apporter aux citadins une réponse à leur besoin d'échanger, d'étendre leur espace de liberté tout en respectant leur cadre de vie.

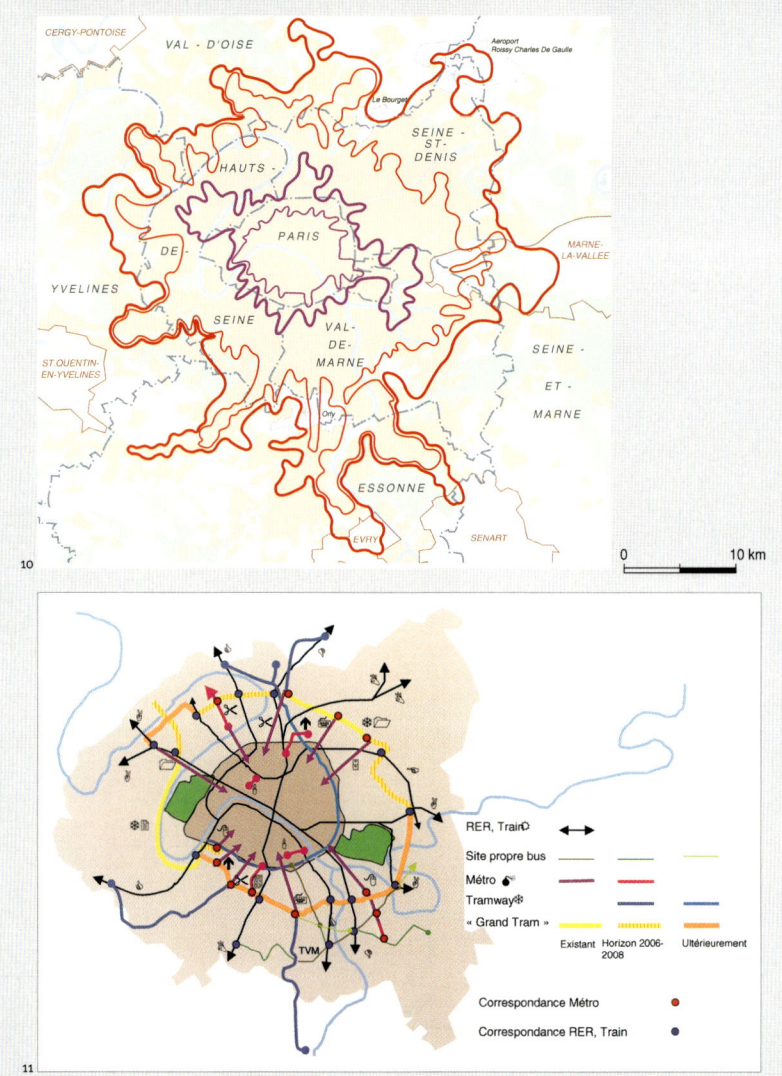

Aménager le territoire

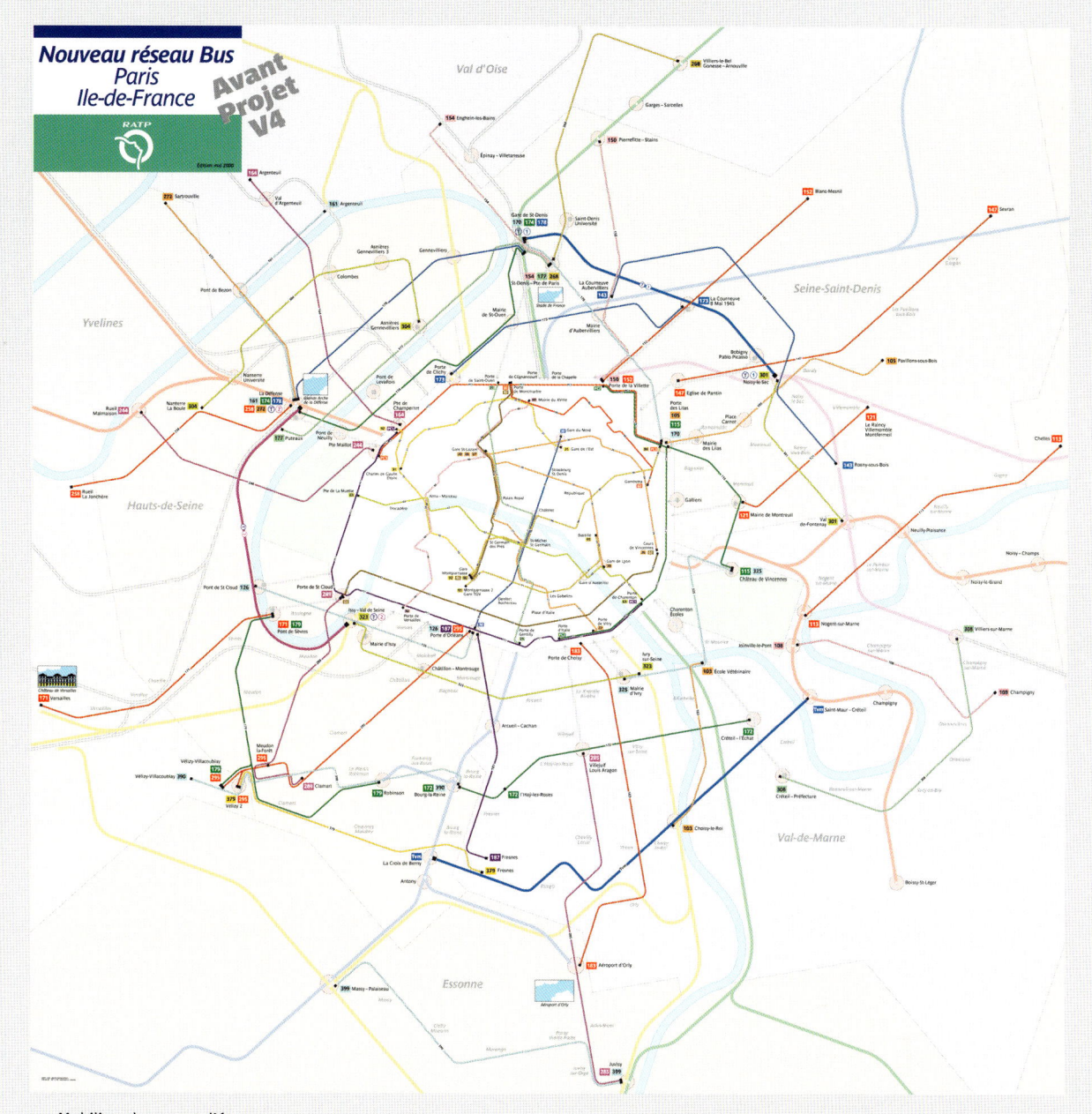

**12.** Mobilien, document d'étape du projet, 2000, © RATP.

# LES LOTISSEMENTS PAVILLONNAIRES DE L'ENTRE-DEUX-GUERRES, DU SCANDALE AU MODÈLE

**Annie Fourcaut**
Professeur d'histoire contemporaine
Directrice du Centre d'histoire urbaine
École normale supérieure Lettres et Sciences humaines de Lyon

### Une aventure banlieusarde

L'épopée des mal-lotis, partis à l'assaut de la banlieue parisienne[1] pour y construire une bicoque ou un pavillon sur une parcelle de terrain, débute à la Belle Époque. Quelques groupes de pionniers parisiens installent des phalanstères coopératifs au grand air – Paris-Jardins à Draveil, Bicoques-Jardins à Orly, ou les différents « Cottage » d'Athis-Mons. Ce tropisme banlieusard s'explique : les classes populaires ont pour partie imité les notables, installés en villégiature en banlieue depuis le second Empire, tout en trouvant de façon autonome des solutions voisines à des aspirations semblables.

Mais l'essor du mouvement de dépècement des banlieues se situe entre les lendemains de la Grande Guerre et les années du Front populaire. Alors s'édifient ces quartiers de pavillons modestes, mais tous dissemblables, au long de rues au tracé orthogonal qui portent des noms de fleurs ou d'idéaux ayant guidé là ces nouveaux banlieusards : Prévoyance, Fraternité, Solidarité. Le phénomène est massif : 3 000 hectares sont lotis avant 1914, 16 000 dans l'entre-deux-guerres, pour l'essentiel en dix ans, de 1919 à 1928-1929. Plus de 300 communes sont concernées, essentiellement en moyenne banlieue : 1 625 lotissements en Seine-et-Oise, 250 en Seine-et-Marne. Mais la proche banlieue connaît aussi une myriade de petits lotissements qui investissent, souvent clandestinement, n'importe quel terrain disponible : carrières remblayées, fonds inondables, terrains enclavés[2]. En une dizaine d'années, 215 000 parcelles sont brusquement offertes à la vente. Les lotissements permettent de loger la croissance démographique de la banlieue parisienne : 400 000 habitants à la fin des années 1920, 700 000 personnes à la fin de l'entre-deux-guerres.

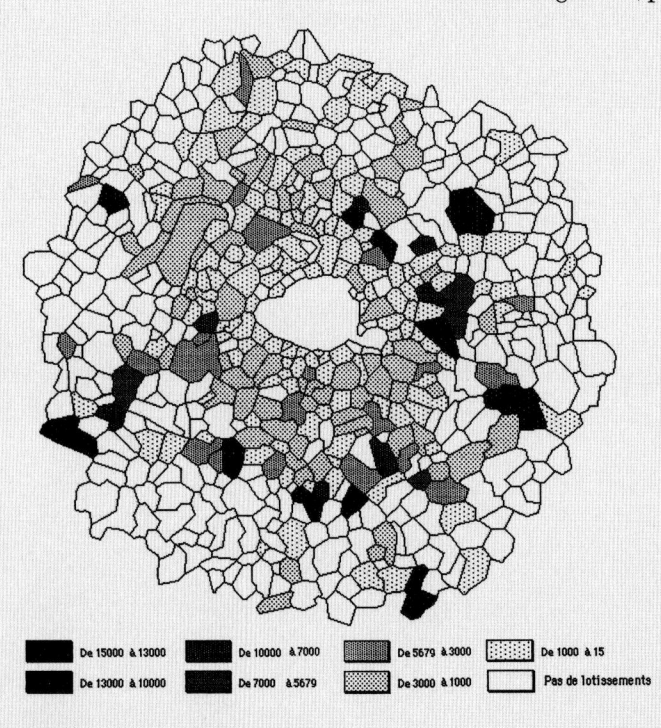

**1.** Les lotissements après la loi de 1924. Surface lotie en ares par communes. Surface lotie 1924-1929. Source : Bisson.

De 15000 à 13000 | De 10000 à 7000 | De 5679 à 3000 | De 1000 à 15
De 13000 à 10000 | De 7000 à 5679 | De 3000 à 1000 | Pas de lotissements

1. Annie Fourcaut, *La Banlieue en morceaux. La crise des lotissements défectueux en France dans l'entre-deux-guerres*, Grâne, Créaphis, 2000, donne les références bibliographiques et archivistiques complètes sur cette question.
2. Voir la carte.

Lotir est d'abord une opération juridique qui relève, en l'absence de toute législation d'urbanisme, du droit privé. C'est « une opération qui consiste à diviser une propriété foncière d'un seul tenant en petites parcelles destinées à être vendues à des personnes désireuses d'y implanter des constructions »[3].

Le lotisseur – qui peut être n'importe qui, une veuve de maraîcher, une société foncière ou un notaire – découpe un terrain en parcelles toutes égales, le plus souvent sans aucun aménagement ni voirie. L'acquéreur accède à la propriété de 400 ou 500 m$^2$ de terrain nu au terme de dix ou quinze ans de versements hebdomadaires ; l'achat se fait toujours à tempérament, le plus souvent par l'intermédiaire d'une société d'épargne ouvrière. À terme, les parcelles se couvrent de maisons individuelles.

Ces quartiers de pavillons, improvisés sur des terrains bon marché découpés au hasard de la spéculation et des opportunités foncières, fixent pour longtemps la trame urbaine des communes de banlieue. Jusqu'aux grands ensembles, qui en comblent les vides (Le Noyer Renard à Athis-Mons ou Les Grandes Bornes à Goussainville par exemple), ils sont l'essentiel de l'offre de logement populaire. Une promenade à Bobigny, Montreuil, Goussainville, Athis-Mons ou Chennevières-sur-Marne montre les traces toujours présentes de ce rêve populaire, pour une fois accompli. Elles ont certes été modifiées depuis les années du Front populaire : les constructions provisoires en bois ont presque disparu ; l'adjonction de multiples vérandas, appentis et garages, les surélévations diverses ont transformé les pavillons de meulière originaux. Parfois, une minuscule cabane de bois, autrefois resserre à outils et habitat du dimanche, enfouie sous les ronces et abandonnée, témoigne de l'échec d'une entreprise familiale d'installation en banlieue, à cause du chômage ou de la crise. A changé aussi la destination sociale des lotissements ; ils ont logé les classes populaires issues de la seconde industrialisation de la région parisienne, notamment l'immigration italienne. Ils sont aujourd'hui soit en voie de « gentryfication », soit très prisés par les familles maghrébines, qui y trouvent l'accès à une propriété individuelle jugée à la fois prestigieuse et évolutive. De cet engouement témoignent d'étranges lotissements défectueux neufs, comme la ZAC des Demoiselles à Goussainville, construite en bout d'une piste de Roissy, et dont les pavillons préfabriqués modestes sont couverts de paraboles.

Cette évidence massive a longtemps été oubliée, occultée ou méprisée par les élites, les aménageurs et les urbanistes : le pavillon de banlieue – le célèbre « Sam suffit » – reste longtemps le symbole du mauvais goût et de l'individualisme des petits livrés à eux-mêmes. Les grands ensembles sont

**2.** Publicité pour la France Foncière, sd, AN, Archives du SARP, AT 410.

3. H. Jacquot, *Droit de l'urbanisme*, Paris, Dalloz, 1987, p. 594.

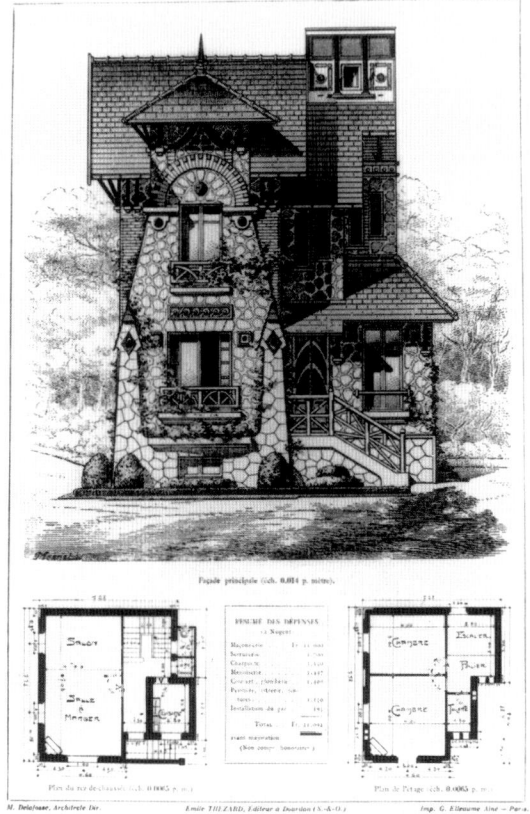

**3.** Avis du Maire du Kremlin-Bicêtre, 1922, coll. ADVM.
**4.** Cottage à Nogent-sur-Marne, M. G. Nachbaur architecte, supplément à l'Architecture Usuelle n° 159, 1922, ADVM.

construits contre les lotissements, devenus un repoussoir à éviter à tout prix après la Seconde Guerre mondiale, l'État bâtisseur prenant l'initiative après l'extension de la nappe pavillonnaire incontrôlée. Redécouverts avec la crise des cités de logement social comme la forme la plus authentique du patrimoine bâti banlieusard, ils forment un modèle impossible à reproduire aujourd'hui et d'autant plus séduisant.

### Du cloaque au quartier

Les lotisseurs sont des privés qui construisent du public, leur logique est celle du propriétaire foncier qui entreprend de valoriser son bien en minimisant ses dépenses, mais l'aboutissement est la création de véritables quartiers de ville.[4] La question centrale est celle de la voirie. Les rues, simples chemins de terre, sont des voies privées que les communes, débordées par l'afflux imprévu des nouveaux banlieusards, s'avèrent incapables d'intégrer dans la voirie communale. Simple quadrillage, le lotissement naît sans espace public, sans écoles, sans commerces. Les collectivités publiques sont dépourvues de tous moyens, malgré les lois de 1919 et de 1924 qui tentent de réguler le phénomène. La ville naît ici du seul logement et de l'acharnement des lotis qui réclament l'accès à une urbanité minimale comme un droit à la dignité, dans une articulation originale entre aspirations privées et production d'espaces publics.

Au mitan des années 1920, l'affaire finit par faire scandale. Des milliers d'honnêtes familles de prolétaires et d'employés, désireux de devenir propriétaires, campent dans la boue, trompés par les lotisseurs, ces *mercantis*

4. Antoine Prost, préface à Annie Fourcaut, *La Banlieue en morceaux*, op. cit., p. 9

si habiles à saisir les mutations de l'après-guerre. L'immense lotissement de Goussainville est ainsi décrit par un observateur catholique : « Depuis quelques années, ces 400 hectares sont lotis ; l'envahissement hideux s'est déroulé avec son cortège habituel : dépeçage de la terre, désormais livrée à elle-même et au chiendent ; construction de locaux, dits d'habitation, qui tiennent de la hutte, de la case et de la cage. Bien entendu, ni eau, ni gaz, ni électricité, ni égouts, ni fosses d'aisance, ni approvisionnements : le bled, la terre nue, la Chine. »[5] L'inquiétude de l'opinion, de la presse, des partis politiques, de l'Église catholique et des réformateurs sociaux conduit à l'invention d'une solution originale. Sont votées de façon accélérée en

**5.** Publicité pour le parc des Picherettes, sd, circa 1936, AN F2997.

1928, sous un gouvernement d'union nationale, les lois Sarraut et Loucheur, permises par la bonne conjoncture financière due à la politique de Poincaré. L'État prend à sa charge la moitié des frais d'aménagement, les lotis payent le reste, regroupés en associations obligatoires de riverains qui prélèvent les taxes, surveillent les travaux, puis gèrent le quartier. Les individualismes juxtaposés à l'origine du lotissement constituent ainsi, à la longue, du collectif. Les bidonvilles nés au hasard de la spéculation se trouvent intégrés à l'espace de l'agglomération parisienne, en quarante ans environ. Cette solution consacre la défaite des premiers urbanistes : sont aménagés tels quels des quartiers de pavillons par centaines, érigés sans planification aucune. Le plan Prost (1934-1939) tente de rattraper *a posteriori* les lotissements et de les intégrer dans le zoning esquissé alors en région parisienne. Cette solution manifeste aussi le triomphe des principes du radicalisme, voire de la philosophie solidariste qui les inspire : favoriser l'accès des couches populaires à la propriété, protéger les petits contre eux-mêmes

5. Charles Collin, *Maçon pour les âmes*, Paris, Vuibert, 1929, p. 2. Cette brochure décrit l'œuvre de l'abbé Mercier, curé de Goussainville, qui construit de ses mains une chapelle de fortune au milieu du lotissement de La Grange des Noues.

et contre les gros qui les ont trompés, faire jouer à l'État son rôle tutélaire. Affaire finalement plus politique et financière qu'urbanistique, la crise des mal-lotis se résout de façon pragmatique : faire payer l'État et les pauvres.

**Du cabanon au pavillon, ou l'ombre de Loucheur**
Pourquoi quitter Paris, ou les casernes des faubourgs immédiats, pour tenter la difficile aventure banlieusarde ? Les aspirations qui expliquent ce mouvement de masse s'inscrivent dans la longue durée de l'évolution des mentalités populaires. La diffusion des thèmes hygiénistes, présents bien avant 1914, se généralise aux lendemains de la Grande Guerre : on quitte l'air vicié des taudis pour le bon air de la banlieue, conseillé aux enfants chétifs. La cherté de la vie a répandu le goût de la culture potagère et le désir d'habiter près de son jardin, ou du moins de pouvoir y venir fréquemment. Le succès parallèle des jardins ouvriers de la Ligue du coin de terre et du foyer témoigne du même engouement. Le lotissement, espace uniquement résidentiel, permet aussi de fuir la proximité de l'usine et de ses fumées, au prix d'un étirement épuisant de la distance au travail. Il s'agit aussi de devenir propriétaire, et de fuir Monsieur Vautour, la concierge et l'augmentation des loyers. Les maisons sont très petites, mais plus agréables que les appartements parisiens, où le logement décent est inaccessible à cause de la crise du logement et de la cherté des loyers.

5 MERIEL (S.-et-O.). - Lotissement du Bois du Val.

**6.** Coll. particulière.

Même si Henri Sellier[6] juge en 1927 que « l'ouvrier échange son taudis contre un autre », construire dans un lotissement, c'est bénéficier d'un ensemble de libertés nouvelles. Avoir un chez soi, enraciner sa famille sur une parcelle de terrain, c'est être en sécurité après les bouleversements dus à la guerre, à la dépréciation du franc et à l'inflation. La liberté dans la gestion de l'espace est immédiate : à la maison s'ajoutent le jardin mais

6. Henri Sellier (1883-1943), maire SFIO de Suresnes depuis 1919, sénateur de la Seine, ministre de la Santé publique dans le gouvernement de Front populaire, est un des rares responsables politiques à avoir une réflexion et une action continues dans le domaine du logement et de la ville.

aussi un auvent, des appentis, des latrines, une buanderie, un poulailler, un clapier, etc. Liberté vraie aussi dans la maîtrise temporelle du projet résidentiel : le passage de la parcelle à la bicoque, puis à la maison d'habitation permanente, autoconstruite ou non, peut se faire à un rythme choisi, en quelques mois ou en vingt ans.

La loi Loucheur[7] change la donne. Votée en 1928, elle prévoit, en plus de la construction d'HBM collectifs, des prêts à 2 % sur une très longue durée pour l'accession à la propriété individuelle, édifiée suivant les normes du logement social. Les anciens combattants, les victimes de guerre, les familles nombreuses bénéficient de clauses très favorables qui les dispensent pratiquement de tout apport personnel, mesures assez proches de l'actuel prêt à taux zéro. Elles permettent à plus de 100 000 mal-lotis banlieusards de construire en dur, elles transforment l'allure des lotissements et les pérennisent, les colonies de bicoques devenant des quartiers pavillonnaires respectables.

### Les lotissements, un âge d'or ?

Certes, tous les lotissements de l'entre-deux-guerres ne sont pas défectueux. Des villas dessinées par des architectes continuent d'être édifiées aux abords de la forêt de Montmorency ou dans la vallée de Chevreuse. La banlieue ne cesse pas alors d'être une mosaïque sociale, quartiers chics et « villages

**7.** Lotissement pauvre à Vitry, ADVM 15 Fi PF 11440.

nègres » y coexistent, s'ils ne s'y côtoient pas. La proximité d'une gare, l'agrément du site, une tradition de villégiature bourgeoise offrent mille signes de distinction, d'une commune à l'autre. Mais la nouveauté massive de l'entre-deux-guerres est celle de l'accès d'un peuple urbain, souvent d'origine provinciale, à la propriété individuelle dans les pires conditions

---

7. Louis Loucheur (1872-1931), polytechnicien, industriel, est ministre des Régions libérées en 1921 et réfléchit à la crise du logement. C'est au titre de ministre du Travail, de l'Hygiène et de la Prévoyance sociale du cabinet Poincaré qu'il fait voter la loi portant son nom.

d'improvisation, la ville croissant par l'urbanisation brusque de terrains à vocation agricole.

Ces vingt ans, interprétés alors comme une crise de la banlieue, ne sont qu'une des phases de l'extension en longue durée de la nappe pavillonnaire en banlieue. Le lotissement des communes voisines des barrières commence dès la Restauration, à Neuilly, à Passy, aux Batignolles ou à Romainville. Belleville et Charonne se peuplent autour de l'annexion de 1860 grâce à des lotissements où sont construites des habitations ouvrières. Les forêts de banlieue sont morcelées sous le second Empire, et la villégiature, bourgeoise puis populaire, modifie l'aspect des villages d'Ile-de-

**8.** Bretigny-sur-Orge, Essonne, 1960, © Roger-Viollet.

France. À partir de la fin des années 1960 reprend le mouvement de périurbanisation sous forme de constructions individuelles par mitage de l'espace rural et construction de nouveaux villages avec promoteurs, qui livrent des pavillons clés en main.

Mais l'épisode des lotissements de l'entre-deux-guerres offre un modèle unique dans la croissance des banlieues françaises : découpage en parcelles par un spéculateur qui ne construit pas les habitations, passage à un rythme souple et individuel du bidonville temporaire au quartier de résidence permanente, viabilisation et aménagement après coup à l'aide de la puissance publique poussée par les revendications des nouveaux venus mécontents. Croisement finalement réussi d'aspirations individuelles et de besoins collectifs non planifiés, moment unique où les classes populaires ont été capables d'imposer leur modèle résidentiel à des politiques qui n'en voulaient pas, le lotissement apparaît aujourd'hui comme un âge d'or de l'édification des banlieues.

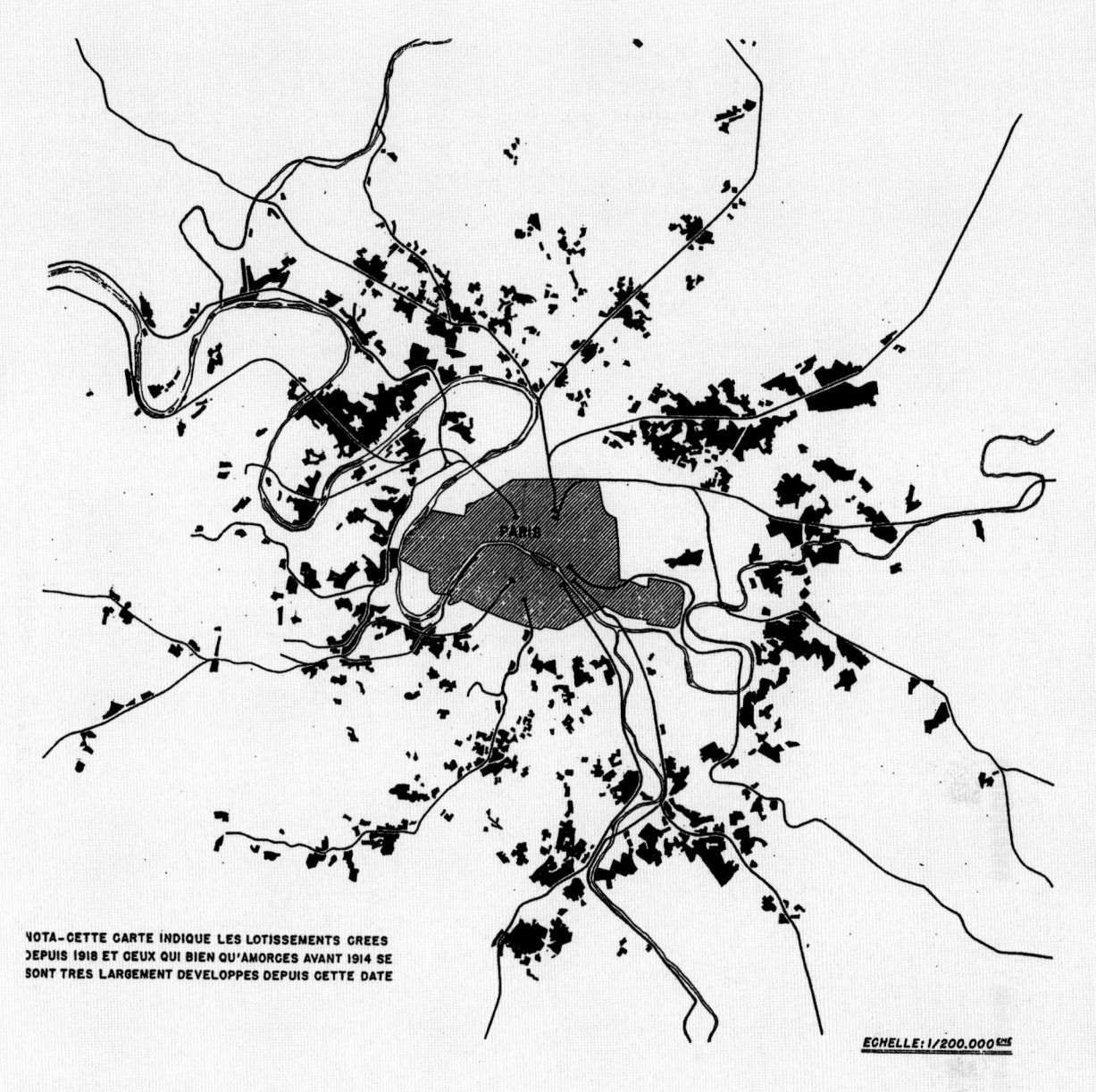

**9.** Carte des lotissements
existants au 1er janvier 1946, AN,
Archives du SARP, AT 457.

# RÉGÉNÉRER LA BANLIEUE PARISIENNE, LES PREMIERS GRANDS ENSEMBLES

**Annie Fourcaut**
Professeur d'histoire contemporaine
Directrice du Centre d'histoire urbaine
École normale supérieure Lettres et Sciences humaines de Lyon

**Pour une histoire des grands ensembles**

Faire l'histoire des grands ensembles est une entreprise délicate alors que Jean-Louis Borloo, le ministre de la Ville, parle de « la folie des années 1950 » à leur propos, en expliquant qu'il faut les détruire d'ici cinq ans[1] et que son prédécesseur à l'Équipement, Hervé de Charrette, parlait lui de honte de la France[2]. Le mythe du grand ensemble vaut celui du taudis au XIX$^e$ siècle, à la fois scandale urbain, matrice de la décomposition sociale et foyer de délinquance. Or, cette « folie » est un des aspects de la formidable modernisation de la banlieue pendant les Trente Glorieuses, qu'il faut tenter de comprendre dans son contexte avant de la condamner.

**1.** Sarcelles, Val-d'Oise, 1957, © Roger-Viollet.

En région parisienne, le poids de l'urgence et des contraintes du quotidien est plus visible qu'ailleurs, à cause de la croissance démographique et de la concentration continue des emplois industriels ; la hantise de refaire les erreurs du passé est particulièrement forte dans un espace que les aménageurs qui sont aux commandes du ministère de la Reconstruction et

---

1. *Le Monde*, 13 août 2002.

2. Christine Mengin, « La solution des grands ensembles », *Villes en crise ?*, *Vingtième siècle*, n° 64, octobre-décembre 1999, p. 111.

de l'Urbanisme, puis de la Construction, considèrent comme un désastre urbanistique ; c'est en banlieue que se concentrent crédits et premières constructions collectives. En cinq ans, entre la fin de la quatrième et les débuts de la cinquième République, et sans que le changement de régime modifie les choix techniques, est élaboré le dispositif législatif, réglementaire et financier qui permet le démarrage de la construction, à l'issue de la période de reconstruction des villes détruites par la guerre. Les municipalités de banlieue se disputent alors le privilège de bénéficier de toutes les possibilités nouvelles afin de faciliter l'édification de logements neufs sur leur territoire, et la satisfaction des nouveaux locataires éclate dans les premiers reportages télévisés de l'ORTF.

L'expression « grand ensemble » elle-même pose problème : elle désigne à la fois une forme (les barres et les tours), une taille de plus de 500 ou 1 000 logements, un type de financement par les procédures du logement social, une localisation en banlieue ou sur le territoire de la ville-centre mais en rupture avec le tissu ancien de celle-ci, un mode de conception globale avec des équipements prévus ou construits et un zonage privilégiant l'habitat seul. S'y ajoute le fait d'incarner un moment de l'urbanisation de la France, les « années béton », période à la fois de forte croissance économique et de modernisation par l'État dirigiste.

**2.** Sarcelles, Val-d'Oise, 1959, © Roger-Viollet.

Elle apparaît pour la première fois dans le titre d'un article de l'urbaniste Maurice Rotival dans *L'Architecture d'aujourd'hui* de juin 1935, intitulé « Les grands ensembles ». L'article porte sur les groupes de HBM collectifs construits par les offices publics, dont Drancy-La Muette, destinés déjà selon l'auteur à moderniser la banlieue : « Nous espérons, un jour, sortir des villes comme Paris, non seulement par l'avenue des Champs-Élysées, la seule réalisation de tenue sans laquelle Paris n'existerait pas, mais sortir par Belleville, par Charonne, par Bobigny, etc., et trouver harmonieusement disposés le long de larges autostrades, au milieu de grands espaces boisés, de parcs, de stades, des grands cités claires, bien orientées, lumineusement éclairées par le soleil. Nous devons rêver de voir les enfants propres, heureux, jouant sur du gazon et non pas sur le trottoir. Nous rêvons, en un mot, d'un programme d'urbanisme, d'habitations à bon marché en liaison avec l'aménagement des grandes villes. »[3] Dès leur naissance, les grands ensembles sont chargés de régénérer la banlieue, et opposés à « la lèpre pavillonnaire » qui les entoure. Dans les années 1950, l'expression se généralise, en concurrence avec d'autres ; les bâtiments sont désignés soit par leur nouveauté – ville nouvelle, cité nouvelle, cité satellite, ville neuve, unité d'habitation ou de voisinage –, soit par leur modélisation technique ou financière – LOGECOS, Million, LOFOPA[4] –, soit par leur processus de financement – les HLM. Mais la notion reste floue jusqu'à la directive ministérielle qu'Olivier Guichard, ministre de l'Équipement, du Logement et des Transports, signe le 21 mars 1973, « visant à prévenir la réalisation des formes d'urbanisation dites "grands ensembles" et à lutter contre la ségrégation sociale par l'habitat », qui y met fin progressivement.

## Les contraintes de l'urgence

Dans le contexte global du *baby-boom,* du début de la croissance et de la reprise de l'immigration provinciale et étrangère, la croissance de la région parisienne inquiète particulièrement responsables et aménageurs ; tous perçoivent la contradiction entre boom démographique et planification urbaine contrôlée. La population de la région parisienne s'accroît de deux millions de personnes entre le recensement de 1954 et celui de 1968. Au cours des années 1950, on a enregistré jusqu'à 180 000 nouveaux venus par an, moitié par accroissement naturel, moitié par arrivée de la province ou de l'étranger : suivant l'image célèbre, toutes les quatre minutes, un provincial débarquait à Paris pour trouver un emploi.

Cet afflux de population aggrave le déficit presque séculaire de logements populaires et la fin de la reconstruction n'y met pas un terme. Alors que le retour de la croissance économique permet d'entrevoir la fin des années noires, la crise du logement devient intolérable : squats, garnis, hôtels meublés, wagons de réforme, entassement des jeunes ménages chez les parents, bicoques transformées en habitat permanent – telles sont les conditions de vie des nouveaux venus. Les destructions dues à la guerre, dans une région qui n'a pas été la plus touchée par les bombardements, aggravent encore le problème des mal-logés : 88 000 bâtiments sont sinistrés, dont 58 700 bâtiments d'habitation, ce qui correspond à 250 000 logements. L'absence de logement freine la productivité de la main-d'œuvre ; la population mange à sa faim, mais le mauvais logement, mal réparti, empêche le redémarrage de l'économie conçu par le plan Monnet.

Rares, surpeuplés, les logements sont sous-équipés, comme le montre le recensement de 1954 : ni sanitaires, ni WC intérieurs dans la plupart des cas, et l'eau courante dans à peine la moitié des logements. Le surpeuplement atteint une habitation sur quatre en 1962. Danger national, qui affecte la morale – le thème du taudis reste prégnant dans les années 1950[5] – et la productivité, la crise du logement devient pour la première fois en France

---

3. Maurice Rotival, « Les grands ensembles », *L'Architecture d'aujourd'hui,* vol. 1, n° 6, juin 1935, p. 57.

4. LOGECOS : logements économiques et familiaux ; LOFOPA : logements populaires familiaux.

5. Voir le succès des *best-sellers* de Gilbert Cesbron, *Les Saints vont en enfer,* Paris, Robert Laffont, 1952 ou *Chiens perdus sans collier,* Paris, Robert Laffont, 1954.

une affaire d'État. L'idée du droit à un logement décent pour tous émerge de la misère urbaine des années 1950[6], alors que le déficit global pour la région parisienne est estimé en 1954 entre 410 000 et 500 000 logements.

**Les hantises du passé**
Voulant régénérer la banlieue de l'entre-deux-guerres, perçue comme un fouillis irrationnel et dévoreur d'espace de pavillons, d'usines et de friches agricoles, en bref une non-ville, et souhaitant éviter les erreurs de leurs prédécesseurs, les responsables des Trente Glorieuses en fabriquent une nouvelle, son antithèse, organisée autour de grands ensembles pensés contre l'épisode précédent.

Depuis les débuts de la politique de planification régionale, inaugurée en 1928 avec le premier comité d'aménagement de la région parisienne et le plan Prost (1934-1939), et poursuivie ensuite sans relâche malgré la guerre, l'idée dominante est de freiner la croissance démographique de la région, de stabiliser son extension et de contrôler l'usage prévisionnel des sols. L'ambition malthusienne de la troisième République est devenue une obsession sous Vichy et à la Libération, quand triomphent les thèses de Jean-François Gravier sur *Paris et le désert français*[7]. Les plans successifs sont conçus dans une optique de *containment* toujours dépassée, et les grands ensembles sont édifiés sur les terrains non affectés du plan Prost ou par dérogation. Reste entière la contradiction : comment à la fois abriter les mal-logés et les nouveaux venus, et freiner la croissance de la région ?

À l'issue de la reconstruction, la région est considérée comme malade : la décentralisation industrielle et la limitation de la croissance sont des impératifs très difficiles à faire appliquer. Les responsables de l'aménagement de la région considèrent le développement du pavillonnaire individuel comme la pire des solutions, avec son coût d'équipement élevé, sa trop faible densité, l'extension excessive des réseaux de transport et l'absence supposée de communauté urbaine. Mais les banlieusards ont montré dans l'entre-deux-guerres un goût irrépressible pour le pavillon individuel isolé sur sa parcelle, malgré tous les obstacles mis à sa construction. En 1947, une des premières enquêtes par sondage de l'Institut national d'études démographiques sur les préférences en matière de logement révèle, au plan national, qu'une écrasante majorité de Français souhaitent être propriétaires d'une maison individuelle avec jardin[8] ; et d'ailleurs, les lotissements de l'entre-deux-guerres continuent à se remplir dans les années 1950. Cependant, le souvenir de la crise des lotissements défectueux pèse sur la mémoire des aménageurs, qui veulent à tout prix l'empêcher de se reproduire : le choix du collectif est d'abord un refus du pavillonnaire anarchique.

C'est à Paris et en banlieue parisienne que l'abbé Pierre déclenche sa campagne en 1954. Son intervention donne à la crise un impact médiatique entièrement nouveau, et l'épisode des cités d'urgence[9] place au premier plan de l'actualité régionale les conséquences dramatiques de la crise du logement ; il met aussi en lumière les contradictions de l'heure : comment construire dans l'urgence et à bas prix des logements qui ne deviennent pas immédiatement « des taudis neufs » ?

6. Dont témoigne le documentaire (noir et blanc, 24 minutes) de Jacques Prévert et Eli Lotar, *Aubervilliers*, 1946.
7. Jean-François Gravier, *Paris et le désert français*, Paris, Flammarion, 1958, (1ʳᵉ éd., Paris, Le Portulan, 1947).

8. Alain Girard, *Une enquête par sondage ; désirs des Français en matière d'habitation urbaine*, INED, Paris, PUF, 1947.

9. Gwenaëlle Legoullon, *La Politique des cités d'urgence 1954-1958*, mémoire de maîtrise d'histoire, université Paris I, dir. Jean-Louis Robert et Annie Fourcaut, 2000.

Le ministère de la Reconstruction et du Logement lance le 22 janvier 1954 un premier projet de construction de 1 000 cités d'urgence, appelées « Logements économiques de première nécessité ». Le décret relatif à la construction des LEPN est promulgué le 31 mars 1954 : des concours sont ouverts à des groupements d'entreprises associés à des architectes, et en mai, les premiers marchés sont attribués aux organismes de logement social. Les prescriptions techniques révèlent un projet finalement ambigu : il s'agit de construire rapidement des logements en dur, pour une occupation immédiate qui évite un nouvel hiver tragique, mais ceux-ci doivent pouvoir se transformer en résidences quasi définitives, destinées à durer cinquante ans. Le logement de base est un deux pièces de 38 m², à l'équipement très sommaire ; les modules sont construits en bandes continues sur un ou deux niveaux, par groupe de vingt à cinquante, et le prix plafond est fixé à 600 000 francs par logement. Le tour de force réussit : en un an, 5 700 logements neufs sortent de terre en banlieue parisienne.

À l'hiver 1955, 75 % des cités sont occupées. Les terrains sont tous en banlieue, ce qui, comme l'explique un sénateur au Conseil de la République, « aura pour résultat de parquer les familles modestes autour des grandes villes ». Mais la réussite est entachée, dès le premier hiver, par le scandale des malfaçons. Dans ces logements construits sans fondations, sur des terrains équipés à la va-vite, il fait froid et humide ; les logements se fissurent, les réseaux d'évacuation ne fonctionnent pas. Ainsi, le lancement parallèle de l'opération Million,

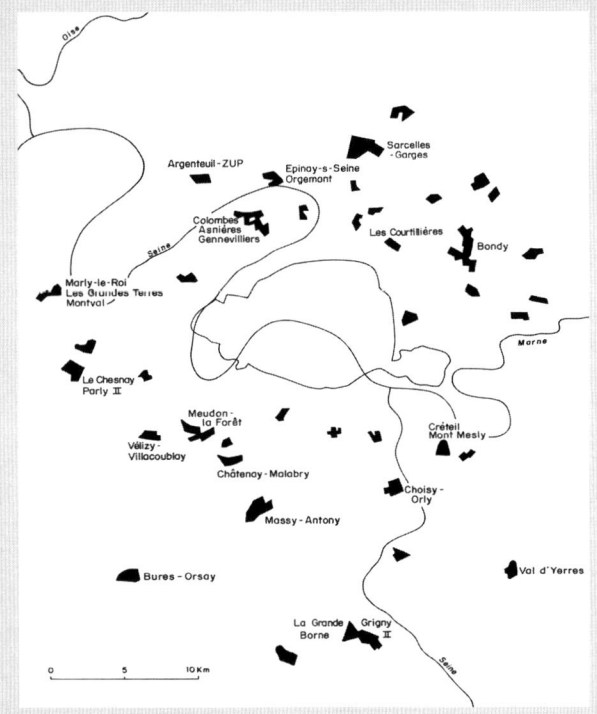

**3.** Les principaux ensembles d'habitat collectif de l'agglomération parisienne, extrait de Paris et la région d'Ile-de-France, Jacqueline Beaujeu-Garnier, Flammarion, 1977.

conçue dès 1955, intègre l'idée d'un coût minimum de construction et d'équipement d'un million par logement, hors le prix du terrain ; de plus, les projets Million doivent être fortement standardisés et aisément reproductibles. De fait, l'habitat individuel multiplie les coûts d'équipement des terrains en voirie et réseaux divers, ainsi que le nombre des entreprises nécessaires à sa construction : cette expérience manquée de baraques d'État pour les mal-logés ouvrait la voie au choix déterminé du collectif.

### Les choix des années 1950

Ces choix ne se font pas sans improvisations ni inquiétudes. L'État n'a alors que deux expériences différentes de pilotage d'opérations massives de construction de logement : la gestion du programme Loucheur, qui n'a duré que cinq ans (1928-1933), a été entièrement déléguée au secteur HBM ; la reconstruction, planifiée sous les bombes, a obéi à cette « économie de l'urgence » mêlant reconstruction à l'identique et innovations futuristes au gré de la pression des associations de sinistrés [10]. Au confluent de préoccupations anciennes – éradiquer les taudis, rationaliser par l'urbanisme de plan – et d'impératifs conjoncturels liés à l'urgence, se

---

10. Danièle Voldman, *La Reconstruction des villes françaises de 1940 à 1954. Histoire d'une politique*, Paris, L'Harmattan, 1997.

**4.** *Grand ensemble en banlieue parisienne*, 1960, © J. Cuinières, Roger-Viollet.

produit vers le milieu des années 1950 un infléchissement décisif vers la construction de masse.

Le déblocage, qui est d'abord technico-financier, se produit en 1953. La loi du 6 août 1953 facilite l'expropriation par les municipalités et donc leur permet de trouver des terrains ; le décret du 9 août 1953 généralise le 1 % patronal ; l'opération Million vise à construire 20 000 logements standardisés, dont 12 000 en région parisienne. La grande innovation est celle des LOGECOS, nés par décret du 16 mars 1953 ; il s'agit d'un système de prime à la construction versée par l'État, pour des logements qui doivent correspondre à de nouvelles normes, inférieures à celles des HLM, et dont le prix de revient est deux fois moindre. L'octroi de ces primes donne droit à des prêts couvrant 80 % de la dépense totale de construction. Le prix plafond très bas est obtenu par abaissement des normes de surface des logements : 34 m$^2$ pour un deux pièces, 45 m$^2$ pour un trois pièces. Ces logements économiques sont aussi familiaux, car l'octroi de la prime est réservé en priorité aux jeunes ménages avec enfants. La formule des LOGECOS, à laquelle il est mis fin en 1963, montre qu'en ces commencements, l'État hésite entre les options décisives : accession ou location, individuel ou collectif.

Pourtant ces hésitations sont vite tranchées par les maîtres d'ouvrage, sous la pression des besoins locaux, suivant la logique du « raisonnement de pénurie »[11]. Les municipalités de banlieue, avides de construire, se saisissent

11. Simon Ronai, « La crise des grands ensembles et les nouvelles politiques municipales », *Après les banlieues rouges*, *Hérodote*, n° 43, 4ᵉ trimestre 1986, p. 80.

**Régénérer la banlieue parisienne**

du système des primes. À Gennevilliers, la municipalité qui cherchait des possibilités de financement depuis 1947, lance la construction de deux cités, grâce au système des primes de l'État ; ces premiers bâtiments collectifs neufs de l'après-guerre sont célébrés comme une victoire sur le taudis par la municipalité communiste. Le grand ensemble du Mont-Mesly à Créteil, construit à partir de 1956, avec plus de 5 000 logements en deux groupes, comprend 50 à 100 % de logements primés suivant les groupes de bâtiments.

La loi-cadre du 7 août 1957, « tendant à favoriser la construction de logements et les équipements collectifs », programme pour cinq ans les crédits nécessaires à la construction de 300 000 logements par an. Sur

**5.** Vue aérienne de la Grande Borne, E. Aillaud, arch., Grigny, © Dreif, 1995.

760 milliards, 230 milliards, soit 30 %, sont affectés à la région parisienne. Cette loi place l'État au cœur de l'articulation entre construction de logement, amélioration de la productivité du secteur du bâtiment, programmation des équipements et aménagement du territoire ; le décret sur les ZUP du 31 décembre 1958 place sous l'autorité du préfet et des services de l'État le choix et l'achat des terrains à urbaniser, la localisation des groupes de plus de 100 logements et la programmation des équipements. De fait, à la fin de la quatrième République, la construction démarre en région parisienne : entre janvier 1955 et juin 1958, près de 200 000 logements sont construits, surtout sous la forme d'habitat collectif. La plupart sont de petites opérations de 100 à 200 logements groupés.

De très grosses opérations emblématiques de plusieurs milliers de logements créent des agglomérations nouvelles aux marges des terroirs des villages d'Ile-de-France. Émile Aillaud édifie Les Courtillières à Pantin entre 1955 et 1960 ; Sarcelles est construit de 1955 à 1970 par Roger Boileau et Jacques-Henri Labourdette, avec plus de 10 000 logements.[12] D'autres

---

12. Joseph Abram, *in* Gérard Monnier (dir.), *L'Architecture moderne en France, vol. 2 : Du chaos à la croissance 1940- 1966*, Paris, Picard, chap. 4 : « Le logement de masse », pp. 94-142.

accompagnent les effets de la décentralisation industrielle, comme Beauregard, bâti entre 1956 et 1959 pour loger la main-d'œuvre de la nouvelle usine automobile Simca, partiellement délocalisée de Nanterre à Poissy en 1954.

En 1962, sur cent trente-sept groupes de plus de 1 000 logements réalisés à travers la France, cinquante et un d'entre eux sont en banlieue parisienne. Ils y constituent une masse de près de 100 000 logements, soit 43 % de l'effectif total des grands ensembles construits dans le pays.[13] Au moment où elle est remise en cause, au début des années 1980, cette politique a produit environ 350 000 logements pour la seule banlieue parisienne.

La modernisation du secteur du bâtiment et des travaux publics, encouragée dans le cadre de la rénovation globale de l'industrie française pensée sous Vichy et poursuivie par le commissariat au Plan, accompagne un mouvement qu'elle ne crée pas. Les entreprises de travaux publics, dopées par la reconstruction alors que l'industrie du bâtiment évolue peu, se convertissent avec brio dans la construction de logements. La productivité s'élève dans les années 1960, alors que triomphe la préfabrication lourde, relayée après 1963 par des techniques plus souples. De 1953 à 1973, la construction de logements représente en moyenne plus du quart de l'investissement national, et participe au miracle économique français.[14]

Entreprise au milieu des années 1950, cette politique se poursuit jusqu'au début des années 1980, malgré le coup d'arrêt de la circulaire Guichard. Construits dans l'urgence et pensés au départ comme provisoires, les grands ensembles répondent à une commande impérative que traduisent les politiques, celle du droit à un logement confortable pour tous, sans qu'il y ait alors de débat explicite sur la forme de cette demande.[15] Celui-ci s'instaure dans la décennie suivante, avec le thème de la « sarcellite » et le tournant vers la politique des villes nouvelles, pensées elles contre les grands ensembles.

Nées dans l'illusion régénératrice des lendemains de la guerre et par rejet de l'épisode précédent des lotissements, ces constructions neuves doivent permettre d'effacer le souvenir des années noires. Mieux, en l'absence d'une planification régionale efficace jusqu'au SDAU de 1965, c'est grâce à la construction des grands ensembles que pourront s'équiper les quartiers périphériques. La banlieue parisienne, cet espace emblématique des faiblesses de l'ancien régime effondré en 1940, doit être modernisée et régénérée par l'irruption de ces bâtiments qui rompent avec l'ordre ancien :

« La coexistence des structures nouvelles et des structures anciennes doit rendre plus irrésistible le besoin de rénovation de l'habitat, et permettre à la ville vieillie de se régénérer par une sorte de réaction en chaîne. L'apport rapide d'un grand nombre de logements neufs dans la région parisienne permettra d'atténuer la crise dont elle souffre [...]. Ainsi, le but n'est pas de créer selon le style britannique des villes-satellites dans la région parisienne, mais il s'agit essentiellement d'une œuvre de régénération des tissus usés de la banlieue, de remise en ordre de l'agglomération parisienne. »[16]

13. Yves Lacoste, « Un problème complexe et débattu : les grands ensembles », *Bulletin de l'Association de géographes français*, août-septembre 1963, n° 316-317, pp. 37-46.
14. Dominique Barjot, « Un âge d'or de la construction », *Le Grand ensemble, histoire et devenir*, Urbanisme, n° 322, janvier-février 2002, pp. 72-74. Voir le dossier complet, coordonné par Annie Fourcaut et Thierry Paquot, qui ouvre des pistes sur l'histoire des grands ensembles.
15. Jean-Patrick Fortin, *Grands ensembles. L'espace et ses raisons*, Paris, ministère de l'Équipement, du Logement et des Transports, PUCA, coll. « Recherches », n° 125.
16. Archives nationales, 770816/6, « Note sur les projets d'aménagement et d'équipement des grands ensembles d'habitation dans la région parisienne », commissariat à la Construction et à l'Urbanisme pour la région parisienne, s. d. [1957 ?], dactylographié, p. 3.

# LE DEVENIR DE LA BANLIEUE OUVRIÈRE, IDENTITÉS ET REPRÉSENTATIONS [1]

**Marie-Hélène Bacqué**
Sociologue, architecte, chercheur au CNRS, Maître de conférence à l'Institut Français d'Urbanisme, Paris VIII

**Sylvie Fol**
Chercheur au CNRS, Maître de conférence à l'Université Paris X - Nanterre

1. *Saint-Denis*, 1963, © Pierre Douzenel.

Les transformations de l'agglomération parisienne ont contribué à modifier les rapports entre Paris et sa banlieue, mais également les relations et hiérarchies au sein même d'une banlieue de plus en plus diverse et contrastée. Le développement de la périurbanisation d'un côté, le dépeuplement et l'embourgeoisement parisien de l'autre ont en particulier participé à repositionner les villes de la première couronne, en particulier les anciennes villes ouvrières qui ont connu, durant ces dernières décennies, des évolutions sociologiques considérables. [2] Constituées au XIXe siècle dans un contexte d'industrialisation, en pleine croissance dans les années d'après guerre, premières « bénéficiaires » de l'effort de construction, celles-ci sont frappées de plein fouet, dès la fin des années 1960, par les processus de restructuration industrielle qui remettent en cause leur base économique et sociale. Le tissu industriel de production disparaît, laissant place dans un premier temps à de vastes friches, puis à des activités de service et des bureaux. Les emplois ouvriers sont remplacés par des emplois tertiaires, un écart se creusant entre le niveau de qualification des habitants et celui de ces nouveaux emplois. La Plaine Saint-Denis apparaît emblématique de ce processus : après des décennies de déshérence, ce territoire connaît depuis quelques années une phase de développement rapide mais, en terme d'emplois, celui-ci profite peu aux populations locales.

Ces anciennes villes ouvrières sont ainsi prises dans un double mouvement de « recyclage ». D'un côté, les sites les mieux localisés se valorisent, induisant des transformations parfois brutales des structures de peuplement. De l'autre, les espaces les moins attractifs polarisent une population de plus en plus précarisée. Ces dynamiques inverses peuvent se lire à l'échelle de l'agglomération parisienne : on a ainsi vu s'embourgeoiser, parfois très rapidement, des villes populaires de la banlieue ouest, ce basculement pouvant, comme à Levallois-Perret, être largement porté par les politiques locales. Mais elles peuvent aussi s'inscrire dans un même

---

1. Cet article emprunte beaucoup à différents travaux conduits sur la région parisienne en collaboration avec d'autres auteurs dont : Marie-Hélène Bacqué et Sylvie Fol, *Le Devenir des banlieues rouges*, Paris, L'Harmattan, 1997 ; Marie-Hélène Bacqué et Yves Sintomer, « Affiliations et désaffiliations en banlieue, réflexions à partir des exemples de Saint-Denis et d'Aubervilliers », *Revue française de sociologie*, vol. XLII, n° 2, 2001 ; Marie-Hélène Bacqué et Yves Sintomer, « Peut-on encore parler de quartiers populaires ? », *Espaces et Sociétés*, septembre 2002.
2. Le texte de Jean-Pierre Lévy dans cet ouvrage décrit et analyse ces transformations sociodémographiques de façon plus approfondie.

**2.** *Les murs à pêches*, Montreuil, 1912, © Roger-Viollet.

territoire communal, juxtaposant ainsi des quartiers dégradés, souvent périphériques, avec des quartiers plus centraux ou mieux desservis, réinvestis par des couches moyennes. Tel est par exemple le cas du centre-ville de Saint-Denis reconstruit après une opération de rénovation urbaine, ou du bas Montreuil dont l'ancien tissu industriel et populaire attire artistes et intellectuels. Le territoire local connaît alors un processus de fragmentation et de hiérarchisation sociospatiale qui oppose ou fait cohabiter des populations aux trajectoires, pratiques et aspirations fort différentes. Comme Jean-Claude Chamboredon et Madeleine Lemaire l'avaient montré dans un grand ensemble [3], la proximité spatiale ne crée pas automatiquement de la proximité sociale et cette diversification sociale, appelée par nombre de responsables politiques, en reste le plus souvent à la coprésence voire à l'évitement dans le cas des stratégies scolaires. Dès lors, l'arrivée de nouvelles couches sociales et l'implantation d'activités qualifiées constituent à la foi un enjeu vital de développement et un risque de rupture sociale, bousculant la nature des ancrages et des identités locales.

## La fin des villes ouvrières

La notion de ville ouvrière ne renvoie en effet pas seulement à la part statistique des ouvriers dans ces territoires. Elle implique l'existence d'une identité de classe basée sur les rapports au travail, des modes de sociabilités et un réseau organisationnel, politique et associatif, charpentée par une politique municipale en symbiose relative avec la population. Aussi, quand se désagrège le patrimoine commun du groupe ouvrier constitué autour du quartier, de l'usine et des organisations syndicales et politiques, ce sont les identités locales qui sont remises en question. Certes, les populations de ces villes ne furent jamais tout à fait homogènes, et l'identité de la banlieue

3. Jean-Claude Chamboredon et Madeleine Lemaire, « Proximité spatiale et distance sociale. Les grands ensembles et leur peuplement », *Revue française de sociologie*, vol. XI, n° 1, 1970.

**3.** *Cyclo-cross à Gentilly*, 1946,
© Robert Doisneau,
agence Rapho.

rouge procède d'une construction politique autant que d'une construction sociale. Mais les villes ouvrières ont représenté une forme d'affiliation spécifique du groupe ouvrier à la société salariale, leur force passant paradoxalement par « un esprit de scission »[4]. Ce collectif particulier se structurait au niveau local dans un rapport ambigu d'autonomie et de dépendance vis-à-vis de l'État-providence, et de la société dans son ensemble. Dans ses réalisations positives comme dans ses impasses, le communisme municipal constituait une structure matérielle étayant l'organisation de pans entiers de la vie des habitants en une contre-société, et une source d'identification symbolique qui permettait d'affronter les misères du quotidien et de transformer le stigmate en identité revendiquée. Du fait d'une série de facteurs tels que le développement de l'État-providence, les trois décennies de croissance ininterrompue d'après guerre et le rôle important qu'y joua la classe ouvrière résidant en banlieue, l'aboutissement de la sécession ouvrière fut paradoxalement l'insertion des classes populaires de banlieue dans une situation dominée mais digne, reconnue et jusqu'à un certain point valorisée, protégée socialement et politiquement à travers une double affiliation à la société salariale et à la banlieue rouge.

Les villes populaires ou ouvrières, comme représentation et référent identitaire positifs, relèvent en effet d'une histoire courte. Au début du XXe siècle, la banlieue apparaît comme un monde mystérieux, lointain et proche à la fois, parfois fascinant, très souvent menaçant, un tissu social et

---

4. Étienne Balibar, *La Crainte de masses*,
Paris, Galilée, 1997.

**Aménager le territoire**

urbain incontrôlé qui se développe dangereusement autour de la capitale. Les témoignages littéraires ou journalistiques ne manquent pas, telle la fresque de Christiane Hammonaye, publiée en 1938 dans *Temps présent*, décrivant une « banlieue rouge et terre d'horreur » habitée par « une tribu de hors-la-loi, d'assassins ayant purgé leur peine, de chômeurs de profession, d'alcooliques invétérés, de syphilitiques, de tuberculeux, qui croupit à trois kilomètres de Paris »[5]. La banlieue focalise alors les peurs sociales ; elle prend en cela le relais du Paris ouvrier qui suscitait l'inquiétude des classes dominantes.[6] Cette inquiétude sera d'ailleurs à la base d'un relatif consensus pour l'élaboration et la mise en œuvre des premières politiques urbaines cherchant à assainir et maîtriser ce développement anarchique. C'est également sur ces représentations que se construit le mythe de la banlieue rouge, terre des exclus et du prolétariat, « naturellement » révolutionnaire.[7] Il faudra attendre l'entre-deux-guerres puis la fin des années 1950 pour que la banlieue populaire, celle de Doisneau ou de Prévert, mette en scène et valorise le monde ouvrier, ses fêtes, ses sociabilités, ses lieux de travail. Ces descriptions, souvent nostalgiques, nous parlent cependant d'un monde en voie de disparition. Elles se construisent en opposition avec les images de la modernité, des grands ensembles, de la banlieue banalisée de « l'âge de nylon »[8] censée homogénéiser les conditions et modes de vie à l'aune de ceux des couches moyennes. Mais la crise économique qui s'ouvre dans les années 1970 et le processus de paupérisation que connaissent certains grands ensembles font voler en éclat le rêve d'un accès de tous à la « société de loisir et de consommation » et d'un espace urbain qui nivellerait les différences sociales.

**Des banlieues populaires aux quartiers d'exclusion**
La banlieue ouvrière a bel et bien disparu des représentations, au profit d'un discours négatif et homogénéisant nourri, ces vingt dernières années, par la médiatisation des phénomènes de violence urbaine.[9] Le groupe ouvrier n'a bien sûr pas disparu des territoires de banlieue. Dans certaines communes de la Seine-Saint-Denis, il reste même majoritaire. Mais il s'est rendu invisible[10] : les pauvres et les immigrés ont remplacé le peuple. L'unité, certes partielle, du groupe ouvrier, a éclaté au profit de figures stigmatisées telle celle du jeune immigré.

Dans une certaine mesure, la mise en œuvre d'une « politique de la ville » ciblant les quartiers populaires a contribué à la construction de ce discours en désignant des quartiers dits « en difficulté », « d'exil » ou « de relégation », comme ayant en commun le cumul de problèmes urbains et de difficultés ou de handicaps sociaux liés aux populations qui y résident. De même, la littérature urbaine a surtout décrit des situations anomiques conflictuelles ou problématiques du point de vue de la vie sociale, contribuant indirectement à légitimer cette image globalisante. Pourtant, de nombreux travaux conduits en région parisienne, tout en mettant en évidence les processus de fragmentation sociospatiale qui tendent à concentrer dans certains quartiers les populations précarisées, ont montré, que, dans la plupart des cas, il n'est pour autant guère probant de les qualifier de

---

5. Pour une histoire des représentations sociales et urbaines de Saint-Denis, voir M. H. Bacqué et S. Fol, *Identités, centralités, territoires, Saint-Denis*, thèse de doctorat, EHESS, Paris, 1994.
6. Louis Chevalier, *Classes laborieuses et classes dangereuses*, Paris, Hachette, 1984.
7. Annie Fourcault, *Bobigny banlieue rouge*, Presses de la Fondation nationale des sciences politiques, 1996.
8. Selon l'expression d'Elsa Triolet.
9. Henry Rey, *La Peur des banlieues*, Paris, Presses de Sciences-Po, 1996.
10. Stéphane Beaud et Michel Pialoux, *Retour sur la condition ouvrière*, Paris, Fayard, 1999.

quartiers de sécession, d'exclusion ou d'exil. Le peuplement est loin d'y être homogène. Sur le plan socioprofessionnel, malgré un taux de chômage élevé, une majorité des actifs bénéficient d'une situation professionnelle stable. Et si certains quartiers connaissent un véritable enclavement géographique, cette situation ne saurait être généralisée. La grande majorité des habitants ne vivent pas enfermés dans leur quartier : leurs pratiques de loisir et de consommation témoignent d'une bonne connaissance des territoires communaux et d'une utilisation diversifiée de l'espace parisien. Surtout, en focalisant le regard et l'analyse sur des quartiers dits en difficulté, on risque d'occulter les processus sociaux et urbains plus larges qui conduisent à leur stigmatisation, prenant les symptômes pour les causes.

**4.** *Bidonville du Franc-Moisin*, Saint-Denis, vers 1970, © Pierre Douzenel.

### De nouveaux ancrages identitaires ?

De fait, quartiers et villes de banlieue renvoient à des situations sociales urbaines très contrastées et à des processus de transformations divers. On sait finalement peu de chose sur les nouveaux quartiers périurbains de la grande banlieue parisienne, si ce n'est qu'ils reconstituent, pour certains d'entre eux, une nouvelle forme de quartiers populaires, sans l'identité qui leur était attachée, et que les modes de vie sont caractérisés par l'importance des mobilités quotidiennes. Beaucoup de ces quartiers ont en effet accueilli des ménages venant du cœur de l'agglomération, en particulier de la proche banlieue, qui souhaitaient accéder au rêve pavillonnaire. Malgré les aides financières mises en place par l'État, ces familles d'ouvriers et d'employés ont dû souvent aller chercher fort loin des opportunités foncières à des prix acceptables.[11] La rupture des ancrages, accentuée par la nécessité de réaliser quotidiennement d'importants trajets, est-elle compensée par le façonnement de nouveaux liens au territoire, centrés sur le « village » ou le rapport à la nature ?

Dans la vieille banlieue rouge, entre embourgeoisement et stigmatisation, les anciennes villes ouvrières tentent de reconstruire des modes d'affiliation locale. La mise en avant d'identités, par la redécouverte d'une histoire sélectionnée, permet à de nouveaux ménages d'investir une ville à leur image, comme à Montreuil où les murs à pêches du XVIIIe siècle deviennent patrimoine historique [12] et où les anciens studios de cinéma des frères Méliès sont utilisés pour valoriser l'ancien quartier industriel du bas Montreuil. À Saint-Denis, le Stade de France contribue à construire l'image

**5.** *Construction de la cité des Franc-Moisin*, Saint-Denis, après 1970, © Pierre Douzenel.

d'une ville « dynamique et populaire », selon les termes du programme municipal, alors que la basilique et l'histoire royale de la cité ont servi d'emblème à l'opération de rénovation du centre-ville menée dans les années 1980. À Issy-les-Moulineaux, la rupture avec le passé industriel et ouvrier est encore plus franche, puisque c'est sur les médias, les nouvelles technologies de communication et une tertiarisation accélérée que la ville a fondé son attractivité, à grand renfort de marketing urbain.

S'appuyant sur ces identités reconstruites, un processus de « gentrification » des villes de l'ancienne ceinture rouge est à l'œuvre, selon des intensités et des rythmes divers. L'enracinement des nouvelles populations, appartenant pour la plupart aux couches moyennes, reste cependant fragile. À la différence des habitants des anciennes villes ouvrières, elles travaillent de moins en moins à l'intérieur de leur commune (parfois moins du quart,

11. Martine Berger, « Mobilité résidentielle et navettes domicile-travail en Ile-de-France », *Espaces, populations, sociétés*, 1999-2, pp. 207-217.

12. Sylvie Tissot, *La Construction de la ségrégation comme catégorie du problème social en France*, thèse de doctorat, EHESS, 2002.

**6.** 1982, © Robert Doisneau, agence Rapho.

alors que leurs prédécesseurs étaient pour deux tiers d'entre eux dans ce cas). Elles sont d'ailleurs moins nombreuses à s'y installer durablement : dans certaines communes de première couronne, la moitié de la population s'est renouvelée entre 1990 et 1999. Cette mobilité résidentielle s'inscrit dans un mouvement complexe qui ne peut se comprendre qu'à l'échelle de l'agglomération tout entière, mais elle a probablement des explications en partie locales, notamment liées aux stratégies scolaires. En effet, la mixité sociale, souvent recherchée et mise en valeur par des couches moyennes charmées par les couleurs bigarrées du marché de Saint-Denis ou l'exotisme des foyers de Maliens du bas Montreuil, n'a pas le même statut à l'intérieur de l'école. Elle y représente au contraire une menace, qui peut se traduire par des réactions d'évitement – au moyen de demandes de dérogations à la carte scolaire, par exemple – ou même engendrer des départs vers d'autres destinations plus « sûres » en termes de reproduction sociale. Car la plupart des vieilles villes de banlieue gardent une structure composite : les secteurs réinvestis par les couches moyennes coexistent avec des territoires qui ont une image de pauvreté très marquée. Ces derniers, cités périphériques et « banlieues de banlieue », représentent probablement aujourd'hui la figure la plus vivace du « quartier populaire ». Les habitants y ont des attaches souvent très solides, en termes de réseaux sociaux et de solidarités, ce qui a pour effet de les enraciner au territoire et en même temps de les y assigner. Au centre de leurs pratiques urbaines, le quartier est ainsi un lieu de ressources précieux. Est-il pour autant le lieu de nouvelles appartenances, en dehors de celle qui subsiste, bien réelle, à l'égard d'un territoire fortement approprié ?

Les quartiers ouvriers avaient pour caractéristique d'articuler des modes d'affiliation socio-économique, territoriale et politique, qui sont aujourd'hui disjoints. Les quelques tentatives municipales de démarches de démocratie

**Aménager le territoire**

participative cherchent à reconstituer des formes d'affiliation sociale et politique, mais elles restent encore expérimentales et fragiles. Émanant des habitants eux-mêmes, les prémisses de formes de contre-affiliations politiques sont à interroger, à travers notamment l'émergence d'expressions musicales comportant une dimension politique affirmée, comme le rap. Mais si elles témoignent de l'existence d'une culture populaire bien vivace, on ne saurait les considérer comme des vecteurs durables de réaffiliation, en l'absence d'une dynamique sociale plus large dépassant le seul cadre d'un mouvement de jeunes des cités.

En définitive, si la banlieue n'a jamais eu d'identité homogène, elle relève aujourd'hui d'une identité fragmentée. Les transformations économiques se sont accompagnées d'une polarisation sociale, qui se manifeste à des échelles de plus en plus fines. Les inégalités sociospatiales se lisent désormais sur des territoires restreints, tandis que le fossé se creuse entre des univers de plus en plus distincts dans leurs pratiques et leurs destins.

**7.** *Saint-Denis dans les années 80*, © Pierre Douzenel.

# L'HABITAT ET LE PEUPLEMENT DANS PARIS ET SA BANLIEUE : CHANGEMENTS ET PERMANENCES

**Jean-Pierre Lévy**
Géographe, chercheur au CNRS, enseignant à l'École nationale des ponts et chaussées

L'organisation contemporaine du peuplement de la région parisienne a été logiquement structurée par les différentes phases d'urbanisation, et notamment par celles initiées depuis les années 1950. Au préalable, la proche couronne avait déjà connu deux grandes périodes de densification. La première s'était produite au XIX$^e$ siècle, par le desserrement des activités de la zone centrale vers les banlieues est et nord. La seconde phase date de l'entre-deux-guerres et correspond à la création des lotissements pavillonnaires construits en grande partie par les immigrés italiens que le marché du travail de la capitale attirait. Au lendemain de la Seconde Guerre mondiale, les politiques d'urbanisation de la région s'intensifient. Elles sont d'abord pilotées au niveau national par les politiques du logement et la création des villes nouvelles puis, plus récemment, au niveau local, à travers les politiques d'aménagement communal et intercommunal, et l'intervention plus massive de la promotion privée dans le développement des zones d'habitat. Grands ensembles, villes nouvelles et périurbanisation expliquent pour une grande part la distribution des couches sociales dans l'espace régional. Mais, loin de constituer des séquences isolées qui se succèdent chronologiquement, ces différentes phases d'urbanisation interfèrent les unes sur les autres.

**Les grands ensembles**
En 1954, à la suite du mouvement initié par l'abbé Pierre qui dénonçait les très mauvaises conditions de logement d'un grand nombre de familles, l'État s'engage dans la construction massive et industrielle d'habitat social. Le parc immobilier de la capitale, marqué par sa vétusté et son étroitesse, est favorable à l'entassement des familles. Celui des banlieues commence à dater, les municipalités, telle celle de Nanterre, doivent, en plus de l'insalubrité des immeubles, assumer l'installation des bidonvilles sur leur territoire, dans lesquels viennent s'entasser les immigrés venus soutenir l'activité économique intense des Trente Glorieuses. Pour lutter contre la crise du logement, barres et tours sont construites sur les terrains vierges de la grande couronne de l'est et du nord de la région. Sarcelles constitue sans doute le cas le plus emblématique de cette forme d'urbanisation, ville-champignon dans laquelle viennent habiter les « mal logés » parisiens puis, au début des années 1960, les rapatriés d'Algérie qui affluent suite à l'indépendance.

Mais les communes de la proche couronne participent également à ce mouvement. Ici, les constructions se développent surtout dans les villes les plus populaires (la ceinture rouge). À l'époque, les municipalités communistes voient d'un œil favorable l'implantation de logements sociaux sur leur territoire, afin d'offrir de bonnes conditions d'habitation aux familles ouvrières en place tout en espérant les stabiliser grâce aux loyers modestes. Dans ces villes, la construction de logements sociaux s'effectue soit sur des terrains vierges périphériques des zones non urbanisées (comme à Gennevilliers), soit par des mécanismes de renouvellement urbain – les fameuses opérations « tiroirs » –, qui permettent d'éliminer un parc de logements vétustes tout en offrant des conditions de logement décentes aux populations en place (comme à Aubervilliers). Dans ce dernier cas, immeubles anciens et opérations sociales se succèdent dans le paysage urbain.

Si la ville de Paris n'est pas en reste, elle n'est cependant pas favorable à l'implantation de logements sociaux dans Paris *intra-muros*. La Régie

**1.** *Pantin et Aubervilliers*, 2000, © Dreif / Gobry.

immobilière de la Ville de Paris est mobilisée comme maître d'ouvrage de plusieurs opérations de grands ensembles, mais elles sont toutes menées à l'extérieur de la ville, comme « Les 4 000 » à La Courneuve par exemple. Il faudra attendre le milieu des années 1970 pour que la municipalité décide de construire des logements sociaux sur le territoire communal, là encore à l'est de la capitale, dans les secteurs limitrophes à la « ceinture rouge », les XIX$^e$ et XX$^e$ arrondissements en particulier.

Mais, à l'époque, le logement social n'est pas uniquement destiné aux familles ouvrières. Le discours officiel identifie à ce mouvement massif de construction l'émergence d'un homme urbain nouveau. Loin de constituer des quartiers ségrégués, les grands ensembles s'adressent à un large spectre de population, d'autant plus que leur financement permet de hiérarchiser socialement les entrées des familles. Le mélange des immeubles dans une même zone vise à la mixité sociale, l'objectif affiché étant de construire des formes de peuplement affranchies des divisions de classes. Et, de fait, les premiers bilans confortent cette position : l'occupation des grands ensembles n'est ni plus riche, ni moins pauvre que celle de la région, il s'agit de classes moyennes.[1]

1. Paul Clerc, *Grands ensembles. Banlieues nouvelles*, Travaux et Documents, n° 49, Paris, CRU/INED, Presses universitaires de France, 1967.

**L'habitat et le peuplement dans Paris et sa banlieue**

Plus de ménages multi-équipés en 1999
Moyenne Ile-de-France : 20,6 %

... qu'en 1990
Moyenne Ile-de-France : 17,8 %

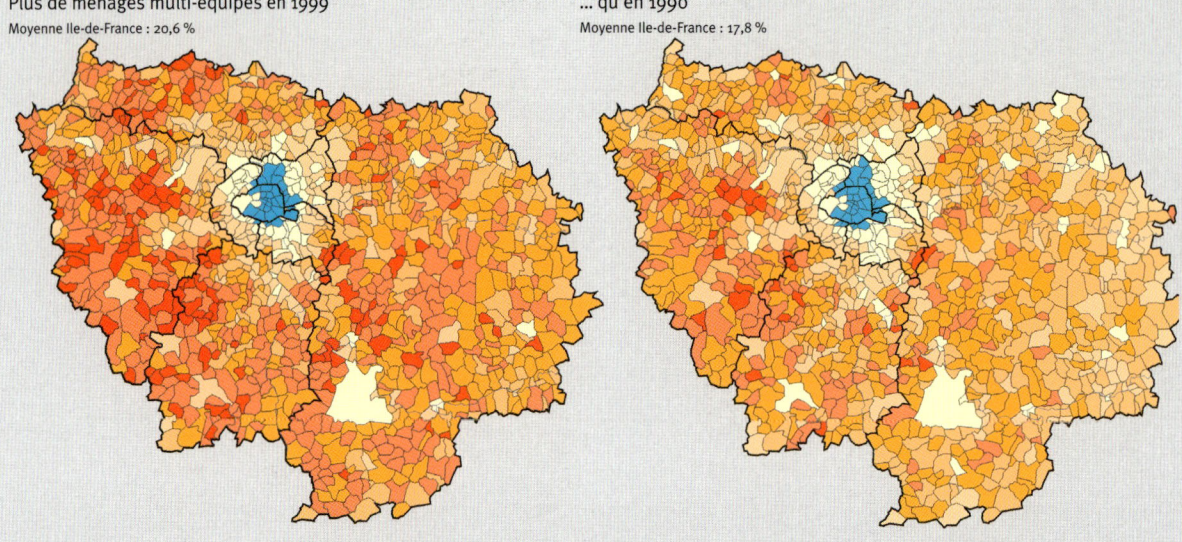

Part des ménages équipés de deux voitures ou plus parmi l'ensemble des ménages franciliens de la commune
10  20  30  40  50  60 (%)

**2.** *Taux de multi-possession d'automobiles chez les ménages franciliens*, source Insee, recensement de la population de 1990 et 1999, extrait de *Ile-de-France regards* n° 54, IGN 1990 - INSEE 2002.

### Les villes nouvelles et la périurbanisation

La création de villes nouvelles participe du même principe de mélange des logements pour un mélange de classes sociales. Conçues en 1965 dans le schéma d'aménagement et d'urbanisme de la région de Paris (SAURP), elles ne sont réellement lancées qu'en 1969, pour atteindre un fort développement au milieu des années 1970. Si l'objectif est surtout de rééquilibrer la croissance démographique de l'Ile-de-France, les modes d'urbanisation des cinq villes nouvelles (Saint-Quentin-en-Yvelines, Évry, Cergy, Sénart et Marne-la-Vallée) obéissent aux règles du brassage social et de la mixité des fonctions. Pavillonnaires et immeubles collectifs, logements locatifs et en accession à la propriété, parc social et privé, sont associés dans un tissu urbain à l'architecture parfois classique (des maisons de ville), parfois plus innovante et osée (le camembert de Manuel Nunèz à Marne-la-Vallée par exemple).[2] Entre 1975 et 1990, dans une période de forte expansion spatiale de la métropole, les villes nouvelles canalisent 40 % de la croissance démographique de la grande couronne.

Les villes nouvelles sont cependant loin de constituer le facteur principal d'extension spatiale de l'habitat de la région. En 1977, la réforme Barre instaure une transformation profonde du système en unifiant les catégories de logements sociaux. L'État cherche alors à lutter contre les processus ségrégatifs provoqués par les modes de financement socialement hiérarchisés du logement social. Cette réforme vise également à favoriser l'accession à la propriété en créant une aide à l'achat d'un logement pour les couches moyennes et modestes. Les rythmes de construction des lotissements vont alors s'envoler. Mais, ni Paris, ni la première couronne ne disposent des surfaces nécessaires pour accompagner ce développement : c'est la porte ouverte à l'expansion périurbaine.

Les infrastructures routières et ferroviaires (notamment le RER) accompagnent ce formidable desserrement de la population francilienne. Au milieu des années 1990, l'habitat individuel occupe 60 % du territoire urbain bâti de la région. Quasi inexistant à Paris, il constitue un tiers des surfaces bâties de la proche couronne, dans neuf cas sur dix déjà occupées par des pavillons en 1960, et s'étend de façon de plus en plus systématique

2. Nicole Haumont et al., *Villes nouvelles et villes traditionnelles. Une comparaison internationale*, Paris, L'Harmattan, 1999.

au fur et à mesure de l'éloignement du centre de Paris. Du début des années 1970 à la fin des années 1980, l'intensification de l'implantation périurbaine et le développement des villes nouvelles ont un impact décisif sur l'organisation du peuplement dans Paris et sa banlieue.

### L'émergence des espaces d'exclusion

C'est d'abord l'occupation sociale des grands ensembles que le développement de l'accession à la propriété périphérique va transformer. Dans les années 1970, l'appel à la main-d'œuvre immigrée est massif, et le gouvernement de l'époque instaure le regroupement familial pour les étrangers. Dès lors, il ne s'agit plus de loger des travailleurs immigrés isolés dans des foyers, mais d'offrir des conditions de vie honorables aux familles venues s'installer durablement en France. C'est le logement social qui va servir de support à cette politique. Ce mouvement va contribuer à ethniciser la question du peuplement du logement social.

Durant cette période de progrès économique, les couches moyennes s'accroissent à un rythme soutenu. Inscrites dans une trajectoire sociale ascendante, les familles d'employés d'un secteur tertiaire en pleine expansion ou d'ouvriers qualifiés peuvent enfin mettre en adéquation leur projet social à leur projet résidentiel, en devenant propriétaire d'une maison dans des lotissements périphériques. Or, ces familles constituaient une grande partie de la première génération d'occupants des grands ensembles. Le développement de l'accession à la propriété va montrer que la mixité sociale dans les grands ensembles des années 1960 n'était en fait qu'un mode de cohabitation transitoire de familles socialement différenciées.[3] Alors que les couches moyennes en ascension sociale quittent les grands ensembles, les familles immigrées et plus généralement l'ensemble des familles appartenant aux catégories sociales les plus basses vont rester bloquer dans ces ensembles résidentiels. En une quinzaine d'années, les barres et tours construites dans les années 1960 et 1970 vont basculer dans la pauvreté et devenir les espaces urbains symboliques de l'exclusion et du rejet social : Les Bosquets à Clichy-Montfermeil, les quartiers Nord de Bondy, La Pierre-Collinet à Meaux ou Le Val-Fourré à Mantes-la-Jolie entre autres.

### Le développement de la périurbanisation

Le développement de la périurbanisation a donc contribué à déclasser socialement l'occupation des grands ensembles. On aurait cependant tort de se représenter le desserrement urbain de la région comme un processus relevant uniquement des mouvements résidentiels des habitants les plus aisés des logements sociaux. Largement tributaire de l'amélioration des infrastructures routières, de la généralisation de l'usage de l'automobile et du développement des transports en commun rapides en grande banlieue, la périurbanisation est amorcée dès les années 1960 par les familles de cadres parisiens qui l'ont amplifiée jusque dans les années 1980. Ces familles s'installent généralement à une vingtaine de kilomètres du centre de Paris, dans des zones non urbanisées par les grands ensembles, dans des secteurs pavillonnaires coûteux, localisés à proximité des nœuds de transports ou d'une gare qui permettent un accès facile aux emplois centraux : à l'ouest et au sud de la région, dans les Hauts-de-Seine ou les

---

3. Jean-Claude Chamboredon et Madeleine Lemaire, « Proximité spatiale et distance sociale. Les grands ensembles et leur peuplement », *Revue française de sociologie*, vol. XI, n° 1, 1970.

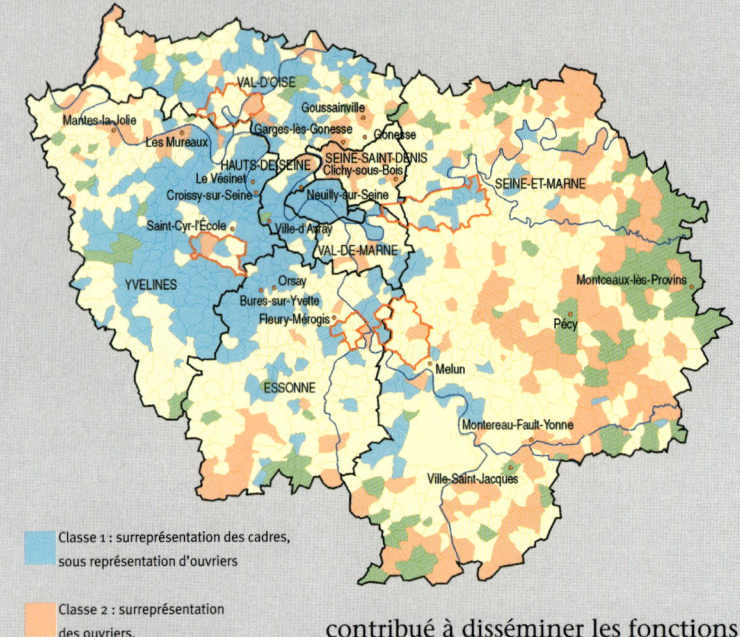

Classe 1 : surreprésentation des cadres, sous représentation d'ouvriers

Classe 2 : surreprésentation des ouvriers, sous représentation des cadres

Classe 3 : surreprésentation d'employés, de techniciens, sous représentation des cadres

Classe 4 : surreprésentation des agriculteurs, d'artisans, commerçants, chefs d'entreprise

Villes nouvelles

**3.** *Les structures sociales résidentielles en Ile-de-France au recensement de 1999*, source Insee, recensement de la population 1999 au lieu de résidence, sondage au quart, extrait de *Ile-de-France regards* n° 53, IGN 1999 - Insee 2001.

Yvelines, mais aussi le long des voies rapides du nord-ouest de la Seine-et-Marne. Les couches moyennes relaient ensuite ce desserrement en allant occuper des lotissements répartis de façon plus diffuse à travers la région, avec des concentrations au nord et à l'est, dans des zones qui n'ont pas été investies par les cadres. Parallèlement, le développement des infrastructures commerciales et de loisirs hors de la zone centrale, localisées dans des espaces facilement accessibles, accompagne ce desserrement et valorise ces espaces. Ce processus a donc contribué à disséminer les fonctions autrefois localisées dans les zones centrales et urbaines de l'espace régional, à tel point qu'il brouille aujourd'hui la distinction traditionnelle entre le centre et la périphérie.

## L'embourgeoisement des quartiers populaires

Depuis les années 1970, la spéculation foncière et la rareté d'une offre d'habitat individuel poussent les familles hors de la capitale. Mais les couples sans enfants, les personnes seules, les étudiants à la recherche d'un mode de vie urbain sont peu attirés par les lotissements périphériques. De même, certaines familles de cadres, une partie des couches moyennes issues de la nouvelle société de service, des artistes également, sont davantage à la recherche d'un environnement urbain susceptible de traduire les ambiances de « l'urban village », de permettre la mise en œuvre de pratiques « d'entre soi » tout en revendiquant la mixité sociale dans des quartiers historiquement populaires.[4] Ces différentes catégories de population ont récemment trouvé dans les quartiers ouvriers de la proche couronne, bien desservis par les transports en commun urbains, de petits logements adaptés à la taille des ménages (pour les étudiants, les jeunes actifs ou les couples de cadres sans enfants), des maisons ouvrières bon marché qu'ils peuvent facilement réhabiliter (pour les familles), de vastes locaux d'entreprises désaffectés à la suite de délocalisations industrielles pouvant être utilisés en loft ou en atelier d'artiste.

Impulsé d'abord par les artistes parisiens, l'embourgeoisement des quartiers populaires se poursuit dans la période récente avec l'arrivée des cadres. Les municipalités, qui ont vu dans ce changement de population une opportunité pour modifier l'image de marque de leur commune et attirer les emplois tertiaires, ont accompagné le changement social, en facilitant les réhabilitations d'immeubles et en construisant des logements sociaux centraux et filtrés socialement. Après Bastille et Oberkampf, les « bobos » (bourgeois bohèmes) habitent aujourd'hui les quartiers de Montreuil, Saint-Denis ou Pantin.[5]

4. Catherine Bidou, « Les modes de vie des nouvelles couches moyennes : modèle culturel et recherche d'identité », in *Espaces et modes de vie*, actes du Colloque de Dourdan, Paris, PCH/MRU, 1982.
5. Marie-Hélène Bacqué et Sylvie Fol, *Le Devenir des banlieues rouges*, Paris, L'Harmattan, 1997. Voir également le texte de Marie-Hélène Bacqué dans cet ouvrage.

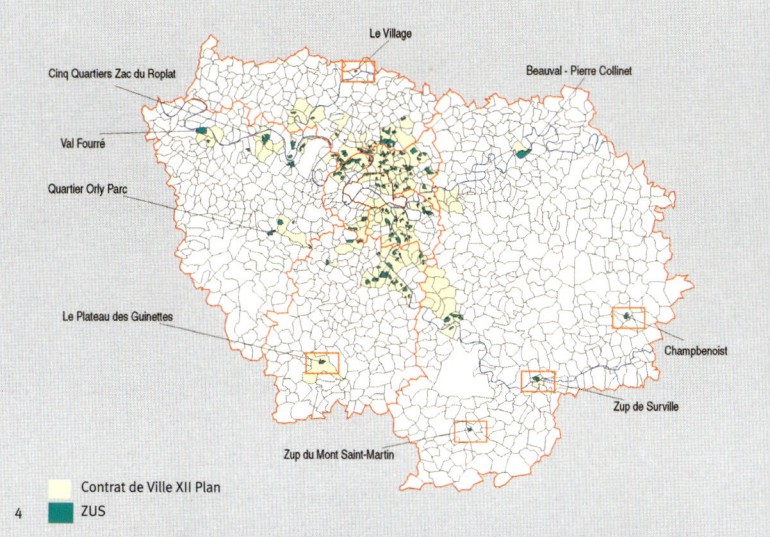

### Que reste-t-il aux couches populaires ?

La propriété ouvrière en région parisienne n'est certes pas un phénomène nouveau. Mais, l'achat ou la construction d'une maison dans les secteurs pavillonnaires des banlieues populaires de la première couronne constituait l'un des rares modèles d'accession à la propriété des ouvriers et des employés franciliens. Dans les années 1980, les choix résidentiels des couches populaires voulant devenir propriétaires se réduisent. La proche couronne à l'est et au nord s'embourgeoise, le coût du foncier et le marché du logement sont de plus en plus difficilement maîtrisés par les municipalités de gauche. Dans un rayon de vingt kilomètres autour du centre de Paris, l'achat d'une maison est tout aussi problématique. Devenues attractives, les zones périurbaines bien desservies se sont valorisées socialement et économiquement. Dans les années 1990 pourtant, les couches populaires relaient le desserrement urbain entamé par les cadres et les couches moyennes vingt ans auparavant, en s'éloignant davantage du centre, dans les espaces les moins équipés, parfois aux limites des franges rurales.[6]

### Vers une normalisation ?

Le formidable développement des infrastructures de transport, l'expansion de l'automobile ont permis en une trentaine d'années de généraliser un modèle de localisation qui était autrefois l'apanage des cadres : la dissociation entre le lieu de résidence et le lieu d'emploi.[7] Dans Paris et sa banlieue, on ne choisit plus son logement en

**4.** *Les zones urbaines sensibles*, source Insee, Mission Ville Régionale, extrait de *Ile-de-France à la page* n° 205, IGN, Insee 2002, Mission Ville Régionale, DIV.

**5.** La manufacture des Œillets transformée en logements, ateliers d'artistes et écoles d'art, © François Fauconnet.

6. Martine Berger et Francis Beaucire, « Mobilité résidentielle et navette. Les arbitrages des ménages d'Ile-de-France », in Jean-Pierre Lévy et Françoise Dureau, *L'Accès à la ville. Les mobilités spatiales en questions*, Paris, L'Harmattan, 2002.
7. Antoine Haumont, « La mobilité intra-urbaine. Rétrospective et prospective », *Annales de la recherche urbaine*, n° 59-60, 1993.

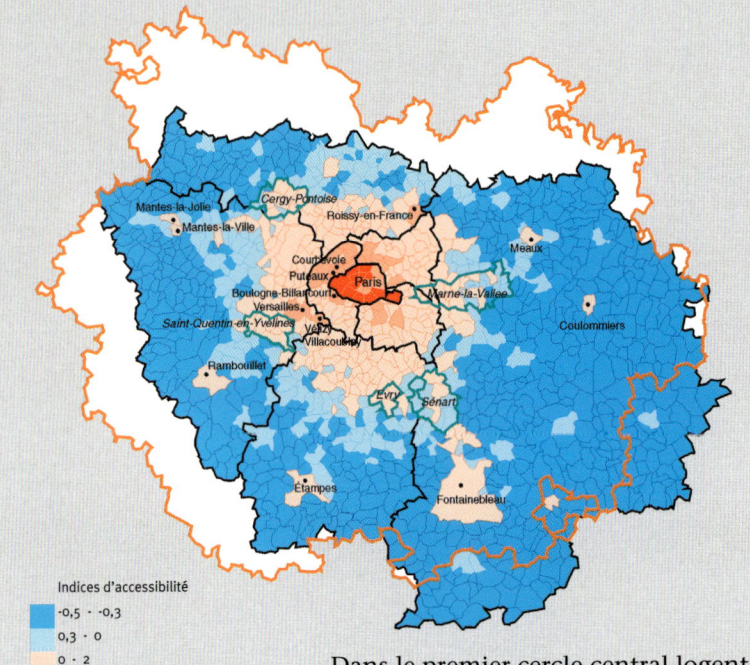

fonction de son lieu de travail. L'augmentation des vitesses n'a pas tant été utilisée pour libérer du temps libre que pour augmenter la durée des navettes quotidiennes.[8] La rapidité de transport est devenue un facteur du desserrement urbain et de la flexibilité des frontières urbaines. Pourtant, loin d'effacer les spécialisations sociales de l'espace, l'étalement a au contraire participé à la construction d'une nouvelle configuration sociospatiale francilienne.

Très grossièrement, on pourrait décrire le modèle résidentiel francilien actuel à partir de cercles concentriques autour de la capitale. Dans le premier cercle central logent aujourd'hui les familles de la bourgeoisie très aisée, les jeunes célibataires, les couples urbains sans enfants qui peuvent accéder à de petits logements coûteux. Dans le second cercle, dont les limites sont tracées par les nœuds de communications périphériques, se trouvent les familles de cadres et de couches moyennes qui se sont délocalisées dans les années 1970 et 1980. Un troisième cercle se forme aujourd'hui aux franges des zones rurales, dans les secteurs périurbains les moins équipés et les moins bien desservis, où les couches populaires accèdent à la propriété d'une maison. Dans chacun de ces cercles se trouvent des poches de pauvreté, elles correspondent dans la plupart des cas aux grands ensembles construits dans les années 1960 et 1970.

Dans ce schéma, qui s'éloigne toujours plus du centre de Paris, on comprend que l'accès au logement et l'accès à la mobilité soient étroitement associés. Pour ceux qui n'habitent pas le premier cercle, pour les habitants des cités sensibles mal desservies, une faible mobilité limite l'accès au travail, au loisir et à la consommation. Dans l'espace francilien, la mobilité est aujourd'hui plus qu'une pratique, c'est un statut socialement différencié.[9]

La mise en place de ce modèle a continuellement joué contre Paris et la première couronne, qui n'ont cessé de perdre des habitants durant des dizaines d'années au profit des villes nouvelles et des lotissements périphériques. La tendance s'est cependant stabilisée durant la dernière décennie. Si l'on exclut les franges rurales qui continuent d'attirer de nouveaux résidents, la population de la capitale ne diminue plus, les villes nouvelles et les lotissements du second cercle n'attirent plus d'habitants et se peuplent par les naissances. Globalement, dans tous les secteurs, les déménagements s'effectuent à proximité du logement antérieur. Les espaces de polarisations semblent aujourd'hui s'effacer, au profit d'un modèle de localisation résidentielle qui tend à se normaliser, à fonctionner sur lui-même en reproduisant à l'identique les inégalités sociospatiales engendrées par sa constitution.

**6.** *Accessibilité à l'emploi en Ile-de-France*, source Insee, recensement de la population, 1999, exploitation complémentaire, extrait de *Ile-de-France regards* n° 54, IGN - Insee 2002.

8. Jean-Pierre Orfeuil, « La mobilité locale : toujours plus loin et plus vite », *in* Michel Bonnet et Dominique Desjeux, *Les Territoires de la mobilité*, Paris, Presses universitaires de France, 2000.

9. Jean-Pierre Lévy et Françoise Dureau, *L'Accès à la ville [...], op. cit.*

**7.** *Thiais, Val-de-Marne*, 1993, © Dreif / Gobry.
**8.** Principales évolutions des surfaces occupées par l'habitat individuel : 1960 - 1994, © IAURIF.

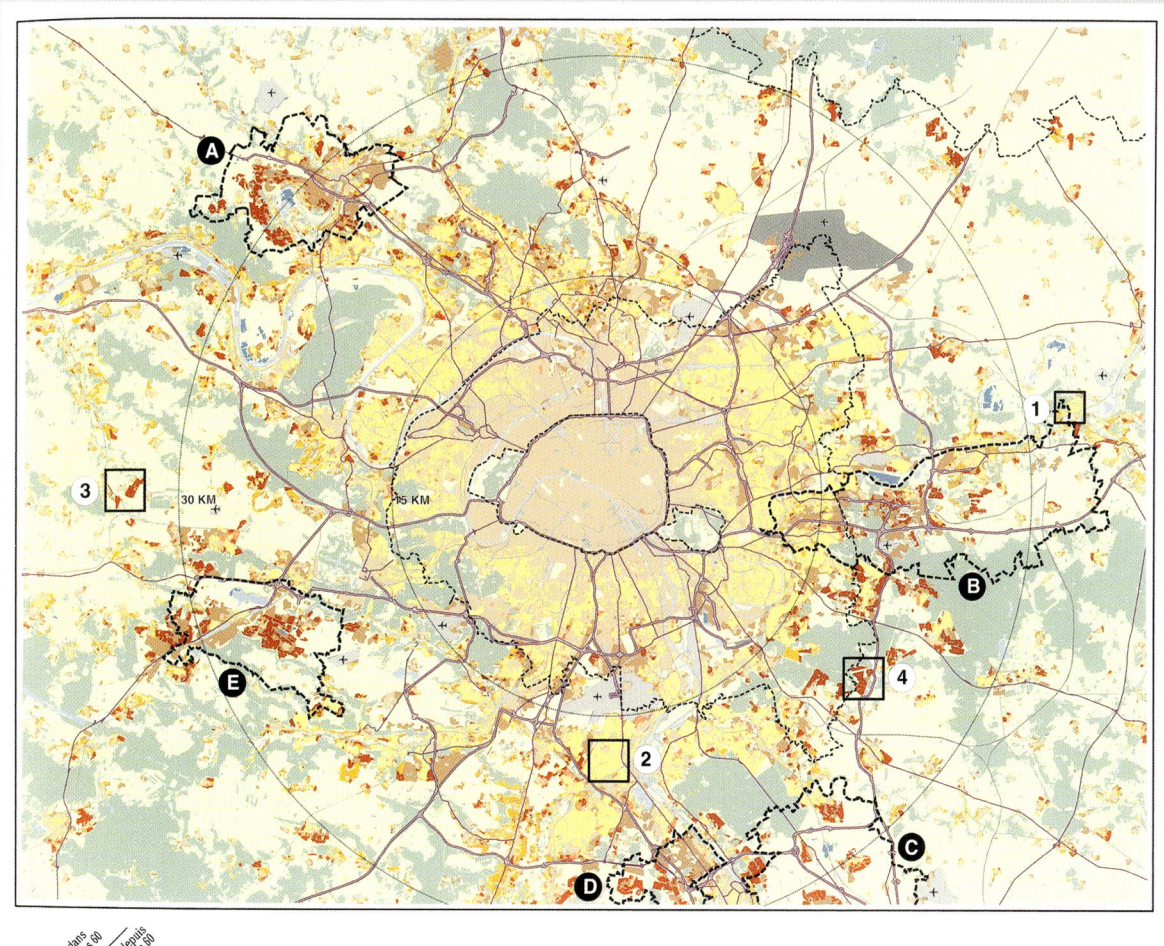

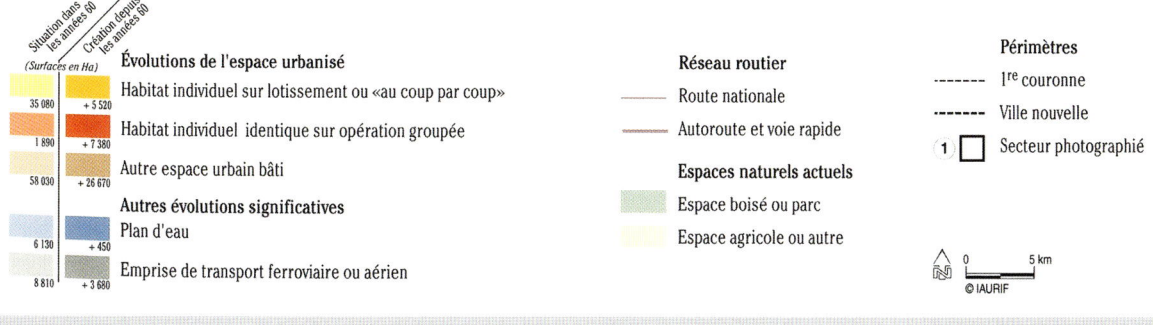

|  | Situation dans les années 60 | Création depuis les années 60 |  |
|---|---|---|---|
| (Surfaces en Ha) | | | **Évolutions de l'espace urbanisé** |
| | 35 080 | + 5 520 | Habitat individuel sur lotissement ou «au coup par coup» |
| | 1 890 | + 7 380 | Habitat individuel identique sur opération groupée |
| | 58 030 | + 26 670 | Autre espace urbain bâti |
| | | | **Autres évolutions significatives** |
| | 6 130 | + 450 | Plan d'eau |
| | 8 810 | + 3 680 | Emprise de transport ferroviaire ou aérien |

**Réseau routier**
— Route nationale
— Autoroute et voie rapide

**Espaces naturels actuels**
Espace boisé ou parc
Espace agricole ou autre

**Périmètres**
------ 1re couronne
------ Ville nouvelle
1 ☐ Secteur photographié

0    5 km
© IAURIF

# LES PÔLES UNIVERSITAIRES DANS LA MÉTROPOLE : DU PLAN UNIVERSITÉ 2000 AU SCHÉMA U3M

**Pierre Bernard**
Urbaniste de l'État,
chargé de mission
à la direction de
l'Enseignement supérieur,
ministère de la Jeunesse,
de l'Éducation Nationale
et de la Recherche

**L'aménagement universitaire en Ile-de-France de la fin des années 1950 au milieu des années 1980**

C'est à partir de la fin des années 1950 que l'Université de Paris sort de son périmètre historique du Quartier latin : depuis sa création au XIIIe siècle, elle était restée attachée aux flancs de la montagne Sainte-Geneviève.

Sous la pression des effectifs étudiants en constante augmentation depuis la fin de la guerre, l'État ouvre de grands chantiers dans les quelques emprises foncières encore disponibles sur les franges du Quartier latin : Jussieu pour les sciences, Censier pour les sciences humaines, Assas pour le droit. Dans le même temps, deux extensions majeures de l'Université sont réalisées en banlieue : en 1958 à Orsay, sur la ligne de Sceaux, pour les sciences ; en 1964 à Nanterre pour les lettres et sciences humaines ainsi que le droit et l'économie. L'apparence formelle de ces campus périphériques (Nanterre en particulier), est l'équivalent à celle des grands ensembles de logements : des bâtiments massifs implantés sur de vastes emprises foncières.

Les événements de 1968 amènent d'importants bouleversements dans le paysage universitaire de la capitale : deux centres universitaires expérimentaux sont créés en urgence à Vincennes (l'université sera transférée en 1980 à Saint-Denis) et porte Dauphine, à Paris. Puis sont réalisées les implantations de Créteil (1971) et de Villetaneuse (1972). Au cours de cette même période, l'Université de Paris est divisée en treize établissements autonomes. Tout cela se fait suivant des critères qui ne sont pas toujours très rationnels. Des bâtiments sont partagés entre plusieurs établissements, les universités sont éclatées en de nombreuses implantations, de nouveaux sites sont créés à la hâte en périphérie de Paris : Clichy, Asnières, Clignancourt, Montrouge. Le paysage complexe des universités parisiennes d'aujourd'hui date de cette époque (fig. 2).

**L'aménagement universitaire en Ile-de-France de 1985 à 2002**

Après une accalmie d'une dizaine d'années, durant laquelle le patrimoine des universités de la région a peu évolué, une nouvelle vague d'étudiants submerge les universités à partir de la deuxième moitié des années 1980.

De 1985 à 1995, le nombre des étudiants inscrits dans les universités en Ile-de-France passe de 269 000 à 346 000 (voir tableau). Dans le même temps, l'Université se transforme : renforcement de l'autonomie des établissements, mise en place d'une politique de contractualisation par le ministère de l'Éducation nationale, possibilité pour les universités d'assurer la maîtrise d'ouvrage de leurs constructions.

Dans ce contexte, le ministère de l'Éducation nationale décide de deux grands programmes de constructions engagés à dix ans d'écart et auxquels sont associées les collectivités locales : le schéma Université 2000 et le plan U3M.

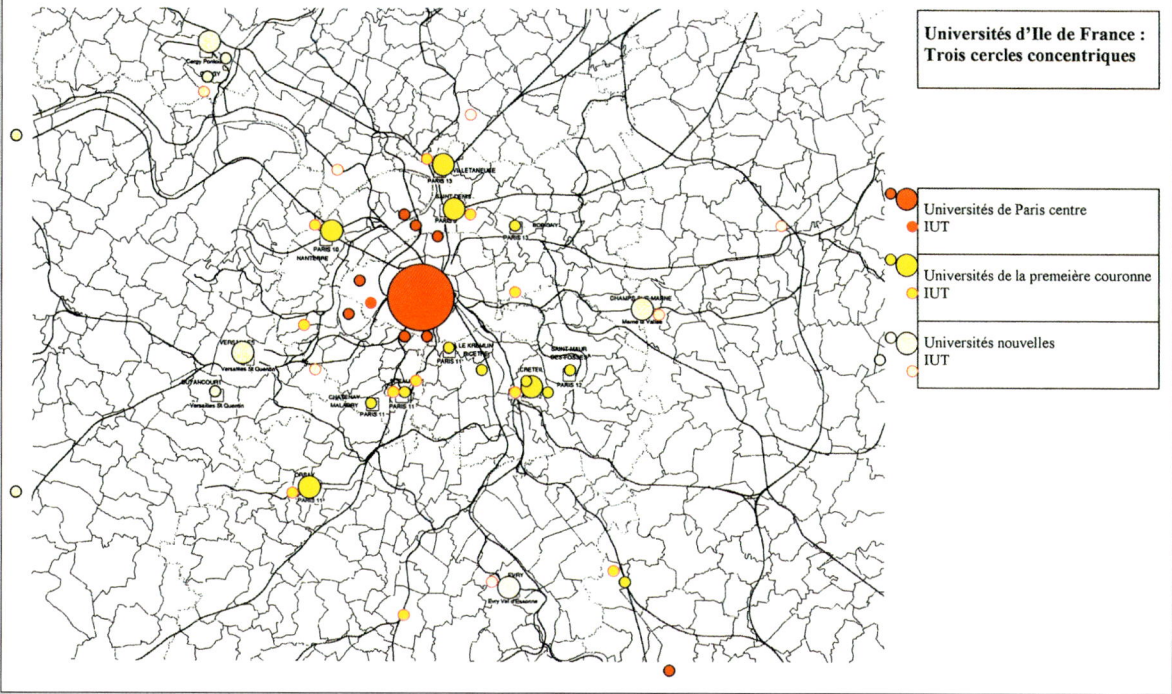

**Universités d'Ile de France :
Trois cercles concentriques**

- Universités de Paris centre / IUT
- Universités de la premeière couronne / IUT
- Universités nouvelles / IUT

**1.** L'armature universitaire en Ile-de-France
On peut identifier trois cercles concentriques qui correspondent aux différentes phases d'évolution du système universitaire dans la région.
– Paris *intra-muros* : ce premier cercle contient d'abord le cœur historique de l'université de Paris, le Quartier latin. On compte aujourd'hui huit universités dans Paris, dont certaines ont des antennes au-delà du périphérique.
– La première couronne : elle correspond aux sites universitaires développés des années 1950 aux années 1980. On y dénombre cinq universités.
– La seconde couronne : elle correspond aux développements universitaires des années 1990. Les IUT (Instituts universitaires de technologie), rattachés principalement aux universités des première et seconde couronnes, se répartissent dans l'ensemble de l'agglomération.

## Le schéma Université 2000
### À *l'échelle nationale*

À la suite de travaux préalables engagés dès 1988, le schéma Université 2000 est lancé officiellement en juin 1990 à la Sorbonne. Il doit répondre en premier lieu à la forte croissance des effectifs d'étudiants, qui a été en partie induite par les objectifs affichés de mener 80 % d'une classe d'âge au niveau du bac.

Au-delà des aspects quantitatifs, une volonté d'aménagement universitaire se précise :
– à l'échelle du territoire national par le rééquilibrage de la carte des formations ;
– à l'échelle régionale par le renforcement des relations entre l'université et le monde économique ;
– à l'échelle des villes universitaires par le développement des liens entre l'université et la ville ;
– à l'échelle des sites universitaires, par la réalisation de schémas d'aménagement.

### *En Ile-de-France, création de quatre universités nouvelles*

À la fin des années 1980, l'afflux des étudiants dans les universités parisiennes amène plusieurs établissements à se déconcentrer vers des communes périphériques : Malakoff pour Paris V, Melun pour Paris II, Versailles pour Paris VI… Cela se fait dans un joyeux désordre, dans l'urgence et en l'absence d'une vision d'ensemble.

Afin de maîtriser ce foisonnement, le ministère de l'Éducation nationale propose un schéma simple : concentrer les nouveaux développements universitaires en créant des universités dans quatre des cinq villes nouvelles de la région – Cergy-Pontoise, Marne-la-Vallée, Évry et Saint-Quentin-en-Yvelines à laquelle sera adjoint le site de Versailles. C'est le projet majeur du schéma U 2000 en Ile-de-France.

L'esquisse originelle des quatre nouveaux établissements universitaires était basée sur une équation simple : réduire de 50 000 le nombre des étudiants des universités parisiennes et accueillir les 30 000 étudiants supplémentaires attendus dans les années à venir en Ile-de-France. Ainsi, les quatre universités devaient accueillir chacune 20 000 étudiants à terme.

Par ailleurs, à travers ces quatre projets, le ministère de l'Éducation nationale espérait mettre en œuvre ses conceptions nouvelles en matière d'urbanisme universitaire : renforcer les relations spatiales et fonctionnelles entre université et ville ; programmer, dès l'origine, l'ensemble des équipements universitaires (bâtiments d'administration, d'enseignement, de recherche, logements et restaurants, équipements sportifs et culturels) ; prendre en compte l'accessibilité des sites universitaires…

Aujourd'hui, ces quatre opérations, qui ont été au départ définies d'une manière équivalente en termes qualitatifs et quantitatifs, qui se sont développées dans des territoires relevant d'un même cadre juridique et opérationnel, se concrétisent dans des formes urbaines très différentes. On pourrait les caricaturer comme suit : une université inscrite dans la ville à Cergy-Pontoise, une université sur le modèle réinterprété du collège anglais à Saint-Quentin-en-Yvelines, un quartier universitaire près de la cathédrale à Évry, un vaste lotissement universitaire à Marne-la-Vallée.

Parallèlement, dans la première couronne, deux universités se développent activement : Paris VIII à Saint-Denis qui double les surfaces de ses bâtiments, puis Paris XII qui se réorganise avec une forte volonté de recentrage autour de son site majeur de Créteil.

Pour les universités parisiennes, quelques bâtiments voient le jour : rue de Vaugirard pour Paris II, boulevard de l'Hôpital pour Paris I, rue Malesherbes pour Paris IV. L'université de Paris VI déplace son département Psychologie à Boulogne-Billancourt.

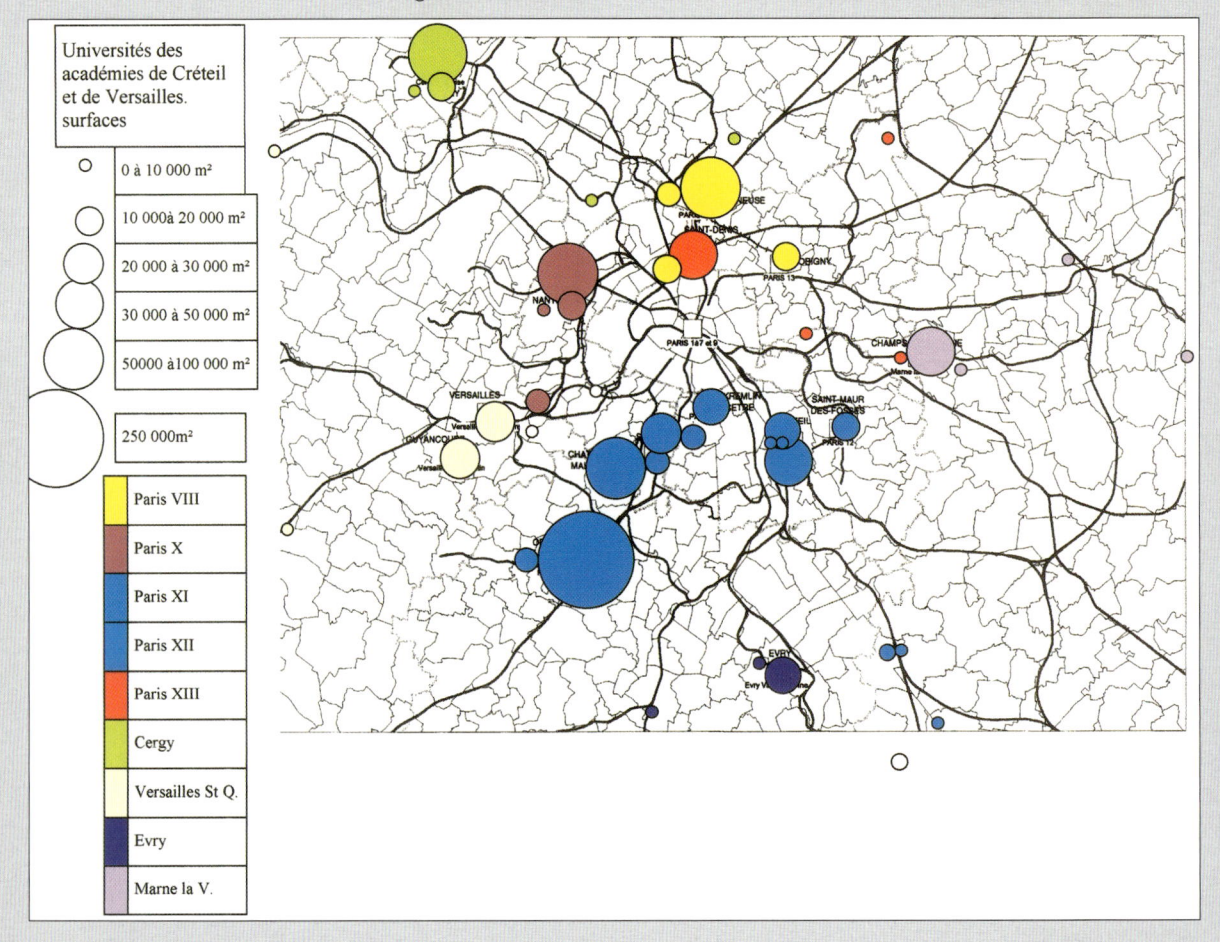

**Aménager le territoire**

**3.** *Cité René Descartes, Marne-la-Vallée, Seine-et-Marne*, 2000, © Dreif / Guiho.
**4.** *Faculté de Sciences, Orsay, Essonne*, 2000, © Dreif / Guiho.

## Le plan U3M
### Au plan national
Le plan U3M (Université du 3e millénaire) trace les grandes orientations du développement de l'enseignement supérieur et de la recherche à l'horizon de 2015.

Le contexte est très différent de celui qui prévalait lors de l'élaboration du schéma Université 2000. Le nombre des étudiants se stabilise, les récentes implantations universitaires, en particulier les universités nouvelles, en Ile-de-France comme dans les autres régions, ont permis de mailler l'ensemble du territoire. Aussi, le plan U3M se donne des objectifs plutôt qualitatifs que quantitatifs.

La priorité est donnée aux équipements liés à la vie des étudiants : quart des crédits devrait leur être affecté. Le budget prévisionnel d'investissement du plan U3M est très élevé : 40 milliards de francs (soit plus de 6 milliards d'euros) que devraient se partager l'État et les collectivités locales.

*Le plan U3M en Ile-de-France :*
*un projet d'aménagement universitaire à l'échelle de la région*

**5.** *Cité René Descartes, Marne-la-Vallée, Seine-et-Marne,* 2002, © Jean-Marie Monthiers.

À partir du début 1998 et pendant plus de deux ans, se succèdent études, groupes de travail, consultations, commissions, concertations, qui aboutissent tous à une même conclusion : le rayonnement de l'Ile-de-France à l'échelle de l'Europe, dans les domaines de l'enseignement supérieur et de la recherche, est un élément déterminant de son développement à venir.

Par ailleurs, la situation des établissements franciliens s'avère préoccupante : de forts déséquilibres sociaux, économiques et territoriaux influent sur le dispositif éducatif ; le système universitaire est fragilisé par une trop grande dispersion qui ne facilite pas sa lisibilité ni sa mise en cohérence ; le vieillissement des effectifs de chercheurs et des équipements risque d'affecter le potentiel régional de recherche.

Sur la base de ce constat, un grand principe structurant est retenu : associer dans une stratégie unique l'ensemble des actions visant au développement du système d'enseignement supérieur et de recherche. Cela doit se concrétiser à travers une politique de grands sites et de réseaux.

L'idée d'une telle approche globale est une idée neuve. L'échelle régionale de l'aménagement universitaire n'avait jamais été aussi clairement posée.

Plusieurs orientations sont dessinées dans cette volonté de mise en cohérence : afficher de grands axes thématiques de recherche, organiser l'offre de formation à l'échelle régionale, développer une politique de réseaux, améliorer la vie étudiante et l'accueil des étudiants et chercheurs étrangers (création de bibliothèques, logements, restaurants universitaires, équipements sportifs, culturels, etc.), apporter une meilleure lisibilité de l'ensemble du dispositif par l'organisation et l'aménagement des sites universitaires.

**6.** *Université de Cergy-Pontoise, Val-d'Oise*, 2002, © Jean-Marie Monthiers.

Concernant ce dernier point, quelques principes d'aménagement sont retenus : pour Paris *intra-muros*, il est envisagé de remembrer les universités qui comptent, à l'exception de Paris IX-Dauphine, entre dix et vingt implantations chacune. Cette réorganisation passe par la définition d'un certain nombre de sites principaux, qui doivent être porteurs d'une identité forte : Sorbonne/Quartier latin, montagne Sainte-Geneviève/Jussieu, Odéon/Saint-Pères, Dauphine. Les sites satellites doivent être limités à deux ou trois.

Hors Paris, il est envisagé la construction de locaux d'enseignement dans les universités de la première couronne, ainsi que le développement des universités nouvelles.

Enfin, il est prévu la création de trois pôles universitaires nouveaux : un pôle sur la ZAC Paris-Rive-Gauche, un pôle nord francilien sur plusieurs sites – La Villette, Aubervilliers, la Plaine Saint-Denis – et un pôle ouest Val-de-Seine concernant en particulier Boulogne. (La création d'un pôle à La Défense fut également envisagée.)

## Quelle situation aujourd'hui ?

La première phase du plan U3M se réalise à travers le contrat de plan État-Région 2000-2006. Il est certainement trop tôt pour tirer des conclusions sur sa mise en œuvre, mais deux remarques s'imposent.

*Concernant les sites universitaires*
Les investissements et les énergies sont fortement polarisés par deux opérations très lourdes : d'une part, le désamiantage et la mise en sécurité de Jussieu (opération financée hors contrat de plan), d'autre part, le développement du pôle universitaire prévu dans la ZAC Paris-Rive-Gauche. Certainement prioritaires pour de multiples raisons, ces opérations se font pour l'instant au détriment du projet plus complexe de réaménagement des sites universitaires parisiens, projet qui est au centre du plan U3M. De son côté, le pôle nord-francilien, entre La Villette et la Plaine Saint-Denis, a de grandes difficultés à se mettre en place.

Les universités Paris VI (Jussieu) et Paris VII (Tolbiac) vont disposer à terme de surfaces très importantes et améliorer nettement leurs conditions d'accueil. On ne peut que s'en féliciter. Cependant, il faudra veiller à ce que cette situation ne renforce pas leur attrait, en particulier dans le domaine de la recherche, au détriment des universités de la première couronne et surtout des universités nouvelles, dont le développement est encore fragile. Ce risque de « pompage » est d'autant plus grand que, dans le même temps, de nombreuses équipes de chercheurs des universités parisiennes vont devoir être renouvelées du fait de départs en retraite.

Il ne faudrait pas que des développements mal régulés viennent déconstruire les opérations mises en place à l'occasion du schéma Université 2000, à un moment où, par ailleurs, les effectifs d'étudiants commencent à décroître à l'échelle régionale et à plafonner dans les universités nouvelles.

La chronologie des investissements engagés sur les différentes opérations est certainement une des clés du maintien des équilibres à l'échelle régionale.

*Concernant les réseaux*
La réalisation du réseau de transfert de données à très haut débit RAP (Réseau académique de Paris), qui a été menée dans des délais très courts, concerne aujourd'hui les huit universités de Paris ainsi que de nombreux

7. *Université de Versailles, Saint-Quentin-en-Yvelines, Yvelines*, 2002, © Jean-Marie Monthiers.
8. *Université d'Évry, Essonne*, 2002, © Jean-Marie Monthiers.

| Universités | Effectifs 1985/1986 | Effectifs 1991/1992 | Effectifs 1995/1996 | Effectifs 2001/2002 | Évolution entre 1992 et 2002 | Évolution entre 1985 et 2002 |
|---|---|---|---|---|---|---|
| **Paris centre** | | | | | | |
| Paris 1 | 31 858 | 35 247 | 36 742 | 36 222 | | |
| Paris 2 | 16 271 | 17 546 | 17 844 | 17 610 | | |
| Paris 3 | 15 530 | 17 873 | 18 666 | 17 282 | | |
| Paris 4 | 20 840 | 22 964 | 27 440 | 22 656 | | |
| Paris 5 | 28 660 | 27 933 | 28 566 | 25 457 | | |
| Paris 6 | 32 250 | 34 198 | 32 907 | 27 945 | | |
| Paris 7 | 28 563 | 29 010 | 28 054 | 24 083 | | |
| Paris 9 | 5 278 | 6 815 | 6 986 | 7 223 | | |
| total | 179 250 | 191 586 | 197 205 | 178 478 | - 13 108 | -772 |
| **Première couronne** | | | | | | |
| Paris 8 | 21 359 | 23 403 | 24 787 | 25 869 | | |
| Paris 10 | 26 621 | 31 857 | 34 457 | 30 790 | | |
| Paris 11 | 20 357 | 22 194 | 24 830 | 22 200 | | |
| Paris 12 | 12 549 | 16 893 | 21 424 | 21 965 | | |
| Paris 13 | 9 049 | 12 866 | 16 662 | 15 742 | | |
| total | 89 935 | 107 213 | 122 160 | 116 566 | + 9 353 | + 26 631 |
| **Deuxième couronne** | | | | | | |
| Cergy | 0 | 1 668 | 8 131 | 9 194 | | |
| Versailles St Quentin | 0 | 4 026 | 8 458 | 9 365 | | |
| Evry | 0 | 1 122 | 4 939 | 7 718 | | |
| Marne | 0 | 890 | 5 162 | 8 057 | | |
| total | 0 | 7 706 | 26 690 | 34 334 | + 26 628 | + 34 334 |
| **Total général** | 269 185 | 306 505 | 346 055 | 329 378 | | |

**9.** Effectifs d'étudiants dans les universités d'Ile de France (hors IUT et filières d'ingénieurs), Données DES.

autres établissements d'enseignement et centres de ressources de la capitale. Cette opération de mutualisation est exemplaire ; cependant, si nous ne voulons pas établir une « fracture numérique » entre les universités de Paris et les universités de la périphérie qui accueillent une majeure partie des étudiants les plus défavorisés, l'extension rapide du réseau à l'ensemble des sites universitaires de la région doit être envisagée.

La même question doit être posée au sujet du projet de carte unique pour les étudiants. Il est nécessaire que cette carte comporte de nombreuses fonctions facilitant la vie des étudiants (transport, accès aux bibliothèques, aux restaurants universitaires, porte-monnaie électronique, etc.).

Doit-on développer ce projet à l'échelle de Paris ou à l'échelle de la région ? Une coordination des opérations dans le temps entre les trois académies, ainsi qu'une approche mutuelle, à l'échelle régionale, des questions d'offre de formation, de recherche, de réseaux, de vie de l'étudiant, sont certainement les meilleures garanties d'un développement harmonieux de l'enseignement supérieur dans la région d'Ile-de-France.

# LA DYNAMIQUE DES GRANDS ÉQUIPEMENTS COMMERCIAUX DANS L'AGGLOMÉRATION CENTRALE PARISIENNE

**Guy Chemla**
Géographe, professeur à l'Institut d'Aménagement et d'Urbanisme, université Paris IV - Sorbonne

En raison de sa notoriété, de la présence d'une population dense, au pouvoir d'achat élevé, Paris, de même que sa région, a joué très tôt un rôle de laboratoire en matière d'innovation commerciale. Du premier grand magasin au magasin à prix unique, plus connu sous le nom de magasin populaire, en passant par l'hypermarché, le centre commercial régional ou le *hard discounter* à la française, c'est en Ile-de-France qu'ont été développés ces concepts commerciaux qui sont aujourd'hui les fleurons de la distribution.

Du fait de cette précocité, on pourrait s'attendre à ce que l'Ile-de-France connaisse un suréquipement commercial. Si elle est, en effet, la région la plus fortement équipée en grandes surfaces, ces dernières ne forment que la charpente de l'appareil commercial et leur répartition est très inégale. Ainsi, Paris et les Hauts-de-Seine n'entrent pas pleinement dans ce schéma, notamment en ce qui concerne les hypermarchés. De plus, ne retenir que les critères de taille ou de surface globale fausse l'analyse et donne une image tronquée du commerce francilien. En effet, dans beaucoup de centres anciens, le tissu de commerces traditionnels demeure encore très présent. C'est notamment le cas dans Paris, où plus de 59 200 commerces de toutes natures[1] viennent compléter 100 000 $m^2$ d'équipements commerciaux de grande taille. Dans certains quartiers, la densité, la variété, l'accessibilité de ces commerces en font de véritables centres commerçants, équivalents à bien des centres commerciaux. Quoi qu'il en soit, le pôle commercial parisien, en raison de l'ampleur et de la diversité de l'offre – du soldeur au magasin de luxe en passant par le marchand ambulant – et malgré une moindre présence des grands équipements commerciaux, conserve pleinement sa notoriété et sa prééminence, ne serait-ce que par la présence des « grands magasins ». […]

Pendant près d'un siècle, les grands magasins parisiens sont restés cantonnés en hypercentre, dans leurs implantations d'origine, et ce n'est qu'au tout début des années 1960 qu'ils ouvrirent timidement quelques unités plus petites dans d'autres quartiers de la capitale – Printemps Nation ou BHV Flandre. Ils sortirent ensuite pour la première fois de Paris *intra-muros* et se lancèrent dans une politique d'implantation volontariste, afin d'accompagner l'essor des grands centres commerciaux, en particulier ceux prévus par le schéma directeur d'aménagement et d'urbanisme de la Région parisienne (SDAURP) de 1965. Entre 1969 et 1974, sur les 36 grands magasins ouverts en région parisienne, 22 l'ont été dans des centres commerciaux. Tout en complétant l'offre anomale de ces centres, ils leur apportaient l'image et la notoriété du commerce parisien et leur

1. Suivant la définition retenue par la BD Com, on entend par commerce « l'ensemble des activités de commerce de détail ainsi que les services commerciaux exercés au rez-de-chaussée des immeubles ».

permettaient d'élargir leur zone de chalandise. Toutefois, le bilan de ces implantations périphériques fut plus que mitigé pour les grands magasins car, en banlieue, ces multispécialistes ont particulièrement souffert de la concurrence directe, proche et simultanée des hypermarchés et des grandes surfaces spécialisées. Ainsi, peu à peu, toutes ces enseignes se sont repliées sur leurs implantations *intra-muros*. Et rares sont les centres commerciaux qui conservent aujourd'hui leurs deux grands magasins « locomotive » (Parly 2, Belle-Épine, Rosny 2). Certaines enseignes se sont par contre maintenues au prix d'une réduction de surface lors de l'extension du centre (Parly 2) ou de sa restructuration[2]. De ce fait, la répartition des grands

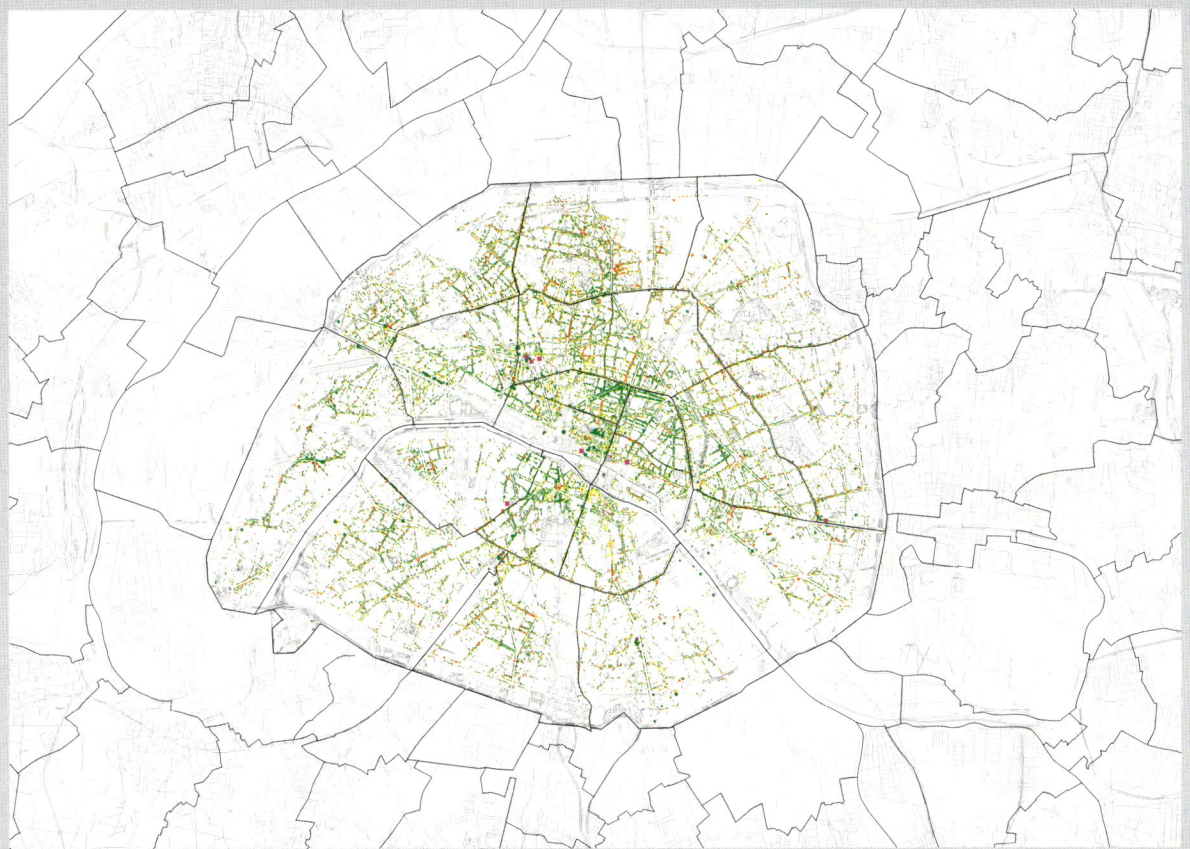

**1.** Équipements commerciaux à Paris, 2000.

- commerce alimentaire
- grand commerce alimentaire
- café-restaurant
- autre commerce
- magasin populaire et hyper
- grand magasin
- centre commercial

Source : Apur – Banque de données sur le commerce 2000

magasins qui quadrillait de façon uniforme l'agglomération est aujourd'hui très inégale, puisque Paris en abrite 11 sur une surface de 250 000 m², ce qui représente près du tiers des surfaces franciliennes occupées par ces équipements[3]. Ils sont principalement installés sur la rive droite où, dans un périmètre relativement restreint, on trouve les plus anciens grands magasins (Galeries Lafayette, Printemps, Bazar de l'Hôtel de Ville, Samaritaine), avec des surfaces allant de 29 000 à 48 500 m². La rive gauche demeure un peu en marge avec, aux côtés du Bon Marché, des unités de moindre surface comme les Printemps Italie et Nation, les Galeries Lafayette Montparnasse et le Bazar de l'Hôtel de Ville Flandre.

Outre qu'ils subissent la morosité de la consommation et la concurrence des grandes surfaces, ces équipements cumulent depuis vingt ans toute une série de difficultés. Ainsi, leur localisation centrale, avantage indéniable jusqu'au milieu des années 1970, pose depuis de nombreux problèmes, tant

2. À Vélizy 2, le Printemps a récemment cédé une partie de sa surface à la FNAC, autre filiale du groupe Pinault.

3. Deux grands magasins à l'enseigne britannique Marks & Spencer ont disparu en 2001, en raison des difficultés du groupe.

**La dynamique des grands équipements commerciaux dans l'agglomération parisienne**

en termes d'accessibilité (circulation, stationnement...) que de charge foncière. De même, la gestion des locaux répartis dans plusieurs bâtiments et sur plusieurs étages, le maintien d'un assortiment large et approfondi, la lourdeur des stocks et de l'immobilisation génèrent des frais de plus en plus difficiles à amortir, qui freinent leur compétitivité. Se sont greffés là-dessus certains dysfonctionnements spécifiques comme, jusqu'il y a peu, une organisation dépassée et un manque de réactivité face à l'évolution de la consommation, au rajeunissement de la clientèle et au rôle croissant de l'achat d'impulsion. En raison de ce manque de dynamisme et de l'absence d'une stratégie propre, ils n'ont fait souvent que réagir aux initiatives de la concurrence et conservent, pour beaucoup de clients, une image vieillie et de cherté. Pourtant, ils ont consenti depuis quelques années de nombreux efforts en vue de corriger ces dysfonctionnements par des tentatives de repositionnement commercial, l'amorce d'une spécialisation, une amélioration du confort d'achat et une modernisation du décor et des collections. Mais, malgré le recentrage de leur activité vers le haut de gamme et la recherche d'un bon rapport « qualité-prix-service », ils n'occupent plus aujourd'hui qu'une part de marché très limitée, alors qu'ils gardent, en terme de notoriété, une image positive et demeurent très prisés de la clientèle étrangère toujours en quête du mythe de la Parisienne de la Belle Époque. [...]

L'analyse de l'évolution des grands magasins dans la métropole fait apparaître que, jusqu'au début des années 1970, le commerce en région parisienne demeurait pour l'essentiel concentré dans la capitale et dans quelques communes périphériques d'urbanisation ancienne. La faible densité de population qui résidait en banlieue, mais aussi la structure même du tissu pavillonnaire de banlieue ne permettaient pas de recréer une organisation commerciale urbaine classique, à savoir le développement de commerces en pied d'immeuble. Quant aux petits centres commerciaux de proximité qui accompagnaient les rares opérations d'habitat collectif, ils n'étaient là que pour répondre aux besoins de première nécessité d'une population relativement restreinte. De ce fait, la banlieue présentait partout, à cette époque, un sous-équipement commercial dramatique que l'expansion démographique qu'elle connût n'a fait que renforcer.

Fort de cette constatation, Paul Delouvrier, qui avait parfaitement mesuré les enjeux et les défis auxquels la région aurait à faire face dans le dernier quart de siècle, proposa en 1965, dans le cadre du SDAURP, un parti d'aménagement audacieux qui prévoyait, outre la création de villes nouvelles, le développement de pôles tertiaires (La Défense...), le développement d'un réseau de voies rapides en rocade, du RER..., la mise en place, en limite de la première couronne, au niveau de l'actuelle rocade A 86, d'une ceinture de grands centres commerciaux régionaux qui devaient jouer le rôle de pôles restructurateurs dans la banlieue où ils étaient implantés.

À la suite de cette planification, l'Ile-de-France est devenue la région la mieux équipée du pays, avec 145 centres commerciaux de plus de 5 000 m² (un quart du total national) pour une surface commerciale qui dépasse les 3 500 000 m² (soit plus du tiers du total national).

On peut, en simplifiant, distinguer deux périodes dans l'aménagement des centres commerciaux en Ile-de-France. La première, dans les années 1970-1974, correspond à la mise en place, sur un rayon de 15 kilomètres autour de Paris, en limite externe de la petite couronne, d'une ceinture d'une demi-douzaine de grands centres commerciaux régionaux (Parly 2, Vélizy 2, Créteil-Soleil, Parinor…). Il s'agit de centres multifonctionnels, sans alimentaire[4], dotés d'une capacité d'attraction très large, pour lesquels est privilégiée une localisation proche de grandes infrastructures routières. Tous disposent d'une très grande surface de vente ($\leq 85\,000$ m²) et ont à leur tête un ou deux grands magasins « locomotive », situés le plus souvent aux deux extrémités du mail. Quelques moyennes surfaces spécialisées et de nombreux petits commerces indépendants viennent diversifier l'offre de la galerie marchande. Dans les centres inaugurés à la fin de la période, comme Créteil-Soleil ou Parinor, la locomotive est dès l'ouverture un hypermarché, en raison de la crise des grands magasins.

À la fin des années 1970 et au cours des années 1980, l'environnement économique est moins favorable. La conjoncture est mauvaise, le chômage, qui touche tous les secteurs et toutes les catégories socioprofessionnelles, ne cesse de croître, la consommation diminue. Qui plus est, d'un point de vue spatial, les emplacements les plus propices à l'implantation d'un équipement commercial sont déjà occupés. Pour toutes ces raisons, la seconde génération de centres commerciaux a des ambitions plus limitées. Qu'ils soient localisés en périphérie ou au cœur des villes nouvelles qui commencent à sortir de terre – Les Arcades à Noisy-le-Grand, Les Trois Fontaines à Cergy ou Évry 2 –, les centres sont de taille plus réduite, entre 25 000 et 40 000 m², et ont pour vocation première de répondre aux besoins de consommation des populations environnantes, ce qui explique que la locomotive soit systématiquement un hypermarché.

Toutes ces réalisations notoires ont trop souvent occulté le fait que Paris possède en la matière un parc certes modeste, mais très diversifié et original, composé de passages couverts, de galeries et de centres commerciaux dont le rythme des créations a suivi une évolution similaire à ce qui se passait dans le reste de l'Ile-de-France. C'est en effet entre 1973 et 1980 que sont inaugurés les quatre grands centres commerciaux parisiens. Deux d'entre eux, Maine-Montparnasse (1973, 35 000 m²) et le Forum des Halles (1979, 56 000 m²), qui ont vocation à disposer d'une capacité d'attraction très large, sont situés sur des nœuds de communication importants (RER Les Halles et gare Montparnasse). Ils ont d'ailleurs pour locomotive des grands magasins ou des moyennes surfaces spécialisées à forte notoriété (FNAC et Habitat au Forum des Halles ; Galeries Lafayette, Habitat et C&A à Maine-Montparnasse). Dans la même période, la capitale se dote de centres commerciaux d'arrondissement : Italie 2 (1976, 49 400 m²), Masséna 13 (1974, 26 000 m²), Beaugrenelle, les boutiques du palais des Congrès, etc. À l'image des centres commerciaux intercommunaux, ces ensembles ont vocation à répondre aux besoins quotidiens de la clientèle environnante, comme le prouve, ici encore, leur locomotive alimentaire.
[…]

La répartition régionale des centres commerciaux laisse apparaître que le parc est plus important dans les communes de la première couronne (18 centres pour 500 000 m²) que dans les arrondissements extérieurs

---

4. C'est pour « incompatibilité d'image » par rapport au standing recherché que les promoteurs commerciaux refusèrent à cette époque qu'un hypermarché puisse servir de locomotive à un centre commercial.

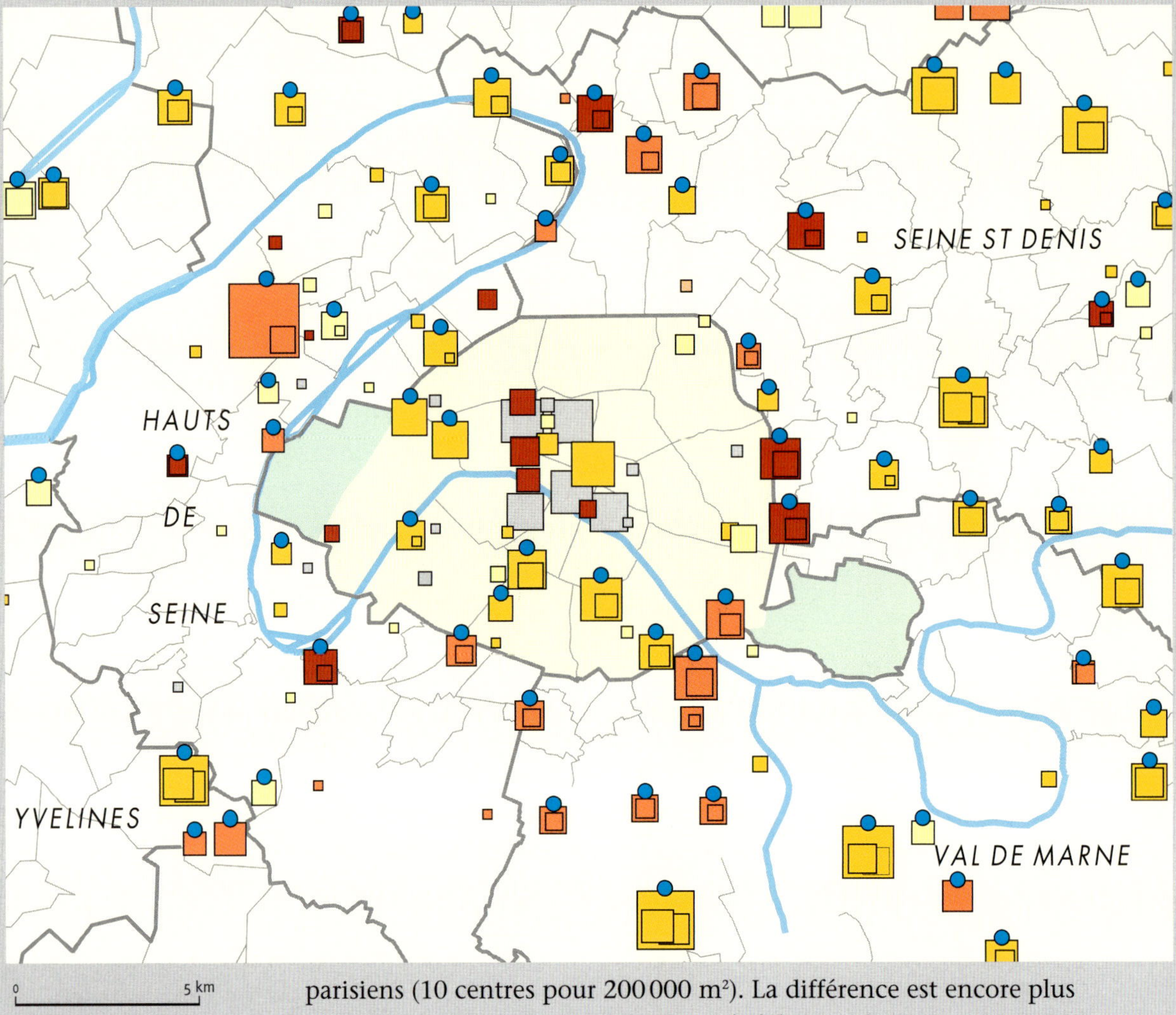

**2.** Principales surfaces commerciales en 2001, source : Panorama 2001, enquêtes APUR 2001, © APUR

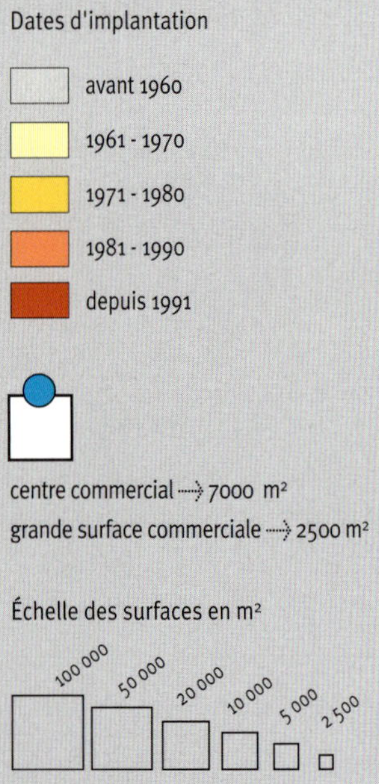

Dates d'implantation
- avant 1960
- 1961 - 1970
- 1971 - 1980
- 1981 - 1990
- depuis 1991

centre commercial → 7000 m²
grande surface commerciale → 2500 m²

Échelle des surfaces en m²
100 000 — 50 000 — 20 000 — 10 000 — 5 000 — 2 500

parisiens (10 centres pour 200 000 m²). La différence est encore plus marquée en terme de densité rapportée à la population, avec respectivement 418 m² pour 1 000 habitants dans les communes de la première couronne et seulement 135 m² pour 1 000 habitants dans les arrondissements périphériques parisiens. De même, avec une densité de 279 m² pour 1 000 habitants, l'ensemble Paris-petite couronne est dans une situation moyenne, l'Ile-de-France offrant une densité de 325 m² pour 1 000 habitants. Enfin, tant en taille qu'en rendement, les centres commerciaux franciliens sont aujourd'hui parmi les plus grands – exception faite de La Part Dieu à Lyon (220 000 m²) et de Grand Littoral à Marseille (140,000 m²) – et les plus performants de France.[5] [...]

La diffusion du modèle « hypermarché », qui fut relativement lente au début, s'est accélérée dans les années 1967-1968, notamment à la périphérie de l'agglomération, à proximité des nouveaux quartiers périurbains d'habitat collectif. Pour limiter les risques, les promoteurs ont privilégié les emplacements à faible charge foncière, induisant, au départ, une distribution relativement éparse de ce type d'équipement ; mais dès 1972, les premières implantations ont lieu dans les villes nouvelles. Et quatre ans plus tard, les hypermarchés prennent pied pour la première fois dans les centres commerciaux, occupant les locaux laissés vacants par les grands

5. Cinq d'entre eux approchent ou dépassent les 100 000 m² de surface commerciale : Quatre-Temps (195 000 m²), Créteil-Soleil (110 000 m²), Rosny 2 (102 000 m²), Vélizy 2 (98 000 m²) et Belle-Épine (95 000 m²).

magasins. Aujourd'hui, les deux tiers des hypermarchés franciliens sont implantés dans un centre commercial dont ils sont la locomotive.

Ces grandes surfaces à dominante alimentaire ont rapidement remporté un large succès populaire au point qu'à la fin des années 1970, et malgré l'entrée en vigueur de la loi d'orientation du commerce et de l'artisanat (décembre 1973), plus connue sous l'appellation de « loi Royer », on comptait déjà 16 hypermarchés en région parisienne, dont un seul à Paris (Euromarché), relégué porte de la Villette.

Au cours des années 1990, le rythme de création des hypermarchés en Ile-de-France s'est ralenti considérablement – une à deux ouvertures par an. Le nombre d'établissements de ce type a néanmoins continué à croître rapidement en raison de l'extension et de la transformation des supermarchés.

Aujourd'hui, face à la saturation progressive de l'espace francilien, les enseignes abandonnent leur course au gigantisme et doivent mettre en place de nouvelles stratégies de développement. Elles poursuivent leur croissance en accélérant, quand cela est possible, la transformation des supermarchés en hypermarchés, mais aussi en s'adaptant aux disponibilités foncières. Avec des magasins de moindre format, elles diversifient leurs lieux d'implantation et pénètrent des tissus urbains plus denses, en dépit d'un foncier plus élevé et d'une accessibilité moins aisée. Elles renoncent parallèlement aux implantations solitaires « en plein champ », pour s'adjoindre une galerie marchande ou s'associer à de grandes surfaces spécialisées appartenant le plus souvent au même groupe, de façon à renforcer et élargir leur zone de chalandise. [...]

Pourtant, en raison de l'importance de l'offre spécialisée proposée par les magasins traditionnels de l'espace central parisien et du surcoût foncier, l'Ile-de-France n'abrite que 12 % des surfaces spécialisées comptabilisées en France. La proportion varie même du simple au double en faveur de la province dans des secteurs comme le bricolage, le jardinage ou l'électroménager... Paris et les Hauts-de-Seine sont particulièrement mal lotis sur ces activités, puisque la densité en grandes surfaces spécialisées y est six fois plus faible que dans le reste de l'Ile-de-France. En proche couronne, le Val-de-Marne et la Seine-Saint-Denis se démarquent très légèrement. En grande couronne, principalement dans le nord de l'Essonne et le sud du Val-d'Oise, les grandes surfaces spécialisées sont trois fois plus importantes que dans la zone centrale, notamment en matière d'équipement de la maison et du jardin. [...]

Galeries commerciales, hypermarchés, supermarchés et maxi *discounters* présentent des densités inférieures de plus du tiers à celles de province (185 m$^2$ pour 1 000 habitants contre 266 m$^2$ en province). On y trouve davantage d'hypermarchés et de magasins populaires – c'est une des particularités de la région, 12 % des surfaces contre 3 % –, mais moins de supermarchés – 42 % des surfaces contre 55 %. Cependant, avec 7 à 8 % des surfaces, les maxi *discounters* ont un poids similaire en province et en Ile-de-France. Quant aux hypermarchés, ils sont proportionnellement plus nombreux en Ile-de-France en raison de l'expansion des centres commerciaux, où ils jouent le rôle de locomotive. Les quatre départements de grande couronne sont le lieu de prédilection de l'implantation des grandes surfaces. Ils concentrent près des deux tiers du parc des hypermarchés franciliens (57 % du nombre et 62 % des surfaces), alors que moins de la moitié de la population y réside (45 %). Ils ont de ce fait des densités comprises entre 209 et 253 m² pour 1 000 habitants, très supérieures à la moyenne régionale et proches de celles de la province. [...]

En matière d'équipement alimentaire, le maillage commercial parisien est dans l'ensemble dense et très satisfaisant. Complétant l'offre des pôles alimentaires qui correspondent aux anciennes rues commerçantes des villages parisiens (Montorgueil, Mouffetard, Poncelet...), la ville dispose d'un important parc de moyennes surfaces alimentaires (72 000 m²) constitué de 56 supermarchés (> 1 000 m²), de 44 magasins populaires possédant un rayon alimentaire, et d'un réseau de plus de 200 petits supermarchés et *discounters* répartis dans tout Paris. À ce parc s'ajoutent une dizaine de points de vente alimentaires issus de l'extension ou de la restructuration de magasins populaires dépassant le seuil des 2 500 m² – ce sont en fait, par leur taille, des hypermarchés – et 3 petits hypermarchés (15 000 m² au total) implantés dans les arrondissements périphériques. La plupart de ces établissements ont une zone de chalandise réduite, mais répondent pleinement aux besoins de consommation des populations directement environnantes. Toutefois, Paris est le département où la densité est la plus faible en grandes surfaces alimentaires (119 m² pour 1 000 habitants, alors que la moyenne régionale est de 185 m²). Quant à la densité parisienne en hypermarchés, elle est neuf fois inférieure à la moyenne régionale. Cela tient, certainement, à la difficulté de trouver de grandes emprises disponibles et à un coût du foncier difficilement compatible avec une politique de *discount,* mais c'est surtout le résultat d'une politique municipale hostile de longue date à l'implantation de grandes surfaces alimentaires *intra-muros* pour éviter de fragiliser un commerce traditionnel très présent.

Pour contourner cette volonté des édiles parisiens, les promoteurs et distributeurs privilégient, depuis le début des années 1990, les ouvertures en proche banlieue. Et on voit nettement se dessiner une stratégie d'encerclement de la capitale par l'implantation de centres commerciaux à ses portes même[6]. [...] Aujourd'hui, plus de 25 grandes surfaces alimentaires dépassant les 100 000 m² se situent à moins de 6 kilomètres du périphérique.

Ainsi, en 2000, on recense 135 m² de surface de centres commerciaux pour 1 000 habitants dans les arrondissements périphériques, et trois fois plus (418 m²) dans les communes riveraines de Paris, pour une moyenne de 325 m² en Ile-de-France. [...]

En trente ans, le paysage commercial de l'Ile-de-France a été profondément bouleversé. Pourtant, l'aménagement commercial a, dans l'ensemble, été relativement oublié dans les politiques de planification urbaine. Le système de régulation des ouvertures de grandes surfaces a ralenti leur prolifération, mais n'a pas empêché qu'elles couvrent progressivement une part importante du territoire régional. C'est grâce au développement du commerce intégré et de la grande distribution que, d'un néant d'équipement commercial, la banlieue est devenue aujourd'hui un territoire largement pourvu, avec une domination des grandes surfaces alimentaires et spécialisées. Les supermarchés, hypermarchés et autres

---

6. Entre 1990 et 1992, 5 hypermarchés se sont implantés dans un rayon de 2 kilomètres autour de Parisæcréant à proximité de la capitale près de 34 000 m² de surface de vente alimentaire.

centres commerciaux ont rapidement trouvé leur place dans le tissu lâche de la banlieue et aux franges de l'agglomération, où ils connaissent un succès croissant. Bien que Paris possède une diversité commerciale extrêmement originale, avec une variété de sites (passages couverts, galeries, centres commerciaux) dont beaucoup ont une valeur historique et patrimoniale, les processus de croissance dans Paris *intra-muros* et en région parisienne ont souvent été parallèles même si la nature des équipements et leur impact répondaient à des logiques différentes. [...]

Toutefois, on assiste depuis quelques années à une polarisation des activités commerciales dans la proche couronne, avec un fort développement de centres commerciaux aux portes de Paris. Même si le vaste projet de la porte d'Aubervilliers à été suspendu, la poursuite de cette dynamique peut rendre de plus en plus difficile le maintien de la vocation commerciale de certains quartiers parisiens, ainsi que des centres commerçants anciens des communes limitrophes et de la petite couronne.

# LES DENSITÉS DANS L'AGGLOMÉRATION PARISIENNE : ÉVOLUTION ET IMPACTS DES POLITIQUES PUBLIQUES

**Vincent Fouchier**
Docteur en urbanisme,
chargé de mission
à la Délégation à
l'aménagement du
territoire et à l'action
régionale

Paris se caractérise par des densités urbaines particulièrement élevées, en comparaison des autres grandes villes européennes. Mais l'agglomération parisienne n'a de cesse de s'étendre de plus en plus loin de son « cœur » d'origine, comme si cette densité était fuie par les habitants. Nous proposons ici de décrire l'évolution des densités de la capitale dans les quarante dernières années. Nous le ferons d'abord en analysant les tendances statistiques, puis en traitant des politiques publiques qui peuvent expliquer ces tendances.

Nous aborderons la question de la densité à travers deux critères principaux :
– l'étalement urbain : les extensions de l'urbanisation dans les franges extérieures de l'agglomération sont une préoccupation récurrente de la gestion du développement de la région ;
– les densités humaines nettes, calculées comme la somme des habitants et des emplois rapportée aux seuls espaces urbains : ce critère de densité rend bien compte de l'intensité de l'usage du sol urbain (beaucoup mieux que le critère de la densité brute de population). Il est en lien direct avec la problématique de l'étalement : plus la densité humaine nette s'élève, moins la ville s'étale.

## Un étalement continu de la population depuis 1962
*Un gradient de densités très marqué*
Le gradient de densités, c'est-à-dire l'écart de densités entre le centre et la périphérie de l'Ile-de-France, est très marqué. À l'intérieur d'un cercle de 10 kilomètres autour de Notre-Dame, la densité humaine nette passe de 600 à 100 habitants + emplois/hectare urbain. Au-delà de 10-15 kilomètres, la densité humaine nette diminue beaucoup plus progressivement, pour atteindre 20 habitants + emplois/hectare urbain dans le périmètre de 50 à 70 kilomètres, et seulement 10 dans les distances supérieures. Les densités de Paris *intra-muros* sont parmi les plus élevées d'Europe.

Le gradient de densités, tel qu'observé en Ile-de-France, est particulièrement « pur ». C'est à Colin Clark[1] que l'on doit la première expression formalisée de la régularité de la densité en fonction de la distance au centre de la ville, que l'on retrouve dans de très nombreuses grandes villes. Dans le cas parisien, la concurrence exercée par les emplois tertiaires pour les localisations centrales entraîne la formation d'un « cratère » central dans la surface qui représente les densités de population en trois dimensions. Ce cratère central apparaît quand la ville atteint une relative maturité, quand les concurrences pour l'occupation du centre jouent en faveur des entreprises, ce qui engendre une diminution relative des densités résidentielles au

---

1. Colin Clark, « Urban population densities », *Journal of the Royal Statistical Society*, n° 3, 1951, pp. 490-496. Cette loi empirique densité-distance de Colin Clark relie la densité à la distance au centre par une relation exponentielle décroissante, dans l'espace isotrope d'une ville circulaire et monocentrique.

centre. En revanche, le gradient des densités humaines nettes, qui cumulent les populations et les emplois sur les seuls espaces urbains, confirme bien la régularité de la décroissance du centre vers la périphérie. Ce gradient est une réalité essentielle à garder en mémoire, à la fois parce qu'il structure l'espace francilien et parce qu'il est d'une grande inertie.

**DENSITÉ HUMAINE NETTE SELON LA DISTANCE À PARIS NOTRE-DAME**
Situation en 1999

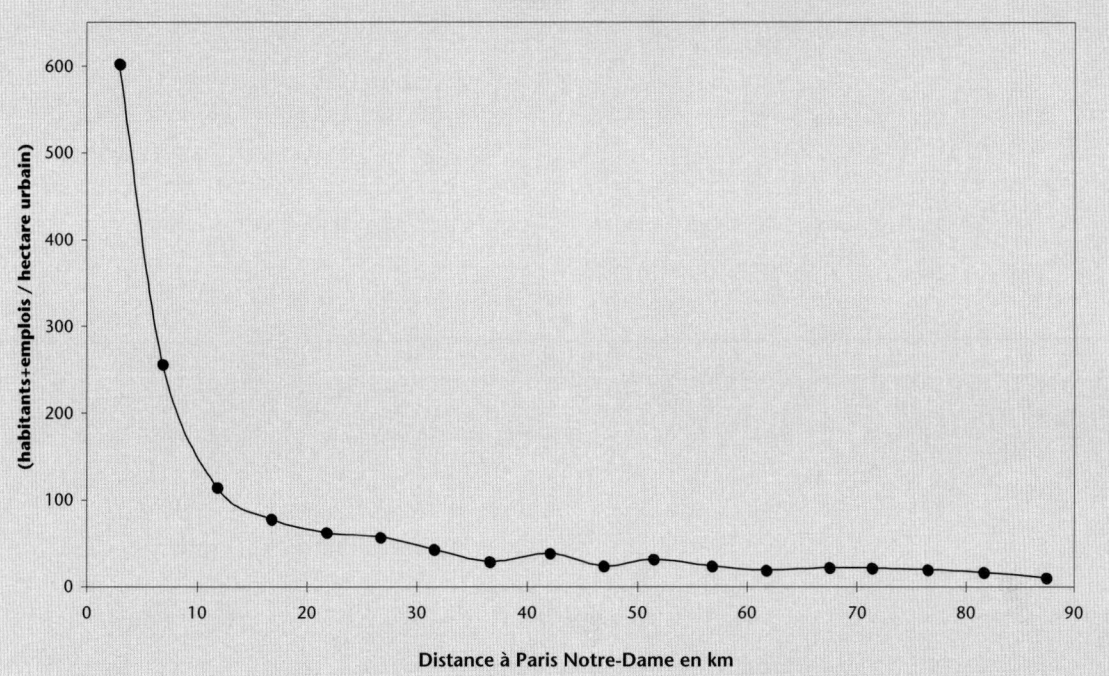

*Des sous-polarités au sein du gradient*

En analysant de manière plus détaillée le gradient, à partir du nuage de points qui forment les 1 300 communes de la région Ile-de-France, on distingue certaines communes qui ne « respectent » pas le gradient.

On trouve ainsi des communes dont les densités sont plus basses que celles d'autres communes situées à égale distance de Notre-Dame : par exemple, Châtillon, Villejuif, Le Vésinet, Fontenay-aux-Roses, Sceaux. Pour certaines, ce sont des secteurs de populations aisées, qui ont souhaité maintenir leur caractère pavillonnaire, répercutant l'augmentation des valeurs foncières dans les prix de vente des logements (d'où une ségrégation « par le haut ») plutôt que dans une construction accrue sous forme de logements collectifs.

Il y a également des communes dont les densités sont nettement plus élevées que la majorité des communes qui les entourent, dans des distances à Notre-Dame équivalentes. Ces communes atypiques sont peu nombreuses ; elles correspondent à des espaces particuliers de la région, offrant des polarités importantes en banlieue. Citons notamment :
– Puteaux et Courbevoie : communes accueillant la zone tertiaire de La Défense ;
– Roissy-en-France : important nombre d'emplois, concentrés dans ou autour de la plate-forme aéroportuaire ;
– Évry, Cergy : urbanisation dense de ces villes nouvelles ;
– Melun, Mantes-la-Jolie, Montereau, Nemours : villes d'urbanisation ancienne « sédimentée », avec parfois de grands ensembles denses des années 1960.

Les secteurs où la puissance publique a souhaité intervenir pour créer des « pôles secondaires » dans l'agglomération, tels que La Défense et les villes nouvelles, présentent donc des densités atypiques, ne respectant pas le gradient de densités. Ce dernier reflète finalement davantage le jeu du marché, qui équilibre l'offre et la demande et qui aboutit à une certaine régularité de la décroissance de la densité du centre, très demandé, à la périphérie, moins chère...

### *Une dépopulation centrale depuis le début du XX$^e$ siècle*
Comme Helsinki, Amsterdam ou Londres, Paris *intra-muros* a connu une forte dépopulation, notamment depuis 1921, année où la ville avait atteint son maximum de population. La perte totale s'élève à plus de 800 000 habitants depuis lors. Mais cette baisse a été particulièrement forte entre 1962 et 1990, puisque la ville a perdu 638 000 habitants :

| | |
|---|---|
| 1921 | 2 921 300 habitants |
| 1962 | 2 792 100 habitants |
| 1968 | 2 592 700 habitants |
| 1975 | 2 301 805 habitants |
| 1982 | 2 178 225 habitants |
| 1990 | 2 154 400 habitants |
| 1999 | 2 121 000 habitants |

Quatre facteurs principaux sont à invoquer pour expliquer cette dépopulation de Paris *intra-muros* :
– le départ vers la périphérie d'un certain nombre de familles ;
– la destruction de logements vétustes ;
– la transformation de logements en bureaux ;
– la réduction de la taille des familles : il faut davantage de logements aujourd'hui pour accueillir la même quantité de population qu'hier. De nouveaux logements doivent donc être construits à un rythme suffisant pour compenser ce « desserrement », ce qui n'est pas toujours possible.

Tous les arrondissements centraux de Paris ont été touchés, que ceux-ci soient démographiquement denses (2$^e$, 3$^e$, 4$^e$, 5$^e$, 6$^e$, 9$^e$, 10$^e$, 11$^e$), ou peu denses (1$^{er}$, 7$^e$, 8$^e$). Ils étaient déjà intensément construits avant les années 1960 et n'ont pu compenser le manque de logements pour accueillir le desserrement par de nouvelles constructions. En revanche, les arrondissements les moins denses démographiquement (13$^e$, 19$^e$) ont connu une hausse de population, car ils disposaient de réserves foncières suffisantes pour d'une part compenser le desserrement, et d'autre part absorber une croissance.

Le même processus se produit actuellement en proche couronne, secteur où l'occupation du sol par le bâti a déjà atteint et dépassé les chiffres parisiens (source : MOS). Les constructions nouvelles dans des sites vierges se trouvent par conséquent limitées et ne compensent que difficilement le desserrement, d'autant plus difficilement que les bureaux font concurrence aux logements. Sans intervention volontaire, l'évolution spontanée tend à une diminution de la population dans ces secteurs denses.

### *Un fort étalement, mais variable selon les périodes*
Depuis les années 1960, l'étalement urbain de la région Ile-de-France a connu des périodes d'intensité décroissante, en lien étroit mais pas direct avec la croissance démographique de la région.

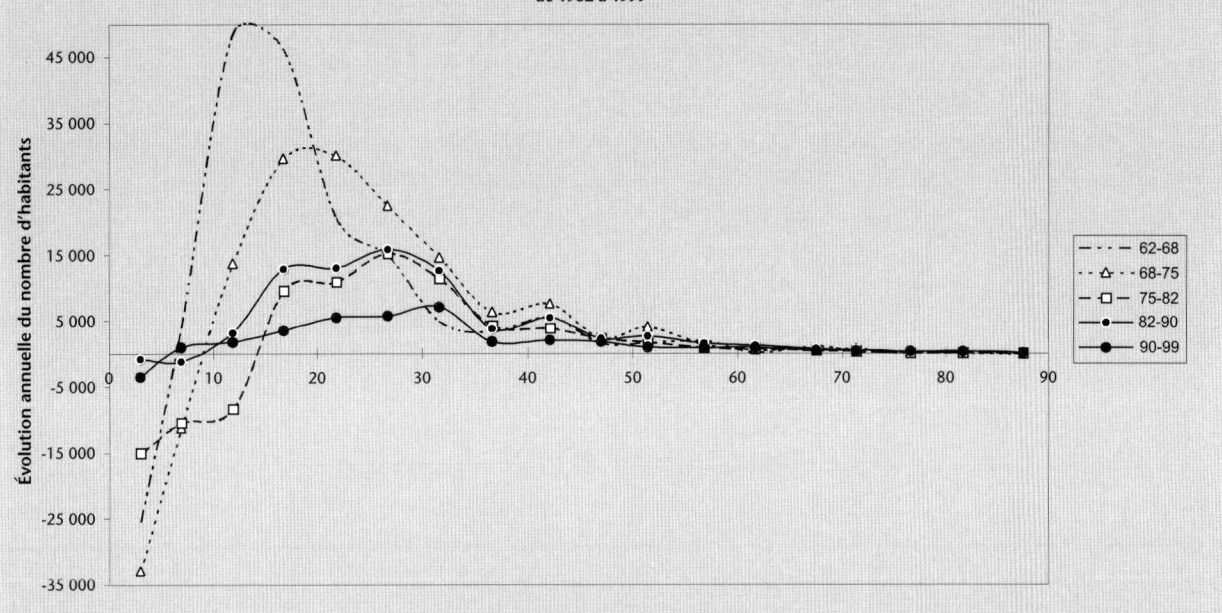

ÉVOLUTION ANNUELLE DE LA POPULATION SELON LA DISTANCE À PARIS NOTRE-DAME
de 1962 à 1999

Distance à Paris Notre-Dame en km

De 1962 à 1968, la région voit sa population croître annuellement de 130 000 habitants, essentiellement à l'extérieur de Paris, dans un anneau étroit de 15 kilomètres autour de Notre-Dame. Paris *intra-muros* se dépeuple fortement, au rythme de 33 000 personnes chaque année. On assiste ainsi à une sorte de « vases communicants » entre l'hypercentre, qui se dépeuple, et la proche périphérie, qui se développe.

Entre 1968 et 1975, la région Ile-de-France gagne près de 90 000 habitants chaque année, soit 30 % de moins que dans la période 1962-1968. Dans le cœur de l'agglomération parisienne, à moins de 10 kilomètres de Notre-Dame, la tendance est au dépeuplement massif, davantage encore qu'entre 1962 et 1968 ; certains arrondissements perdent plus de 2 000 habitants chaque année. C'est dans un périmètre de 10 à 25 kilomètres du cœur de la capitale que l'on observe les plus fortes croissances démographiques dans cette période.

La période 1975-1982 est différente. La croissance régionale décélère encore : + 28 000 habitants par an, soit une division par 3,2 par rapport à celle de la période 1968-1975 et par 4,6 par rapport à la période 1962-1968. C'est la première fois que les villes nouvelles interviennent réellement dans l'accueil de la croissance démographique régionale, à des distances comprises entre 25 et 35 kilomètres du centre de Paris. « L'hémorragie » démographique du centre de l'agglomération parisienne se poursuit, mais selon une intensité légèrement fléchie. Elle se propage aux communes situées entre 10 et 20 kilomètres de Notre-Dame, qui étaient épargnées jusqu'alors.

La période 1982-1990 ressemble assez à la précédente en termes d'évolutions communales, mais correspond à un regain de l'augmentation démographique régionale (+ 73 400 habitants par an). Ce sont toujours les villes nouvelles qui enregistrent la plus forte hausse de population, l'essentiel de la croissance se portant sur un périmètre situé entre 15 et 35 kilomètres de Notre-Dame. Les pertes de population du centre de l'agglomération, en revanche, sont nettement freinées : Paris ne perd plus que 3 000 habitants par an environ, et la propagation des réductions de population vers la proche banlieue cesse.

**Les densités dans l'agglomération parisienne**

L'évolution démographique de la période la plus récente (1990-1999) est celle d'un « tassement » des évolutions communales, sans grandes augmentations ni grandes diminutions de populations par commune. La population de la région a augmenté de 32 000 habitants par an de 1990 à 1999, ce qui divise par 2,3 sa croissance par rapport à la période 1982-1990. Les villes nouvelles n'échappent pas au « tassement » des évolutions communales. Elles maintiennent toutefois une position singulière dans l'accueil de la croissance régionale.

Finalement, si l'on observe un étalement de l'agglomération parisienne, le constat est à relativiser dans son ampleur, à nuancer dans sa temporalité et à analyser dans ses causes (une part importante de l'urbanisation périphérique s'est faite de manière contrôlée par la puissance publique : dans le cadre des villes nouvelles).

### L'emploi s'étale aussi, mais de manière irrégulière…
Dans le temps et dans l'espace, l'étalement de l'emploi francilien n'est pas comparable à celui de la population.

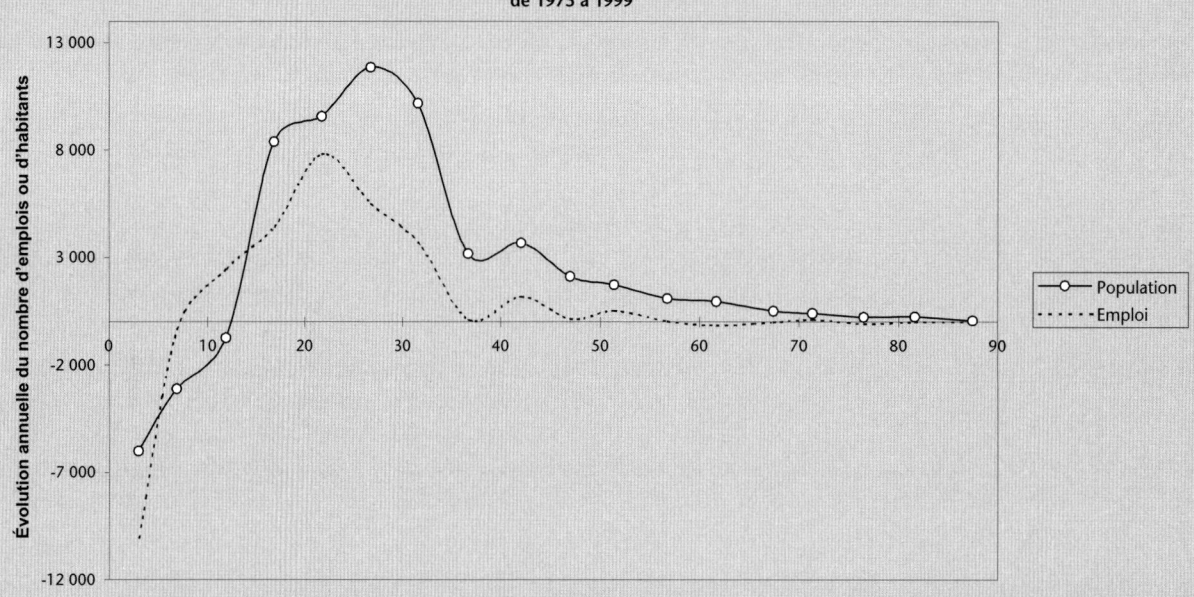

**ÉVOLUTION ANNUELLE DE LA POPULATION ET DE L'EMPLOI SELON LA DISTANCE À PARIS NOTRE-DAME de 1975 à 1999**

Pour approcher de manière simple l'étalement autour de Paris, nous mesurons la distance à Notre-Dame de l'habitant et de l'emploi franciliens moyens, qui offre un critère synthétique (distance pondérée). En 1975, l'habitant moyen de l'Ile-de-France habitait à 15,3 kilomètres de Notre-Dame. En 1999, il habite à 17,4 kilomètres. L'emploi moyen, quant à lui, se localisait à 11,8 kilomètres de Notre-Dame en 1975 et à 13,8 kilomètres en 1999. On confirme ainsi que :
– l'emploi est davantage concentré dans le centre de l'agglomération parisienne que la population ;
– l'emploi et la population s'éloignent du centre de Paris : environ + 2 kilomètres sur la période 1975-1999 ;
– mais cet éloignement, en rythme, est plus rapide pour l'emploi que pour la population : + 16,7 % pour l'emploi et + 13,5 % pour la population.

En effectifs, à l'intérieur d'un cercle de 10 kilomètres autour de Notre-Dame, depuis 1975, la déconcentration a touché autant l'emploi que la population : environ - 10 500 emplois et - 9 000 habitants. Mais la perte d'emplois concernait quasi exclusivement l'hypercentre, à moins de 5 kilomètres autour de Notre-Dame. À l'inverse, à une distance de 15 à 35 kilomètres, la croissance particulièrement forte a été davantage le fait de la population que de l'emploi (surtout autour de 30 kilomètres).

Dans un périmètre de 5 à 10 kilomètres, on a observé une légère croissance de l'emploi imputable essentiellement aux communes de Puteaux et Courbevoie (La Défense). Les autres communes de proche couronne, jusqu'à 20 kilomètres de Notre-Dame, ont connu quant à elles une décroissance de leurs emplois (industriels).

Les villes nouvelles, quelles que soient la période et la tendance régionale (gain ou perte) analysées, ont représenté environ 80 % du gain d'emplois à une distance de 25 à 35 kilomètres de Notre-Dame. Elles ont, en quelque sorte, « étiré » l'étalement de l'emploi.

Comme pour la population, le constat est bien celui d'un étalement de l'emploi, mais il faut le nuancer selon les périodes et observer qu'il est dû, en grande partie, à des choix politiques de polarisation soit dans les villes nouvelles, soit dans des secteurs stratégiques (La Défense, Roissy, etc.). L'option du polycentrisme porte en elle une partie de l'étalement urbain, mais très organisée (en lien avec les transports par exemple).

### *La dédensification en Ile-de-France : un problème de localisation de la croissance*

On pourrait croire que l'étalement urbain que nous venons de décrire reflète une baisse parallèle des densités. Or, les choses ne sont pas aussi simples. L'évolution de la densité humaine nette, mesurée en termes de somme des habitants et des emplois par hectare urbain, permet de cerner les changements d'intensité dans l'usage du sol urbain depuis 1982.

La forme du gradient de densités selon la distance au centre (notion chère aux géographes et aux économistes) n'a pas fondamentalement changé depuis 1982. Mais la densité humaine nette, pour l'Ile-de-France dans son

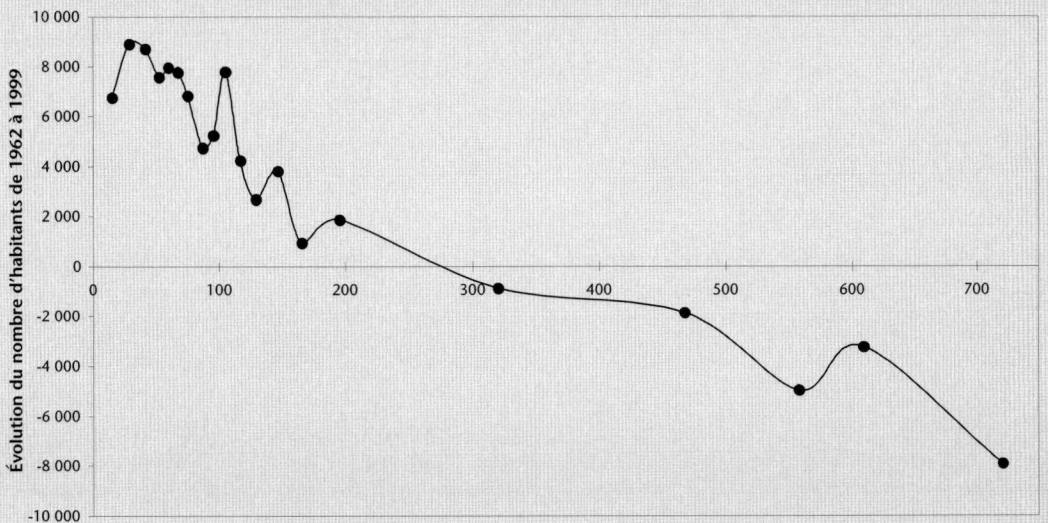

ÉVOLUTION DE LA POPULATION SELON LA DENSITÉ HUMAINE NETTE DE 1999
de 1962 à 1999

Densité humaine nette (habitants+emplois/ha urbain) en 1999

**Les densités dans l'agglomération parisienne**

entier, est passée de 90,8 à 85,4 habitants + emplois/hectare urbain entre 1982 et 1999, soit une dédensification de 5,9 %. Chaque habitant, chaque emploi francilien occupe ainsi de plus en plus d'espace urbain.

Cette dédensification a été quasi nulle entre 1982 et 1990 (- 0,6 %), alors qu'elle a été beaucoup plus forte ensuite (- 5,4 % de 1990 à 1999). Contrairement à une idée reçue, la dédensification des espaces urbains de la région ne s'est donc pas produite dans la période de plus forte croissance de la population et des emplois (celle où l'étalement était le plus important).

La dédensification récente intervient alors que la région gagne deux fois moins d'habitants annuellement que dans la période intercensitaire antérieure, et qu'elle perd des emplois alors qu'elle en gagnait beaucoup précédemment. Malgré ce contexte différent, très ralenti, en matière de croissance économique et démographique, le rythme annuel de consommation d'espaces naturels est pratiquement le même depuis 1982 (environ 1 450 hectares par an). L'étalement s'accélère donc en valeur relative, en regard du moteur « démographico-économique »...

Depuis 1962, la croissance démographique a été d'autant plus forte que la densité est faible, comme si la population – et les emplois – fuyaient les densités importantes...

On n'a toutefois pas observé une dédensification par diminution des densités humaines nettes, mais de forts gains de population dans les basses densités et de fortes pertes de population dans les densités élevées. La formule « Plus on construit dense, moins on consomme d'espaces naturels » n'est alors que partiellement juste. Il faut la compléter par une formule encore plus triviale : « Plus on construit près du centre, moins la ville s'étale ».

## *La mobilité et la densité*

L'évolution des densités et l'étalement urbain sont très corrélés à la mobilité. Historiquement, les fortes densités urbaines ont été nécessaires pour assurer une proximité physique entre les individus. Depuis les

**NOMBRE DE VOITURES PAR HABITANT SELON LA DENSITÉ HUMAINE NETTE**
Situation en 1999

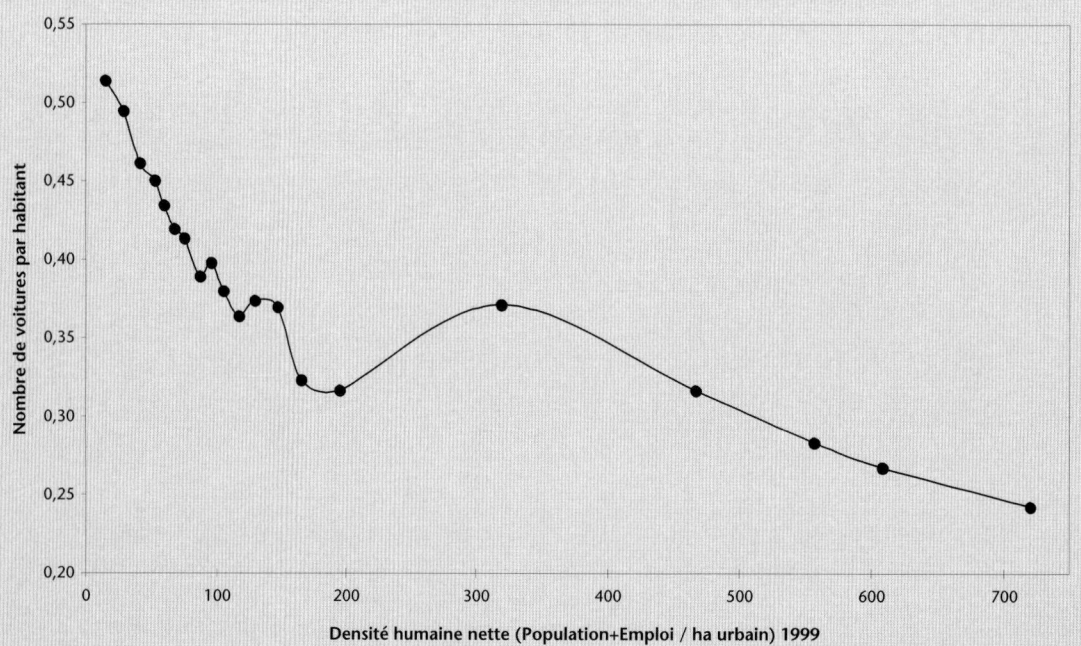

Densité humaine nette (Population+Emploi / ha urbain) 1999

Source : d'après Insee-Rgp

années 1960, on a assisté à la banalisation de l'automobile, dont la circulation a été facilitée par la construction d'autoroutes urbaines, et au développement des transports collectifs, en particulier avec le RER. Ces deux modes de transport ont radicalement modifié le rapport à l'espace et permis indirectement à l'agglomération de s'étendre.

La relation statistique entre densité et taux de motorisation (possession d'automobile) est très claire : plus la densité est élevée, moins la motorisation est forte. La proximité physique qu'offre la forte densité, les réseaux performants de transports collectifs, la cherté et la rareté du stationnement sont parmi les facteurs expliquant le degré différent de motorisation entre les zones denses et les zones peu denses.

Les ménages s'équipent de plus en plus en automobiles, de manière générale. Mais ce constat varie spatialement : les secteurs franciliens les moins denses et les plus éloignés de Notre-Dame connaissent les plus fortes croissances de motorisation. Ce sont aussi ces secteurs qui ont vu leur population augmenter le plus. La localisation des « voitures résidentielles » est donc particulièrement densifuge, notamment en raison du multi-équipement en automobiles.

L'habitant francilien a ainsi une mobilité très liée à la densité de sa commune de résidence. S'il habite dans une zone à forte densité, il parcourt en moyenne 12 kilomètres par jour (tous modes et tous motifs de déplacement confondus), alors que s'il habite dans un secteur à faible densité, il en parcourt plus de 30, soit une distance de déplacement près de trois fois plus longue chaque jour.

Mais, étonnamment, les habitants des communes denses, bien que parcourant des distances moindres, ne passent pas moins de temps à se déplacer. La vitesse de déplacement en zones de forte densité est globalement réduite (transports collectifs, marche), par opposition aux secteurs de faible densité, où « la voiture est reine » : on peut donc habiter loin de Paris et ne pas passer plus de temps à se déplacer pour ses activités quotidiennes.

Les gains d'accessibilité (offerts par les progrès techniques et surtout par les nouvelles infrastructures) ont généré non pas un gain de temps mais une distance de déplacement accrue : on transforme le temps en espace. Les densités urbaines très différentes du centre et de la périphérie sont finalement le reflet de modes de vie eux-mêmes très différents.

L'extension des réseaux de transport, routiers ou ferrés, a contribué à la dilatation de l'urbanisation. Les choix de planification sont directement à invoquer pour comprendre ces tendances.

**Des politiques publiques fluctuantes à l'égard des densités et de l'étalement ?**
Pour comprendre la situation actuelle des densités en Ile-de-France et les évolutions que l'on vient de décrire, il est utile d'interroger les grands choix de la planification régionale sur les questions de densités et d'étalement, notamment :
– le plan Prost de 1939 puis le projet d'aménagement de la Région parisienne (PARP) de 1956 ;
– le plan d'aménagement et d'organisation générale de la Région parisienne (PADOG) en 1960 ;
– le schéma directeur d'aménagement et d'urbanisme de la Région parisienne (SDAURP) de 1965 ;

– le schéma directeur d'aménagement et d'urbanisme de la région Ile-de-France (SDAURIF) de 1976 ;
– le schéma directeur de la région Ile-de-France (SDRIF) de 1994.

Ces différents documents de planification ont abordé, chacun à leur manière, le thème des densités et ont façonné les espaces urbains que nous connaissons : comment l'ont-ils fait ? quels ont été leurs effets concrets et leurs limites éventuelles en regard de la problématique des densités ?

***La décongestion de Paris* intra-muros, *sans le dire...***
L'un des premiers enjeux, qui a traversé les décennies, est celui de la

**1.** Centre Georges Pompidou, Paris 4ᵉ, © Dreif.

décongestion du cœur de Paris, à savoir la diminution du nombre d'habitants et parfois d'emplois. Les tendances « naturelles » ont contribué à placer ce sujet parmi les priorités des autorités régionales, mais différemment selon les périodes.

L'objectif de la décongestion de Paris fut parfois totalement omis (plan Prost, SDRIF), parfois mentionné mais peu volontaire (SDAURP), parfois entièrement intégré à la stratégie (PARP révisé, PADOG). On a cependant le sentiment qu'il était toujours latent. Les premières motivations relevaient de l'hygiénisme : il fallait rénover les quartiers insalubres, ce qui avait pour conséquence d'en réduire les densités (d'où la nécessité de pouvoir accueillir une partie de la population ailleurs). Il fallait également évincer les industries polluantes et nuisibles. Le manque estimé d'espaces verts a donné une autre motivation, en particulier dans le SDAURIF, pour dédensifier Paris et profiter des opportunités foncières afin de créer de nouveaux espaces verts.

Mais il était délicat d'afficher explicitement une volonté de réduire le nombre d'habitants ou d'emplois de la capitale... Il faut souligner que Paris *intra-muros*, d'un schéma à l'autre, échappe à des politiques clairement énoncées dans le document régional. La cartographie des schémas directeurs reste souvent laconique concernant Paris, quand elle ne l'indique

**Aménager le territoire**

pas en blanc, comme dans le plan Prost. La mairie de Paris est laissée relativement libre d'organiser son évolution, si bien que les schémas directeurs de la région ont plutôt été des schémas directeurs de la banlieue et de ses extensions.

### La densification de la banlieue

La densification de la banlieue a été un autre thème récurrent des plans d'aménagement régionaux. Chacun a proposé ses solutions propres : combler les vides, bâtir des grands ensembles, créer des centres urbains nouveaux ou des « centres restructurateurs de banlieue ».

**2.** La Défense, Hauts-de-Seine, © Dreif.

Avant les années 1960, la rénovation du tissu urbain existant avait pu paraître une alternative à l'extension de l'agglomération en surface, ou, tout au moins, un moyen de limiter fortement cette extension.

Pour encourager la densification de la banlieue, le plan Prost et le PADOG délimitaient un périmètre d'agglomération, correspondant à la zone déjà urbanisée, à l'intérieur duquel il fallait densifier et au-delà duquel il était interdit de construire, sauf dérogation. Or, ce système de dérogation a contribué à l'échec de ces plans : 20 000 logements furent autorisés hors du périmètre d'urbanisation dans les quatre années suivant la publication du PADOG.

Mesurée au nombre de logements détruits, la rénovation des espaces déjà urbanisés s'avéra beaucoup plus lente que prévu ; elle ne pouvait pas répondre aux besoins du *baby-boom*. La banlieue existante a alors fait l'objet de propositions d'aménagement : le SDAURP de 1965 reprenait le principe de nouveaux noyaux urbains, initialement envisagés par le PADOG, appelés « centres urbains restructurateurs ». Versailles, La Défense, Créteil, Bobigny, Rungis, Rosny-sous-Bois, Saint-Denis, Stains et Villetaneuse furent ainsi désignés comme centres restructurateurs de banlieue. Ils ont en partie canalisé la croissance de la région.

Le schéma directeur actuellement suivi (approuvé en 1994), le SDRIF, prône un discours ambigu : bien que ciblant un certain nombre de territoires prioritaires pour le développement et tenant une démarche favorable au renouvellement urbain de la proche couronne, il permet l'ouverture de plus de 40 000 hectares d'urbanisation nouvelle en périphérie – alors que la croissance est ralentie.

### L'extension, polycentrique si possible...

En ce qui concerne l'extension urbaine, seul le SDAURP de 1965 n'a pas cherché à la limiter : tous les autres plans visaient à la freiner, soit en définissant un périmètre d'agglomération, soit en désignant des espaces particuliers à protéger. Toutefois, même si le SDAURP projetait d'importantes superficies d'urbanisation, il les organisait et les planifiait dans le but d'en restreindre le volume total : les villes nouvelles étaient pensées comme des centres urbains denses, en cohérence avec les choix d'infrastructures lourdes, en particulier la création du réseau express régional ferré (RER).

3. Ivry-sur-Seine, Val-de-Marne, © Dreif.
4. Cergy-Pontoise, Val-d'Oise, © Dreif.

Le centre urbain, plus que la ville nouvelle, était le concept de base. Le fait de désigner deux villes nouvelles comme chefs-lieux de départements (Cergy et Évry) a été un acte fort supplémentaire d'affirmation du polycentrisme. Ce choix favorable à des densités soutenues dans les centres nouveaux s'accompagnait d'un discours restrictif à l'encontre de l'habitat pavillonnaire.

Le dernier schéma directeur, de 1994, poursuit le soutien aux villes nouvelles, mais il dilue la notion de polycentrisme en multipliant les secteurs « prioritaires », au-delà des villes nouvelles : « centres d'envergure européenne », « sites stratégiques », etc.

### Des limites de la planification régionale

Les schémas directeurs d'aménagement de la région Ile-de-France qui se sont succédé ont cherché en permanence à s'adapter à des projections évolutives concernant les besoins en espace à urbaniser. Les évolutions démographiques et économiques ont rendu souvent caducs les schémas peu de temps après leur approbation, soit en raison d'une surcapacité (SDAURP, SDAURIF et vraisemblablement SDRIF), soit pour une sous-capacité (plan Prost, PARP, PADOG, qui s'appuyaient sur l'hypothèse d'une population à terme voisine de la population de départ). Le temps nécessaire à leur préparation ne permettait pas de répondre rapidement aux problèmes qu'ils souhaitaient résoudre, si bien que ces problèmes avaient parfois disparu lorsque le plan était enfin adopté. Ceci témoigne d'une impossibilité de prévoir les ruptures dans des évolutions que l'on croit trop souvent linéaires ou régulières.

La crise économique du milieu des années 1970 a eu également un impact difficilement prévisible sur les densités. Par exemple, les villes nouvelles, qui commençaient à construire des quartiers denses, comme Les Pyramides à Évry, ont subi de plein fouet la récession : les ménages pour lesquels on construisait des logements en accession perdaient une part importante de leur pouvoir d'achat... Il a fallu s'adapter, sans remettre en cause le projet global. Deux changements majeurs ont été effectués dans la programmation des villes nouvelles à cette date :
– on a réduit les objectifs démographiques à terme et dédensifié les programmes des nouveaux quartiers ;
– on a augmenté la proportion de logements sociaux.

Les villes nouvelles franciliennes ont cependant pleinement participé à une politique de « déconcentration concentrée ». Elles ont été planifiées pour organiser l'extension urbaine, pour devenir des pôles d'une densité soutenue et accueillir une part significative de la croissance démographique de la région, issue notamment de la décongestion de Paris. Si leurs centres ont des densités plus élevées que les autres secteurs situés à des distances équivalentes de Paris, elles n'ont toutefois pas des densités plus fortes que celles du centre de l'agglomération.

Souvent, la réduction d'objectifs de population à terme n'a pas été traduite par une réduction proportionnelle des espaces à urbaniser. Ceci révèle une volonté, plus ou moins explicite selon les schémas directeurs, de permettre la dédensification urbaine. Ce fut le cas pour la version révisée du SDAURIF de 1980. De même pour le SDRIF de 1994, qui a désigné 43 450 hectares d'espaces urbanisables à l'horizon 2015, soit 1 750 hectares/an, un chiffre comparable aux 1 763 hectares/an d'urbanisation effective réalisée dans la période 1982-1990, mais pour une perspective de croissance très ralentie de la population.

C'est au prix d'une intervention lourde et concentrée de l'État (à la fois financièrement et par le biais d'un établissement public d'aménagement), relayée par le conseil régional, que les villes nouvelles ont été construites depuis la fin des années 1960. Les tendances dans la localisation des emplois et de la population, que nous avons analysées précédemment, en sont le fruit. Certes, les villes nouvelles ont légèrement « étiré » l'urbanisation, mais elles l'ont organisée, canalisée et structurée de manière relativement dense, en cohérence avec les infrastructures lourdes de transport.

**5.** Athis-Mons, Essonne, © Dreif.
**6.** Villepinte, Seine-Saint-Denis, © Dreif.

Mais en dehors des secteurs d'intervention directe, le développement urbain se fait ou ne se fait pas, au gré de la pression de la demande ou de la volonté des élus locaux. L'étalement urbain et la densification ont donc pu avoir lieu massivement en même temps, en période de forte croissance de la région parisienne...

La maîtrise de l'urbanisation par le seul schéma directeur régional est toute relative. Une région dont les 1 300 communes ont chacune la responsabilité de l'aménagement de leur territoire ne rend pas aisée l'application d'un schéma directeur régional. Les nouvelles lois (promulguées en 1999 et 2000) dites « Chevènement », « Voynet » et « solidarité et renouvellement urbains » modifient profondément le cadre de la planification ; peut-être cela aidera-t-il au succès de la planification régionale en Ile-de-France.

**Bibliographie**
ALDUY, Jean-Paul, « 40 ans de planification en région Ile-de-France », in Cahiers de l'IAURIF, n° 70, décembre 1983, pp. 13-67.
CLARK, Colin, « Urban population densities », in Journal of the Royal Statistical Society, n° 3, 1951, pp. 490-496.
Direction générale du district de la région de Paris, Schéma directeur d'aménagement et d'urbanisme de la région de Paris, Paris, La Documentation française, 1965, p. 174.
FOUCHIER, Vincent, Les Densités urbaines et le développement durable. Le cas de l'Ile-de-France et des villes nouvelles, Paris, éditions du SGVN, diffusion La Documentation française, décembre 1997.
FOUCHIER, Vincent, « La densité humaine nette : un indicateur d'intensité urbaine », in Données urbaines, n° 2, 1998, Paris, Anthropos, pp. 181-189.
FOUCHIER, Vincent, Les Densités de la ville nouvelle d'Évry : du projet au concret, Paris, Economica-Anthropos (coll. « Villes »), 2000.
FOUCHIER, Vincent et LAROCHE, Nadine, « Les villes nouvelles moins attractives », in INSEE, Ile-de-France à la page, n° 181, avril 2000.
FOUCHIER, Vincent, « Mesurer l'étalement, la dédensification et le desserrement : différentes formes de gain d'espace en Ile-de-France », in ADEF, La Ville aux champs, 2001, pp. 29-48.
FOURCAUT, Annie, « Débats et réalisations de l'entre-deux-guerres ou le lotissement comme antimodèle », in Cahiers de l'Institut d'histoire du temps présent, n° 17, décembre 1990, p. 18.
FRANÇOIS, Nathalie, FRANKHAUSER, Pierre et PUMAIN, Denise, « Villes, densité et fractalité », in Annales de la recherche urbaine, n° 67, 1995.
IAURIF et INSEE, Atlas des Franciliens, Paris, IAURIF et INSEE, 1992 et 1999.
IAURP, Schéma directeur d'aménagement et d'urbanisme de la région parisienne, Paris, IAURP, avril 1975.
Le Livre blanc de l'Ile-de-France, Paris, DREIF, APUR, IAURIF, janvier 1990.
MERLIN, Pierre, L'Aménagement de la région parisienne et les villes nouvelles, Paris, La Documentation française, 1982.
Préfecture de la Seine, Plan d'urbanisme directeur de Paris, Paris, Imprimerie municipale, 1960.
VOLDMAN, Danièle (dir.), « Les origines des villes nouvelles de la région parisienne (1919-1969) », in Cahiers de l'Institut d'histoire du temps présent, n° 17, décembre 1990, p. 13.

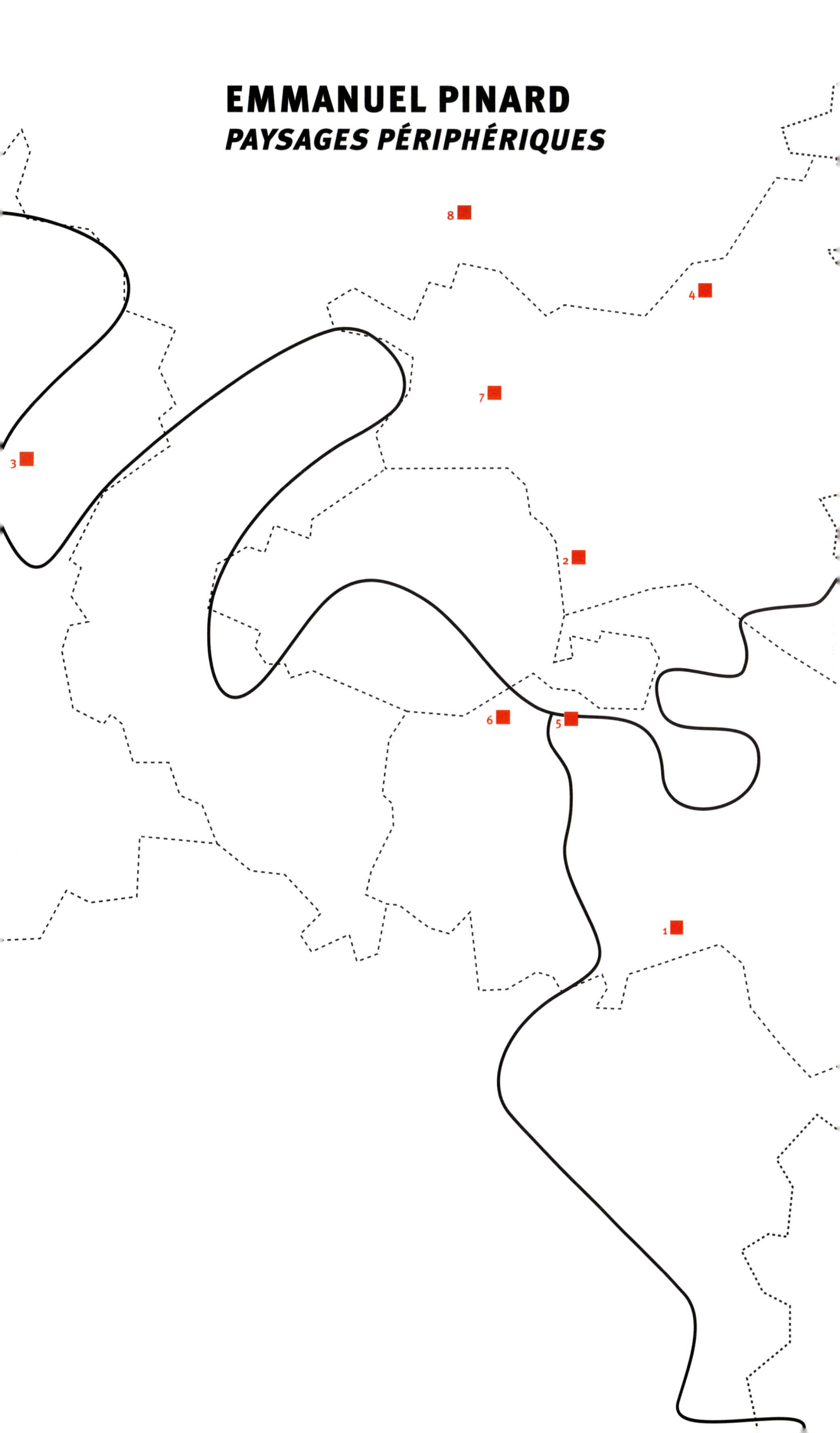

# EMMANUEL PINARD
## *PAYSAGES PÉRIPHÉRIQUES*

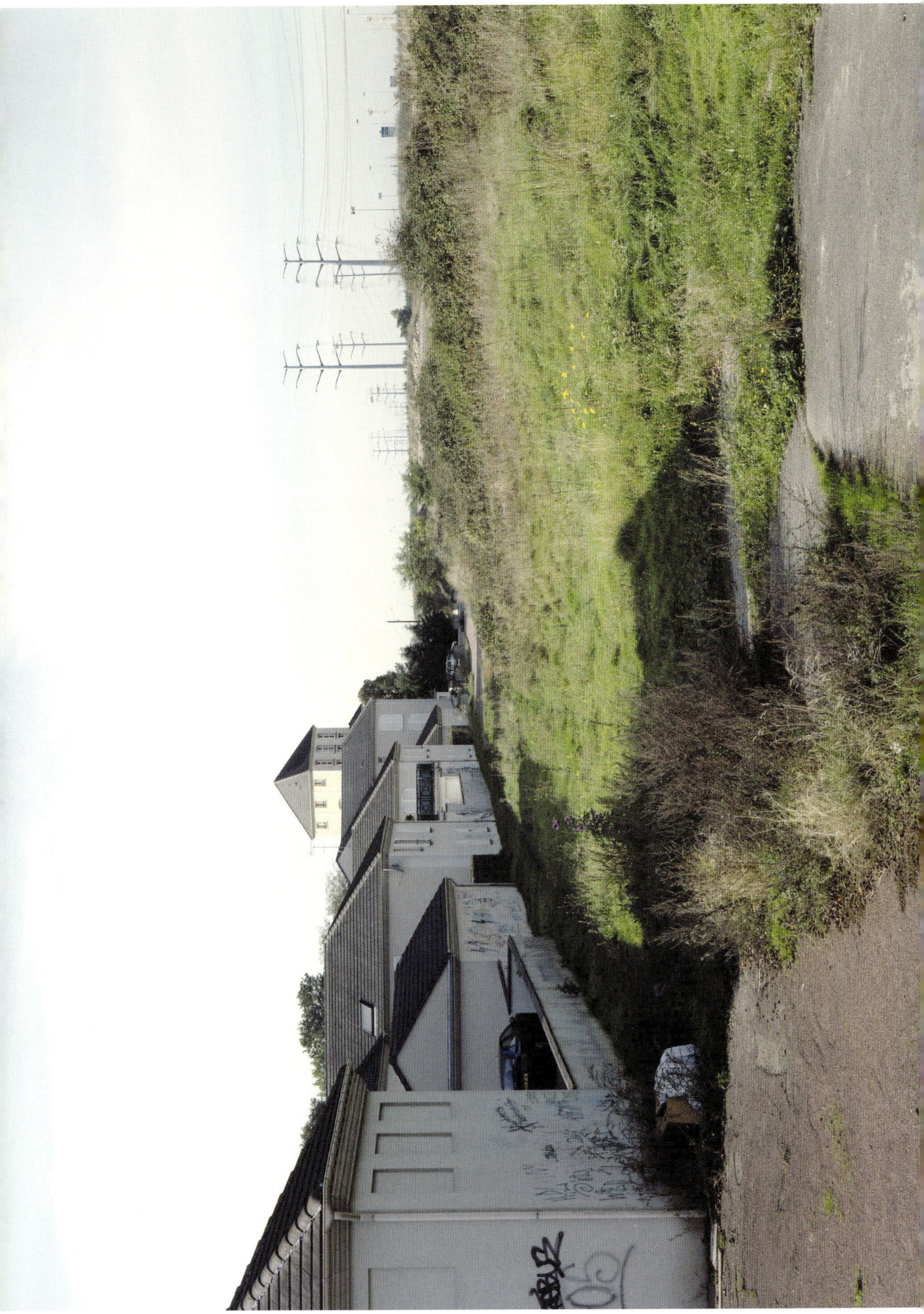

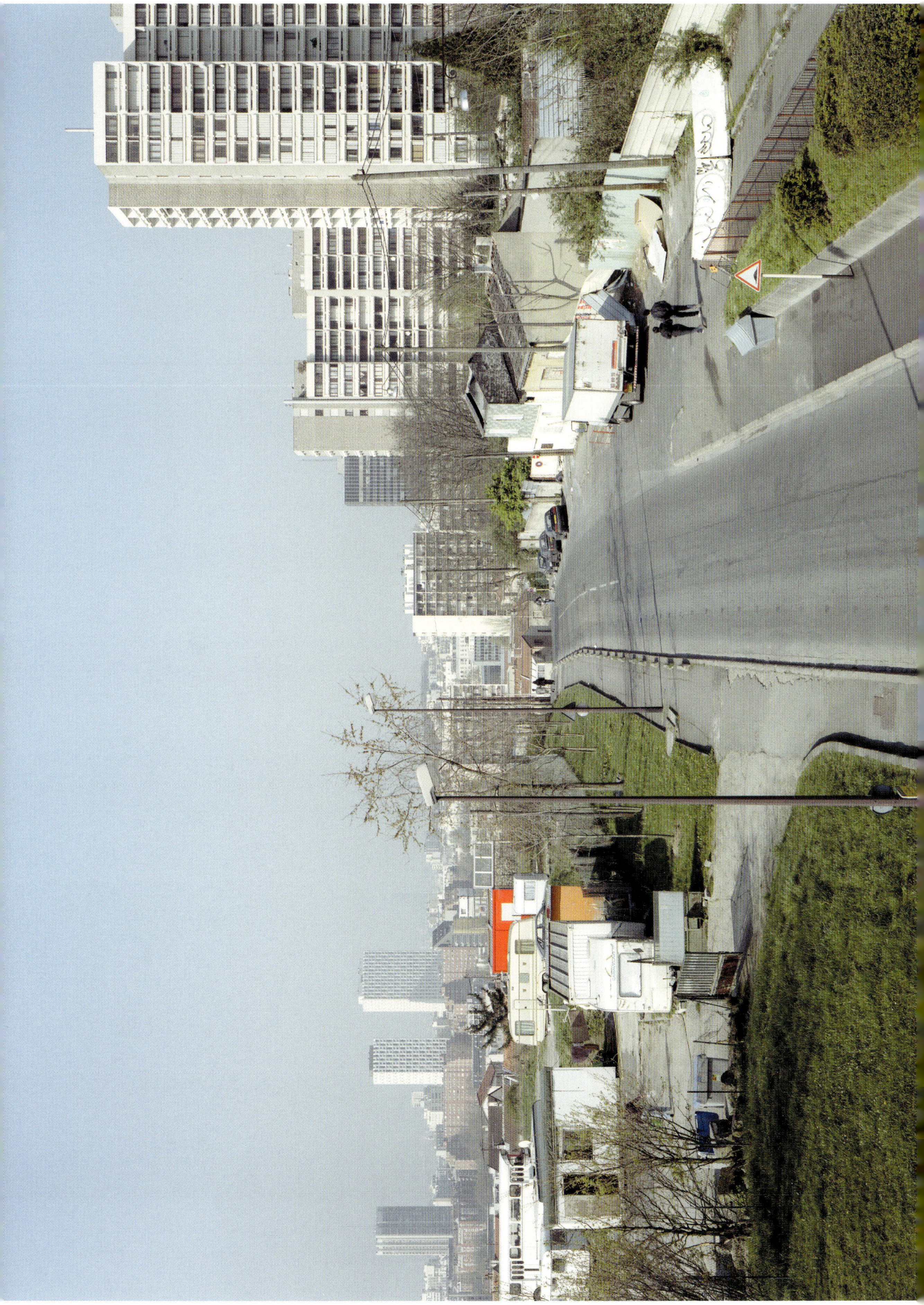

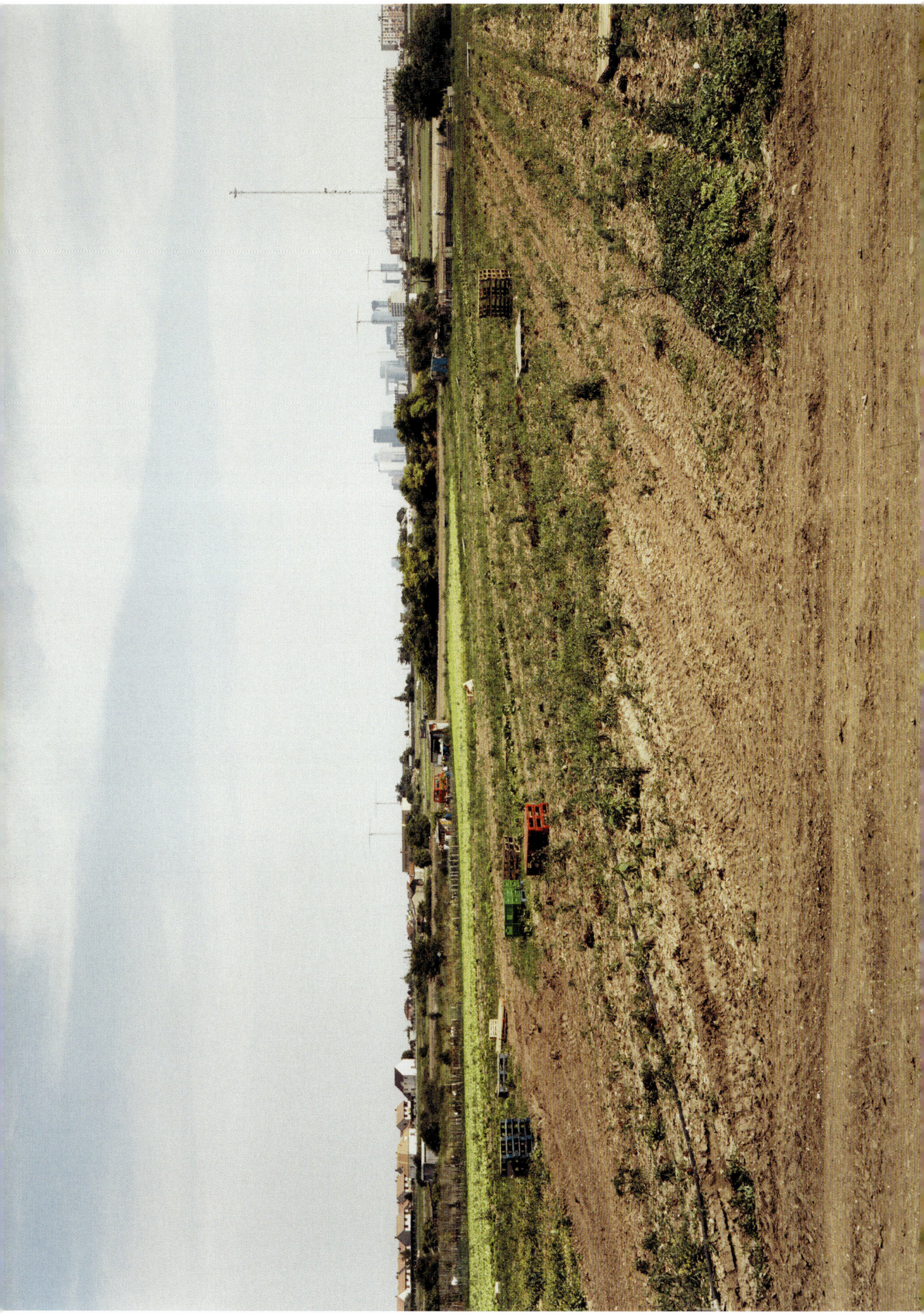

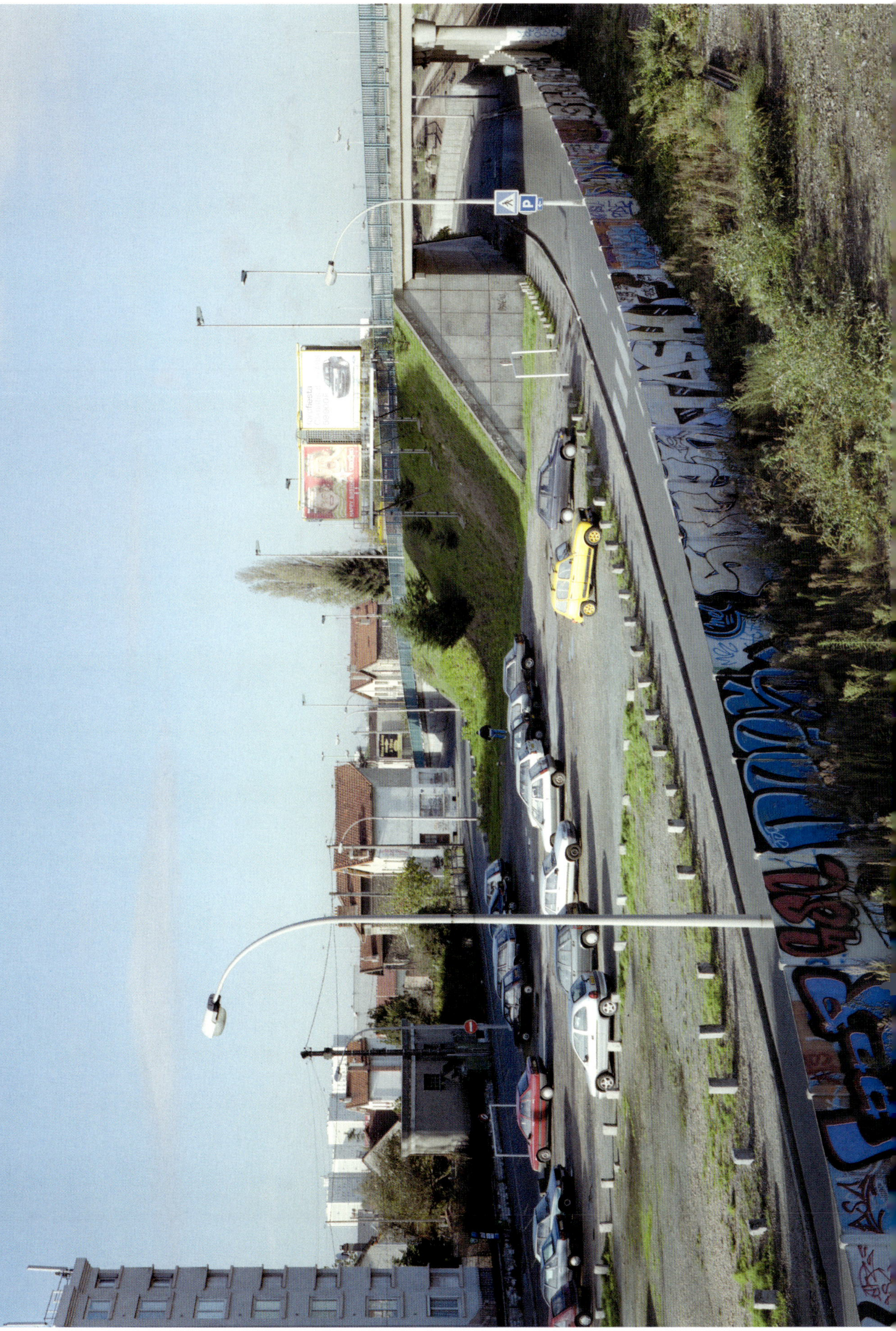

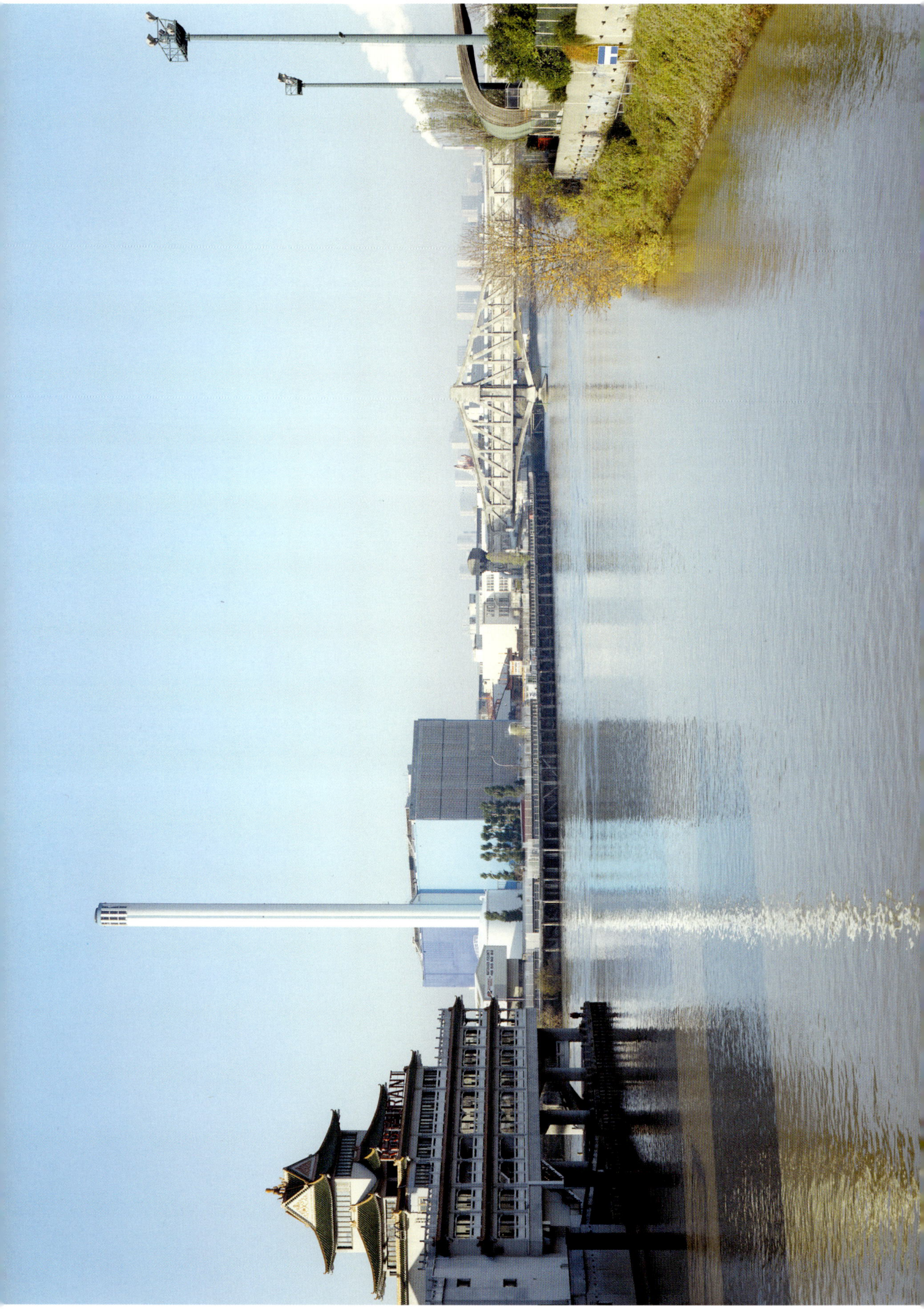

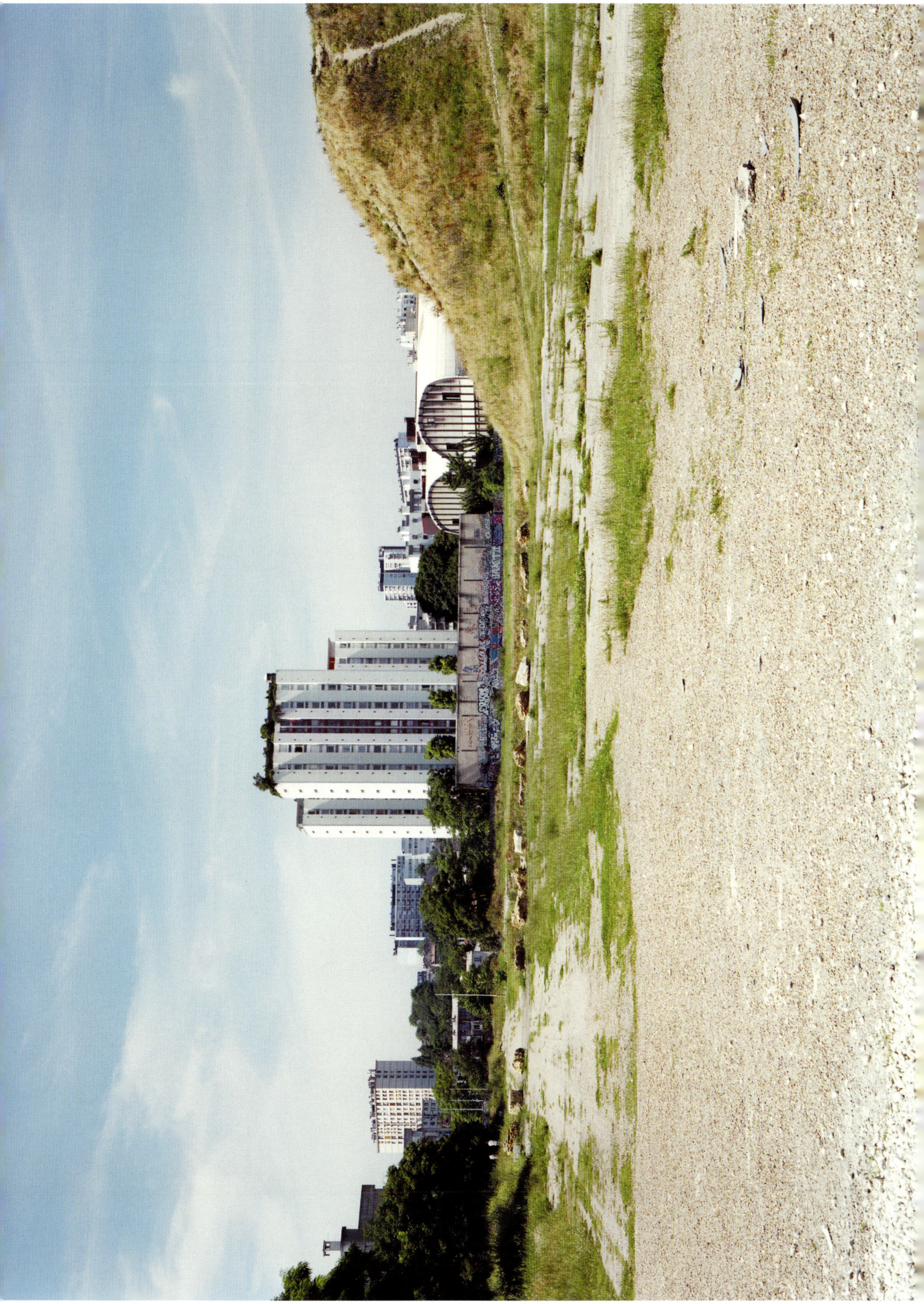

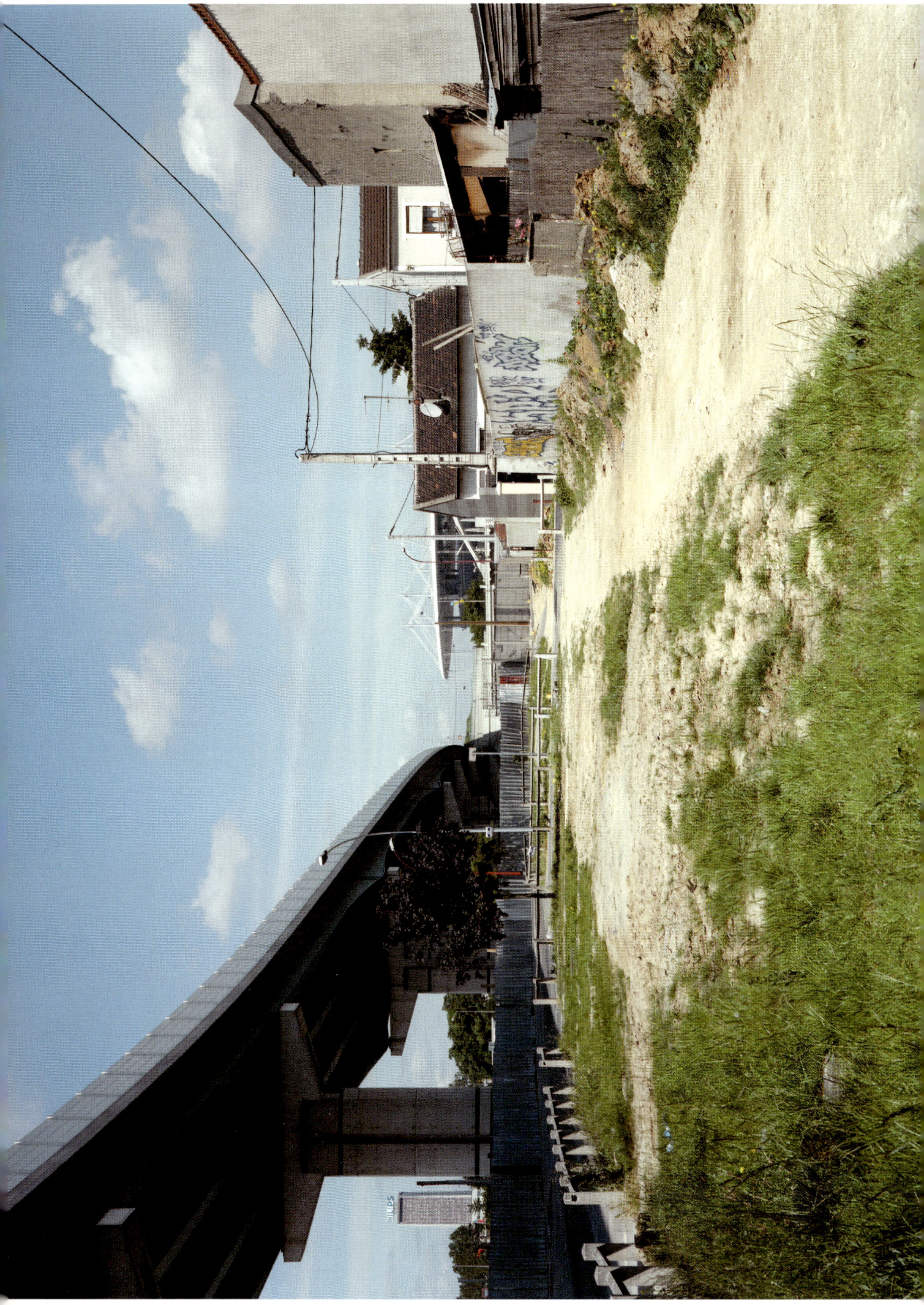

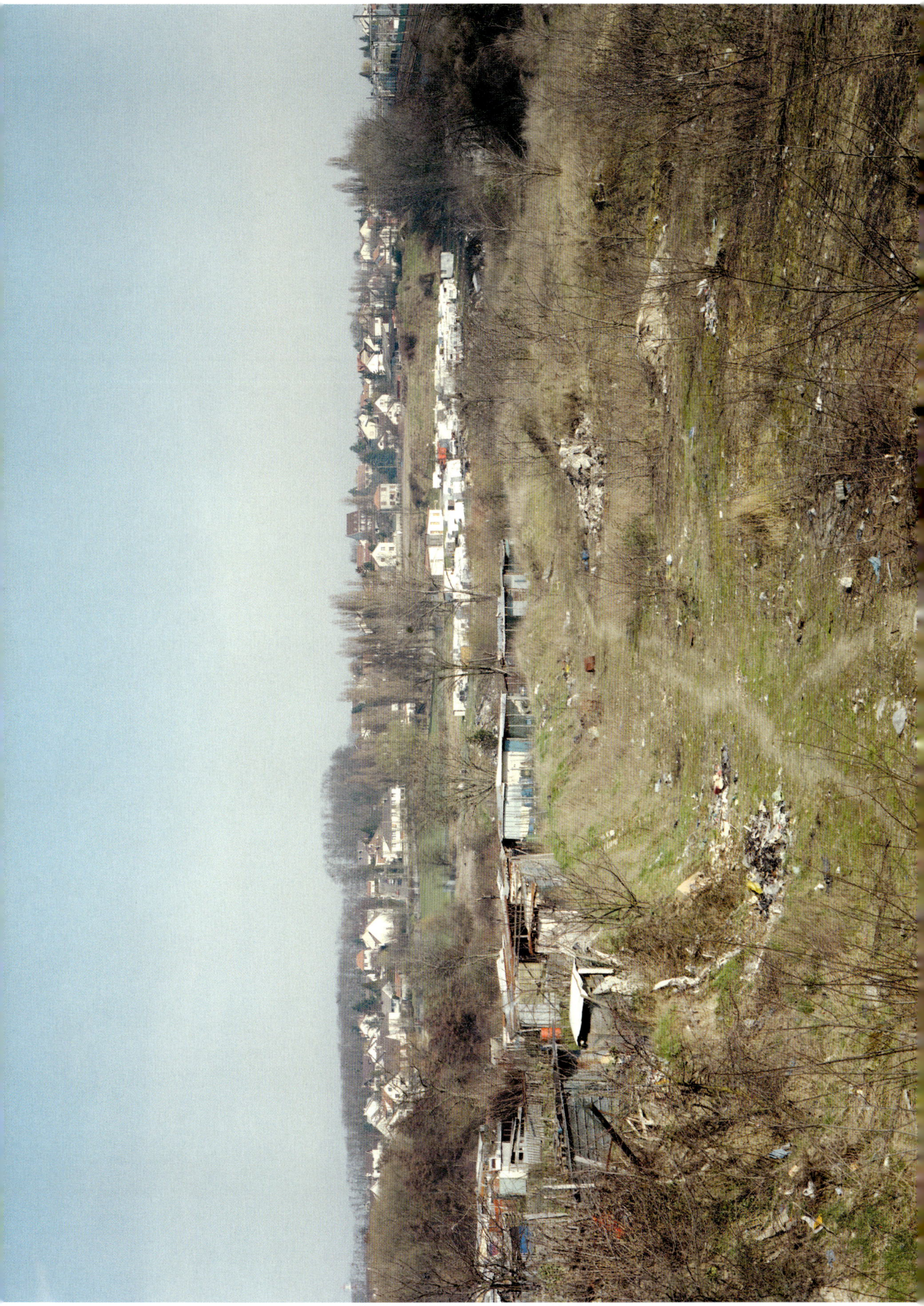

1. Limeil-Brévannes, Val-de-Marne, 2001.

2. Bagnolet, Seine-Saint-Denis, 2002.

3. Plaine de Montesson, Yvelines, 2002.

4. Aulnay-sous-Bois, Seine-Saint-Denis, 2000.

5. Alforville, Val-de-Marne, 2000.

6. Ivry-sur-Seine, Val-de-Marne, 1998.

7. Aubervilliers, Seine-Saint-Denis, 1998.

8. Sarcelles, Val-d'oise, 1999.

© Emmanuel Pinard.

# PAYSAGES ÉMERGENTS

# SEUILS ET LIMITES DE PARIS

**Jean-Michel Milliex**
Architecte, urbaniste, enseignant à Paris-Belleville, directeur d'études à l'APUR.

« Paris et les communes de sa banlieue, limitrophes ou non, ont une communauté de relations et d'intérêts telle que pratiquement aucun problème économique et social ne peut être envisagé et résolu pour Paris seul, mais au moins pour une formation de l'agglomération, sinon le cas échéant pour l'agglomération tout entière ». [1]

Octobre 1986 : le maire de Paris visite à grandes enjambées la ZAC Champerret dans le 17e arrondissement. Il s'enquiert d'un terrain non aménagé. « Impossible de vous répondre, monsieur le maire, vous êtes d'au moins trois mètres dans la commune de Levallois-Perret. » Même en l'absence d'obstacles physiques, Paris possède des limites étanches, au point que le 17e arrondissement ignore ce que fait Levallois.

À la suite de cette aventure, l'APUR et l'IAURIF lancèrent très rapidement une première série d'études [2] avec l'ambition, sinon démesurée, du moins prématurée, de contribuer à une harmonisation des politiques urbaines circonvoisines. Les tout premiers contacts mirent en évidence l'absence de cohérence entre limites physiques et limites administratives. Cette indétermination est récurrente à tous les stades de la croissance de Paris. Sa dernière séparation nette – physique sinon économique – des communes rurales date, disons, de Charles V !

Comment est-ce possible ? C'est la longue histoire des limites de la capitale. Quelques dates en font foi.

1670 : dérasement des fortifications de Paris. [3] Cet acte instaure le « jeu » sur la limite de la ville dont on craint, d'emblée, l'extension. D'où de multiples interdictions, au-delà de bornages successifs constamment dépassés par les faubourgs qui se forment inexorablement le long des voies de communication.

1785 : le mur des Fermiers généraux règle provisoirement le conflit lié à la difficulté croissante de situer et de défendre la limite fiscale de l'octroi, la vie étant moins chère hors les murs. En deçà, Paris ; au-delà, la banlieue (*ban* : entité juridictionnelle médiévale qui imposait l'utilisation des fours banaux sur une *lieue*). Le développement des faubourgs de Paris est orienté par la présence des « barrières » qui concentrent les échanges. Certains de ces tentacules desservent les villages périphériques qui se développent à

---

1. *Exposé du Concours international sur l'aménagement, l'embellissement et l'extension de Paris du 14 août 1919.*
2. Études effectuées en 1987 et 1988 à la demande du maire de Paris et du président du conseil régional d'Ile-de-France. Sanctionnés par la communication au conseil de Paris du 16 novembre 1988, ces travaux contribuent aussi au projet régional d'aménagement d'Ile-de-France en 1989 ainsi qu'au « Livre blanc » rendu public en février 1990. In *La Couronne de Paris, anneau central de l'agglomération*, Paris, APUR/IAURIF, juin 1990.
3. Les forteresses de Vauban aux frontières du pays garantissaient le « pré carré » permettant d'ouvrir la ville. Mais « elle devoit craindre le sort des plus puissantes villes qui ont trouvé en elles-mêmes le principe de leur ruine et estant difficile que l'ordre et la police se distribuent dans toutes les parties d'un si grand corps » (Louis XIV).

**Paysages émergents**

leur tour, et comblent peu à peu leurs espaces interstitiels. La banlieue est aussi un lieu de villégiature : châteaux, demeures et guinguettes. La destinée de ce territoire extrêmement composite est bouleversée par la décision de construire une nouvelle enceinte, militaire cette fois, autour de Paris.[4]

1841-1845 : l'enceinte de Thiers englobe, très au-delà de l'octroi, onze communes qu'elle coupe brutalement de leur arrière-pays rural. Elle en sépare treize autres en deux parties, sans aucun égard pour leur géographie. Malgré cette séparation imposée par l'enceinte, la *partie* intra-muros *des communes limitrophes* se renforce : augmentation de 220 000 habitants jusqu'en 1859, réalisation d'équipements civiques (écoles, mairies, etc.) qui manifestent une autonomie jalouse.

1859 : l'annexion bouscule toutes ces limites. Elle regroupe en arrondissements, déplace des anciennes mairies, effectue des substitutions (la mairie du Petit-Montrouge devient celle du 14$^e$ arrondissement de Paris!). On tente de niveler les singularités locales au profit d'un Paris re-centralisé.[5] Dans l'actuelle couronne, le traumatisme de l'annexion est encore relaté avec émotion, cent cinquante ans plus tard. Double traumatisme, d'ailleurs, puisqu'une seconde série d'annexions (1925-1930) déplace la limite de Paris de plus de 250 mètres, au détriment des communes, déjà sectionnées, dont l'urbanisation incluait alors la « zone » militaire jusqu'au pied des fortifications.

Dans le contexte d'une extension souvent sauvage, sous la forme de lotissements « défectueux » et de densifications d'îlots « insalubres », le dérasement inéluctable des fortifications pose la question d'une redéfinition des limites de Paris. Dans ce débat sur les « fortifs », ceux qui militent pour un cordon sanitaire de verdure entre Paris et la banlieue affrontent ceux qui souhaitent des connexions fortes permettant à la ville de changer d'échelle.

1913 : malgré un premier plan Poëte-Bonnier, proposant le département comme limites de Paris[6], celles-ci demeurent indécises puisque la Ville lance, en 1919[7], des concours par « sections » séparant la ceinture à l'intérieur des limites administratives du département et, au-delà, du « Grand Paris »[8].

Cette double tendance se prolonge pendant plusieurs décennies. Ici, Henri Sellier milite pour un plus grand Paris composé de vastes cités-jardins. Là, on entreprend la démolition des fortifications et on les remplace par une masse de logements sociaux HBM, nouvelle clôture engravée dans un tissu lâche et continu, la banlieue et Paris de nouveau en contact.

La croissance de la cité s'accentue avec la ruée massive vers le pavillonnaire : de mal logées, les couches populaires deviennent « mal loties ». Simultanément, « la ville dégrade, rejette, exile à sa périphérie ou hors de ses limites tout ce qui l'encombre et l'enlaidit mais dont la proximité lui est nécessaire : carrières, sablières, stations d'épuration, gares de triage, centrales thermiques, cimetières… »[9]

---

4. La décision de fortifier Paris fait suite aux invasions de 1814…
5. Sur ce phénomène, voir Anne-Marie Châtelet, « Les nouveaux arrondissements s'équipent », in *Paris des faubourgs*, Paris, Éditions du Pavillon de l'Arsenal/Picard Éditeur, 1996.
6. Document élaboré pour la commission d'extension de Paris près le conseil général de la Seine. La Seine comme limite de Paris est évoquée aussi par Haussmann dans ses mémoires ; il y aurait même conservé les avantages fiscaux dont jouissaient les habitants…
7. 1919 est une date charnière pour l'urbanisme ; le 14 mars, la loi Cornudet rend obligatoire les « plans d'aménagement, d'embellissement et d'extension » pour les communes de plus de 10 000 habitants. Le 19 avril, il est décidé de déraser les fortifications de Paris. Le triple concours sur Paris, sa ceinture et son plan d'extension est lancé en juillet. Un comité d'Aménagement et d'Organisation de la Région parisienne est mis en place.
8. Le 23 avril, le préfet de la Seine crée la nouvelle direction de l'Extension de Paris, à laquelle est rattaché le service du Plan.
9. Jean Bastié, *La Croissance de la banlieue parisienne*, Paris, PUF, 1964.

Dans ce contexte, l'avant-projet Bonnier-Forestier [10] pour la ceinture de Paris paraît particulièrement modeste ; il prévoit des « portes » généreusement ouvertes vers la région, et le dispositif de la « ceinture verte », mais il ne dit rien sur le rôle fédérateur ou défensif qui lui est dévolu.

Cette période critique suscite des débats de fond. L'urbanisation sauvage inquiète ; la couronne industrielle et ouvrière de Paris apparaît comme une menace à prendre au sérieux. [11] Raymond Poincaré déclare que « si la population parisienne augmentait encore, il en résulterait un grand danger social ».

1932 : établissement de la Région parisienne [12], à laquelle un décret de 1935 fixe un rayon de 35 kilomètres comptés depuis le parvis de Notre-Dame de Paris. Le plan d'aménagement est commandé à Henri Prost, aidé par les services de la Ville de Paris. Ce plan consacre les ambiguïtés puisqu'il porte *sur* la Région parisienne, mais *sans* Paris. Il est approuvé en 1936 et 1939, *sauf* par la Ville de Paris (dont il préfigure pourtant les artères et le corset autoroutier qui lui seront greffés), et confirmé en le 22 août 1941. Alors que le gouvernement de Vichy se substitue aux acteurs locaux, Paris est jouxté côté banlieue d'une zone de servitude supplémentaire de 150 mètres. [13]

Malgré de très nombreux « plans d'aménagement, d'embellissement et d'extension » [14] déjà élaborés, le gouvernement considère que les

**1.** Les terrains zoniers vers 1950, secteur de la porte de Versailles, © Conservation du Plan, Ville de Paris.
**2.** La porte de Versailles avant la construction du périphérique, © IGN.
**3.** La porte de Versailles en 1999, © IGN.

10. Établi pour le bureau de l'Extension de la banlieue, créé en 1920 à la préfecture de la Seine. L'avant-projet de la ceinture verte date de 1924 ; Louis Bonnier et Jean Claude Nicolas Forestier sont détachés des services de la Ville de Paris.
11. Henry Ford propose, *in Aujourd'hui demain*, Paris, Payot, 1926, la décentralisation de l'industrie et son « retour au village ».

12. L'État est très présent à travers les préfets et la tutelle de Paris. L'appareil législatif est renforcé – loi de 1924, lois Sarraut et Loucheur de 1928 ; le 14 mai 1928, est créé le comité supérieur de l'Aménagement et de l'Organisation générale de la Région parisienne, sous l'autorité du ministre de l'Intérieur. Présidé par Louis Dausset, il passe rapidement commande du plan à Henri Prost et Raoul Dautry.

13. Lois des 12 juillet et 11 octobre 1941. Aucune construction ne peut être réalisée dans cette zone sans l'avis du Préfet de la Seine en vue de la subordonner au plan d'extension de Paris.
14. Réalisés par le bureau départemental d'Extension pour les communes de la Seine en vertu des lois de 1919 et 1924.

**Paysages émergents**

villes et les villages ne peuvent plus se développer dans le chaos et l'anarchie. Il faut entreprendre une œuvre de rénovation placée « d'abord sous le signe de l'urbanisme » en délocalisant, dans un premier temps, les industries, puis la main-d'œuvre (François Lehideux).[15] Décision symbolique, le nettoyage de la « zone » supprime un tissu « indigne » ; une *sorte d'acte de guerre qui isole, définitivement, Paris de la banlieue*.[16] Un appareil politique, administratif et juridique complet est mis en place pour plus de vingt ans.[17] Paris et la Région parisienne bénéficient d'un même traitement, sur la base des « groupements d'urbanisme » qui, pour la première fois, englobent les limites administratives.

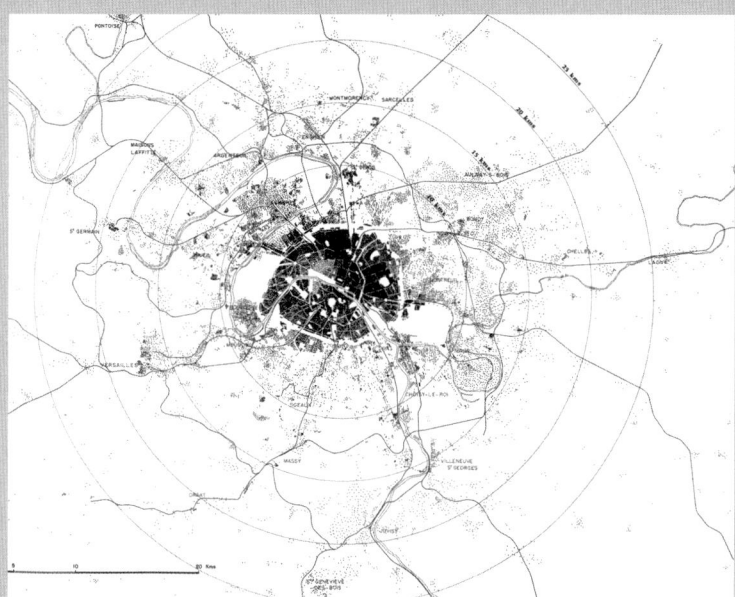

1946 : le préfet de la Seine propose ainsi au conseil de Paris et au conseil général de prolonger le plan Prost dans Paris grâce à de nouvelles percées, dont une réédition de la « grande croisée » et une nouvelle définition, *autoroutière,* pour un boulevard périphérique.

Le fond idéologique de cette planification n'est pas en rupture avec les idées des prédécesseurs. *Paris et le désert français*[18], publié en 1947, catalyse la peur de la métropole. Eugène Claudius-Petit[19] préconise de relancer industrie et habitat séparément, essentiellement en villes moyennes. En conséquence, les plans d'aménagement à l'étude de la Région parisienne et de Paris sont marqués durablement par deux idées : desserrement et désindustrialisation. Le projet d'aménagement de Paris présenté dès 1950 par le préfet de la Seine envisage une réduction drastique de l'industrie.

La rénovation urbaine et ses « grands ensembles » matérialisent cette politique nationale pour la Région parisienne. Dès 1952, Robert Auzelle[20] étudie une urbanisation de la « zone », jusque-là réservée à la ceinture verte de Paris et rendue possible par la loi Lafay[21]. Parmi les objectifs de ce très grand ensemble[22] (sept secteurs de l'opération « zone verte »), figure le dépassement de la limite de Paris, sa jonction avec la banlieue : les projets se prolongent hors Paris[23] en s'appuyant sur la zone de servitude de 1941.

**4.** Répartition de la population. L'habitat est dix fois plus dense dans certains arrondissements de Paris qu'à 15 ou même 10 km de Notre-Dame. D'après le recensement de 1954. Extrait du PADOG.

15. François Lehideux, cité par Rémi Baudoui, « L'usine et la ville », *in Culture et technique,* Neuilly-sur-Seine, CRCT, 1983.
16. Plusieurs dizaines de milliers d'occupants avec ou sans titre de propriété sont évincées sur la base de la loi d'exception du 11 octobre 1940.
17. Création du commissariat technique à la Reconstruction immobilière sous l'autorité de la délégation générale à l'Équipement national, qui coordonne aussi le comité national d'Urbanisme. Le droit de l'urbanisme est codifié en 1943 ; *des groupements d'urbanisme sont constitués,* pour réaliser les plans communaux établis par l'administration centrale et les services locaux. Sont créés près la DGEN : le comité d'Aménagement de la Région parisienne (CARP) et le service d'Aménagement de la Région parisienne (SARP). L'octroi est enfin supprimé. En 1944 est institué un ministère de la Reconstruction et de l'Urbanisme, dirigé par Raoul Dautry. La direction de l'Aménagement du territoire pilote les services extérieurs, le collège des urbanistes en chef, le comité national d'Urbanisme, qui participent à l'effort national en mobilisant l'outillage théorique mis au point entre les deux guerres par le mouvement moderne.
18. Jean-François Gravier, *Paris et le désert français,* Paris, le Porturland, 1947.
19. Eugène Claudius-Petit et la DAT préconisent, à travers la commission pour le Plan national d'aménagement du territoire, une relance séparée de l'industrie et du logement dans les villes moyennes.
20. Robert Auzelle était urbaniste en chef à la direction du Territoire.
21. Loi du 7 février 1953. Elle autorise la construction sur un maximum de 20 % de la surface de la zone de servitude militaire. « En compensation » de ces affectations, les surfaces soustraites à la ceinture verte devront être reconstituées soit dans Paris soit dans la zone de servitude créée en 1943 au détriment de la banlieue.
22. Plans établis sous la direction de Pierre Gibel au service d'Aménagement de la Région parisienne (SARP).
23. La partie non parisienne ne sera pas réalisée.

Pierre Sudreau, commissaire à la Construction et à l'Urbanisme pour la Région parisienne, puis ministre de la Construction, dresse un « triste bilan pour le seul département de la Seine »[24]. En 1957[25], il affirme que « l'avenir de Paris tient dans les trois lignes de force essentielles : décentraliser Paris vers la province, décongestionner Paris vers la banlieue, régénérer la banlieue par les grands ensembles »[26].

1956 : si le nouveau plan d'aménagement de la Région parisienne[27] se contente souvent d'inscrire des actions engagées, en revanche il cherche à mieux cerner la notion d'« échelon intermédiaire » entre la région trop vaste et les communes trop hétérogènes. Cela aboutit aux « regroupements intercommunaux ». Il est vrai que les opérations en cours dans la Seine étaient, jusque-là, entreprises sur la base des « groupements d'urbanisme » institués en 1943. Paris, remarquons-le, est à nouveau exclu du plan. Mais le récent CDU est tout à fait en prise avec le SARP qui prépare à la fois le prochain plan régional, le PADOG[28], et les plans intercommunaux prescrits par le plan de 1956.

**5.** Les lieux du travail en 1958, source : listes électorales de la Sécurité Sociale, extrait du PADOG.
**6.** La ceinture verte de Paris, secteur de la porte d'Orléans, 1954, coll. APUR.
**7.** La ceinture verte de Paris, secteur de la porte de Vanves, 1954, coll. APUR.

Le PADOG, lancé par décret en 1958, comporte des plans d'urbanisme directeurs intercommunaux et des plans d'urbanisme de détail. Paris ? On l'a purement et simplement oublié, ce qui signale implicitement son autonomie, confirmée par la décision du ministre de la Construction d'y prescrire un PUD spécifique, confié au CDU.

Le PADOG procède au recollement de nombreuses études comme en témoignent les zones de rénovation urbaine qu'il retient à la suite du PUD

24. « La reconquête de Paris »... « Un million de mal logés, mille hectares de taudis, triste bilan pour le seul département de la Seine », in Pierre Sudreau, *Construction et urbanisme dans la Région parisienne* (annuaire), Paris, Mairie de Paris, 1957. Le préfet Émile Pelletier y précise que « le critère de l'îlot à rénover doit être recherché dans la vétusté et le mauvais emploi, plus que sur les conditions d'hygiène ».
25. *In Construction et urbanisme dans la Région parisienne*, op. cit.
26. De 1954 à 1974, 20 millions de m² d'industrie sont supprimés en Région parisienne et 4 millions de m² dans Paris. Les SEM et les EPA sont créés entre 1953 et 1955, pour coordonner les collectivités locales et appuyer les mesures de décentralisation industrielle.
27. Le plan d'aménagement de la Région parisienne est élaboré par le SARP, que dirige Gibel, sous l'autorité du CARP, présidé par Puget. Il est pris en considération par l'État en 1956 et publié par le MRU. Le SARP dresse les plans intercommunaux (42 groupements dans l'agglomération).
28. Plan d'aménagement et d'organisation générale de la Région parisienne, prescrit en 1958. Il est adopté en 1960 par Paris, à deux voix de majorité, car la politique de désindustrialisation est vivement dénoncée. Le document est très critiqué aussi pour son manque d'ambition par *Architecture d'aujourd'hui*.

**Paysages émergents**

de Paris, sur la base des enquêtes de Raymond Lopez.[29] À travers ce document, il est recherché une gestion de l'agglomération *telle quelle,* ce qui entraîne une hypothèse imprudente : la population et le « périmètre d'agglomération » sont supposés fixes. Toutefois, avant le SDRIF[30], c'est le seul plan où l'on se soit préoccupé de la ville dense, Paris et ses voisines, puisque les planificateurs y percevaient déjà que le syndrome de l'extension « en tache d'huile » devrait être résolu autrement et plus profondément.[31]

Sur le terrain, une certaine uniformité de traitement a effectivement sévi pendant presque vingt ans, indifféremment pour Paris et les villes voisines, régulièrement gratifiées d'opérations de logements massives et cloisonnées par des voies rapides pourtant conçues simultanément. Il en résulte, aux franges intercommunales, des paysages composites : fragments de type suburbain jouxtant des noyaux « villageois » toujours vivants, secteurs tranquilles pavillonnaires ou mixtes, enclaves industrielles ou ferroviaires.

Les années 1960 ont consacré et durci la séparation physique entre Paris et la banlieue. Le boulevard périphérique, nouvelle muraille juchée sur son remblai ou tranchée traversable seulement tous les 600 mètres, nuit gravement à la vie locale. La ceinture verte n'est pas, ou n'est plus, un espace fédérateur ; elle s'est spécialisée, clôturée, balkanisée. Les « fortifs », la « zone », la « ceinture » ont alternativement marqué ces véritables revers des villes qui se conjuguent à la périphérie des communes et qui ont peu bénéficié des soins prodigués par priorité aux quartiers centraux. Il en résulte toute une série de handicaps pour la vie quotidienne de ces espaces au statut mal défini, situés tout autour de Paris (en particulier au-delà du périphérique). Équipements, logements, espaces libres sont traversés par la « frontière », sans égard pour leur rattachement fonctionnel.[32] La multiplication de ces cas conduit à des problèmes de gestion récurrents : taxes, éclairage public, entretien, propreté, stationnement, voire sécurité. Tous ne conduisent pas à un contentieux, mais ils provoquent souvent l'irritation et une dégradation physique de l'interface qui, comme par contamination, accueille des emprises dévalorisantes : dépôts, aires de service publiques ou privées, stations-service, gares routières ou ferroviaires, etc.

Le second facteur principal de dé-territorialisation de l'interface réside toutefois dans sa caractéristique d'espace traversé plutôt que desservi. Le périphérique et ses branchements radiaux d'échelle régionale forment un vaste échangeur où l'omniprésence de l'automobile et la rareté des liaisons d'intérêt local consacrent la séparation inaugurée dans les années 1960.

Le dialogue désiré entre Paris et les communes voisines impliquait de *dépasser ce constat* car l'identité communale, encore renforcée par les lois de décentralisation, s'est d'abord manifestée par une revendication de la différence (thème des « portes de villes »). Au-delà du reproche rituel sur les deux annexions, conjurant toute autre tentative de ce type, ces communes affirmaient, en 1988, à la fois leur singularité et, souvent, leur appartenance symbolique à une aire capitale (« Nous sommes le 21ᵉ arrondissement »).

29. L'implantation des grands ensembles est décidée par le secrétaire d'État à la Reconstruction et au Logement, sur proposition du commissaire à la Construction et à l'Urbanisme et après études du SARP. Le plan d'urbanisme directeur de Paris est introduit le 28 mai 1959. Le district de la Région parisienne est créé le 2 août 1961 et dirigé par Paul Delouvrier qui entreprend la réforme des départements – c'est un nouvel isolement de Paris.
30. Schéma directeur de la région Ile-de-France adopté en 1994.
31. Le schéma directeur d'aménagement de la Région parisienne (SDAURP) de 1965 et le schéma directeur d'aménagement et d'urbanisme de la région Ile-de-France (SDAURIF) de 1976.
32. Le cas des cimetières est exemplaire ; il en existe non seulement de très importants appartenant à Paris et situés dans les communes limitrophes, mais aussi d'autres qui alternent sur la limite intercommunale : aux Batignolles, le cimetière parisien mord sur Clichy ; à Gentilly et Montrouge, les cimetières communaux sont dans Paris !

Cette question des similitudes et des singularités autour de Paris est à la base des analyses menées par l'IAURIF et l'APUR.[33] En effet, l'idée reçue d'une opposition simple entre Paris et la banlieue domine. Elle est renforcée par les statistiques globales montrant une densité de population et d'emploi, notamment tertiaire, passant du simple au double dès que l'on franchit le périphérique.

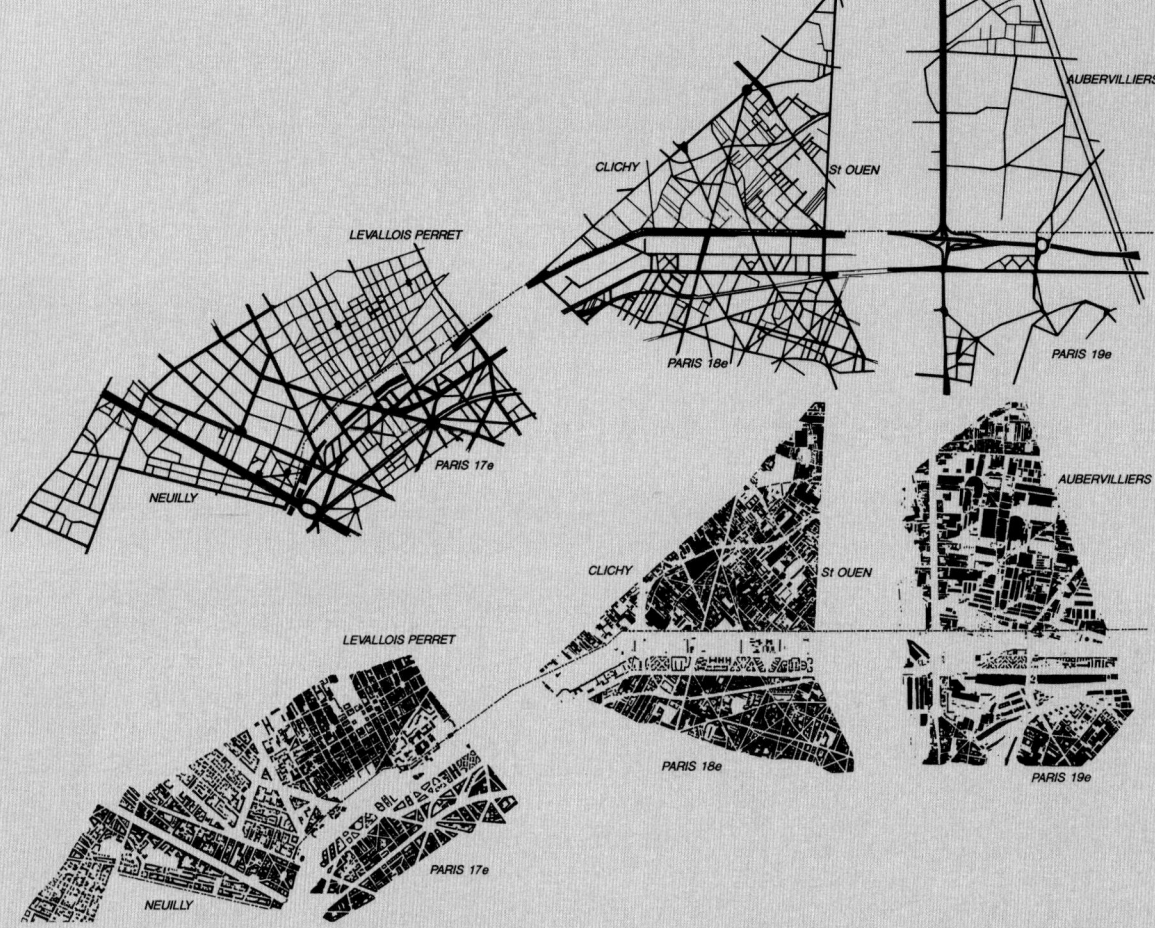

**8.** Les continuités dans les tissus urbains : l'exemple du Nord-Ouest, © APUR, IAURIF.

À l'étude, toutefois, le territoire est apparu aussi porteur de continuités réelles :
– continuité morphologique et sociologique de l'ouest, résidentiel et tertiaire (16e et 17e arrondissements, Boulogne-Billancourt, Neuilly-sur-Seine) ou du nord, industriel et ouvrier (18e, 19e et 20e arrondissements, Saint-Ouen, Saint-Denis, Aubervilliers, Pantin) ;
– continuité des tissus : denses, pavillonnaires, industriels, grands ensembles répartis dans et hors Paris, mélange cartographié par « Banlieue 89 » sous l'intitulé « Paris dans la banlieue, la banlieue dans Paris ».

Des évolutions de fond comparables sont relevées à Paris et dans la proche couronne (population, importance des opérations d'aménagement, etc.). Des différences profondes résistent à l'analyse, mais des solidarités incontestables issues d'une même formation persistent. Elles se nourrissent de problèmes partagés et de potentialités communes.

Le choix fait par la Ville de Paris de présenter, en novembre 1988, au conseil municipal et aux communes riveraines un « schéma d'objectif

---

33. Outre le mémoire présenté au conseil de Paris, deux publications rendent compte de ce travail : *La Couronne de Paris, anneau central de l'agglomération*, op. cit. ; et « Les trésors de la Couronne », *Les Cahiers de l'IAURIF*, Paris, novembre 1992.

**9.** Schéma d'objectifs pour l'aménagement de la couronne de Paris, 1998, © APUR, IAURIF.

pour l'aménagement de la couronne dans Paris » découle en partie de la complexité des situations inventoriées. L'idée principale : afficher globalement toutes les intentions de Paris pour les discuter localement avec chacune des collectivités. L'outil de cohérence ainsi proposé à la concertation se fixe comme objectif général de contribuer à « effacer les barrières léguées par l'histoire et à sauvegarder ou rendre une véritable cohérence urbaine aux différents éléments qui composent la couronne »[34]…

En parallèle, « Ile-de-France 2000 », puis le projet régional d'aménagement de 1989 sensibilisaient déjà à cette question de l'interface. Le « Livre blanc » de 1990, préparatoire au SDRIF, souligne encore l'importance pour l'avenir des secteurs denses proches de Paris et, par-là même, le rôle stratégique d'une prise en compte volontariste de cet « anneau central » de l'agglomération. Le SDRIF traduira par la suite cette idée à travers des « loupes » sur les quatre départements concernés, et en affirmant sa volonté d'associer Paris et sa banlieue dans les trois grands « secteurs de redéveloppement urbain » : Paris-Plaine Saint-Denis, Seine-Amont et Seine-Aval.

Les retombées de ces études sont inégales. Si un dialogue durable est parfois établi, une véritable coopération ne s'organise qu'autour de projets précis comme celui de la porte d'Aubervilliers. En revanche, les contacts établis pour les projets ambitieux, tels l'« aménagement de la porte de Vincennes » ou les « trois portes du 13e arrondissement », impliquant la couverture de sections du périphérique, ne sont pas prolongés au-delà du choc immobilier de 1990-1992, du fait de partenaires privés défaillants.

Les années 1990 connaissent pourtant une urbanisation rapide et continue des limites, côté banlieue surtout. Faut-il le regretter ? Non, dans

---

34. Quatre « thèmes d'action prioritaire » sont définis : « structurer, recomposer et embellir les espaces publics ; affirmer la vocation d'équipement et préserver les acquis de la ceinture verte ; reconquérir certaines emprises pour développer les interventions mixtes d'aménagement ; maîtriser les échanges et renforcer la desserte ».

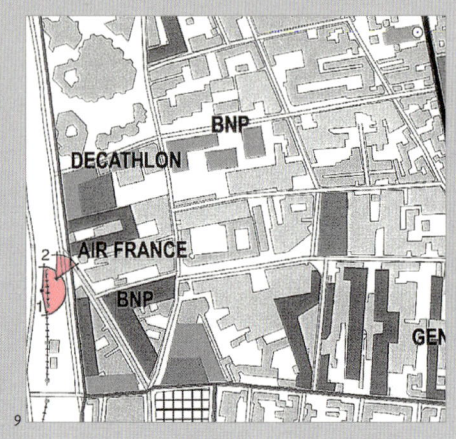

**9.** Plan masse du front urbain
**10.** Front urbain le long du périphérique, avenue Léon Gaumont à Montreuil, © Ville de Montreuil.
**11.** Consultation pour l'aménagement de la porte de Vincennes en 1989, Projet P. Riboulet, arch., © APUR.

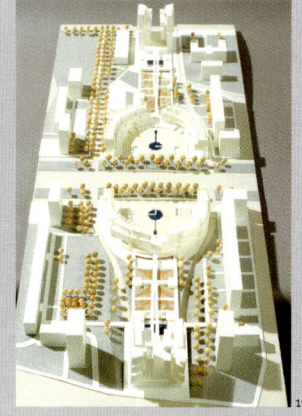

la mesure où ce travail sur les franges de la ville contribue à qualifier l'interface. Toutefois, ces améliorations locales pourraient concourir à une meilleure prise en compte des enjeux territoriaux. Les couvertures du périphérique, par exemple, constitueront-elles de simples écrans antibruit ou contribueront-elles à renforcer les liaisons au centre de l'agglomération ?

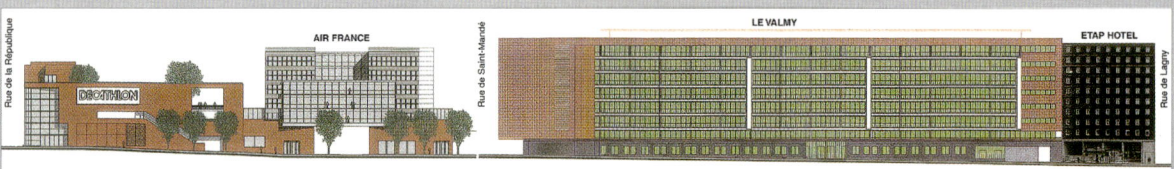

*A contrario,* les études lancées en 2000 autour du thème des portes de Paris ont embrayé à travers le GPRU[35] sur des enjeux fondamentaux pour les secteurs intercommunaux de la couronne. Le rapprochement aujourd'hui engagé par la Ville de Paris en direction de ses voisins crée la demande d'une meilleure connaissance commune de ce territoire partagé. L'atlas *Paris et l'agglomération centrale dans l'espace régional,* paru fin 2001, y contribue ; on y retrouve les contrastes Paris-banlieue et certains phénomènes communs, telle la stabilisation de la population. En revanche, lorsque les critères s'affinent, les continuités par secteurs cardinaux réapparaissent plus brutalement.

Les jeunes sans diplôme sont plus nombreux dans le nord-est, dans et hors Paris ; ils dépassent le niveau du baccalauréat dans l'ouest, le sud-ouest et le centre de Paris. La disparité des revenus et le chômage suivent une topologie assez analogue, ainsi que le nombre de logements sociaux existants. La qualité des déplacements se dégrade en couronne, même si 73 % des actifs habitant Paris ou la petite couronne utilisent les transports en commun. Plus on s'éloigne du centre, en effet, plus l'usage de l'automobile s'intensifie (d'ailleurs 44,5 % des ménages parisiens possèdent une voiture contre 69,6 % en petite couronne). Cette situation pèse sur la vie locale encore plus tributaire du transit croissant provoqué par les migrants éloignés, beaucoup plus motorisés et plus mobiles.

Les noyaux civiques ou commerciaux des quartiers limitrophes s'ignorent souvent les uns les autres, notamment à cause de ces flux. En revanche, de nouvelles centralités tributaires de l'automobile (hôtels, grands équipements et, surtout, grandes surfaces de vente) jalonnent désormais la limite intercommunale. Cette tendance et son prolongement éventuel

---

35. Grand projet de renouvellement urbain, qui prévoit un renouvellement de la politique de la Ville sur le territoire le plus déqualifié de la commune de Paris, au contact des communes riveraines, qui couvre environ les deux tiers du périmètre municipal. Étude APUR 2000 ainsi que les « seuils de la capitale ».

**Paysages émergents**

**La population âgée de 18 à 24 ans non salariée et sans diplôme**

Part des 18-24 ans non élèves ou étudiants, sans diplôme
- plus de 12 %
- de 9 à 12 %
- de 6 à 9 %
- de 3 à 6 %
- moins de 3 %

**Les diplômés de 15 ans et plus scolarisés d'un niveau supérieur au bac**

Part des diplômés de niveau supérieur à Bac +2 dans la population de 15 ans et plus
- de 28 à 38 %
- plus de 38 %
- de 18 à 28 %
- de 8 à 18 %
- moins de 8 %

bois de Boulogne et de Vincennes

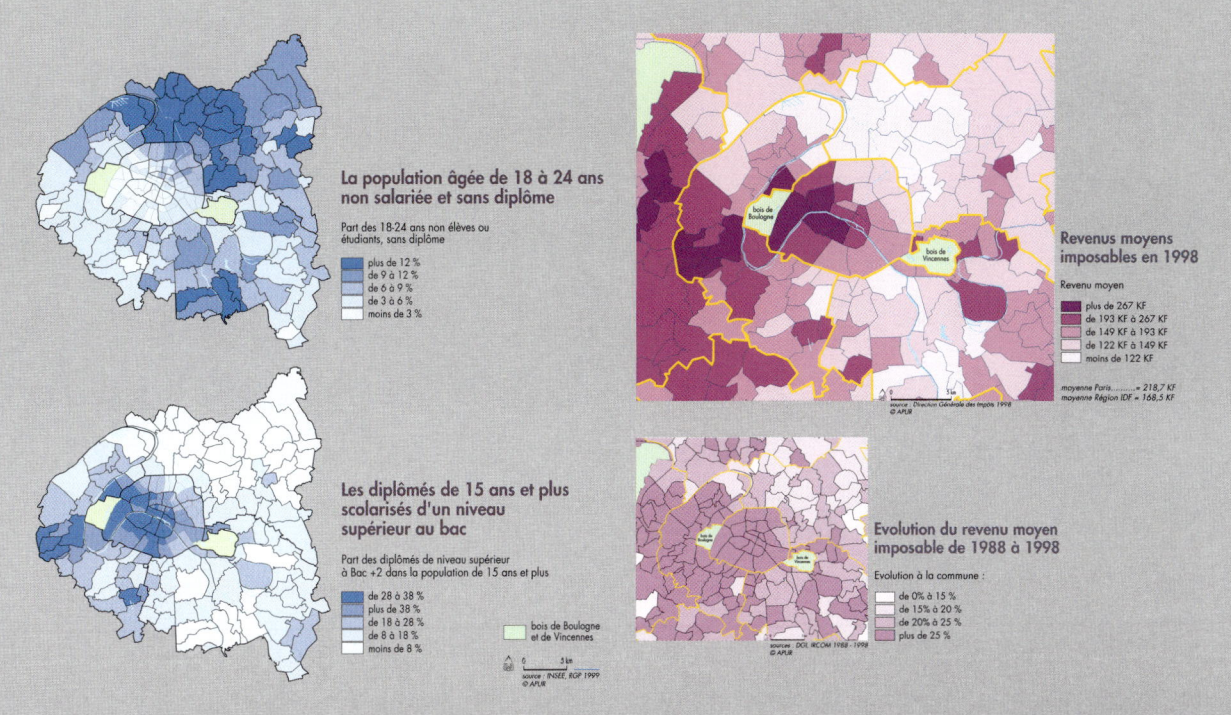

source : INSEE, RGP 1999
© APUR

**Revenus moyens imposables en 1998**

Revenu moyen
- plus de 267 KF
- de 193 KF à 267 KF
- de 149 KF à 193 KF
- de 122 KF à 149 KF
- moins de 122 KF

moyenne Paris ........ = 218,7 KF
moyenne Région IDF = 168,5 KF

source : Direction Générale des Impôts 1998
© APUR

**Evolution du revenu moyen imposable de 1988 à 1998**

Evolution à la commune :
- de 0% à 15 %
- de 15% à 20 %
- de 20% à 25 %
- plus de 25 %

sources : DGI, RECOM 1988-1998
© APUR

posent bien la question d'une gestion mieux partagée des programmes et de leurs effets.

Le paysage commun que représente « l'espace en creux » de la ceinture, le patrimoine architectural, la composition des espaces libres, les vues et perspectives ouvertes constituent pour tous un atout à préserver. Les révisions des PLU [36] en cours pourraient, peut-être, comporter des orientations communes sur ce thème dans leur PADD. Mais cette proposition conduit à s'interroger sur la démarche à venir. En faut-il une ou plusieurs ? Autour de quels objectifs mobilisateurs ?

Une démarche unitaire ? Le temps des plans d'aménagement globalisants semble terminé dans ce secteur qui s'apparente aujourd'hui à une « Collage City » [37]. Même si Paris possède un territoire annulaire, au-delà de quelques thèmes transversaux comme la défense de la ceinture verte, il serait judicieux de séquencer l'aménagement d'ensemble en fonction des types de vis-à-vis souhaitables (continuités sur les portes, complémentarités sur les segments, par exemple). Une démarche commune pragmatique devrait s'installer, en particulier, sur les lieux susceptibles d'accueillir des projets, moteurs essentiels de toute transformation.

Quels objectifs ? Œuvrer en commun à composer des fragments de ville ne signifie pas abandonner toute ambition à d'autres échelles. Ainsi, faire de Paris une ville plus ouverte, atténuer la coupure du périphérique au cœur de l'agglomération, mettre les villes qu'il sépare en contact, au service de leur vie quotidienne, sont des objectifs permanents. Sans perdre de vue, cependant, que la résolution de ces problèmes « limités » renvoie à une échelle plus globale où le GPRU de Paris, par exemple, ainsi que les grands secteurs stratégiques comme la Plaine Saint-Denis et Seine-Amont peuvent inscrire dans une logique d'agglomération l'ensemble des projets d'interface mobilisables pour ce changement de niveau ; ainsi, projets et discussions concrètes approcheraient par induction ce que les grands schémas d'aménagement décrétés n'ont jamais réussi à faire passer.

36. Plan local d'urbanisme stipulé par la loi « solidarité et renouvellement urbain ».

37. Colin Rowe et Fred Koetter, *Collage City*, Paris, éditions du Centre-Pompidou, 1993.

**Seuils et limites de Paris**

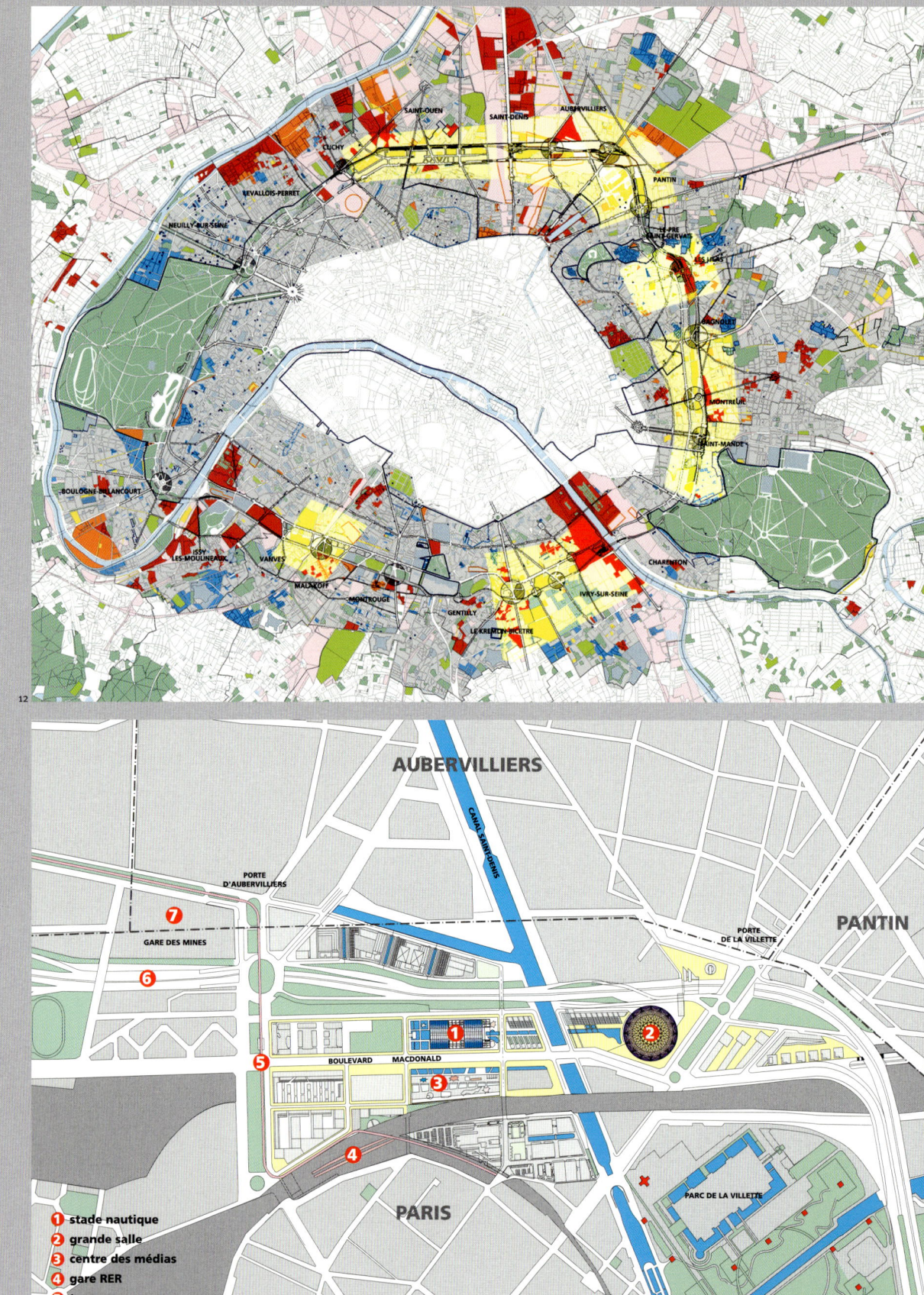

1. stade nautique
2. grande salle
3. centre des médias
4. gare RER
5. tramway
6. couverture du boulevard périphérique
7. salles provisoires

**12.** Grand Projet de Renouvellement Urbain sur la couronne de Paris (GPRU), 2001.
**13.** Boulevard des sports, 2001, Projet de candidature de la ville de Paris pour les Jeux Olympiques de 2008.

**Paysages émergents**

Le caractère mobilisateur du projet peut-il toutefois jaillir de la seule logique économique ou sociale ? La candidature (commune) de la capitale aux jeux Olympiques a bien montré l'effet catalytique d'une ambition partagée. Il est à craindre que la seule addition de programmes de bureaux, d'hôtels, voire de commerces importants soit moins mobilisatrice et qu'elle engendre beaucoup d'espaces monofonctionnels aussi encombrés la journée que désolés le soir.

Quels instruments envisager pour porter ce *projet de projets* ? Aujourd'hui les communes établissent leur PLU en l'absence d'un SDRIF révisé. Faut-il anticiper un « schéma de cohérence territoriale » actualisé en forme de « loupe » ? Établir un « schéma de secteur » synthétisant la mosaïque des PADD dans les communes et dans les arrondissements extérieurs, à intégrer le moment venu dans le SDRIF ?

Gérer au mieux les petits incidents de frontières – fait pourtant appréciable en soi – n'est pas un but suffisant. L'important est de créer les conditions permettant des projets communs.[38] Les portes, la Seine, la Bièvre et les canaux, le traitement du périphérique, Paris-Rive-Gauche/Seine-Amont, Paris-Plaine de France, le GPRU sont autant de sujets à mettre les uns en face des autres et en commun. Les fédérer entre eux demeure cependant une préoccupation constante, il ne faut pas dilapider les trésors de la couronne.

---

38. Toute une série d'accords intercommunaux existent ou sont sur le point de se concrétiser. Certains portent sur les grands dossiers à venir, tels Aubervilliers-Saint-Denis-Pantin/Plaine Commune ou les ZAC Paris-Rive-Gauche/Ivry-Port. D'autres traitent de thèmes plus limités : portes de ville avec Clichy, Saint-Ouen, Gentilly, Montreuil, Les Lilas, Le Pré-Saint-Gervais, Issy-les-Moulineaux ; circulations douces, gestion des espaces publics avec Boulogne-Billancourt, Saint-Mandé, Gentilly, Issy, Les Lilas, Bagnolet, Romainville, Saint-Ouen, etc.

# LA TOUR EIFFEL, LE STADE DE FRANCE ET LES FRANCILIENS

**Bernard Landau**
Architecte-voyer en chef
de la commune de Paris

À l'heure des métropoles et des mégalopoles, le vieux débat « Paris-banlieue » ne risque-t-il pas de prendre une tournure microcosmique quelque peu désuète ? Pour le visiteur international de ce début de XXIe siècle, Paris est une agglomération de plus de 11 millions d'habitants dont les symboles sont autant la tour Eiffel, le Stade de France, l'aéroport Charles-de-Gaulle que le Quartier latin, les tours de La Défense ou le parc d'attractions Disneyland.

Cette contribution, sans épuiser la question, vise à en éclairer les données contemporaines. Elle propose une lecture croisée, s'appuyant sur un rapide retour historique et une vision du positionnement de Paris dans le concert actuel de la coopération régionale.

### De Paris capitale…

Le statut de Paris du XIXe siècle fut défini après la Révolution et la mise en place des départements. Les pouvoirs de la capitale furent alors répartis entre deux préfets, le préfet de police et le préfet du département de la Seine. En recevant pour la première fois le conseil général de la Seine, Bonaparte n'avait-il pas déclaré : « le but de la nouvelle organisation est de maintenir le calme pour Paris pour assurer le repos de la France ».

L'actuelle Paris, au centre de son agglomération, ne s'est dessinée que dans la deuxième moitié du XIXe siècle. La politique de grands travaux d'équipement et d'embellissement engagée par Haussmann et poursuivie sous la troisième République a figé son empreinte et l'a portée au rang de « capitale du XIXe siècle ». Depuis l'annexion des communes suburbaines de 1859, qui double son territoire et porte le nombre de ses arrondissements de 12 à 20, la ville est restée contenue dans la limite des fortifications de Thiers, remplacées par le boulevard périphérique dans les années 1960.

Cette capitale populaire et industrieuse atteint 2 900 000 habitants en 1920, tandis que les villes et villages de sa jeune banlieue en comptent à peine plus d'1 million.

### …à la région métropole

L'agglomération parisienne s'est quant à elle structurée dans la deuxième moitié du XXe siècle. « C'est important politiquement et pour la France que Paris retrouve une image de cité moderne. Il faut mettre de l'ordre là-dedans ! », aurait dit Charles de Gaulle à Paul Delouvrier[1] en août 1961.

Les grandes orientations du projet d'aménagement de la région parisienne sont définies dès 1962. Il s'agit alors de lancer une nouvelle stratégie d'aménagement du territoire francilien, articulée sous l'égide de la DATAR, en tenant compte du rééquilibrage nécessaire du territoire national.

---

1. Paul Delouvrier était le président du district de la Région parisienne, créé par une loi le 2 août 1961.

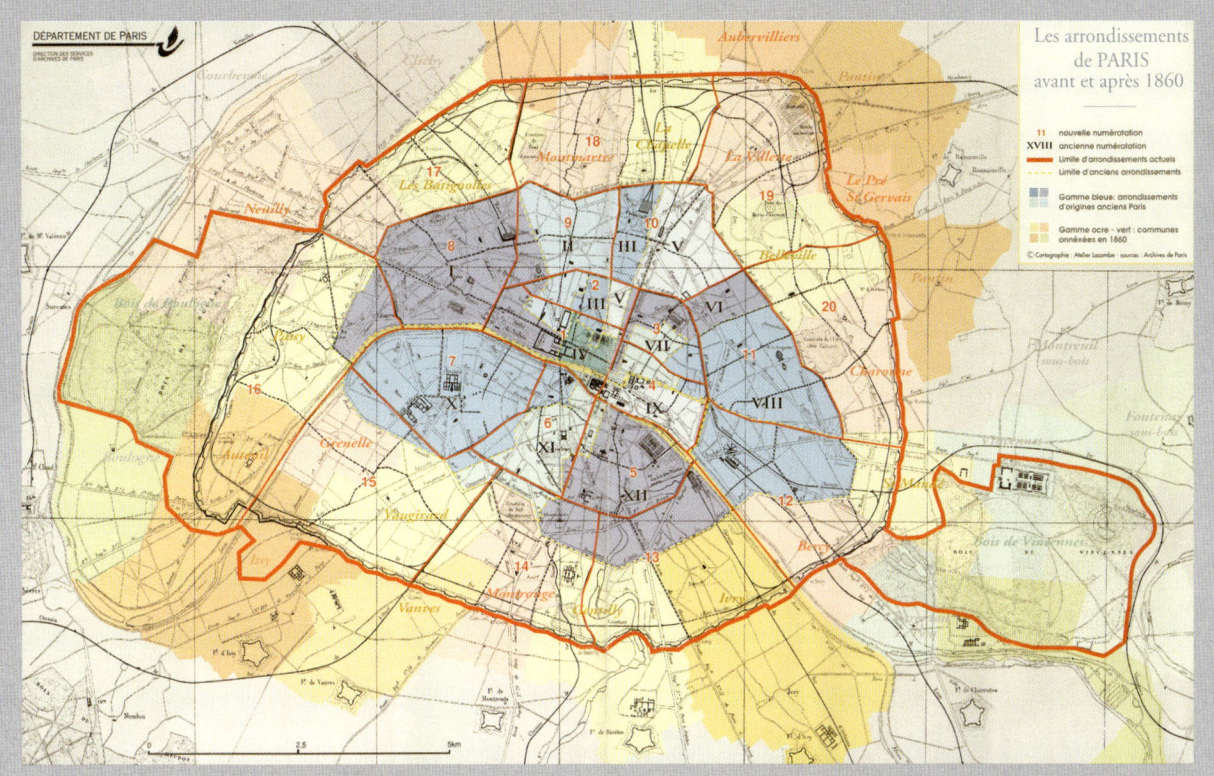

**1.** La division des communes limitrophes en 1860.

Publié en 1947, réédité en 1950, l'ouvrage de Jean-François Gravier, *Paris et le désert français,* avait marqué les esprits.

Le schéma directeur de la région de Paris est approuvé en 1965.[2] Document prospectif, ce schéma, qui présente un parti d'aménagement audacieux du territoire à l'horizon 2000, doit répondre aux prévisions d'une très forte croissance démographique et économique. C'est l'époque des Trente Glorieuses et de la « Tatirama ».

Afin de décongestionner la capitale, le schéma institue les villes nouvelles et propose de renforcer les centres urbains des banlieues. Il annonce l'émergence de nouveaux pôles tertiaires, dont celui de La Défense. Il décide la mise en service du réseau express régional (RER) et le principe des voies rapides en rocade qui, en écho à la construction du boulevard périphérique, inspirera la réalisation de l'A 86 et de la Francilienne.

Périodiquement ajustée au gré des évolutions politiques, économiques ou sociales, notamment en matière de logements, de transports, d'espaces verts et de formation[3], cette stratégie est mise en œuvre avec constance. Elle continuera d'inspirer les schémas directeurs de 1976 et 1994[4].

Un an après le nouveau découpage administratif de la région[5], le schéma directeur de 1965 annonce une dimension de la métropole qui ne se limite plus au département de la Seine et à Paris. Il marque un premier véritable tournant par rapport aux conceptions de l'entre-deux-guerres, restreintes à la seule « extension » de Paris.[6]

2. L'Institut d'aménagement et d'urbanisme de la Région parisienne (IAURP), qui a permis son élaboration, a été créé le 2 août 1960.
3. Création de l'Agence des espaces verts en 1976, de l'Observatoire régional du foncier en 1987.
4. En 1976, le SDAURP (schéma directeur d'aménagement et d'urbanisme de la Région parisienne), en 1994, le SDRIF (schéma directeur de la région Ile-de-France).
5. La loi du 10 juillet 1964 a organisé un nouveau découpage administratif de la région : 8 nouveaux départements sont créés à partir de ceux de la Seine (4 départements), de la Seine-et-Oise (3 départements) de la Seine-et-Marne (qui n'est pas divisée), avec de nouvelles préfectures – Bobigny, Créteil, Nanterre, Évry et Cergy.
6. Une loi de 1932 marque les débuts d'une planification de la région parisienne ; le premier projet d'aménagement régional, le PARP est approuvé en 1939, le second, le PADOG, en 1960. Ces deux plans sont largement inspirés du plan Prost.

**2.** Henri Prost, plan d'aménagement de la région parisienne, 1934, coll. IAURIF.

Cette profonde modernisation et ce changement d'échelle métropolitaine ne résolvent pas pour autant l'ensemble des problèmes accumulés sur près d'un siècle. Les villes de banlieue de la première couronne, dont les centres devaient être renforcés, seront longtemps laissées pour compte. Les différences économiques et sociales entre l'Est et l'Ouest s'accentueront.

### Le « Paris » de l'Ile-de-France

En 1976, tandis que Polytechnique est déplacée à Palaiseau, la Région parisienne est rebaptisée région Ile-de-France. L'aéroport de Roissy a été inauguré en 1974 et la carte orange est en service depuis un an. Dans les années 1980, l'échelle de référence de la région s'agrandit, consacrant le développement à plein régime des villes nouvelles et la poursuite de l'urbanisation des zones périurbaines.[7]

Aujourd'hui, plus des quatre cinquièmes de la population de la région vivent hors de la capitale ; 65 % du PIB régional est produit par la

**Paysages émergents**

« banlieue », qui accueille 70 % des entreprises industrielles et 60 % des bureaux. Le desserrement des activités tertiaires autour de pôles renouvelés, la poursuite de la désindustrialisation de nombreux secteurs, le rayonnement culturel de plusieurs grandes villes de l'agglomération, l'attractivité des nouveaux pôles universitaires, l'embourgeoisement de l'Ouest et la croissance des populations de couche moyenne en petite couronne modifient considérablement les paysages humains et économiques de la région.

Le schéma radioconcentrique qui a prévalu pendant si longtemps a cédé sa place à une géographie urbaine polycentrique. S'appuyant sur la réalité des bassins d'emploi et de vie, de nouvelles solidarités et des regroupements territoriaux émergent.

## Un espace politiquement morcelé

Dans le dernier quart du XXe siècle, les modes de représentation politique de la région évoluent au profit d'une plus grande proximité des citoyens. En 1977, la capitale réélit son maire au suffrage universel direct pour la première fois depuis 1871. Les premières lois de décentralisation de 1982 dotent Paris, Lyon et Marseille d'un statut particulier. Les conseillers régionaux sont élus au suffrage universel direct en 1986.

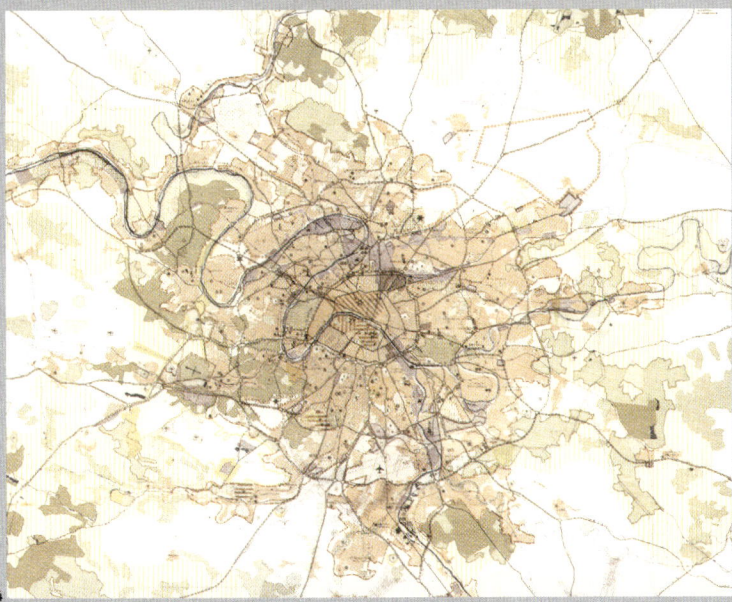

**3.** Le PARP, en vigueur de 1939 à août 1960, coll. IAURIF.
**4.** Le PADOG, en vigueur de 1960 à 1965, coll. IAURIF.

La carte politique de l'espace métropolitain reste cependant extrêmement morcelée. Aux côtés de Paris (ville et département) et de ses 20 arrondissements, cohabitent dans la région 1 281 communes dont 400 dans l'agglomération dense, 8 départements et une vingtaine d'intercommunalités naissantes. Si l'on excepte le découpage chirurgical des nouveaux départements franciliens de 1964, les territoires communaux n'ont guère changé depuis les paroisses de l'Ancien Régime et la partition consécutive à l'extension de Paris en 1859.

7. En quarante ans, de 1960 à 2000, la région gagne 2,8 millions d'habitants (+ 33 %), croissance qui s'est principalement portée sur la grande couronne avec 2,75 millions d'habitants supplémentaires, alors que la petite couronne n'en gagne que 0,76 million (elle passe de 3,3 millions en 1960 à 4 millions en 2000) et que Paris en perd 0,69 million. La population des trois nouveaux départements (92, 93 et 94) s'est ainsi accrue d'un chiffre comparable à l'effectif perdu par Paris pendant cette période.

La tour Eiffel, le stade de France et les Franciliens

## LA CARTE DU SCHÉMA DIRECTEUR

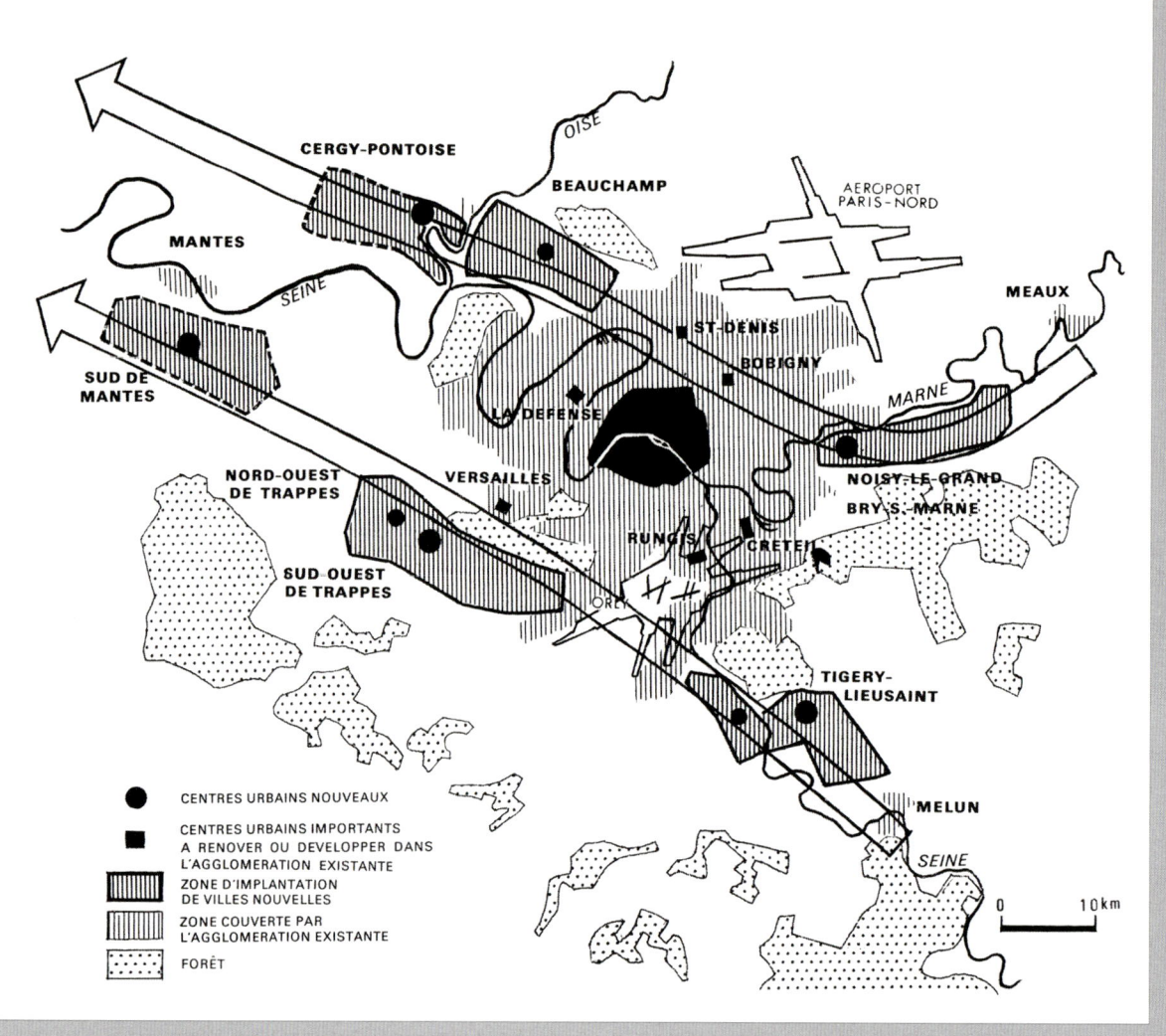

**5.** Les principes du schéma directeur, nouveaux centres urbains, axes préférentiels et paysages protégés, 1965, DR.

### Une intercommunalité frémissante

On sait que depuis dix ans, les dynamiques intercommunales modernes ouvertes par la loi Joxe de 1992 modifient profondément le paysage politique français. La région Ile-de-France n'a pas pour autant connu l'engouement du reste de la France et ce mouvement y prend des configurations plus complexes. Historiquement, le poids de Paris dans l'ancien département de la Seine a favorisé les conditions d'une intercommunalité syndicale précoce et bien structurée. C'est le cas dans les domaines de l'assainissement (SIAAP), plus tardivement dans ceux du traitement des déchets (SYCTOM), de l'organisation des transports (STIF) ou de la protection contre les crues (IIBRBS).

Portée par les lois Chevènement, Voynet et Gayssot-Besson de 1999 [8], la relance de l'intercommunalité s'accélère dans la petite couronne. On décompte 6 communautés d'agglomérations : 2 en Seine-Saint-Denis, 4 dans le Val-de-Marne. [9] Ce mouvement, qui va s'étendre dans les années à venir, élargit le cadre de réflexion de l'aménagement du bassin

8. Ces grandes lois récentes sont ainsi amenées à modifier de façon conséquente les modes de gouvernance de l'espace régional, et à donner probablement plus de place aux intercommunalités dans la définition et la mise en œuvre d'actions d'aménagement structurantes.
9. Ainsi, 26 communes sont intercommunalisées sur les 123 des trois départements limitrophes de Paris.

**Paysages émergents**

géographique. La territorialisation stratégique de l'action publique en Ile-de-France se posera désormais dans des termes nouveaux.

### Le dialogue et l'action, moteurs de l'intercommunalité d'aujourd'hui

Dans ce contexte, il était nécessaire que Paris réagisse.

La nouvelle municipalité élue en mars 2001 s'est engagée résolument dans l'ouverture d'un débat avec toutes les collectivités d'Ile-de-France. Avant tout, mettre un terme à un passé caractérisé par la méfiance réciproque et le ressenti souvent fondé d'un Paris impérial et autarcique. Ensuite, ouvrir ce débat et faire valoir la nécessité d'une connaissance approfondie et partagée du territoire régional.

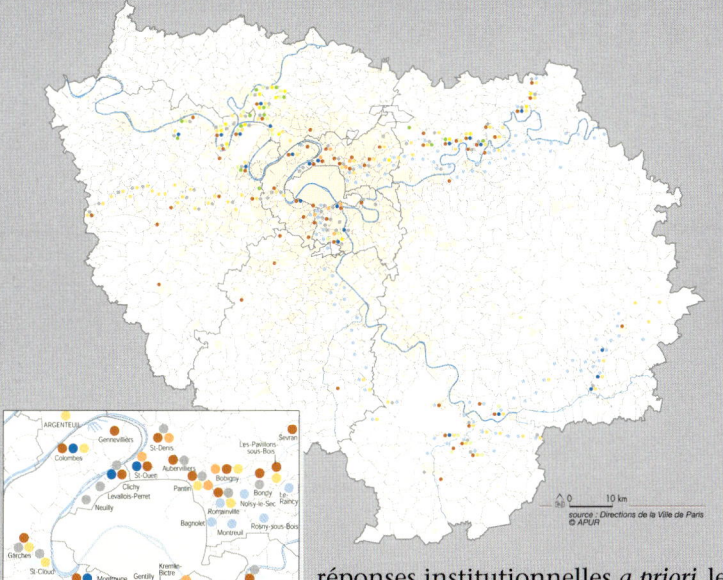

Paris n'est plus la seule centralité de la région. Composante certes de premier ordre, elle souhaite s'inscrire, avec l'ensemble des partenaires, dans une dynamique territoriale mieux concertée et contribuer à un dialogue où chacun – région, départements, communautés d'agglomérations, villes – prenne sa place.

Convaincus que les avancées dans ce domaine ne passent pas par des réponses institutionnelles *a priori,* les élus parisiens ont proposé une méthode pragmatique, mise en œuvre autour de projets de coopération. Sous l'autorité de Pierre Mansat, adjoint au maire chargé des relations entre Paris et les collectivités d'Ile-de-France, une sous-direction de la Coopération territoriale a été créée.

Le champ et la demande sont vastes comme l'attestent les relations déjà établies avec de nombreuses communes, désireuses de travailler avec Paris.

Ce type d'action concerne particulièrement les collectivités limitrophes de Paris, que ce soient les 29 communes riveraines, les communautés urbaines existantes comme Plaine Commune, le Val-de-Bièvre ou les trois départements des Hauts-de-Seine, de Seine-Saint-Denis et du Val-de-Marne.

Les communes de Montreuil, Saint-Ouen, Clichy-la-Garenne, Vanves, Issy-les-Moulineaux, Bagnolet, Nogent-sur-Marne sont aujourd'hui engagées dans cette démarche.

Au-delà d'une première étape qui permet d'apprendre à mieux se connaître pour réparer les différents et de consolider de bonnes relations de voisinage, ces coopérations s'organisent désormais autour de trois objectifs :
– Mieux se concerter sur l'aménagement et la gestion des espaces d'interface ; il s'agit en premier lieu de résoudre des questions de gestion urbaine de proximité (équipement des voiries limitrophes : nettoyage, éclairage, assainissement, continuité des pistes cyclables...) qui permettent d'améliorer la qualité de vie et de service des habitants « frontaliers ». Il s'agit aussi de repérer toutes les difficultés et les questions concrètes (partage d'équipements, échanges dans le domaine de la démocratie locale...) qui seraient mieux résolues par un travail bilatéral. À une autre échelle, l'enjeu porte sur la définition concertée du statut des portes de Paris

**6.** Localisation des emprises « Ville de Paris » en Ile-de-France

Type de terrain
○ ferme, pépinière, jardin
○ bois, taillis, peupleraie, terres, zone d'irrigation, vasière
○ périmètre sourcier, puits, réservoir, production d'eau
○ aqueduc
● usine, port, station, traitement des boues
● bâtiment, local, logement
○ cimetière
○ emprise, excédent, route, chemin
○ terrain d'exploitation, location, réserve foncière
● divers

**La tour Eiffel, le stade de France et les Franciliens**

et sur les programmes d'aménagement de ces territoires de réconciliation [10] entre la capitale et les 21 communes riveraines.

– Valoriser ensemble les atouts communs. Plusieurs sites ou équipements justifient pleinement une politique de coopération, qu'il s'agisse de la valorisation des Puces de Saint-Ouen et de Montreuil, d'un examen collégial sur les conditions de gestion de grands équipements comme le Parc des Princes, le Parc des Expositions de la Porte de Versailles, la Cité Universitaire de Paris, d'une nécessaire concertation sur les chartes d'aménagement des bois de Boulogne et de Vincennes. Il s'agit aussi de réfléchir ensemble au devenir d'emprises foncières appartenant à la Ville de Paris dans de nombreuses communes de la région, ou de construire des partenariats dans les domaines du tourisme et de l'action culturelle. L'élaboration concertée d'un schéma de développement des canaux Saint-Denis et de l'Ourcq est aussi à l'ordre du jour.

– Contribuer à la mise en cohérence des politiques territoriales. La mise en révision simultanée de plusieurs plans locaux d'urbanisme dans les collectivités du centre de l'agglomération crée de fait un mouvement de confrontation et de recherche de mise en cohérence des politiques publiques. Cela concerne la politique des déplacements déjà concertée et mise en œuvre à une échelle intercommunale dans le cadre du plan de déplacements urbains régional, ou celle du logement social. La recherche d'équilibres à une échelle intercommunale, en matière d'implantation des équipements commerciaux ou de localisation des plates-formes de logistique urbaine pour le transport des marchandises, fait aussi partie des nouvelles questions abordées.

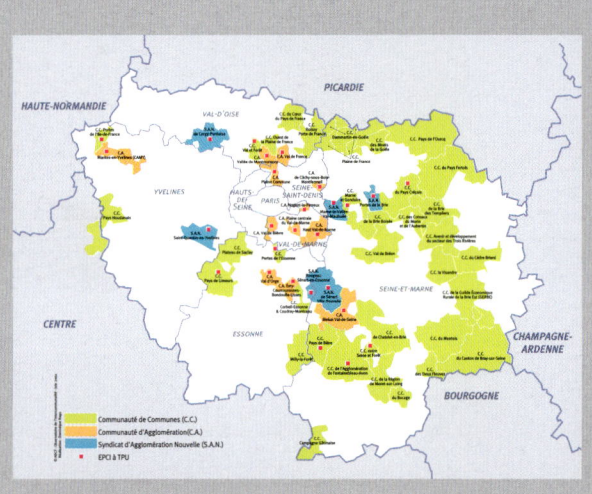

**7.** Carte de l'intercommunalité, © ADCF, Observatoire de l'intercommunalité, juin 2002, cartographie : Dominique Ragu.

### Inventer et innover

Indépendamment du travail multilatéral qui se met patiemment en place, il s'agit pour Paris de s'inscrire dans les processus en cours, avec les départements et les bassins d'intercommunalité de projet, qu'il s'agisse de l'EPA Plaine de France, de Plaine Commune, de la vallée technologique de la Bièvre ou de la démarche initiée par l'ACTEP.

Cette logique de coopération est en elle-même source de développement. Elle offre les conditions du débat, de l'échange d'informations, processus porteurs de transparence et de démocratie. Elle devrait permettre de mieux prendre en compte les grandes questions urbaines, de dépasser le fractionnement des frontières communales tout en s'appuyant sur la démocratie locale, la consultation et la participation des citoyens.

On peut aujourd'hui s'interroger sur l'évolution du paysage institutionnel et politique de la région

---

10. Les projets engagés sur les trois sites de couverture du boulevard périphérique, le tramway des maréchaux et les sept sites de renouvellement urbain sur la couronne de Paris sont à cet égard menés dans un cadre concerté avec les communes voisines.

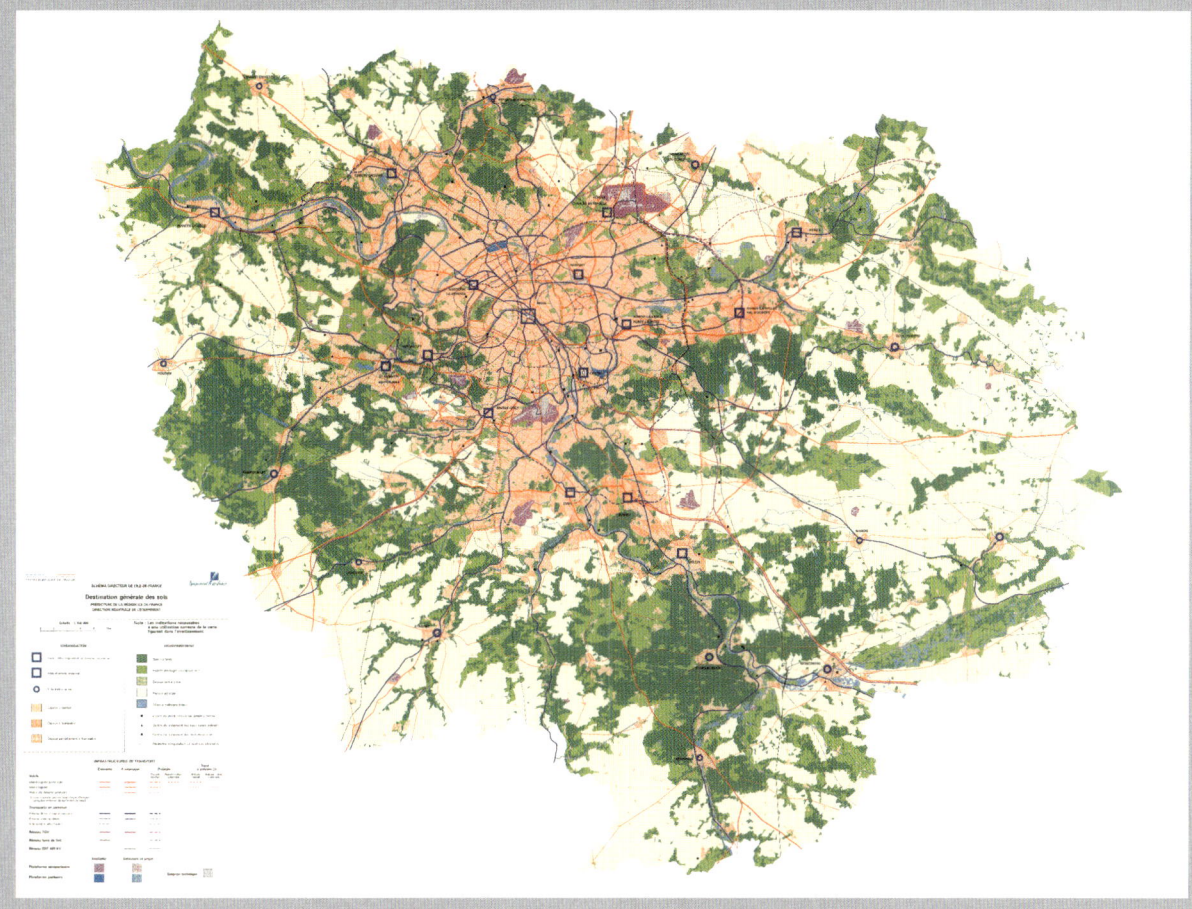

**8.** Schéma directeur d'Ile-de-France, avril 1994.

dans quelques années. L'intercommunalité naissante et, avec elle, les compétences d'aménagement du territoire et de développement économique des nouvelles communautés d'agglomérations auront-elles progressé de façon significative ? Assistera-t-on en 2007 à l'élection au suffrage universel direct des conseillers communautaires et à la généralisation des comités de quartiers ?

Les Parisiens comme les Franciliens vivent leurs villes à l'échelle de la métropole tout entière. La ville de Paris s'est dessinée au XIXe siècle, la région de l'Ile-de-France s'est structurée au XXe siècle. À l'heure de la mondialisation, souhaitons que ses exceptionnels atouts d'hier et d'aujourd'hui transforment cet ensemble en l'une des mégalopoles européennes les plus attractives du XXIe siècle.

# FÊTES, LOISIRS ET POLITIQUE. LA CONSTRUCTION D'UN ESPACE PUBLIC

**Danielle Tartakowsky**
Professeur d'histoire contemporaine, université Paris VIII

L'espace public, dans son acception théorique, suppose la maîtrise d'espaces publics compris en un sens littéral : espaces de la rencontre et du débat, du politique en somme. La capitale, *intra-muros*, abrite naturellement les lieux du pouvoir ainsi que des salles, certaines dévolues à ces fins, d'autres propres à y satisfaire, demeurées longtemps de taille modeste. Pour ne rien dire de ses rues et, plus encore, avant guerre, des boulevards, lieu naturel de l'émotion et des grandes joies collectives, toujours prompts à susciter l'inquiétude des pouvoirs publics qui ne tolèrent leur investissement à des fins politiques qu'avec une extrême parcimonie.

Le recours à des espaces situés aux marges de la ville, ou même hors les murs, s'impose pourtant (ou de ce fait) dès les années 1880, y compris pour l'expression du pouvoir. La République instaurée permet et requiert alors un élargissement sans précédent de l'espace public. C'est dans ces lieux que, dès cette date et jusqu'à la Première Guerre mondiale au moins, se déploient la plupart des fêtes à dimension politique.

### Le croissant vert de l'ouest parisien ou les espaces dévolus : 1883-1923

Paradoxalement, les pouvoirs publics sont les premiers à recourir à ce décentrage en décidant d'organiser la revue militaire annuelle du 14 juillet à Longchamp, où les Parisiens se pressent en masse pour « fêter, voir et complimenter l'armée française », comme le dit la chanson. Cet espace, qui demeure celui de la fête nationale jusqu'à la victoire du cartel des gauches en 1924 – hormis de rares exceptions liées à la guerre et aux fêtes de la victoire, en 1919 –, a pour insigne avantage d'éviter de (re)constituer le cœur de Paris en espace de l'émotion politique. Il permet en outre que les familles complètent la fête par un pique-nique au bois de Boulogne.

**1.** *Revue du 14 juillet 1914 à Longchamp*, © Roger-Viollet.

Au tournant du siècle, des sociétés de diverse nature, dont l'assise sociale est, sinon ouvrière, du moins populaire, requièrent sur un mode similaire le libre usage des parcs domaniaux situés à l'ouest de la capitale pour organiser des fêtes champêtres qui supposent le bon air, l'espace et la tolérance des autorités. Les bois et clairières de Garches, d'Herblay, de Meudon ou de Viroflay s'imposent pour ces manifestations de sociabilité politique, susceptibles de devenir des rassemblements militants. La concession temporaire des terrains dépend du ministère de l'Agriculture qui les accorde libéralement (après consultation du ministre de l'Intérieur) ; à la condition que ces espaces, par définition publics, le demeurent en toutes circonstances.

Paysages émergents

**2.** *Discours de Jean Jaurès au Pré-Saint-Gervais, 25 mai 1913*, © Roger-Viollet.

Ils stipulent en conséquence qu'aucune barrière destinée à recevoir un quelconque droit d'entrée ne peut être dressée par les organisateurs qui se voient en outre imputés les frais éventuels de remise en état des lieux. Un tel usage des parcs domaniaux est fréquent jusqu'à l'avènement du Front populaire qui, permettant aux organisations requérantes d'occuper d'autres types d'espaces, les rend, dès lors, moins nécessaires[1].

Le fait que le président de la République assiste traditionnellement aux grands prix hippiques vaut aux hippodromes d'Auteuil et de Longchamp de devenir *de facto,* mais plus exceptionnellement, le lieu de véritables manifestations avant l'heure, durant l'affaire Dreyfus en particulier. La jouissance des parcs domaniaux est, en revanche, refusée aux organisations dont le ministre de l'Intérieur estime qu'elles envisagent un rassemblement plus politique que festif. L'Union des syndicats de la Seine sollicite ainsi vainement de pouvoir se réunir au Bois de Boulogne à l'occasion du 1er mai 1910 un dimanche. Ce bois pourrait jouer le rôle qui est dévolu, à Londres, à Hyde Park, souligne un rapport de police qui se garde de conclure[2]. Si l'argument va dans le sens d'une tolérance accrue permettant l'émergence d'un lieu de la parole politique, d'autant moins redoutable qu'il serait plus excentré, c'est pourtant l'interdiction qui prévaut. C'est assez dire que les rassemblements à finalité plus directement politique doivent miser sur d'autres lieux.

## Les espaces privés et municipaux : de 1913 à aujourd'hui

En 1913, le préfet de police interdit à diverses reprises des manifestations

1. Noëlle Gérome, Danielle Tartakowsky et Claude Willard (dir.), *La Banlieue en fête*, Saint-Denis, Presses universitaires de Vincennes, 1986.

2. Archives de la Préfecture de Police Ba 1612.

prévues à Paris pour protester contre la loi des trois ans (qui prolonge d'un an la durée du service militaire). Les organisations ouvrières se replient sur la butte du Chapeau-Rouge, soit une fraction de la zone dépendant administrativement de la commune socialiste du Pré-Saint-Gervais. Cet espace non parisien est néanmoins desservi par le métro du même nom et implique que les manifestants qui s'y rendent se déploient, préalablement et postérieurement à la manifestation, sur les boulevards des maréchaux. Ainsi, si les démonstrations de force sans risque d'affrontements y sont tolérées, les investissements obligés de la capitale, fut-ce à ses marges, également. Permettant aux organisateurs de se prévaloir de Paris quand même ils y

**3.** *La Revue du 14 juillet à Longchamp*, © Roger-Viollet.

renoncent, cet espace constitue un entre-deux propre à satisfaire tant les organisations concernées que les forces de l'ordre. Il est donc régulièrement requis à ces fins jusqu'à la loi d'avril 1926 qui déclasse l'enceinte fortifiée, décide de sa démolition et met ainsi un terme à la zone.[3] La botte du Chapeau-Rouge est utilisé pour la dernière fois sur ce mode le 1er mai 1927.

Force est désormais de recourir en lieu et place à des terrains vagues plus excentrés (les buttes de Bagnolet) ou à des équipements sportifs, pareillement dépendants de municipalités ouvrières (stade Buffalo à Montrouge, stade de l'Unité à Saint-Denis), de 1932 à 1934 en particulier.

Les communes, ici requises pour la tolérance dont elles font montre et pour les équipements ou sites dont elles disposent, peuvent l'être, aussi bien, pour ce qu'elles symbolisent. Ces fiefs maîtrisés deviennent à diverses reprises l'occasion d'ériger une éphémère capitale symboliquement dressée,

3. Ce terrain est alors vendu à la ville de Paris par la commune du Pré-Saint-Gervais.

pour un jour, face à Paris, exprimant l'avenir déjà présent ; comme autant d'images avant-gardistes du monde auquel on aspire. Le rassemblement des forces se fait alors par-delà les frontières de la commune, du département ou même du pays. Le 1er février 1920, les nouveaux élus socialistes de la France entière se réunissent à Saint-Denis, en un banquet qui associe également des édiles socialistes de Grande-Bretagne, d'Italie et d'Espagne. Le 1er janvier 1924, à l'annonce du décès de Lénine, cette même ville, couramment qualifiée de « Mecque rouge », abrite l'hommage rendu par les communistes de toute la région parisienne, devant l'hôtel de ville dont la façade est tendue d'un portrait du défunt, de taille imposante. Au début des années 1930, la municipalité de Champigny-sur-Marne et son monument en l'honneur des combattants de 1870 jouent ce même rôle pour la SFIO. L'imposant rassemblement national des partisans de l'École libre qui se déroulera à Versailles en 1984 relève, quelque soixante ans plus tard, d'une démarche pour partie similaire.

Les pouvoirs publics réagissent à ce brouillage des limites administratives qui s'est opéré *de facto* quand l'ordre public, soudain, paraît globalement menacé : en octobre 1935, ils étatisent la police de 161 communes de Seine-et-Oise et de 19 autres de Seine-et-Marne, puis instituent en mai une police d'État dans toute la Seine-et-Oise. Ils unifient ainsi précocement la région parisienne (devenue telle) en termes d'ordre et de police.

### Le long des maréchaux

La pelouse de Reuilly, de statut domanial, n'en constitue pas moins un espace de l'entre-deux au même titre que la butte du Chapeau-Rouge. Elle est, dès 1927, parfois concédée par les pouvoirs publics pour des rassemblements à teneur éthique (manifestation contre l'exécution de Sacco et Vanzetti en 1927), pacifiste (anciens combattants 1932) ou traditionnelle et festive (divers 1ers Mai à partir de 1934). Après la Libération, elle accueille chaque année la fête de *L'Humanité,* une manifestation festive à vocation nationale qui se donne, une nouvelle fois mais sur un autre mode, l'allure d'une maquette éphémère de la France (et du monde) de demain, capitale à son image, dotée de sa toponymie spécifique et de ses hauts lieux. Cette fête se tient sur la pelouse de Reuilly jusqu'en 1971, hormis de 1957 à 1965 où elle doit se dérouler dans des espaces plus excentrés – parc de Montreau à Montreuil, terrasses de Meudon, parc des sports de La Courneuve. Des plaintes de riverains sont le motif sur lequel le conseil municipal prend appui pour lui en retirer définitivement la jouissance en 1971. Des activités strictement festives, chassées du centre de la capitale pour raisons de circulation et autres nuisances prennent là leur quartier, dont la foire du Trône. Le Front national y tient à son tour sa fête annuelle des « bleus-blancs-rouges » à partir de 1993, avant d'en être pareillement délogé en 2002 par l'année du cirque.

L'hippodrome de Longchamp renoue occasionnellement avec certains usages politiques : à l'initiative du RPF qui entend emprunter, en 1947, aux pratiques populaires en s'inscrivant cependant dans des espaces de la quasi souveraineté dont de Gaulle persiste alors à se réclamer ; ou, plus près de nous, lors des Journées mondiales de la jeunesse. Ces usages valent aussi bien pour toute une série d'équipements sportifs ou commerciaux pareillement dépendants de la capitale mais situés à ses marges, le long des maréchaux : ainsi Bagatelle, le parc des Expositions ou le stade Charléty, tous susceptibles de rassembler en nombre.

**4.** *Fête de l'Humanité, La Courneuve, septembre 1978,* © Roger-Viollet.

**5.** *Fête de l'Humanité,*
*La Courneuve, septembre 1975,*
© Roger-Viollet.

**Une nouvelle génération d'équipements pour de nouveaux usages**

Au XIXe siècle, la capitale transférait en banlieue ses cimetières, ses décharges, ses activités polluantes. À partir des années 1970, certains rassemblements politiques à dimension festive ou non évoluent en symbiose avec des équipements nouveaux, voire novateurs, dont ils contribuent à préciser les contours. Cela témoigne d'une mutation conjointe des espaces – verts ou sportifs –, destinés au grand public, de la politique à certaines formes d'expression beaucoup moins institutionnelles. Ainsi, l'espace public est partiellement redéfini. Ces nouveaux lieux sont plus éloignés du centre de Paris mais répondent à des besoins de rassemblement de plus vaste ampleur et sont susceptibles d'induire une amélioration des liaisons ferroviaires ou routières qui participent d'une meilleure intégration de l'espace dans son environnement.

Le parc paysager de La Courneuve, qui accueille la fête de *L'Humanité* après qu'elle ait définitivement renoncé à la pelouse de Reuilly mais aussi d'autres manifestations politiques, le plus souvent à dimension festive, en est un bon exemple. Ses premiers aménagements, prévus de longue date, ont été achevés en 1969. Le 1er janvier 1970, les 136 hectares concernés et 200 autres encore cultivés par les maraîchers ou occupés par des jardins

**Paysages émergents**

ouvriers sont dévolus au département de la Seine-Saint-Denis. Le conseil général décide d'ouvrir au public les premiers boisements. Il lance simultanément un concours pour la seconde tranche de travaux. La section du parc alors achevée résulte d'un projet d'après-guerre qui valorisait les activités de détente et de repos. Mais en un quart de siècle, les besoins de la population ont changé, favorisant et nécessitant une nouvelle génération de parcs. Selon le conseil général, « il faut aujourd'hui faire autre chose que les bois de Boulogne et de Vincennes […]. Les expériences étrangères tendent de plus en plus à associer la notion d'espace vert à celle d'espaces libres ou d'espaces de loisirs et à ne pas privilégier le peuplement végétal au détriment de la population, constate un rapport à son usage. Les usagers recherchent essentiellement un cadre naturel où la présence de la ville n'est plus perceptible, une grande liberté d'action, l'absence de contrainte, la possibilité pour tous les groupes usagers de se côtoyer sans gêne. Les espaces verts d'ornement aux pelouses interdites, aux chemins bien tracés, aux activités surveillées sont jugés peu satisfaisants. Les terrains d'aventure et les plaines de jeux faisant défaut, ce sont les grands parcs qui répondent le mieux aux vœux de la population. À La Courneuve, 68 % des habitants préfèrent se rendre au parc départemental plutôt que dans des espaces verts proches de leur domicile. L'objectif départemental est donc de créer des espaces verts tels qu'ils sont souhaités : lieux de détente et de fête, lieux de liberté dans un cadre naturel. »[4] Les projets soumis dans le cadre du concours doivent satisfaire à ces principes et besoins nouveaux.

La requête alors formulée par *L'Humanité* atteste l'existence d'une demande sociale qui nourrit la réflexion des architectes en charge des remodelages en cours.[5] La fête qui s'était sentie « déportée » en banlieue quand on l'y avait d'abord reléguée tient désormais cet espace pour la condition de son développement et de sa mue. Ses responsables, libérés de toute menace d'exil inopiné, investissent dans des réalisations durables : réseau complet d'électricité moyenne tension avec câbles et transformateurs souterrains, réseau complet d'alimentation en eau et surtout scène centrale, désormais disponible à d'autres fins culturelles ou politiques. Tout ceci au meilleur profit du parc paysager devenu le fleuron de mutations ambitieuses simultanément définies par le conseil général.

Le Stade de France, à Saint-Denis, qui, pour l'heure, n'a guère accueilli de manifestations de la sorte a du moins d'ores et déjà abrité telle initiative du Secours populaire. Il constitue une opportunité susceptible d'être saisie par des acteurs, politiques y compris, à la recherche d'espaces vastes et prestigieux.

Dans les années 1930, certaines municipalités ouvrières ont constitué des laboratoires et des pôles de la modernité architecturale et culturelle. À partir des années 1970, des pans entiers de la banlieue parisienne jouent un rôle similaire, sur l'initiative de ces mêmes municipalités assistées d'acteurs nouveaux cependant et, dès lors, à toute autre échelle. Et certaines des pratiques à l'œuvre participent des remodelages des espaces urbains et périurbains. Là se situent des opportunités nouvelles pour des usages en redéfinition, dans un espace qui l'est également.

4. AD 93 1801 W 302, conseil général, 1re session, 1976.

5. AD 93 1801 W 302, commission départementale du conseil général, délibérations de la séance du 8 septembre 1971.

# INTERCOMMUNALITÉS FRANCILIENNES, TERRITOIRES ÉMERGENTS

**Martine Liotard**
Architecte et urbaniste

C'est un paradoxe, l'intercommunalité vient tard en Ile-de-France, dont le paysage urbain est pourtant tout en continuités – ou plutôt fait de mille ruptures qu'aucune frontière administrative ne marque, hormis sur le périphérique.

Entre la commune, encore très prégnante, et la métropole, abstraite, mais vécue comme un espace du quotidien, le territoire de l'intercommunalité apparaît comme une nouvelle entité, longtemps catégorie de la planification régionale. Ces sites (plus ou moins) stratégiques de cinq à vingt communes deviennent des espaces de projet, de partenariat, de cohérence.

Leur histoire est variée, l'émergence des intercommunalités ne ressort pas seulement de l'incitation législative (lois Joxe et Chevènement, 1992 et 1999). On constate en banlieue l'avancée d'une façon nouvelle de penser le local dans son lien au global, d'aménager sa ville en la situant sur la carte régionale, de penser territoire, grand paysage et plus seulement (comme encore à Paris) opération urbaine.

### L'inorganisation territoriale

La première communauté de communes est née dans le Morbihan, dès 1992 ; depuis, l'hexagone s'est couvert de « pays » et de communautés. En 2002, la partie dense de l'Ile-de-France hors Paris (première couronne,

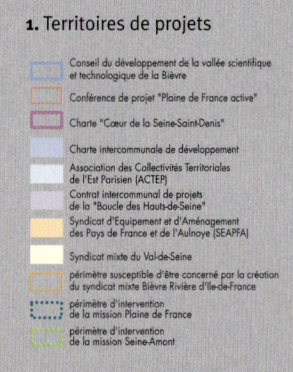

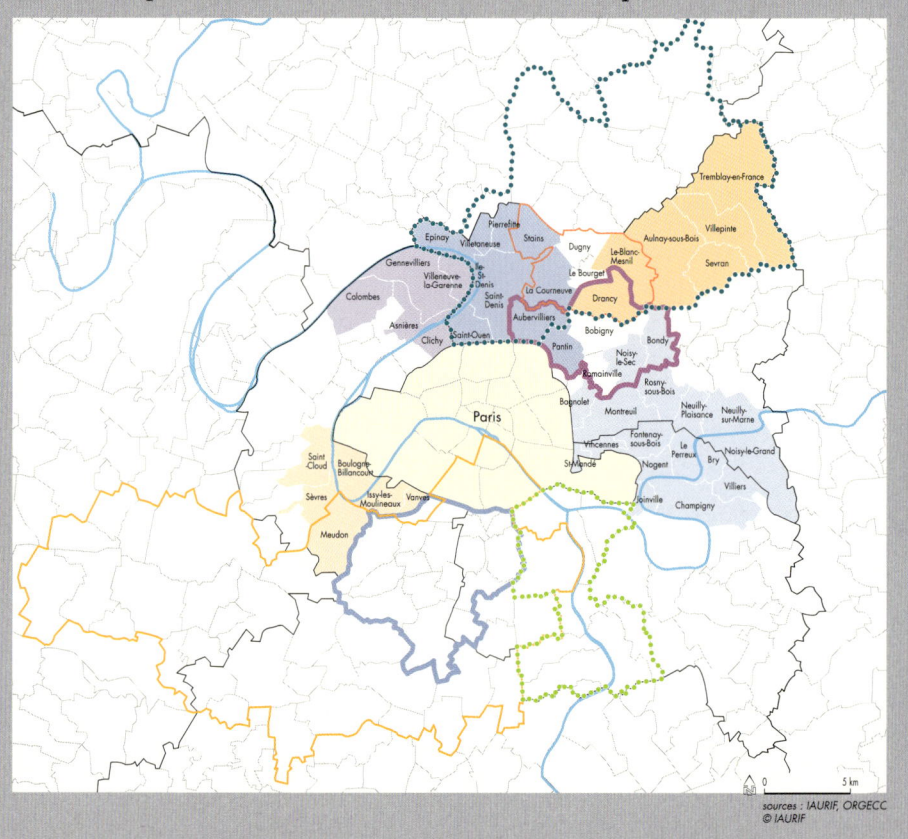

**1.** Territoires de projets

Paysages émergents

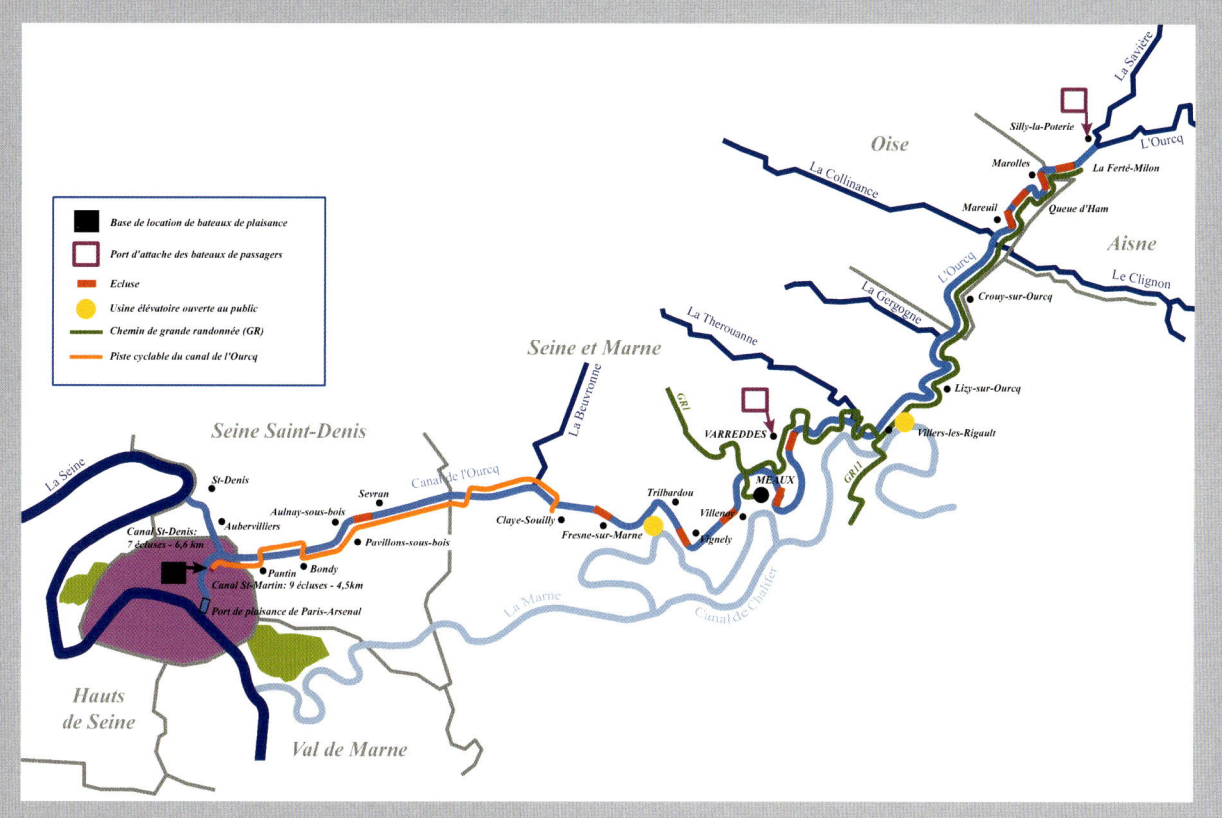

**2.** Les canaux parisiens DVD, Ville de Paris.

4 millions d'habitants, 123 communes) ne compte que six communautés d'agglomération sur vingt-six communes.[1]

Hors des métropoles, l'intercommunalité fédère naturellement autour de la ville-centre. En Ile-de-France, la tentation du « Grand Paris » est abandonnée et aucune hiérarchie entre les communes n'est à même de structurer l'espace de la banlieue (seul antécédent, les villes nouvelles, sous la férule de l'État).

La continuité des tissus, l'enchevêtrement des fonctions, la mobilité généralisée poussent à l'organisation en grand territoire. Mais le fait communal structure encore les mécanismes d'appartenance. L'enracinement des populations sur leur lieu de travail et de résidence au temps de l'usine avait généré un espace communal partagé, producteur d'identité, de services et d'usages.

En proche couronne, ce fait communal s'est renforcé entre l'affirmation d'autonomie face à Paris et l'éloignement de la région. Les trois jeunes départements issus de l'ancienne Seine se sont construits dans une conscience aiguë de la spécificité des compétences communales (sauf à Paris, ville et département).

Des six communautés de communes, seule Plaine Commune couvre tout un site stratégique – la plaine Saint-Denis et ses marges. La carte mouvante des intercommunalités informelles se rapproche plus de la géographie du schéma directeur de la région Ile-de-France (SDRIF) de 1994. Les boucles nord et sud de la Seine, le nord de Seine-Amont, les divers territoires de la plaine de France (intégrés dans un Établissement public d'aménagement d'avril 2002) sont des sites de restructuration de l'agglomération dense que le SDRIF préconise.

Des regroupements apparaissent aux interstices, sur des questions d'articulation, comme l'Est parisien, tendu entre Montreuil et Marne-la-

1. Plaine Commune et Clichy-Montfermeil en Seine-Saint-Denis, Val-de-Bièvre, Plaine Centrale, Haut-Val-de-Marne, Nogent/Le Perreux dans le Val-de-Marne.

Vallée, le « cœur » de la Seine-Saint-Denis, entre plaine (de France) et coteaux (de la Marne), et même Paris avec quelques communes riveraines.

Ces regroupements sont plus ou moins informels : syndicat pour le « panache aéroportuaire » de Roissy (SEAPFA), association pour l'Est parisien (ACTEP) et Seine-Amont-nord, simple « conférence de projet » pour la vallée de l'Ourcq (le cœur de la Seine-Saint-Denis) ou le nœud industrialo-ferroviaire autour du Bourget (Plaine de France Active), protocole de coopération avec Paris.

Les communes (avec les départements et la région) établissent ensemble une charte, un diagnostic territorial. Cet amont du projet est décisif, c'est là que se forment une vision commune du grand territoire, la reconnaissance d'une vocation partagée et non plus parcellisée, visible à l'échelle de la région.

**3.** Canal de l'Ourcq à Pantin, Seine-Saint-Denis, 2002, © J. M. Monthiers

### Renaissance du territoire

Les territoires qui émergent sont souvent des friches industrielles de grande ampleur, en Seine-Saint-Denis et sur la vallée amont de la Seine. Mêlés en général aux faisceaux ferroviaires, ces espaces en déshérence forment un grand paysage dont l'évolution ne peut se conduire qu'à l'échelle de l'ensemble.

L'obligation de la mutation pousse à cette prise de conscience, venue il y a dix ans dans la plaine Saint-Denis, très récemment à Seine-Amont (association créée en décembre 2001), et souvent il y a trois ou quatre ans en Seine-Saint-Denis.

Relancer un espace économique sur le marché régional, c'est recomposer tout le territoire, identifier des filières économiques, prévoir la formation

**Paysages émergents**

adaptée, restructurer le foncier, faciliter la desserte, requalifier l'espace urbain alentour, diversifier l'offre d'habitat : c'est l'objet complexe des chartes et des diagnostics, qui doit être cohérent localement et lisible à l'échelle régionale.

Les voies d'eau créent aussi du grand paysage et peuvent conduire à des regroupements. C'est le cas des canaux parisiens (propriété parisienne de 130 kilomètres dont huit sur Paris), qui s'étendent sur quarante-trois communes et cinq départements. Ces canaux (Saint-Martin dans Paris, Saint-Denis dans la plaine Saint-Denis, Ourcq) traversent l'ancienne plaine industrielle de la Seine-Saint-Denis et n'ont suscité des projets urbains qu'avec la mutation de ces territoires. Ces projets en front d'eau peuvent concurrencer la fonction portuaire (plates-formes, usines à béton, etc., nécessaires au développement des transports alternatifs dans la métropole). De même, la valorisation touristique des canaux, de leur paysage, ne peut se faire par séquences isolées, mais seulement sur l'ensemble du réseau.

C'est un bel exercice de coopération territoriale, que Paris veut mettre en place avec les collectivités. La Seine-Saint-Denis développe une démarche un peu similaire, avec six villes et le département des Hauts-de-Seine, sur sa façade fluviale dans la boucle nord de la Seine.

Ces intercommunalités peuvent induire de l'aménagement, mais construisent d'abord une vision globale du grand paysage et des diverses mutations à l'œuvre. Le local et le territorial sont mêlés et sont à même d'organiser le contenu de commandes d'aménagement à forte signification, si ce travail collectif préalable est fait.

**4.** Canal de l'Ourcq, 2002, © J. M. Monthiers

**Intercommunalités franciliennes**

5. Emprises foncières en projet en Seine-Saint-Denis.

Zones d'activités
Terrains disponibles et friches à reconvertir
☐ Zones de projets sur sites en friches ou démolis
○ Zones de projets sur sites nouveaux
☐ Périmètre éligible aux fonds structurels européens

Source : Atlas des Zones d'Activités Economiques - DDE de la Seine-Saint-Denis, Groupe d'Etudes et de Programmation

**Du marketing territorial aux moyens de la régénération urbaine**
L'ACTEP fait un marketing territorial très actif, qui parvient à imposer l'image cohérente d'un espace très varié. L'image régionale de l'Est parisien, formée hors de toute opération locomotive, fonctionne, et le dynamisme tertiaire de Montreuil commence à avoir des effets positifs sur Noisy-le-Grand.

Mais la majorité des intercommunalités actuelles en Ile-de-France vise le recyclage urbain et cherche à construire de nouveaux modes d'intervention. Lorsque les grands enjeux, les vocations, l'identité du territoire sont établis, il faut encore faire, en avoir les moyens.

La stratégie de l'équipement-locomotive est la plus classique. Tandis que le Stade de France a « boosté » la plaine Saint-Denis, Patrick Berger[2] rêve d'une université qui viendrait jalonner l'avenue hydraulique qu'est le canal Saint-Denis et lui donnerait sens. Dans la vallée de l'Ourcq, les promoteurs du cœur de la Seine-Saint-Denis tablent sur une Cité de la terre qui entraînerait le re-développement économique et urbain de la « bande active » entre canal et RN3. Une exposition internationale peut, de même, « tirer » un territoire.

Ces grands projets ont souvent du mal à exister et à s'ancrer localement. Mais ce sont surtout les moyens de l'action régénératrice banale qui manquent et ne sont pas à l'échelle des maigres finances des communes et départements. La conjonction des moyens privés et publics (locaux et d'État) qui a permis EuraLille est exceptionnelle, et les projets s'étalent

2. Auteur d'un intéressant projet pour la candidature de Paris/Saint-Denis aux jeux Olympiques de 2008.

**Paysages émergents**

**6.** Canal de l'Ourcq, 2002,
© J. M. Monthiers

souvent sur des dizaines d'années (voir la plaine Saint-Denis). Nombre de ces regroupements informels finiront sans doute par s'institutionnaliser, mais le partage de la taxe professionnelle ne financera pas les aménagements ni les politiques d'accompagnement.

L'exemple du campus de Villetaneuse (aux limites du Val-d'Oise dans Plaine Commune) est caractéristique des atouts et limites du partenariat informel. En deux ans, le projet de développement du campus est devenu la matrice d'un projet de territoire, par la conjonction de volontés locales, de financements d'État (contrat de plan, grand projet de ville) et de tous les partenaires (bailleur, département, commune, université).

Pour la première fois, ce campus venu de la planète Mars[3] s'inscrit dans son territoire, de la gare d'Épinay (où affluent les étudiants du Val-d'Oise) au campus de Paris VIII à Saint-Denis ; on pense valorisation de la recherche, formation des jeunes des environs, franchissements de la voie ferrée, marquage du paysage, espace public, tramway, centre-ville.

Le maintien du partenariat est, dans ce pari incertain (une tentative en 1994 n'avait rien donné), la garantie d'une vision globale persistante, qui ferait enfin reconnaître Villetaneuse sur la carte d'Ile-de-France. Mais les financements s'agglomèrent difficilement pour gérer toutes les faces du projet.

Le modèle français de régénération urbaine doit évoluer. L'EPA de la plaine de France inaugure le mariage à parité entre l'État et les collectivités territoriales, mais ne faut-il pas, comme aux Pays-Bas, une planification plus active, assortie de financements spécifiques qui permettent de passer du marketing territorial à la réalité d'un grand projet d'aménagement du territoire ?

---

3. Dans les années 1970, le projet d'une ville-université-parc couvrait trois communes. Seuls la première tranche et 400 logements sociaux ont été réalisés à Villetaneuse, ville sans centre, coupée en deux par le chemin de fer de grande ceinture et peu accessible. Le campus de 15 000 étudiants (dans une ville de 11 000 habitants) était devenu une sorte de forteresse hors la ville.

# LA BIÈVRE
# PROJET D'UN PAYSAGE PARTAGÉ

**Anne Pétillot**
Architecte, urbaniste, sociologue, chef de projet Opération de renouvellement urbain partenarial

**Daniela Pennini**
Architecte voyer à la ville de Paris

La Bièvre. Ce nom renvoie à l'image d'un lieu unique, fil d'argent entouré de prés et de bosquets. La Bièvre, rivière et vallée, fait rêver à des projets qui renouent avec ce paradis bucolique. Née entre les étangs du plateau de Saint-Quentin-en-Yvelines, traversant la plaine de Versailles et ses forêts, courant au pied des plateaux de Saclay et de Villejuif, canalisée depuis Antony, la Bièvre, rivière d'Ile-de-France, finit sa vie dans la Seine, au cœur de Paris, au terme de 45 kilomètres de méandres, après avoir croisé 500 000 habitants de cinq départements.

Reprendre le fil de la Bièvre, c'est à la fois renouer avec son unité et partir de sa diversité. Ce fil ténu mais vivace porte la longue histoire d'un grand paysage ; points de vue étonnants d'une vallée qui laisse au regard de l'habitant d'une ville agglomérée la possibilité de dévaler la pente du coteau pour suivre la courbure imaginaire de la rivière, en distinguant ici un rideau d'arbres, là un étang végétal. Mais la Bièvre, c'est aussi un passage sous une poterne, d'anciens biefs pavés ou encore une île désindustrialisée et végétalisée.

Aujourd'hui, le paysage visible de la rivière, celui qui renvoie à des perceptions sensorielles – la vue, l'ouïe, l'odorat –, n'existe qu'en amont.

**1.** La Bièvre près de la poterne des Peupliers en 1862, D.R.

**Paysages émergents**

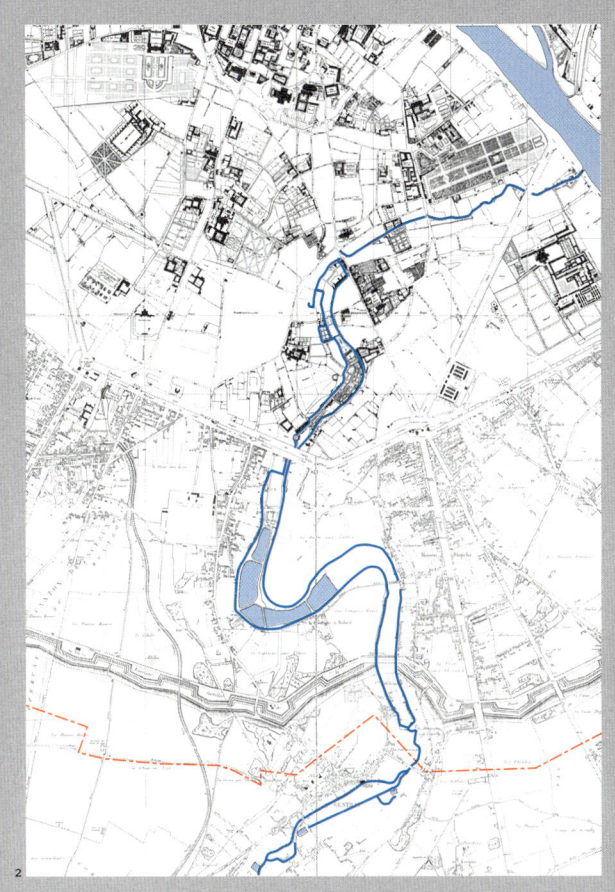

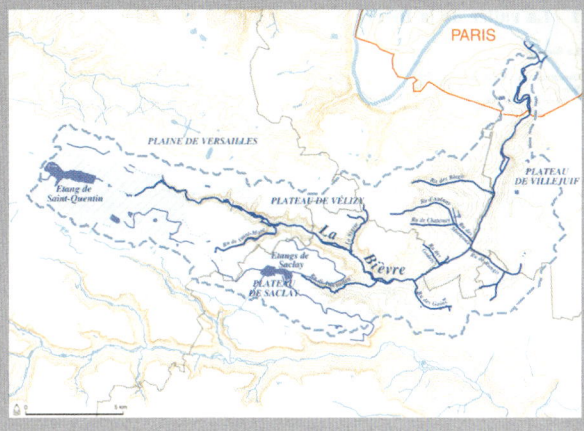

**2.** La Bièvre dans Paris, d'après le plan Verniquet (1971) et le plan Lefèvre (1854).
**3.** La Bièvre et son bassin versant, © IAURIF.
**4.** La vallée de la Bièvre, DR.

Au-delà subsiste un paysage fondamental ou caché, qui impose lignes, plans et masses au paysage visible, qui guide et contraint les interventions humaines. Ce paysage derrière le paysage doit renaître aujourd'hui. Topographie, vallée, fond de rivière, courbe de niveau, franchissements, la Bièvre existe encore, dans la morphologie des voies qu'elle a dessinées, dans la toponymie parfois, dans les essences végétales, les échelles multiples, les visions panoramiques ou très rapprochées.

### Le mythe de la rivière

La rivière a longtemps été pour les hommes une inépuisable richesse : source d'énergie, de nourriture, de loisirs, lieu de défense, de transports, avant de devenir un exutoire pour la vie urbaine, lieu mystérieux et profond de pratiques inavouables, pays des mirages et fantasmagories. À Gentilly comme à Paris, loin de l'image bucolique des prairies de Versailles, la Bièvre, mère nourricière, alimentait les industries, permettait le travail difficile, charriant les immondices. « Comme bien des filles de la campagne, la Bièvre est, dès son arrivée à Paris, tombée dans l'affût industriel, spoliée de ses vêtements d'herbes et de ses parures d'arbres. Cernée par d'âpres négociants qui se la repassent mais l'emprisonnent à tour de rôle le long de ses rives, elle est devenue mégissière et, jours et nuits, lave l'ordure des peaux écorchées, macère les toisons épargnées, subit les pinces de l'alun, les morsures de la chaux et des caustiques. Que de soirs derrière les Gobelins, dans un pestilentiel fumet, on la voit seule, piétinant dans sa boue, au clair de lune, pleurant, hébétée de fatigue, sous l'arche minuscule d'un petit pont... » (J. K. Huysmans)

À l'heure où la rivière a pratiquement disparu sur la moitié de son parcours, à l'heure où la ville dense cherche activement à renouer avec

**5.** La Bièvre, rue Croulebarbe, Paris 13ᵉ, 1904, DR.

son passé, à l'heure du développement durable et solidaire, de l'écologie urbaine, des réseaux verts, chacun se souvient de cette vallée champêtre du Sud parisien. Faut-il néanmoins oublier ce passé moins serein, cette rivière épuisée, colorée par tous les produits d'industrie, moirée par les huiles qui s'y déversaient? Ne faut-il garder de ces ouvriers, tanneurs, blanchisseurs, brasseurs, teinturiers, fabricants de laine, de carton, de savon, d'acides, de chandelles, qu'un douloureux souvenir qu'il importe d'effacer?

### Rivière ou canal

Une chose est certaine : aujourd'hui, la rivière rattache l'urbain déraciné aux éléments naturels, le relie au temps qui s'écoule. Si la rivière n'a pratiquement plus de fonction vitale et productive, elle peut encore remplir une fonction sociale : lieu de rencontre, d'échange autour d'une activité commune, lieu de souvenir, patrimoine vivant.

Porter un projet de rivière nécessite de s'arrêter sur ce qui fait sens pour l'homme de la ville : faut-il favoriser la présence de l'eau, la continuité du

**Paysages émergents**

**6.** La vallée de la Bièvre, DR.

parcours, le paysage, la juxtaposition de repères (fontaine, rideau d'arbres, bordure de quai), plus subjectivement l'association de couleurs, de transparences, de reflets ou, tout simplement, la mise en valeur d'un héritage réel ? N'y a-t-il pas un risque de faire de l'eau, déchargée de ses fonctions originelles de vie et de production, un simple élément de décor urbain, esprit de rivière, fontaine linéaire ? Comment donner sens à une rivière cachée ?

D'ouest en est, la Bièvre est multiple ; naturelle et vivante jusqu'à Antony, elle a été progressivement recouverte pour améliorer les conditions de vie des habitants et des riverains. Depuis cinquante ans, elle a fini rejetée, engloutie dans le réseau gigantesque de l'assainissement. Quelle marque authentique garder de cette rivière domestiquée et souterraine ? La difficulté n'est pas tant de recréer la Bièvre imaginaire que de proposer la vision d'une Bièvre moderne, ici naturelle, là contrôlée, riche de ses passés, soucieuse de son présent, curieuse de son futur.

### Un vrai projet patrimonial : renouer avec l'histoire urbaine et paysagère de la vallée de la Bièvre, mais aussi avec son histoire sociale

Le projet concernant la Bièvre vise avant tout à restaurer le cours d'eau et à le rendre aussi naturel que possible. Grâce aux efforts réalisés par les syndicats d'assainissement, la qualité de l'eau ne cesse de s'améliorer. Le défi de refaire de la Bièvre une rivière d'Ile-de-France rassemble aujourd'hui des associations et des institutions, et se traduit dans l'objectif de créer une promenade continue de Paris à la base de loisirs de Saint-Quentin, axe central d'un maillage de circulations douces reliant entre eux les espaces verts publics. Cela nécessite de renverser le processus de privatisation des berges, en les rendant accessibles, et de dépolluer les eaux déversées, en permettant d'assurer la revitalisation et la continuité biologique de la rivière.[1]

L'enjeu est de taille ; il a fallu cent ans pour couvrir la Bièvre, il faudra nécessairement un moment pour la redévoiler et ne pas réduire le projet à une simple évocation ; car la Bièvre n'est pas absente du paysage, elle est le paysage.

Retrouver la rivière, ce n'est pas seulement recréer visuellement le cours d'eau ; c'est aussi sauvegarder les éléments biologiques, maintenir la structure du paysage perceptible – corridor, îlots – et respecter la nature physique du milieu. Recréer une rivière ne se limite donc pas à l'aménagement linéaire du cours d'eau mais s'étend bien au-delà, au bassin versant à la vallée, à la marque du creusement des plateaux. Ainsi, malgré les remblais successifs qui ont progressivement fait disparaître l'inclinaison spécifique des versants, la topographie de la vallée reste souvent perceptible, la morphologie de la rivière perdure dans des voies, des ponts, des façades,

1. Région Ile-de-France, *Bièvre, rivière d'Ile-de-France*.

**La Bièvre, projet d'un paysage partagé**

**Réouverture de la Bièvre à Gentilly**

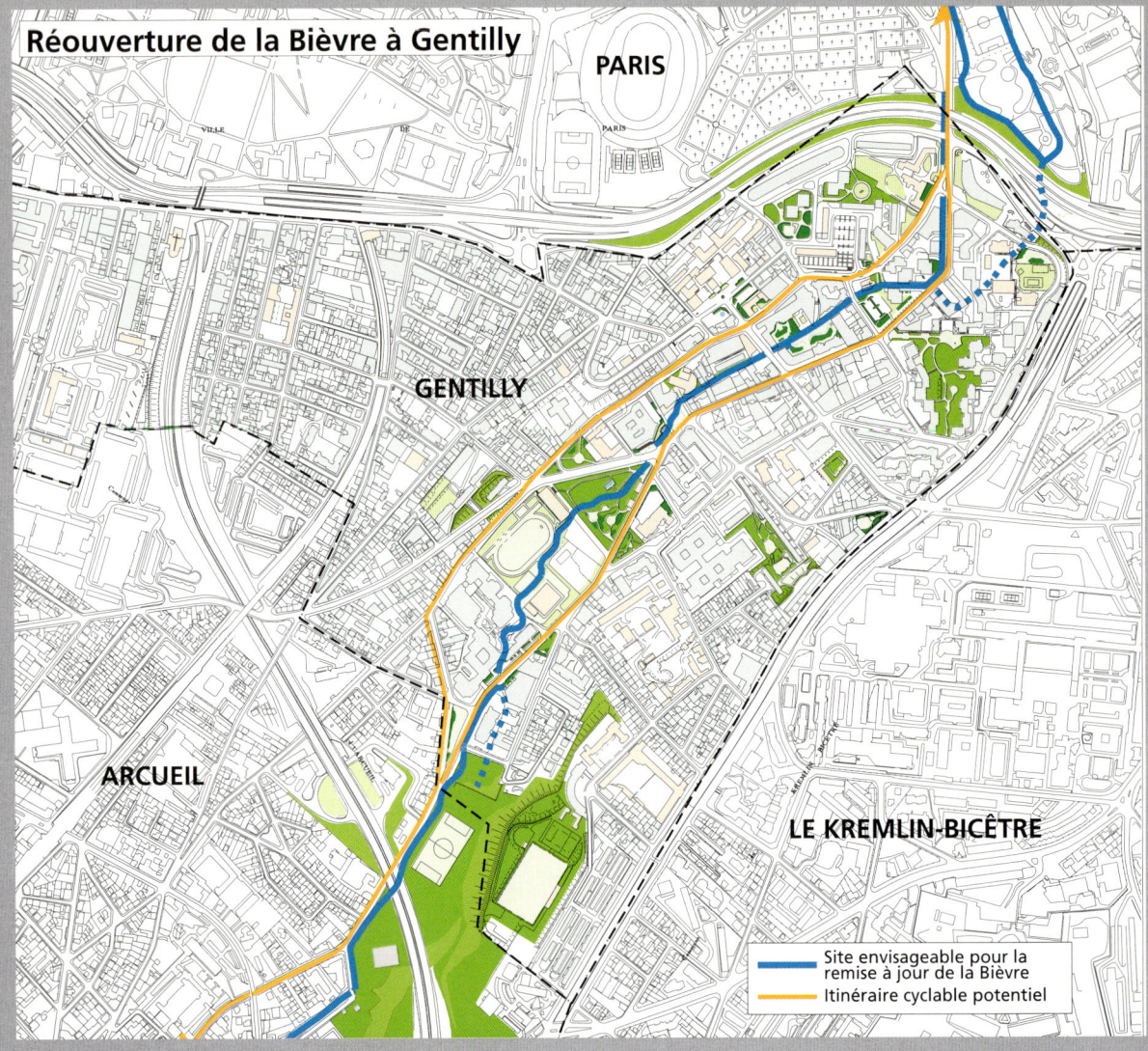

PARIS

GENTILLY

ARCUEIL

LE KREMLIN-BICÊTRE

— Site envisageable pour la remise à jour de la Bièvre
— Itinéraire cyclable potentiel

**7.** Projet de réouverture de la Bièvre à Gentilly, © étude APUR.

des formes d'habitat, d'ouverture sur les anciens quais, son écosystème résiste de place en place. Cela nécessite de donner à lire la vallée ; marquer la continuité des rives plus ou moins végétales, retrouver les ouvertures visuelles, les perspectives courbes propres au tracé de l'eau, renouer avec les ambiances particulières – effet de silence et de miroitement – qui invitent à la contemplation et à la promenade, découvrir parfois simplement les traces à peine visibles de son passage et les révéler. Cette lecture du paysage doit être facilitée par des éléments physiques reconnaissables – matériaux, plantations, mobilier –, mais aussi par des règles de constructions – dégagement de perspectives, limitation des hauteurs, respect de largeurs constantes…

Il faut donc, avec la rivière, penser les berges, les quais, la vallée mais aussi les accès, les activités, etc. Et si la Bièvre est multiple, tantôt naturelle, tantôt canalisée, tantôt imaginaire, son usage doit l'être tout autant : lieu d'activités physiques, espace de promenade, tantôt inclus dans un parc, tantôt isolé le long d'une voie, bordé d'arbres ou de maisons. Des projets se sont déjà concrétisés en milieu naturalisé, comme le bief d'un kilomètre à Verrières-le-Buisson, le parc Heller et la rue de l'Abreuvoir à Antony, le parc de la Bièvre à l'Hay-les-Roses ou encore le parc des Prés à Fresnes. D'autres aménagements ont été réalisés en milieu urbain, tels que l'allée Cassin à Gentilly, et bientôt les aménagements parisiens dans le parc Kellermann, le square René Le Gall, ou encore le jardin de l'annexe du Muséum d'histoire

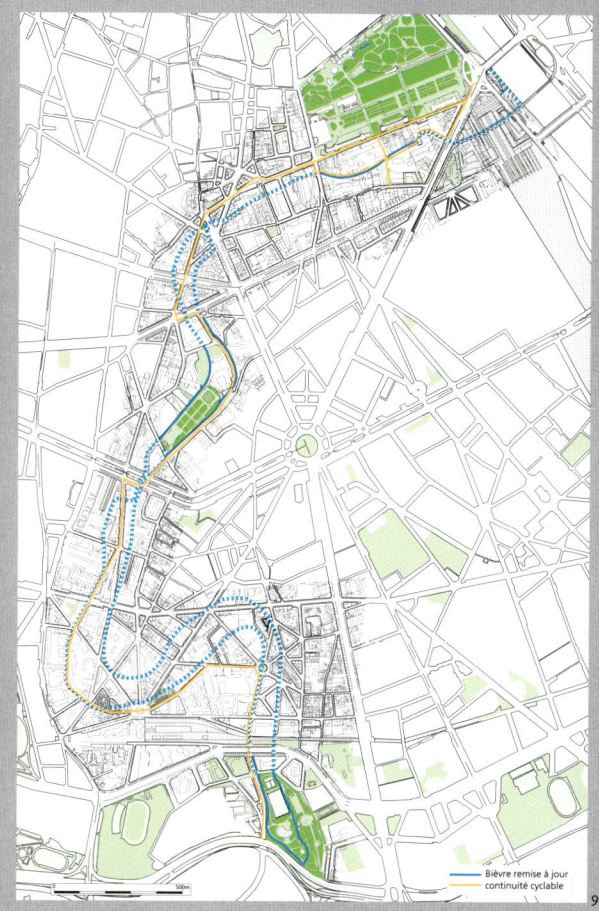

**8.** Aménagement d'espaces extérieurs du centre-ville de Gentilly, partie du projet de réhabilitation de la vallée de la Bièvre dans la traversée du Val-de-Marne, Le bureau du paysage.
**9.** Le projet de renaissance de la Bièvre à Paris, © étude APUR.

naturelle. Mais il faudra, pour que l'habitant, le marcheur, l'usager ressente l'identité de cette rivière partagée, que l'espace soit pensé dans sa continuité.

La vallée aval tirant son sens et sa richesse de son dynamisme, de son activité, de son ingéniosité artisanale, assez naturellement le projet de la rivière de la Bièvre s'est donc accompagné d'un projet de vallée. La vallée technologique de la Bièvre devrait ainsi devenir la version moderne de la vallée industrielle, propulsée par la force du haut débit technologique, organisée comme un parc d'activités linéaire, reliant les universités du Quartier latin à celles du plateau de Saclay, faisant de la Bièvre le lieu original de cette activité.

Au-delà du dessein de la rivière renouvelée, le grand paysage de la Bièvre est un élément de cohérence territoriale. Il doit être pensé en termes d'activité, de rayonnement, de visibilité, comme la pièce maîtresse d'un plan d'aménagement et de développement durable, le point de départ d'une vision locale de l'urbanisme, générateur de formes, de densités, d'organisation de l'espace, d'usages, donnant un sens nouveau aux opérations d'urbanisme qui bordent son tracé.

La rivière est un lieu vivant, un lien symbolique, partageant les territoires qu'elle traverse, formant à elle seule un territoire de partage. Patrimoine commun, la rivière de la Bièvre mérite aujourd'hui que soit organisé autour d'elle un réseau solidaire et coordonné de partenaires et d'habitants.[2] Plus qu'une recherche d'unité, il convient désormais que tous en aient une vision moderne, plus globale et plus partagée.

2. A été créé cette année un syndicat d'étude et de programmation réunissant de nombreuses collectivités, dont l'objectif est de redonner vie à cette très vieille rivière d'Ile-de-France.

**La Bièvre, projet d'un paysage partagé**

# DIX-SEPT COMMUNES, DEUX DÉPARTEMENTS : L'ACTEP

**Patrice Berthé**
Responsable de l'Association des collectivités territoriales de l'Est parisien (ACTEP)

### Un territoire

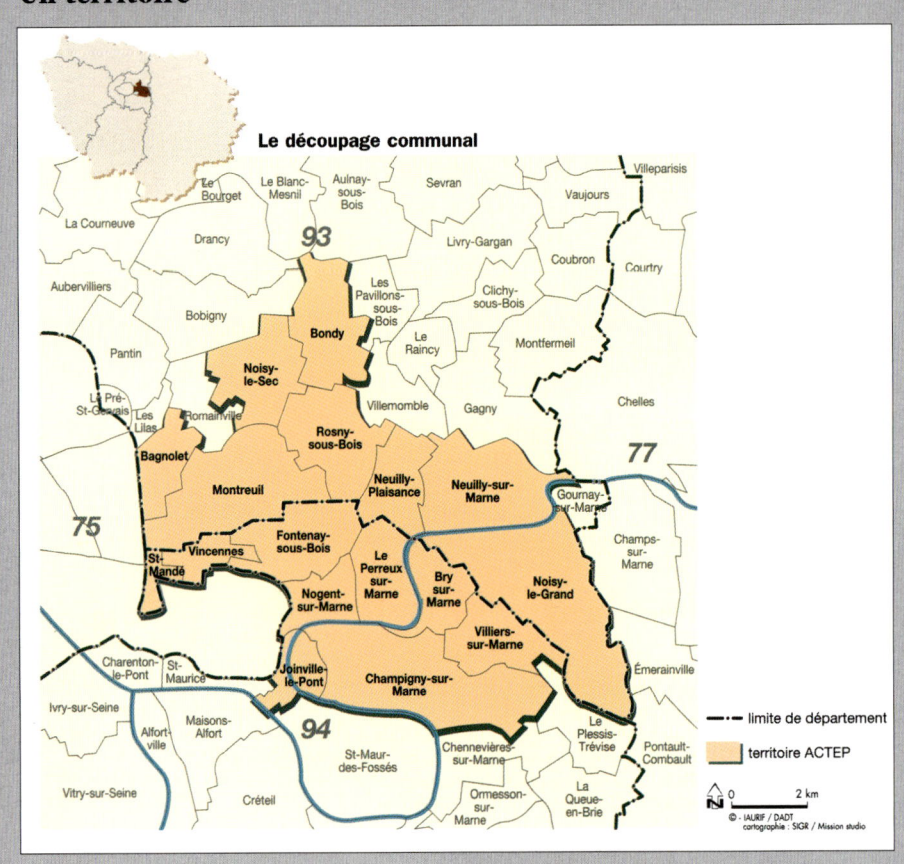

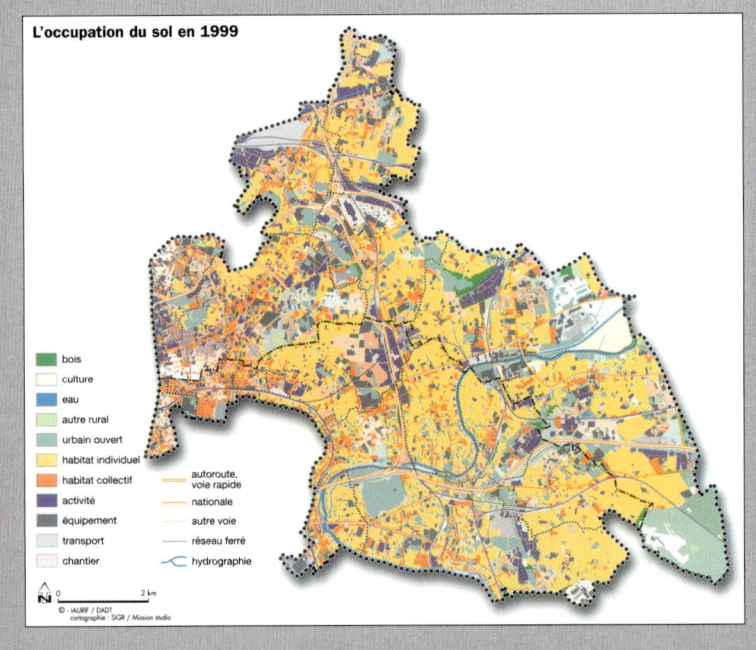

### Un projet et une volonté politiques

L'intercommunalité n'est pas une découverte récente pour les collectivités territoriales de l'Est parisien. Depuis de très nombreuses années elles appartiennent toutes à des syndicats intercommunaux à vocation unique (SEDIF, SEGIF, SYCTOM, SITOM, SIPPEREC, SIAPP…), et ont, sous d'autres formes (de l'EPCI à l'association), développé des coopérations intercommunales de projet (pour exemples : élaboration d'un schéma directeur des circulations douces sur sept communes, réflexions sur la programmation des infrastructures de TCSP pour neuf communes, prospectives sur la filière image à quatre communes, etc.), et même créé des établissements intercommunaux à destination des personnes âgées et des handicapés ou mis en œuvre des dispositifs d'insertion par l'économie.

La nécessité d'une approche plus globale pour le développement territorial s'est manifestée lors de l'établissement et des négociations du contrat de plan État-Région 2000-2006. Quatre maires (les « pères fondateurs » : J.-P. Brard, député-maire de Montreuil ; G. Carrez, député-maire du Perreux ; P. Gérard, maire de Vincennes ; M. Pajon, député-maire de Noisy-le-Grand) ont constaté qu'ils partagent le même diagnostic, la même analyse des enjeux sur l'aménagement de cette partie de la région francilienne à cheval sur la Seine-Saint-Denis et le Val-de-Marne. Ils ont alors entrepris des contacts multiples avec leurs collègues maires du secteur, qui les ont rejoints ; ils étaient douze au début 2000 : Bagnolet, Noisy-le-Sec, Rosny-sous-Bois, Bondy, Montreuil, Neuilly-Plaisance, Noisy-le-Grand, Fontenay-sous-Bois, Nogent-sur-Marne, Le Perreux, Vincennes, Saint-Mandé ; puis quinze à la mi-2000 : avec Bry-sur-Marne, Neuilly-Plaisance et Villiers-sur-Marne ; enfin dix-sept à la mi-2001 : avec Champigny-sur-Marne et Joinville-le-Pont. Les conseils généraux de la Seine-Saint-Denis et du Val-de-Marne se sont associés à la démarche très rapidement.

Tous ces élus ont établi un constat partagé dont les principales composantes sont les suivantes :
– L'aménagement et le développement de la région Ile-de-France sont loin d'être homogènes. Or, ce secteur de l'Est parisien n'est pas l'un des territoires retenus au contrat de plan État-Région. Il souffre ainsi non seulement du déséquilibre Ouest-Est, mais aussi de déséquilibres à l'échelle de territoires plus réduits avec, à l'Est, les effets d'aspiration de pôles comme Roissy-en-France, la Plaine Saint-Denis ou Marne-la-Vallée. Il est une sorte de « ventre mou », un délaissé du développement francilien, un espace oublié des décideurs publics et privés.
– Chaque maire a de grandes ambitions pour sa ville. Or, une commune seule ne peut répondre à tous les besoins et à chaque demande de ses habitants, de ses entreprises et de leurs salariés. Par contre, ensemble, à l'échelle d'un territoire pertinent, des communes peuvent être complémentaires au sein d'une solidarité « bien comprise ». L'intérêt est donc patent pour elles d'engager une réflexion en termes de bassin de vie, de pôles de développement dans le cadre d'une vision globale, et d'œuvrer pour :
– dépasser la concurrence entre villes voisines ;
– privilégier la solidarité, la complémentarité et les synergies ;
– favoriser la valorisation d'un territoire commun autour de projets partagés ;
– constituer une nouvelle forme de pensée et d'initiative.

Il s'agit donc de faire émerger une intercommunalité au-delà des clivages politiques et des découpages administratifs, afin de concevoir et de mettre en œuvre un projet de développement territorial harmonieux et cohérent. Un tel projet implique la mobilisation de partenaires extérieurs au territoire et, pour ces élus, l'obligation de :
– se faire entendre, en pesant de tout leur poids, des pouvoirs publics décideurs en matière de grands équipements ; affirmer la légitimité de l'intervention de ces communes (d'où ce qui deviendra l'ACTEP) ;

– attirer les entreprises sur ce territoire en renforçant son attractivité ;
– donner une image (identité) moderne, dynamique de l'Est parisien.

D'autant que ce diagnostic partagé concerne un territoire qui ne manque pas d'atouts :
– une localisation stratégique dans le paysage régional ;
– des dessertes routières et ferrées le mettant en relation avec les grands pôles régionaux ;
– la présence de la Marne ;
– un patrimoine historique ;
– des espaces verts nombreux et importants ;
– un patrimoine humain riche de ses diversités et de sa mixité ;
– une offre résidentielle très diversifiée ;
– un tissu économique, en particulier de PME-PMI, encore vivace et créatif ;
– des pôles tertiaires constitués ou en cours de développement et identifiés au niveau régional ;
– des disponibilités foncières ;
– un nombre d'habitants respectable ;
– une tendance forte, parfois ancienne, à l'établissement de coopérations intercommunales.

Ainsi, l'Est parisien participe pleinement et entièrement à la vie de la région Ile-de-France, ses richesses urbaines, économiques et environnementales offrant un fort potentiel de développement.
Il est cependant nécessaire de réduire certains handicaps :
– un réseau autoroutier saturé ;
– des inégalités d'accès aux transports en commun, des chaînons manquants et un RER surchargé ;
– une désindustrialisation continue ;
– l'inadaptation entre les qualifications des emplois créés ou transférés et celles des demandeurs d'emploi ;
– des habitats anciens souvent vétustes et sociaux, à restructurer ;
– des nuisances routières et ferrées avec des protections phoniques nulles ou insuffisantes ;
– des inégalités d'accès, qualitatifs et quantitatifs, aux services publics ;
– l'absence de grand équipement régional ;
– une identité floue et disparate ;
– l'aggravation du déficit en emplois ;
– des inégalités d'accès aux nouvelles technologies de l'information et de la communication ;
– des sites d'enseignement supérieur et de recherche en nombre très insuffisant.

De cet ensemble de handicaps, émergent trois risques pour l'avenir de l'Est parisien :
– sa transformation en banlieue-dortoir, c'est-à-dire l'affaiblissement de son rôle économique ;
– sa fragmentation sociale, c'est-à-dire l'aggravation des coupures entre les quartiers en difficulté et les quartiers résidentiels prospères, et entre les zones d'activités en déclin et les pôles tertiaires modernes ;
– la dégradation de son cadre de vie, la banalisation de ce paysage présentant un caractère unique et pittoresque.

**Paysages émergents**

Trois enjeux majeurs en résultent :
– le positionnement et l'attractivité de la région dans le cadre est de la proche couronne ;
– la recherche d'une plus grande solidarité, une complémentarité entre les communes tant au plan social qu'économique ;
– enfin l'amélioration et la mise en valeur de son cadre de vie dans un souci de revalorisation de son image.

Et trois axes stratégiques permettent d'y répondre :
– exploiter les ressources spécifiques du territoire ;
– valoriser sa diversité ;
– tirer profit de l'effet d'entraînement des grands pôles voisins.

### Une méthode : le projet, l'action avant la structure
La démarche de l'ACTEP 93-94 s'est déroulée en quatre étapes.

Étape 1 – Les contacts préliminaires entre élus ont permis de préciser les « règles du jeu ».
– le volontariat : une démarche hors de toute délégation ou de tout transfert de compétence
– le consensus : toutes les décisions doivent être prises sur cette base, sans vote ; hors de toute règle de représentativité associée, par exemple, au nombre d'habitants
– le pragmatisme : la politique des petits pas, une nouvelle étape ne s'engageant qu'après validation de la précédente
– l'absence d'institutionnalisation de la démarche : pas d'EPCI et étanchéité entre l'ACTEP et toute démarche éventuelle menée parallèlement de constitution de communauté de communes ou d'agglomération
– un budget limité au minimum : pas de structure technico-administrative lourde ou ayant vocation à être pérenne

L'application de ces cinq règles a été associée à la volonté d'aller à l'essentiel : partant sur la base de ce qui rassemble (le plus grand dénominateur commun) en excluant ce qui peut être conflictuel, quatre priorités (puis cinq) furent choisies, pour lesquelles un consensus a pu être vérifié quant au partage de problématiques par les communes (application du principe de réalité). Ces priorités sont :
– le développement économique ;
– les transports et les déplacements ;
– la formation ;
– l'environnement ;
– enfin, les nouvelles technologies de l'information et de la communication.

La liste n'est pas limitative ; par exemple, le tourisme devrait être abordé d'ici fin 2002.
L'établissement de cette liste a permis d'occulter dès le départ les points de blocage, et donc de donner à la démarche un rythme dense immédiat, une bonne lisibilité, une certaine crédibilité associée aux premiers résultats obtenus.

Étape 2 – La contractualisation avec l'État et la Région au titre de l'article 21 du contrat de plan a permis de conforter ces choix initiaux. En effet, ni le préfet de région, ni le président du conseil régional ne les ont remis en cause. Ils se sont contentés de conditionner leurs partenariats respectifs au respect d'un dispositif *a minima* sous la forme de l'association.

La dynamique de la démarche fut aussi grandement confortée par la décision, en accord avec ces deux partenaires, de confier à l'Institut d'aménagement et d'urbanisme de la région Ile-de-France (IAURIF) les premières études. L'Institut, par sa connaissance du territoire, ses études déjà réalisées, ses banques de données et cartes, la qualité de ses experts à l'écoute des élus et des services communaux, a en effet réuni dans des délais brefs des éléments concrets venant enrichir les réflexions et échanges entamés.

Enfin, l'implication des conseils généraux de la Seine-Saint-Denis et du Val-de-Marne, y compris à travers des subventions élevées, a grandement facilité la démarche.

Étape 3 – Une convention tripartite État-Région-ACTEP a fixé les conditions d'élaboration d'un projet de développement durable et équilibré du territoire en trois phases.

Phase 1 : l'établissement d'un état des lieux et d'un diagnostic territorial partagé confié à l'IAURIF

Phase 2 : le positionnement stratégique du territoire ; cette phase en cours permettra de définir une stratégie commune et de déterminer les objectifs du projet de territoire à partir d'une explicitation partagée des enjeux – devra aussi être abordée la question des coopérations avec les territoires voisins et mitoyens.

Phase 3 : le projet proprement dit de territoire associé à un programme d'actions pour la période 2003-2006.

Le diagnostic territorial partagé est élaboré selon l'organisation décrite ci-après.

Les instances politiques

La présidence de l'ACTEP est assurée de manière tournante, environ tous les semestres. Le premier président a été Jean-Pierre Brard, député-maire de Montreuil ; le second, Gilles Carrez, député-maire du Perreux ; l'actuel, depuis le début 2002, est Michel Pajon, député-maire de Noisy-le-Grand.

L'ensemble des collectivités membres de l'Association, représentées par leurs maires et présidents ou vice-présidents, se réunit tous les mois (les « petits déjeuners de l'ACTEP »). À ces réunions, où sont invités les représentants de l'État et de la région Ile-de-France, les décisions sont prises sur la base du consensus, sans vote.

En complément à ces réunions mensuelles, des rencontres sont organisées avec des décideurs privés et publics (CDC, CCIP, MEDEF, chambre syndicale des promoteurs-constructeurs, syndicats de salariés, comités de développement, dirigeants d'entreprises…). Ces rencontres n'ont pas qu'un objectif de *lobbying*, mais sont organisées dans une volonté d'alimenter la réflexion des élus grâce à des points de vue, des visions externes au territoire.

Les élus de l'ACTEP souhaitent aussi formaliser des partenariats multiples dans un souci de recherche des complémentarités et des synergies dans l'action. À ce titre, des accords ont été passés avec la Caisse des dépôts et consignations, la Chambre de commerce et d'industrie de Paris, et des contacts sont en cours avec la municipalité de Paris.

Les instances techniques

Dans un souci de flexibilité de la démarche, d'économie de moyens, avec la volonté d'une forte implication des services des collectivités (gage de réussite dans la durée), le travail technique est basé sur la mise en réseau des instances techniques. Ces services font ainsi bénéficier l'Association de leur expertise, de leur savoir-faire, de leur connaissance des acteurs locaux et de leurs territoires, de leur lien direct avec les élus locaux. Tout un ensemble qu'une structure « centralisée » aurait bien du mal à acquérir globalement et rapidement.

Le réseau est constitué de cinq groupes de travail thématiques (d'autres groupes pourront ultérieurement travailler sur de nouveaux thèmes), réunissant l'ensemble des collectivités, et piloté chacun par une collectivité volontaire différente :
– le développement économique (pilote Noisy-le-Grand) ;
– la formation (pilotes Rosny-sous-Bois et Bagnolet) ;
– les transports (pilote Montreuil) ;
– l'environnement (pilote Saint-Mandé) ;
– les « NTIC » ou nouvelles technologies (pilote Joinville-le-Pont).

Ces groupes se réunissent chaque mois avec les partenaires de l'ACTEP (État, Région, CDC, CCIP…).

Les élus leur ont aussi demandé d'engager des travaux communs sans attendre les conclusions de la première phase. Et ce dans un double objectif : apprendre aux services à travailler ensemble (constitution d'une culture commune) et donner des « signes », des résultats concrets, des retombées visibles de cette intercommunalité de projet. Ces travaux sont, par exemple, l'élaboration d'un schéma de circulations douces de 200 kilomètres à l'horizon 2006, un dispositif de lutte contre les tags, l'organisation d'un colloque, la création d'une école de la « deuxième chance », la création d'une école d'auxiliaires de puériculture, etc.

Dans le même temps, les élus multipliaient les démarches pour trois dossiers :
– la suppression des bouchons sur le tronçon commun A 4-A 86 ;
– la création d'un lycée international ;
– l'organisation de l'Exposition internationale de 2004 et le développement de la filière image.

Étape 4 – L'organisation actuelle correspond à un double objectif :
– la conduite à terme des $2^e$ et $3^e$ phases de l'élaboration du projet de territoire ;
– la mise en place d'une structure de promotion économique du territoire, d'un « guichet unique » pour le traitement des prospects avec les entreprises, les promoteurs, les investisseurs…, d'un site officiel Internet.

Cette dernière étape sera possible grâce à la constitution d'une équipe permanente de projet de trois personnes et au maintien du fonctionnement en réseau.

Pour l'ensemble du réseau, le chantier prioritaire et la création d'un site Intranet devant constituer un système d'information partagé, transparent et complet, et permettant d'assurer en temps réel et de manière interactive :
– la circulation de l'information ;
– la consultation de tous les dossiers, des projets ;
– la transmission et la communication de documents et notes.

(à suivre…)

# L'ARCHIPEL MÉTROPOLITAIN

221 **DE L'HABITAT**

245 **NOUVELLES CENTRALITÉS**

317 **DE LA MOBILITÉ**

351 **PAYSAGES**

# LE DEVENIR DE L'ARCHIPEL MÉTROPOLITAIN

**Jean-Pierre Pranlas-Descours**

En écho aux thèmes analysés sur la constitution du territoire de la métropole dans la première partie de cet ouvrage, nous avons proposé à un ensemble d'acteurs de la ville : architectes, urbanistes, paysagistes, aménageurs de s'interroger sur son devenir et de nous exposer ici leur vision de l'espace métropolitain.

La complexité du paysage de la métropole ne peut être uniquement abordée au travers d'une pensée unificatrice qui tenterait de nier l'hétérogénéité de la ville contemporaine par une attitude hégémonique. Notre démarche a l'ambition d'opposer à des logiques d'aménagement territoriales qui s'ignorent, une idée de l'articulation des différentes échelles urbaines au sein de ces paysages.

Tout en reconnaissant la palette riche et originale des situations où se développent la vie métropolitaine, il est nécessaire d'en finir avec l'idée de la singularité de la banlieue, terme qui n'est plus représentatif de la réalité. La ville diffuse dans laquelle nous vivons englobe dans un même territoire des lieux historiques d'hyper-centralités et des espaces non-définis où se développe la vie au quotidien.

C'est dans un esprit prospectif, qu'ont été rassemblés des essais décrivant une multiplicité de situations, de lieux de vie, de lieux de travail et de plaisirs. Complétés par des applications, projets réalisés ou à venir, ces essais illustrent avant tout des situations complexes et transversales, témoignant d'une attention précise aux mutations aujourd'hui engagées au sein de la métropole. Par l'ensemble de ces contributions, nous voulons ainsi proposer un foisonnement de réponses possibles au devenir de cet archipel métropolitain.

**DE L'HABITAT**

L'Atelier Wunderschön Peplum[1] présente
# *TRANSFERT RADIAL :*
## *DÉCOUVERTE D'UN RIVAGE INTÉRIEUR,*

une installation visuelle et sonore retraçant les épisodes d'une exploration de la banlieue Sud entre Malakoff et Arcueil, où l'on identifie une figure de *quai continu*.

**Un horizon marin sans océan.**

2002, à l'arrière des communes de la première couronne entre les deux rives sud de la Seine : des grues par dizaines érigent en concentration des immeubles de standing néohaussmanniens, rejoignant les hauteurs des cités HLM[2] tandis qu'au ras du sol rampent des labyrinthes micropavillonnaires où les ouvriers retraités cèdent chaque jour la place à des colons parisiens. Ici se joue une redéfinition de la banlieue limitrophe, là où elle cesse d'être une extension contiguë à Paris[3]. Un paysage qui est aussi un spectacle, qui se dévoile au fil d'un transfert radial, de banlieue à banlieue.

De Maison Blanche (D 227) à La Vache Noire (N 20), surgit une *skyline* d'une blancheur balnéaire irréelle, qui propose une nouvelle interface faubourgs parisiens/banlieue. On dresse un nouveau Front de Seine, « samplé » à Levallois-Perret, aux abords des forts de Vanves et de Montrouge avec vue sur le cimetière parisien de Bagneux et une vaste zone de voies d'entretien du métro et du TGV Atlantique. Où est le fleuve, où est la mer que regardent ces fenêtres ? Quel horizon les réunit, quelles perspectives les traversent ? Jusqu'où montera la marée ?

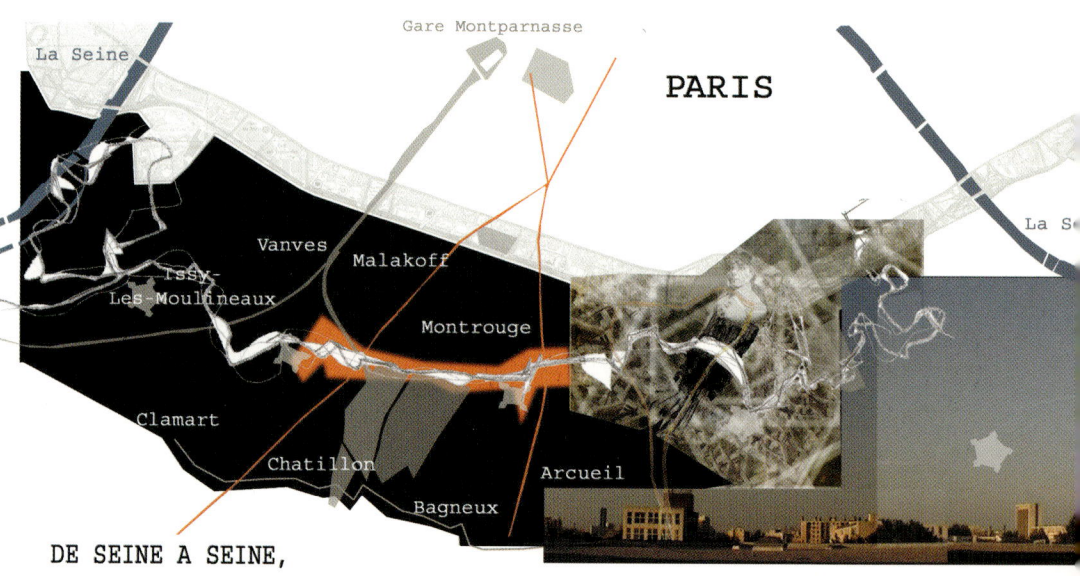

DE SEINE A SEINE,
UN PARCOURS A L'ARRIERE DE LA PREMIERE COURONNE DE LA BANLIEUE PARISIENN

---

1. AWP (Marc Armengaud, Matthias Armengaud, Adamo Demont, Arnaud Hirschauer, Aurélien Masurel) est un collectif qui regroupe des architectes et un philosophe ; ils sont aussi historiens, plasticiens, musiciens, et se consacrent à des narrations urbaines dont ils tirent les principes de projets pour des installations, de la scénographie et de l'architecture.
2. Souvent des enclaves délocalisées de l'OPHLM de Paris.
3. Terminus des lignes de métro à Malakoff, fin de la zone 2 au RER Gentilly.

**Un enquête perceptive.**

Ce parcours suburbain est guidé par une interrogation perceptive : qu'est-ce que la banlieue voit d'elle-même, qu'éprouve-t-elle de son corps ? Il faut se jeter dans le bain, pour aller *mater* ce qui se trame, *sous la ceinture.*

Alors que la ville-centre scénographie ses angles selon des perspectives qui la donnent en spectacle, en s'installant sur des aires désirables et morphologiquement contrastées pour être mieux visible, la banlieue (le plus souvent) ne choisit rien de ses emplacements, et ne se voit pas elle-même, ne perçoit pas ce qui la rend propre. Perpétuelle adolescence ingrate.

Cet état par défaut ne provient pas tant d'un déficit de lieux-phares que d'une absence de points de vue sur un phénomène qui est *l'illimité* par essence (ce qui est hors-les-murs croît sans réserve). Répondre à ce phénomène de perception impossible, empêchée ou paresseuse, c'est chercher des points de vue, s'élever réellement ou symboliquement au sommet de tours panoramiques pour observer la banlieue et lui trouver un corps, une nature. Un jeu de maïeutique suburbaine, en traquant des composants organiques du paysage, pas tant des éléments de pittoresque déjà visibles que des pivots structurants, souvent masqués.

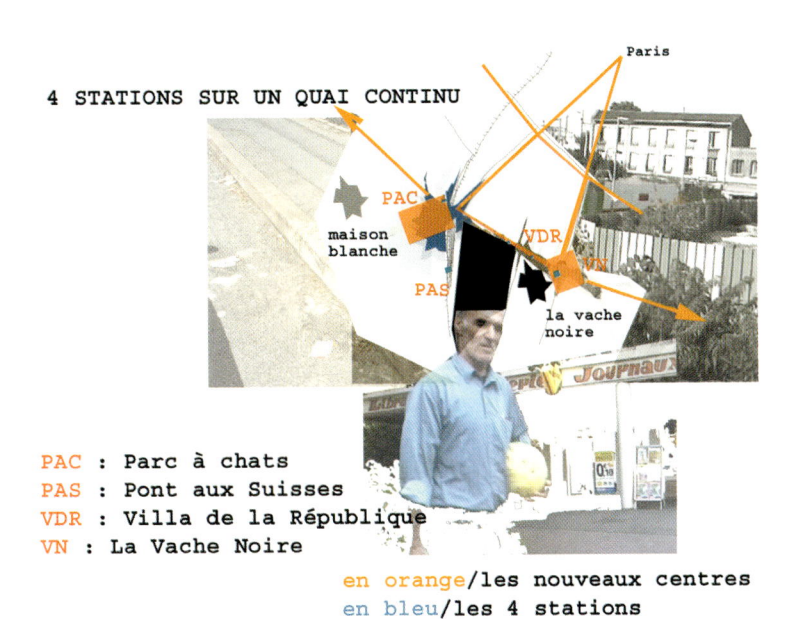

4 STATIONS SUR UN QUAI CONTINU

PAC : Parc à chats
PAS : Pont aux Suisses
VDR : Villa de la République
VN : La Vache Noire

en orange/les nouveaux centres
en bleu/les 4 stations

## Calcification, fortification, digues

De nos expéditions en radiale ressort un phénomène frappant de *calcification* – selon la métaphore dentaire de la première couronne – ou de *fortification* – selon la métaphore des ouvrages de défense militaire qui structurent la naissance de la banlieue au-delà des remparts de Paris. Aux jointures, logements de standing et bureaux, comme autant de molaires ou de casemates, viennent ceinturer les banlieues et reléguer loin des yeux leur paysage historique fait de juxtapositions anarchiques. Les gros opérateurs de béton + pierre de taille agrafée s'établissent sur le site des terminaux redistributeurs [4], ces néonœuds du territoire qui reforment les portes de Paris trois kilomètres plus au sud. Les communes limitrophes sont complètement vidées de leur sens par la proximité de la capitale, par un processus d'enjambement qui contribue à dessiner une nouvelle limite interne à la périphérie : une *digue* pour neutraliser les flux, domestiquer les marées (selon la métaphore du rivage intérieur).

Sur le tracé ancien de la route stratégique entre les forts se superpose donc une autre conception de l'architecture stratégique, destinée à intercepter/capter la banlieue : la première couronne comme ceinture de contention, qui remplit obsessionnellement les creux avec des dents bien blanches et toutes neuves, du travail de maçon exécuté par de super-dentistes qui ne font pas de quartiers... [5]

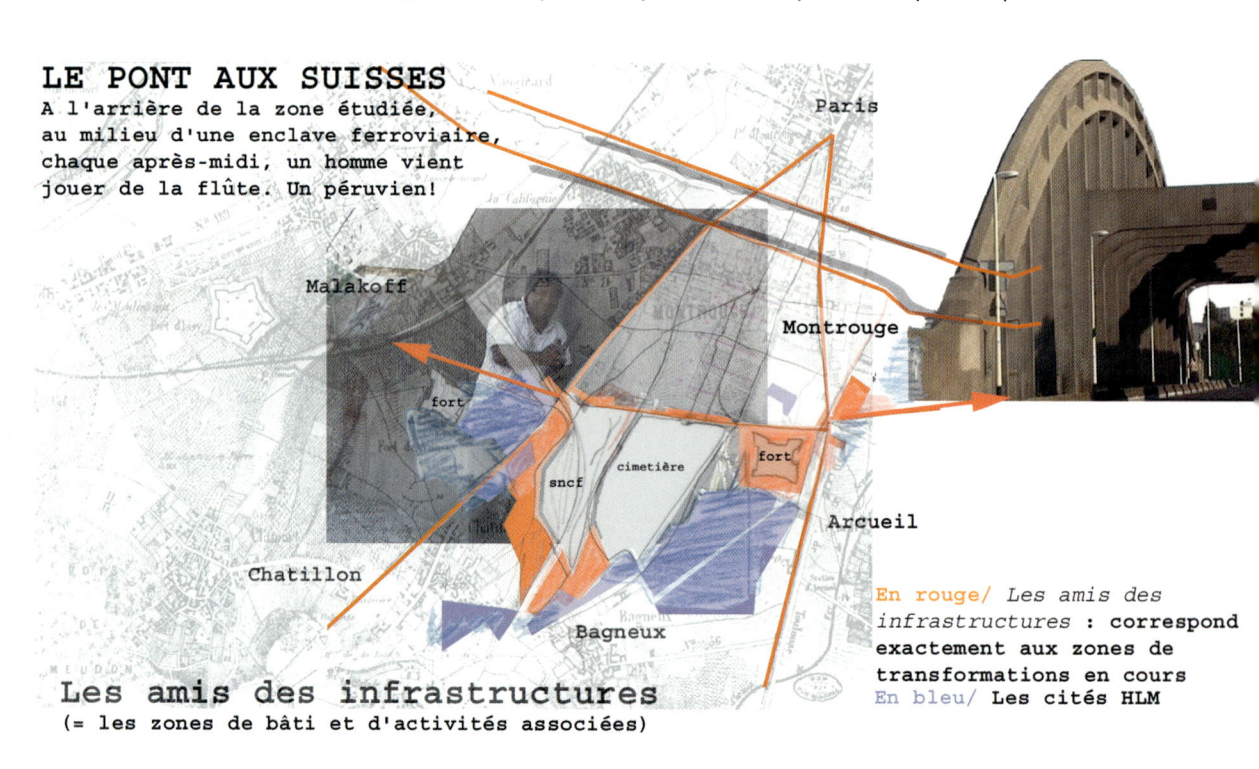

**LE PONT AUX SUISSES**
A l'arrière de la zone étudiée, au milieu d'une enclave ferroviaire, chaque après-midi, un homme vient jouer de la flûte. Un péruvien !

Les amis des infrastructures
(= les zones de bâti et d'activités associées)

En rouge/ *Les amis des infrastructures* : correspond exactement aux zones de transformations en cours
En bleu/ **Les cités HLM**

4. Gares intermodales métro/bus/parkings, à proximité immédiate de centres commerciaux et multiplexes construits en même temps que les résidences. On retrouve des variantes de ces programmes à Maison Blanche (Malakoff-Châtillon-Montrouge) et à la Vache Noire (Arcueil-Montrouge).
5. La logique marketing du spectacle prend en main le destin de ces zones d'entre-deux, ni ville-centre, ni *suburbia* infinie, pour créer des sortes de « parcs d'habitation » qui simulent la ville sans l'assumer, sur l'emplacement d'une *plage* provisoirement libre entre des séquences fortement caractérisées.

## Un peep-show paysager

Nourries d'analyses qui vont des photos satellite au cadastre pour confronter le bâti et l'humain, nos explorations transversales décrivent une autre géographie, décentrée, qui se structure selon des perspectives et des besoins différents. Physiquement, c'est une sensation de « démagnétisation » de la boussole de la banlieue, c'est-à-dire de rupture de ses dimensions, au profit d'une émergence de nouveaux repères : les pôles glissent.

Notre espoir : faire apparaître les mythes, totems et figures inconscientes de la banlieue ; la stimuler comme espace narratif, où se déploient des luttes héroïques, des microfaits aux conséquences immenses, où se vivent des séquences singulières qui restent secrètes, par manque d'attention, y compris de leurs acteurs.

Et que/qui voit-on : un cours de sabre chinois sur l'herbe derrière la crèche, un jardin-terrasse arrosé à l'eau de source, des bains de soleil impudiques au cimetière de Bagneux, une église sectoïde logée dans des boxes de voitures, un marbrier retraité qui raconte qu'il fut un boxeur célèbre, des employés de la SNCF en maillot de bain sur le chemin des entrepôts…

Au fil du parcours, des lieux symptomatiques nous initient aux qualités (la réserve, les conflits d'échelle, les usages transitoires) d'un territoire qui ne sait pas encore se voir. Une friche entretenue pour servir de « parc à chats » inaccessible aux humains, un pavillon au pied des tours neuves qui s'est recouvert d'un papier peint représentant un jardin pavillonnaire, le pont aux Suisses avec son cycliste péruvien qui vient jouer de la flûte en contemplant un horizon strié de grues, ou encore cette vache noire en plastique le long de l'aqueduc de… La Vache Noire. Ce sont ces lieux-icônes qui forment les stations d'un « *quai continu* »[6], où les banlieues viennent s'arrimer.

Un quai ? La mer que contemple ce rivage intérieur, c'est la banlieue, tout simplement, son avenir et son passé noués dans un état de transition épique et silencieux. Un rivage intérieur, vu de chez soi…

**LA VILLA DE LA REPUBLIQUE**
LA BANLIEUE, NATURE AUTOCONSTITUEE QUI SE PARODIE, EN VOULANT MILITER POUR SA DIFFERENCE
ESPECE EN VOIE DE DISPARITION?

a : à vue, proximité de l'évènement.
b : la villa, système parcellaire.
c : les amis de la villa, les villas voisines.

---

6. Atelier Wunderschön Peplum, *Bilbao*, monographie destinée à l'Institut pour la ville en mouvement, août 2000.

# HABITER L'INTERSTICE

**Édith Girard**
Architecte, urbaniste

Le sentiment, partagé, que le projet de logements collectifs en banlieue serait responsable du devenir urbain de ce type de territoire est largement issu du constat d'échec spatial et social des « grands ensembles ».

À projeter et construire en banlieue depuis longtemps, je pense en effet que le projet résidentiel porte en lui la capacité de structurer-restructurer de la continuité urbaine par morceaux, en dépit du paradoxe. Pour rendre habitables ces territoires meurtris, les projets de logements doivent résolument se confronter à deux catégories de questions :
– Les problèmes d'ordre typologique, dès lors que le logis lui-même, associé à son mode d'assemblage et de desserte doit offrir, de l'espace privé à l'espace public, une continuité spatiale dans laquelle le statut des lieux soit clair, nommable et reconnaissable. Le type concerne autant le « bâti » que l'espace extérieur conformé par les constructions qui le limitent ; l'unité construit/vides ne saurait être scindée dans l'élaboration du projet, car n'est-ce pas précisément de cette scission que provient une partie du mal-être des « grands ensembles » ? Nous ferons usage de la notion d'« épaisseur habitable » qui les réunit.
– Les données d'une morphologie spécifique, la banlieue n'étant pas la ville. Le projet doit reconnaître la forme de l'espace support qu'il a vocation à transformer, de façon que l'« épaisseur habitable » mise en œuvre inscrive un lien et une continuité particulière avec son contexte, pour amener « un lieu » signifiant. L'impasse d'une telle réflexion ne mène souvent qu'à la reconduction de modèles qui, bien qu'ayant fait la preuve de leur habitabilité, n'en constituent pas moins, quand ils ne sont pas tissés avec leur contexte spécifique, des quartiers de « ville » Disney. Nommons « figure » cet outil conceptuel permettant de donner une première représentation des intentions urbaines. La figure se démarque des tracés de composition urbaine en ce qu'elle concerne aussi bien la coupe que le plan et leur résonance incontournable.

L'examen de deux projets illustrera mon propos. D'une part, la rénovation du centre-ville de Stains, que j'ai conçue en 1977 et réalisée de 1979 à 1992 ; d'autre part, le projet de Paul Chemetov, Borja Huidobro et Alexandre Chemetoff pour la place du marché à Vitry-sur-Seine (1989-2000), dont j'ai conçu et réalisé une tranche. Je choisis, à dessein, un projet relativement « ancien » au regard des logiques de mode, concours et revues, qui permette d'évaluer la qualité de la transformation urbaine ainsi opérée et habitée pour certaines de ses parties depuis plus de vingt ans.

**Banlieue**
Ni ville ni campagne, la banlieue, « territoire dans le voisinage et sous la dépendance d'une ville » (Le Littré), a offert, par son manque de pérennité tributaire d'une rareté d'antécédent monumental, une terre d'élection à la *tabula rasa*.

Toutefois, à regarder les cartes postales anciennes, souvent dotées de prestige, la banlieue parisienne aurait eu son âge d'or. Le livre *Un siècle passe*[1] montre, par trois photographies prises sous le même angle, en 1910, 1970, et

La place de l'Église de Bobigny en
1. 1910
2. 1970
3. 1990
© collection particulière, Alain Blondel et Laurent Sully Jaulmes.

**Habiter l'interstice**

1990, la transformation de lieux amènes, ordonnés, hospitaliers et harmonieux dans leur rapport ville-nature en un territoire fait d'éléments sans rapport les uns avec les autres, sorte de collage où le routier et sa signalétique défont petit à petit la cohésion de l'espace.

L'église, généralement le seul bâtiment rescapé, y perd son rôle de point d'orgue spatial, de monument, pour être tourné en dérision par la tour qui lui sert désormais d'arrière-plan.

Petite fille de maraîchers d'Épinay-sur-Seine, née là même, en un lieu aujourd'hui englouti par le supermarché Épicentre qui, comme son nom l'indique, tient lieu de cœur de la rénovation du centre-ville, je sais vraiment qu'être de banlieue c'est être de nulle part, d'un non-lieu, d'un lieu qui n'existe plus que dans de vagues souvenirs d'enfance, le dire d'aïeuls et les photos anciennes, avec ses habitants prenant la pose. Et tout ceci contribue à la construction du mythe d'un âge d'or de *La Banlieue de Paris,* livre paru en 1949, avec un texte de Blaise Cendrars et des photographies de Robert Doisneau.

Ni campagne ni ville, le territoire de cette banlieue « idyllique » était pourtant déjà formé d'une superposition de réseaux : le rural, le local et le national, ainsi que la présence simultanée de résidus d'espaces de l'Ancien Régime, issus du plan des chasses royales comme de ceux de l'industrialisation, des grandes enclaves de production ou de dépôts (voies ferrées, gazomètres, industries polluantes ou cimetières métropolitains). Enclos, cernés de murs, ces réseaux ont tronçonné les territoires communaux en archipel.

La superposition de ces structures reste omniprésente, l'avenue Georges-Wilson dans la Plaine Saint-Denis en est un exemple. Ancien axe conduisant les rois de France à leur sépulture, la basilique Saint-Denis, puis axe central de l'aire industrielle du nord de Paris avec ses gazomètres jusque dans les années 1960 (voir les incendies du FLN), il est devenu une autoroute décaissée qui a été couverte récemment par une promenade, tribut que le Stade de France a payé au quartier, au final bénéficiaire de l'opération.

Le territoire de banlieue est fragile, parce que soumis à des desseins dont le « local » n'est jamais ni le centre ni l'enjeu ; c'est un espace vacant, disponible.

Après que ses champs et ses vergers ont servi d'espace support aux « grands ensembles », ses centres-ville n'ont offert que peu de résistance à la loi Vivien chargée de résorber les quartiers insalubres ou rendus tels par la spéculation foncière. La loi stipulait que la commune n'obtenait une subvention que si au moins 70 % du bâti ancien était démoli. De toute évidence, les 30 % restants, composés également de bâtisses d'origine souvent rurale, densifiées puis abandonnées au processus de taudification, tombaient avec.

Tel était le cas du centre-ville de Stains en 1977.

## La rénovation de l'îlot Carnot à Stains

Qu'avons-nous découvert avant la démolition de la rue Carnot ? Des logements et des escaliers étroits et sombres, pas de lumière, pas d'espace, pas de confort, pas d'hygiène dans les espaces intérieurs délabrés, etc., mais des séquences d'espaces à l'échelle de la parcelle, de cour en jardin. L'organisation depuis un porche sur rue d'une profondeur insoupçonnable menait de la rue à l'horizon, de la ville à la nature, nous proposant, au passage des lieux à l'usage convivial des résidents de la parcelle. Je me souviens encore de ce marronnier serti d'un banc circulaire, des changements de sol, du pavé à la terre battue, de la topographie, la montée au fur et à mesure que l'on s'enfonce.

Tout l'espace était habité et rendu habitable.

Compenser le traumatisme de la destruction par des logis lumineux, spacieux et confortables avec une meilleure gestion de la densité sur le terrain et tirant simultanément la leçon de la structure

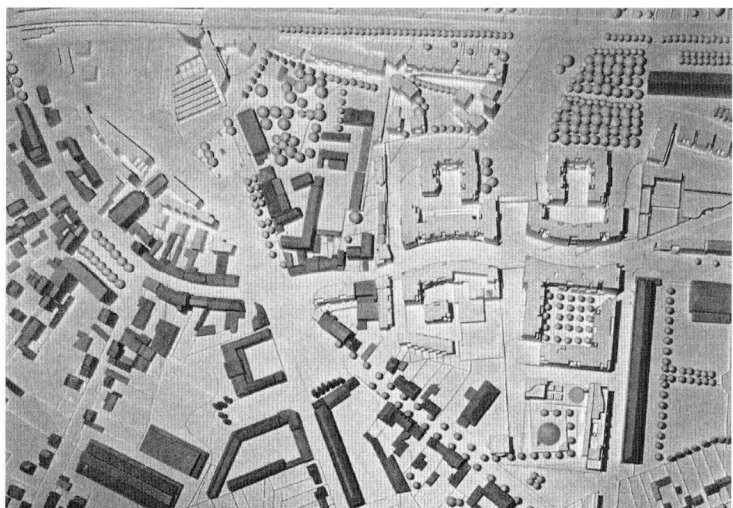

**4. 5.** L'îlot Carnot à Stains, rue Louis-Bordes, 350 logements un hôtel de poste, maquette du projet.

conviviale préexistante, là était évidemment l'enjeu. Mais de telles intentions n'offrent pas pour autant la méthode du passage à l'acte projectuel.

Le site libéré, un carré vide de 200 x 200 mètres, n'était structuré que par la seule volonté municipale de conserver le tracé de la rue entre le centre du bourg ancien conservé et la cité de la Prêtresse, limites ouest et est du terrain. Le programme, 350 logements sociaux publics, en quatre tranches de construction, et une poste centrale, devait être réalisé sur une dizaine d'années. La durée est une composante du projet au même titre que le site et le programme.

Le projet a été organisé en quatre îlots, dont trois sont réguliers et autonomes, et le dernier composite, puisqu'il inclut la poste et des ateliers d'artistes assurant la mitoyenneté là où nous l'avons jugée continuité nécessaire.

La centaine de logements qui compose un îlot est organisée sur quatre niveaux autour d'une cour dont la morphologie est chargée de restituer les qualités de convivialité, profondeur, épaisseur urbaine, et d'adaptation à la topographie du site, bref toutes les qualités des espaces extérieurs précédant la démolition. Les logements, entre rue ou mail et cour, bénéficient de la qualité spatiale de celle-ci, qui est leur prolongement virtuel. La modénature des façades et terrasses assure la qualité des parois de cet espace partagé : à bien y regarder, c'est le lieu architectural majeur de cet îlot.

Chaque logis, dans le logement collectif social, c'est-à-dire avec peu de moyens, est d'abord une organisation spatiale permettant à diverses pratiques sociales de trouver leur place, et ce dans les meilleures orientations solaires. Les espaces sur lesquels s'ouvrent ces demeures sont les seuls à avoir la dimension suffisante pour prétendre au « jeu savant et magnifique des volumes assemblés sous la lumière »[2].

Cette épaisseur habitable ne peut cependant donner, de façon déductive, la forme urbaine de l'ensemble.

Quel nouveau tronçon de rue tracer entre la sinuosité de la rue « rurale » conservée et la voie bordant la « barre » de 200 mètres de long ? Comment faire une rue quand le parcellaire n'est plus ?

Nous avons considéré la rue comme espace architectural, avec les qualités morphologiques particulières d'une continuité que nous avons mise en scène en séquences, de la barre au bourg et du bourg à la barre pour donner place et temps. La figure de la sinusoïde, inscrite par une galerie passant d'un côté à l'autre de la rue, a assuré le rôle de lien des tranches et de continuité baroque de l'espace devenu rue et place, créant ainsi une distance au modèle.

Autre terme de la figure, perpendiculaire à la rue, un mail devait assurer la liaison avec la cité-jardin de Stains, édifiée dans le parc de l'ancien château, et mener, en montant, à un jardin public ouvert sur l'horizon offert par la situation de bout de piste de l'aéroport du Bourget. Le nouveau quartier devait se voir ainsi « tissé » avec les éléments urbains ou naturels aptes à démultiplier les connexions.

Tels étaient les dispositifs spatiaux urbains du projet. Vingt ans après, le bilan fait apparaître que tous n'ont pas été aussi heureux. Les cours les mieux travaillées fonctionnent bien et la rue, malgré l'inégale qualité des commerces du rez-de-chaussée, a permis de réinsérer la cité de la Prêtresse dans le continuum urbain.

En revanche, la promenade de la cité-jardin vers l'horizon a eu moins de chance. La jonction urbaine a été compromise par la construction d'un équipement public, peu attentif au site, et la piste du Bourget ayant été désaffectée, l'horizon lui-même s'est trouvé quelque peu hors d'usage.

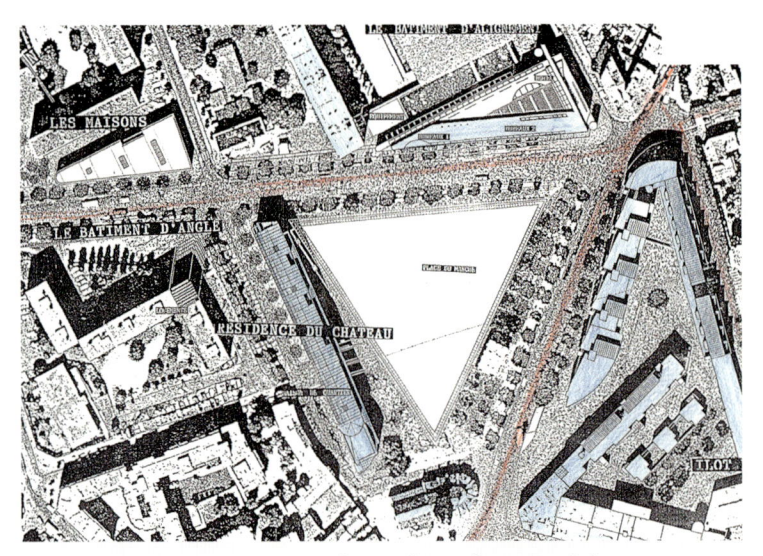

**6.** Vitry-sur-Seine, place du Marché, vue aérienne.

### Vitry, place du marché

Si l'espace urbain du projet de Stains ne disposait que d'un programme résidentiel pour se fabriquer, celui de l'intervention Chemetov-Huidobro était riche d'éléments monumentaux, à projeter ou même existants, visibles, comme l'église, et invisibles, comme le grand réservoir chargé de réguler les crues de la Seine.

De plus, l'enjeu des lieux appelait à recoller des morceaux de territoire, échantillonnage de constructions banlieusardes en inventaire à la Prévert : des tours et des barres, des pavillons, du bâti continu centre-ville-banlieue..., une collection à rassembler en proposant un nouveau quartier résidentiel autour de la place du marché.

La grande inspiration de cette réalisation est d'avoir tiré avantage de la contrainte du réservoir, véritable cathédrale souterraine, pour donner à la place sa forme de triangle équilatéral. La figure issue de tracés partiellement en place sur le site contenait d'emblée un potentiel rassembleur des divers bâtis en présence. Dans ce beau dispositif, le fragment qui m'incombait devait comporter deux bâtiments, l'un collectif de cinq niveaux bordant la place sur 130 mètres de façade, l'autre, derrière le premier, à l'échelle du pavillonnaire, les deux installant encore un triangle. L'angle aigu refondateur s'avance en proue sur le carrefour, et joint à la place la rue commerçante principale et l'étendue pavillonnaire adossée en contrefort urbain.

Il fallait en effet tout à la fois construire les limites des lieux nommés, la place et la rue pavillonnaire, mais aussi donner statut et forme au faisceau résiduel habitant son compas, à la « petite place » prévue depuis le début comme un espace public ouvert, reliant en frange le quartier pavillonnaire à la place du marché. Il ne s'agissait donc pas d'un intérieur d'îlot en pointe, susceptible d'accueillir l'espace convivial de l'ensemble résidentiel de 94 logements. Disposant d'un seul bâtiment entre deux espaces publics, nous avons dû trouver l'épaisseur habitable dans la largeur même du bâti.

L'opportunité d'une grande surface commerciale de rez-de-chaussée a permis d'organiser deux niveaux de sol dans l'angle, le toit des commerces devenant espace de voisinage tandis que la petite place, gagnant l'orthogonal, relègue l'angle aigu au-delà de la rambarde du jardin sur dalle.

Côté place, la façade complexe décline plusieurs échelles. Elle est à la fois uni-

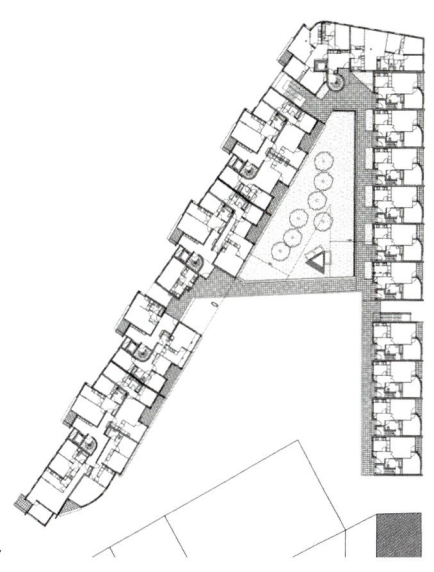

**7.** L'îlot du Parc à Vitry-sur-Seine, 94 logements PLA, plan RDC.
**8.** L'îlot du Parc, rue Guy-Moquet © O. Wogenscky.
**9.** L'îlot du Parc depuis la place du Marché © O. Wogenscky.

taire dans sa frontalité et fragmentée en effeuillement par le jeu de redents orientés, pour des vues longitudinales, vers l'église.

La relative difficulté à établir une épaisseur habitable profitant à chaque logis a été largement compensée par l'ancrage « monumental » de la construction et de ses résidences.

Les deux réalisations, Stains puis Vitry, révèlent-elles ainsi, en elles-mêmes et dans ce petit énoncé de la méthode, quelques moyens spécifiques à la vocation du projet urbain d'architecture ? La question est ouverte. Je crois bien pour ma part que l'étude de cas, aussi différents soient-ils que ces deux-là, dans un contexte particulier garant d'une autonomie de réponses non affiliables à un modèle opératoire intangible, consolide cependant ces quelques hypothèses projectuelles, de fait aussi élémentaires que difficiles, toujours difficiles, à mettre en œuvre.

Le projet urbain est l'affaire d'une pensée simultanée de la structure du bâti et de la véritable construction, celle de ses intervalles, espaces en creux, « vides » interstitiels.

Les édifices, leur volumétrie, leurs échelles, et jusqu'à leur modénature et leur texture, sont aussi déterminants de la qualité des espaces extérieurs publics ou privés que les tracés urbains. Ainsi il faut tendre à inverser la tendance dominante du découpage de la commande entre étude de définition et réalisation opérationnelle, entre urbanistes et architectes. Seul, en effet, le projet architectural, incluant des acteurs de points de vue différents, architectes et paysagistes principalement responsabilisés, peut résoudre l'enjeu de la transformation des territoires périphériques en espaces d'hospitalité.

1. Alain Blondel, Laurent Sully Jaulmes, *Un siècle passe*, Carré, Paris, 1994.
2. Le Corbusier.

**Habiter l'interstice**

# COMMENT ÉVITER DE PASSER DE LA BARRE À L'ÎLOT OU LES LOGIQUES INTERPRÉTATIVES CONTRE LA RÉSIDENTIALISATION

**Nicolas Michelin**
Architecte-urbaniste

Dans l'avant-propos de la réédition de 2001 du célèbre ouvrage *Formes urbaines. De l'îlot à la barre,* Philippe Panerai précise un point pour « éviter quelques malentendus » : « L'autonomie relative de la forme que nous avons tenté de mettre en évidence ici n'est pas une autonomie absolue. Elle n'exclut ni les déterminations économiques et culturelles qui pèsent sur la production de la ville et de l'architecture, ni le poids des conditions sociologiques dans les pratiques des habitants. »[1] Il souligne ainsi judicieusement l'importance dans la forme urbaine de l'appropriation par les habitants des espaces qu'ils occupent. Plus précisément dans le cas des grands ensembles, c'est la manière particulière et polémique avec laquelle les habitants se sont accaparés leur cité qui me paraît significative.

J'aimerais opposer la force de cette appropriation aux modèles de rénovation des quartiers admis par la plupart des décideurs aujourd'hui, opposer les logiques interprétatives à la résidentialisation, ou encore poser la question : comment éviter de passer de la barre à l'îlot ?

Ce qui est en jeu, c'est de trouver une alternative aux clôtures arbitraires de lieux conviviaux, aux découpages insidieux de grands espaces libres (pour des raisons sécuritaires ?) et aux démolitions absurdes d'immeubles qui n'entrent pas dans la nouvelle « urbanité » envisagée.

Cette alternative est, me semble-t-il, l'un des enjeux fondamentaux auxquels les architectes et urbanistes sont confrontés, tel un défi à relever maintenant face au lourd héritage des années d'après guerre.

La résidentialisation est un principe de réorganisation urbaine qui consiste sur le terrain à regrouper ou découper les immeubles (tours et barres) en unités résidentielles. À faire en sorte que la limite entre l'espace public et celui, privé, de l'immeuble (dévolu aux locataires) soit clairement définie. Le découpage peut se faire par groupes d'immeubles, par immeuble, et même par cage d'escalier.

Des clôtures diversement traitées (murs, haies, grillage, écran végétal) sont dressées afin de bien matérialiser les limites sur la rue ou entre immeubles. L'une des vertus reconnues à ces divisions, outre qu'elles facilitent la requalification des pieds d'immeubles, est qu'elles permettent la réappropriation par un petit nombre d'habitants d'un territoire où ils peuvent éventuellement garer leurs voitures, entretenir de petits jardins et personnaliser leurs entrées.

Comme le soulignait Philippe Panerai dans sa conférence du 8 avril dernier sur « La critique de la notion de résidentialisation »[2], le principe d'unité résidentielle permet un redécoupage en parcelles, une diversité de gestion et, finalement, une redistribution à long terme du foncier entre bailleurs et propriétaires multiples. Il notait également que le pied d'immeuble ainsi requalifié entraînait la création de petits lieux appropriables où « un certain nombre de choses occultes peuvent se passer ».

On ne peut qu'adhérer à ces objectifs qui veulent redonner aux habitants la part d'intimité et de convivialité dont les cités seraient dépourvues. Cependant, deux objections majeures sont à opposer à cette vision théorique :

1. Trame de la « pensée » d'origine de la cité.
2. Hybridation de la trame d'origine.
3. Hypothèse d'une utilisation parfaite.
4. Projet à partir de l'interprétation des lieux.
5. Projet à partir du principe de résidentialisation.
6. Nouvelle trame hybride.
7. Nouvelle trame résidentielle.

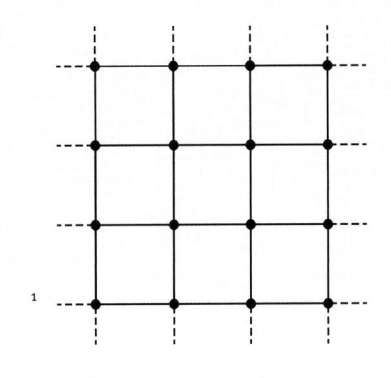

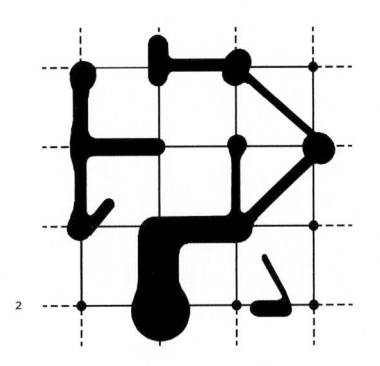

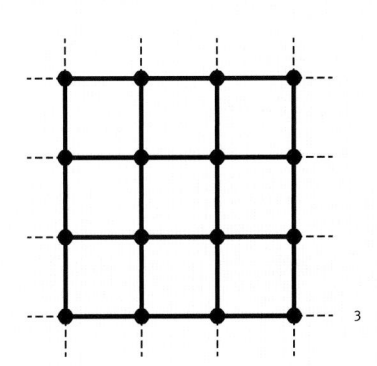

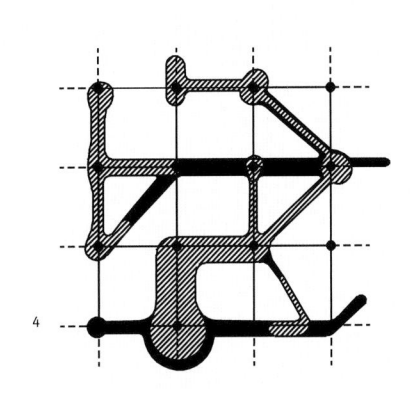

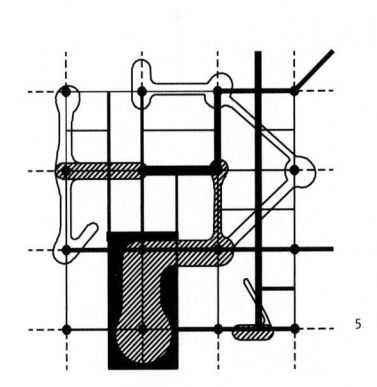

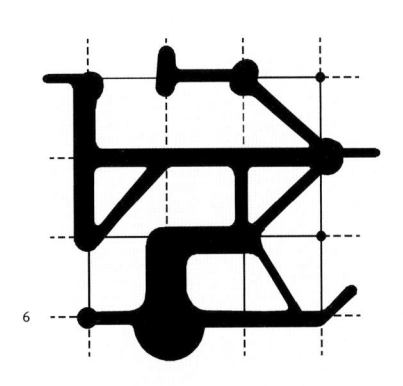

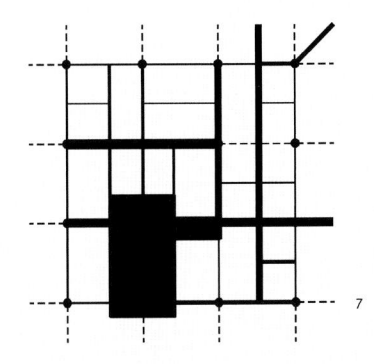

**Comment éviter de passer de la barre à l'îlot**

– l'existence de lieux de convivialité à prendre en compte ;
– les conséquences destructrices de la réorganisation urbaine de type néo-haussmannien qui accompagne le principe de résidentialisation.

Tout d'abord, des lieux de convivialité (ou de citoyenneté) existent déjà dans les cités et même s'ils sont polémiques et montrés du doigt par le « sécuritaire », ils n'en demeurent pas moins revendiqués par les habitants et notamment les jeunes qui y voient souvent l'âme de leur cité.

La cité possède ses qualités propres qui tiennent essentiellement aux grands espaces, qu'il s'agisse des espaces verts entre les immeubles ou des zones de parkings au pied des tours. Dans les cités, l'espace est dilaté, il faut bien le reconnaître. On y relève de nombreux défauts mais on peut aussi y trouver des qualités. L'espace dilaté permet la multiplication de lieux collectifs qui se constituent peu à peu pour des usages spécifiques par des groupes. Ces endroits échappent à la classification des espaces publics urbains. Sont-ils des espaces *piazza*, des espaces semi-privés, des parcs, des aires de jeux, des terrains de sport, des squares ?

La résidentialisation s'accompagne inéluctablement d'un recalibrage des voiries et, surtout, d'une nouvelle organisation des espaces dits publics selon un modèle urbain inapproprié, celui des centres-ville basés sur la rue, le stationnement latéral, les façades et les alignements d'arbres. Tous ces principes, censés apporter de l'urbanité aux quartiers, sont particulièrement destructeurs quand ils y sont mis en œuvre. Ainsi, le découpage des barres est complété par un nouveau tracé de rues pour désenclaver et de places pour faire « plus urbain ». Ces plans de restructuration inspirés du modèle néohaussmannien sont désespérément appliqués à un territoire conçu sur le modèle opposé, celui du mouvement moderne. Il faut alors démolir des immeubles qui gênent les nouveaux tracés et construire sur des espaces trop vastes entre les barres pour retrouver des largeurs classiques de rue. Parfois, on assiste ainsi à un véritable massacre.

Lors d'une étude de définition pour les quartiers Nord d'Amiens, nous avions recensé entre deux barres une quantité d'usages précis du territoire : une laverie pour les femmes africaines installée dans un préfabriqué au milieu des arbres, un espace de jeux pour les petits, un terrain de foot pour des ados, un espace de repos sous les arbres au soleil couchant pour les personnes âgées... Rien d'idyllique, mais tout de même une grande qualité d'usage et un respect évident de chaque territoire. Ces lieux n'étaient pas qualifiés et reconnus, mais ils ne demandaient qu'à être pris en compte. Ils constituaient une part de l'histoire du quartier. Or le projet finalement choisi pour la restructuration a oublié ce qui faisait la vie, et a tout cassé pour construire un collège et faire passer une rue...

Autre exemple, dans le quartier de la Grand-Mare à Rouen, lors d'une réunion de concertation, il était demandé aux habitants quel était pour eux l'espace public principal. La réponse fut surprenante. Alors que l'on s'attendait à « l'espace du marché » ou « l'entrée du centre commercial », ils nommèrent unanimement la Hêtraie : une prairie cernée d'arbres en bordure de la cité, un lieu parfait pour un pique-nique géant, un méchoui collectif, une sortie en famille ou une soirée de sport improvisée. « On ne touche pas à la Hêtraie », quel que soit le projet de restructuration, cet espace est à respecter. Dans cette cité, les habitants ne demandent pas de résidentialisation, tout comme aux Courtilières à Aubervilliers où une enquête récente a bien montré l'attachement des habitants à leurs espaces collectifs et un refus du découpage.

Pour élaborer des plans de restructuration de grands ensembles, il faut s'appuyer avant tout sur la façon dont les

De l'habitat

habitants vivent leurs quartiers, sur la manière dont ils utilisent les espaces. Et si des usages peuvent parfois paraître précaires et mal définis, il faut en reconnaître le potentiel.

Au lieu de plaquer une vision classique de l'urbanité, il faut suivre cette logique originale de l'interprétation des espaces par les habitants selon leurs cultures, qui a détourné les lieux de leur vocation initiale en leur conférant un autre rôle social. Il est nécessaire de respecter ces glissements de sens qui se sont opérés partout et à toutes les échelles.

Les habitants, au fil des générations, ont fait de leur cité autre chose. Ils l'ont peu à peu contaminée et détournée des prévisions. Conçue à l'origine pour loger dans l'urgence une population vivant sur place dans des conditions précaires, en bidonvilles, les cités ont progressivement accueilli les différentes vagues d'immigrés. La trame de la pensée d'origine de la cité, bien claire et rationnelle comme un carré parfait, a été subvertie, elle a évolué vers une trame hybride pleine de bourgeons, de concrétions. Pour élaborer un projet de restructuration, il faut partir de cette nouvelle grille issue des logiques interprétatives et éviter de revenir à une grille normée avec les principes de la résidentialisation et du découpage.

La subversion du système d'origine continue sans cesse, de nouvelles générations d'immigrés s'installent dans les cités : après les Maghrébins, ce sont les Africains puis, récemment, les Turcs, les Sri Lankais, les Pakistanais… Mais il n'en demeure pas moins que l'histoire de la cité existe, que les nouvelles interprétations des espaces par ces cultures successives se font à partir des traces précédentes. Tout projet de restructuration doit en tenir compte.

Cette attitude ne prétend pas résoudre la difficulté d'un projet, néanmoins elle donne une orientation de base, complexe mais passionnante. Elle doit constituer le point de départ d'une réflexion. Comment concevoir à partir de ces données ? Les difficultés sont immenses car les expériences manquent encore. Les projets issus de l'opération Banlieues 89 ne servent pas de références ; bien au contraire, ils s'appuient, je pense, sur des principes qui ont donné naissance à la résidentialisation et au découpage.

Il faut certainement inventer de nouvelles typologies de lieux qui correspondent aux cultures et aux modes d'habiter car la simple distinction entre public et privé ne peut plus suffire.

La gestion de ces nouveaux espaces aux statuts hybrides est également à organiser. Comme le demande toute ville dès qu'il s'agit d'espaces extérieurs : « Qui nettoie ? Qui entretient ? Comment cela est-il contrôlé ? Quand cela ferme-t-il ? »

L'angoisse sécuritaire ne va pas aider ce type de réflexion. S'appuyer sur l'usage va paraître de plus en plus irréaliste. Le symbole de la cage d'escalier lieu de toutes les dérives va être difficile à surmonter, pourtant c'est bien un lieu de rencontre exceptionnel, un lieu de vie bien loin des petits halls d'entrée digicodés des nouveaux immeubles de logements parisiens.

Le réalisateur du film *Wesh Wesh*[3], Rabah Ameur Zaïmeche, déclarait avec aplomb lors d'un débat à propos de l'espace des banlieues : « Les Bosquets [cité à Montfermeil], il faut les classer, on a beaucoup plus à en apprendre qu'à en redouter. »[4] Il considère les cités avec optimisme, comme « un véritable patrimoine » qui a une certaine beauté. « Dans la cité, on a presque atteint quelque chose de magnifique. Mais il y manque le plus crucial, c'est-à-dire le forum, le lieu, l'endroit de réunion où l'on peut prendre les décisions par nous-mêmes et décider justement de l'avenir de la cité pour qu'elle soit radieuse. La plupart des décisions sont prises contre l'avis ou sans jamais tenir compte des habitants. Ça, il faut l'arrêter. Renouvelons le forum. »[5] Et comme s'il n'avait pas été assez clair, il ajoute qu'il faut établir un cahier de doléances dans tous les quartiers, qui serait la base d'un grand mouvement citoyen.

Ainsi les projets à mettre en œuvre dans les cités sont de l'ordre de la stratégie, et doivent se développer à partir de ce qui se fait et se dit, des projets « par le bas » et dans la durée, et non des planifications complètes et totalisantes, vues d'en haut, à partir de notions inadéquates sur l'urbanité. Il faut rechercher des plans-guides novateurs qui peuvent évoluer dans le temps et qui, au départ, s'appuient sur des actions architecturales immédiates, simultanées et créant une synergie permettant d'envisager autre chose, d'imprévisible et de spontané. Il faut déceler une série de déclencheurs, des petits projets faciles à mettre en œuvre mais pertinents, qui émanent de l'usage des lieux et qui peuvent entraîner peu à peu des projets plus importants.

La réalisation de la Maison des services publics à Montfermeil procède de cette logique. Nous avons effectué une requalification du pied de la tour Utrillo (construite en 1970 par Bernard Zehrfuss), en tirant parti du potentiel qu'offrait le principe des années 1970. Une « galette qui s'étale suivant une trame octogonale au rez-de-chaussée » et permet des orientations multiples. Destiné à une supérette, cet espace a fini par être complètement fermé. Le projet a consisté à réutiliser les locaux en leur donnant une « figure ». Sans démolition, nous avons opéré un gonflement de la géométrie de base et créé ainsi une nouvelle façade courbe entièrement en verre qui permet de regrouper un ensemble de services publics : la Poste, la Maison pour l'emploi, les différents organismes sociaux, une antenne de la mairie et une de la préfecture, etc.

Ce lieu bien placé a toujours été un espace de rencontres, à l'entrée du marché, à la jonction entre les deux communes de Clichy-sous-Bois et Montfermeil, marqué par la trace de l'aqueduc de la Dhuys. Il était à l'abandon mais continuait à faire l'objet d'usages informels.

Notre projet a développé ce potentiel et a été un premier « déclencheur » pour la restructuration du territoire qui est maintenant en cours. Une grande barre a été démolie juste à côté de la Maison des services publics. Décidée avant la réalisation de la Maison, la démolition a dégagé un espace qui ne peut devenir une place, comme prévu initialement ; il est à la croisée des chemins et ne peut se résumer à cette forme urbaine. Il doit être autre chose : un espace hybride qui intègre les terrains de football déjà installés de façon précaire, qui permet les traversées en diagonale entre les barres, qui donne accès aux services publics, qui compose avec le carrefour et les cages d'escaliers, qui favorise les rencontres vers le marché, etc. Public, privé, intermédiaire ? Il est à inventer.

On pourrait trouver d'autres exemples de ce type de petits projets qui changent le contexte en le révélant. Inutile de créer des grands mails, des esplanades, des maillages élaborés, bref de dérouler de l'espace public censé apporter la vie. Il suffit d'inverser le processus, de révéler d'abord l'usage et de façonner ensuite l'espace qui en découle.

Pour revenir sur le problème actuel de la sécurité, certains pensent que la résidentialisation peut apporter une réponse. Celle-ci me semble partielle, hâtive et de circonstance. Comme le souligne très justement Joëlle Bordet dans un article du *Monde* : « Ce dont souffrent au premier chef les quartiers difficiles et les banlieues populaires, c'est d'un déficit de participation sociale et politique, c'est du sentiment d'être abandonnés par les institutions publiques. »[6]

Les propositions de forums, de reconnaissance des pratiques, de concertation avec les associations semblent plus que jamais d'actualité.

**8.** Vue aérienne
de Clichy-Montfermeil.
**9.** La tour Utrillo à Montfermeil,
2002 © DR.

**Restructuration du RDC de
la tour Utrillo à Montfermeil**
Maître d'ouvrage : Communauté
de communes Clichy-sous-Bois
et Montfermeil
Maître d'œuvre : LABFAC
(Finn Geipel et Nicolas Michelin,
architectes)
Livraison : 2001

*237*

1. Philippe Panerai, Jean Castex et Jean-Charles Depaule,
*Formes urbaines. De l'îlot à la barre,* éditions Parenthèses,
avril 2001 (rééd.).
2. Philippe Panerai, « Grands ensembles : critique de la notion
de résidentialisation », conférence à l'École d'architecture de
Paris-Malaquais, 8 avril 2002.
3. *Wesh Wesh, qu'est-ce qui se passe ?,* France, 2002, scénario
de Rabah Ameur Zaïmeche et Madjid Benaroudj, production
Sarrazink Prod, distribution Haut et Court.
4. Débat Manèges 03, « Espaces des banlieues et figures de la
jeunesse », École d'architecture de Versailles, 18 juin 2002.
5. *Idem.*
6. Joëlle Bordet, Laurent Mucchielli et Joël Roman, « Mieux vivre
ensemble, un enjeu décisif », *Le Monde,* 22 mai 2002.

**Comment éviter de passer de la barre à l'îlot**

# DÉMARCHE EXPÉRIMENTALE D'HABITAT CONTEMPORAIN EN SEINE-SAINT-DENIS

Face à l'insuffisance d'une production de logements de qualité en accession pour répondre à une demande importante sur son territoire, la communauté d'agglomérations Plaine Commune se propose d'impulser la réalisation de plusieurs programmes d'habitat individuel en milieu urbanisé.

Cette démarche, soutenue par le PUCA, vise à rapprocher la promotion privée et la réflexion architecturale et urbaine contemporaine dans le domaine du logement individuel en secteur urbanisé. L'intérêt du développement de cette typologie (nécessité de mixité sociale, typologique, morphologique, une demande clairement exprimée par les habitants) paraît évident ; les nombreuses études, les articles et concours actuels suffisent à la justifier.

La méthode expérimentale retenue conduit à mettre en place un « atelier transversal de projets » sur l'ensemble des six sites choisis pour créer les conditions d'un projet partagé par tous, du promoteur à l'habitant du quartier. Cet atelier engagé depuis six mois se développe autour d'une trilogie : lieu (approche environnementale), acteur (participation élargie des intervenants), sens (le projet).

Les six terrains retenus sont répartis sur les cinq communes qui composent la communauté d'agglomérations : Saint-Denis, Aubervilliers, Villetaneuse, Pierrefitte-sur-Seine, Épinay-sur-Seine (deux sites). Ils se trouvent, pour la plupart, dans des situations *a priori* délicates : terrain en friche ou délaissé, environnement social difficile, accessibilité limitée.

## Méthodologie, une approche environnementale du lieu : les éléments naturels, urbains, sociaux, d'ambiance

La première étape consiste à établir une analyse fine du site à différentes échelles : macroscopique, parcelle/région parisienne ; médiane, parcelle/agglomération, ville, quartier ; locale, parcelle/rue, voisinage immédiat. La trame d'analyse conduit à aborder les différents aspects urbains, architecturaux, sociaux liés aux objectifs HQE.

L'idée de temporalité (développement durable) guide la démarche pour analyser ce qui précède et les possibilités du projet à s'adapter à l'évolution future, aussi bien pour l'insertion urbaine que pour le mode constructif et les usages.

Nous avons déjà pu montrer que la démarche permettait de révéler des potentialités urbaines : des lieux en attente, sans intérêt évident, sont apparus comme porteurs de véritables énergies de renouvellement de la ville. Autant d'atouts que les « villes » et les promoteurs ont très rapidement perçus.

## Les acteurs

Favoriser le dialogue, la curiosité, traduire des langages parfois antagonistes, convaincre du bien fondé du discours des uns et des autres, tel est l'un des objectifs de l'atelier transversal.

### Les intervenants

Les chargés de projet de Plaine Commune sont : des représentants des villes ; l'architecte des Bâtiments de France ; le représentant du PUCA ; un économiste spécialiste en HQE, missionné par le PUCA ; l'architecte coordonnateur missionné par Plaine Commune (chargé de suivre les projets et d'assurer le rôle de médiateur entre les acteurs).

### Les maîtres d'ouvrage et les maîtres d'œuvre

Les promoteurs ont été retenus lors d'un jury sur la base d'un appel d'offre ouvert. Ceux-ci devaient répondre en choisissant de s'associer avec un architecte inscrit sur une liste établie avec le PUCA, et en s'engageant à signer une charte qui les conduit à respecter la démarche et à donner aux architectes les moyens de travailler dans des conditions acceptables (« Missions complètes »).

Le jury composé d'une partie des intervenants cités et des maires a retenu : pour Saint-Denis, DCF avec Périphérique ; pour Aubervilliers, Sedaf avec BNR (Babled, Nouvet, Renaud) ; pour Villetaneuse, DCF avec M. & P. Boudry ; pour Pierrefitte, Pierre Étoile avec O'Zone & Camfrancq-Fanti ; pour Épinay, Vitry Coop & Logis Transport avec Defrain-Souquet (site 1), et Paris Promotion avec M. Schweitzer & N. Carton (site 2).

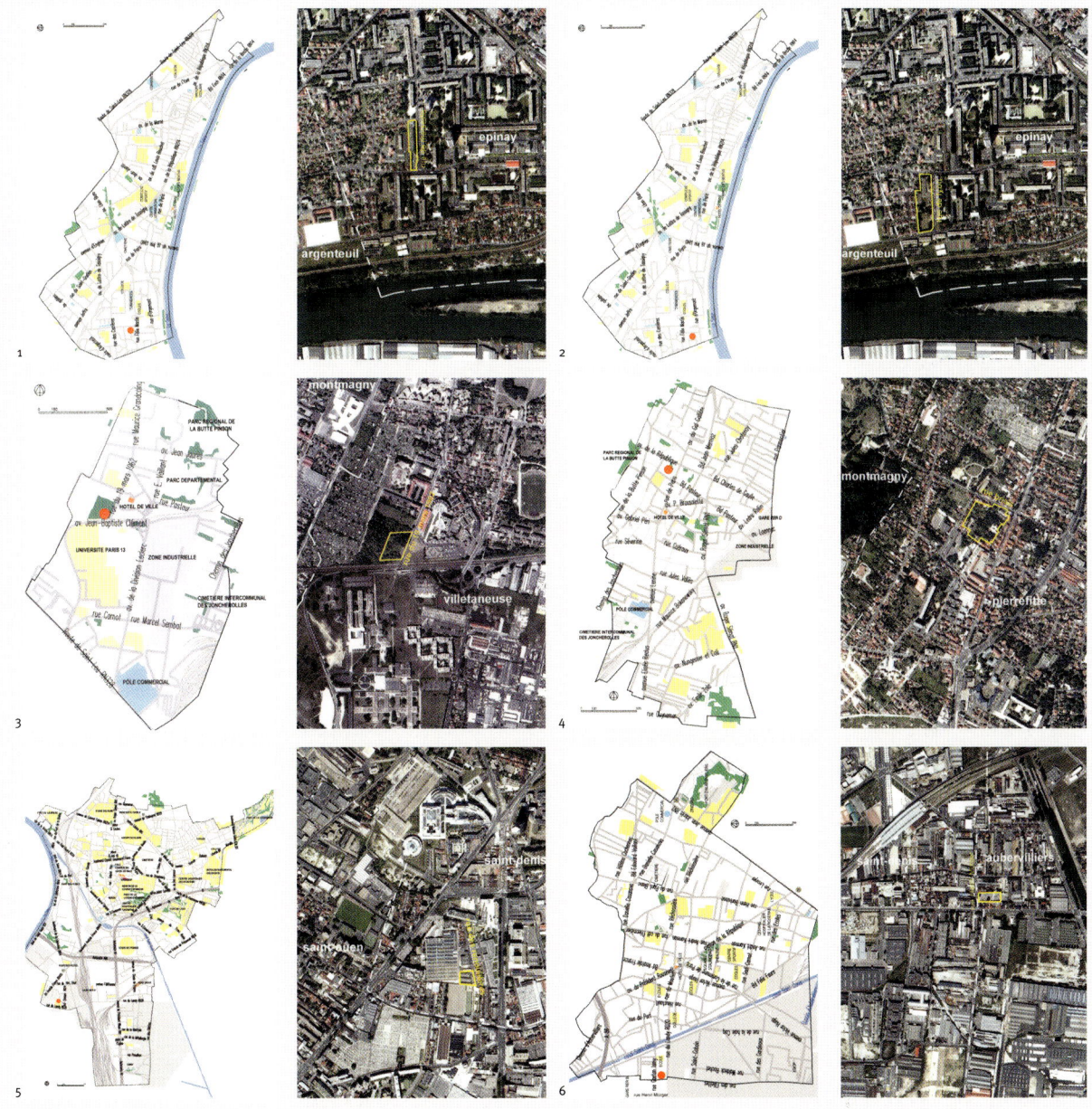

**1.** Épinay-sur-Seine, terrain rue de Marseille : situation dans la commune et vue aérienne © IGN 1999.
**2.** Épinay-sur-Seine, terrain rue de Lyon : situation dans la commune et vue aérienne © IGN 1999.
**3.** Villetaneuse, terrain rue du 19 mars 1962 : situation dans la commune et vue aérienne © IGN 1999.
**4.** Pierrefitte-sur-Seine, terrain ilôt Briais : situation dans la commune et vue aérienne © IGN 1999.
**5.** Saint-Denis, terrain rue des Renouillères : situation dans la commune et vue aérienne © IGN 1999.
**6.** Aubervilliers, terrain rue Henri-Mürger : situation dans la commune et vue aérienne © IGN 1999.

## L'atelier, le sens, le projet
Actuellement, seuls quatre ateliers sur huit prévus jusqu'au mois de novembre ont eu lieu.

Chaque étape comprend une présentation cadrée de quatre équipes par demi-journée en présence des différents acteurs afin de permettre d'échanger des points de vue. S'il fut difficile de faire respecter les étapes et la rigueur de la démarche au début (les architectes et les promoteurs étant souvent préoccupés par la production d'une image et par la faisabilité quantitative d'un terrain), son intérêt est apparu rapidement. Les analyses des sites dans leurs différentes composantes ont conduit à élargir les investigations vers les parcelles, les voiries, les bâtiments voisins jusqu'à proposer des interventions au-delà du terrain d'assiette. Dans la plupart des cas, la pertinence de ces réflexions a conduit les différents acteurs, notamment les aménageurs et les services techniques des villes, à envisager une révision des ZAC en cours ou des POS.

Ce seul aspect suffirait à démontrer l'intérêt de cette expérimentation. Mais les premières esquisses qui découlent de l'analyse et de la sensibilité des architectes permettent également d'ouvrir de nouvelles orientations. Le thème architectural amplement développé du rapport privé/public (espaces de transition : lieu de réciprocité, prolongement et protection du logement offert à la ville) trouve ici largement sa place.

Le projet, à sa manière, interroge la démarche et permet des allers-retours.

## Vers un néo-urbanisme[1], des nouvelles typologies d'habitation à l'image des villas urbaines durables (PUCA)
À ce stade d'avancement des projets, nous ne pouvons décemment tirer aucune conclusion. En revanche, un « arrêt sur image » nous permet de constater la pertinence de la démarche. Les premières esquisses d'aménagement convoquent le voisinage, l'influencent, préfigurent de nouvelles orientations. Les typologies proposées sont issues d'une analyse fine du lieu enrichie par une réelle connaissance des exemples français et étrangers d'hier et d'aujourd'hui. Le refus de l'*a priori*, l'écoute attentive des nombreux acteurs les uns à l'égard des autres, considérés bien souvent comme antagonistes, la curiosité mutuelle pour des innovations, le prolongement de l'analyse au cours de l'élaboration du projet qui devient en retour un instrument de connaissance et de négociation, sont autant d'éléments qui, dans le cadre d'un développement durable, d'un « habité » durable, ouvrent de nouvelles voies.

Même si le chemin paraît semé d'embûches, nous avons pu constater très rapidement l'évolution des attitudes des différents acteurs vers le respect mutuel. Les uns et les autres ont compris que la combinaison de logiques diverses peut aider à sortir de l'engrenage infernal d'une ville anonyme, sectorisée, où les typologies, les morphologies, les habitants s'opposent. La ville plurielle, équivoque, multisensorielle, respectueuse des temporalités, prête à accueillir l'autre dans son être et dans sa forme, existe. De nombreuses situations dans l'histoire de la région parisienne, faites parfois de hasard, parfois de volonté, le prouvent. Cette démarche tente, avec beaucoup d'ambition, d'ouvrir modestement de nouvelles voies démocratiques qui s'appuient sur des connaissances et une créativité en mouvement.

**Pascal Chombart de Lawe**
Architecte coordonnateur de l'atelier transversal

1. Voir François Ascher, *Les Nouveaux Principes d'urbanisme*, La Tour-d'Aigues, L'Aube, 2001.

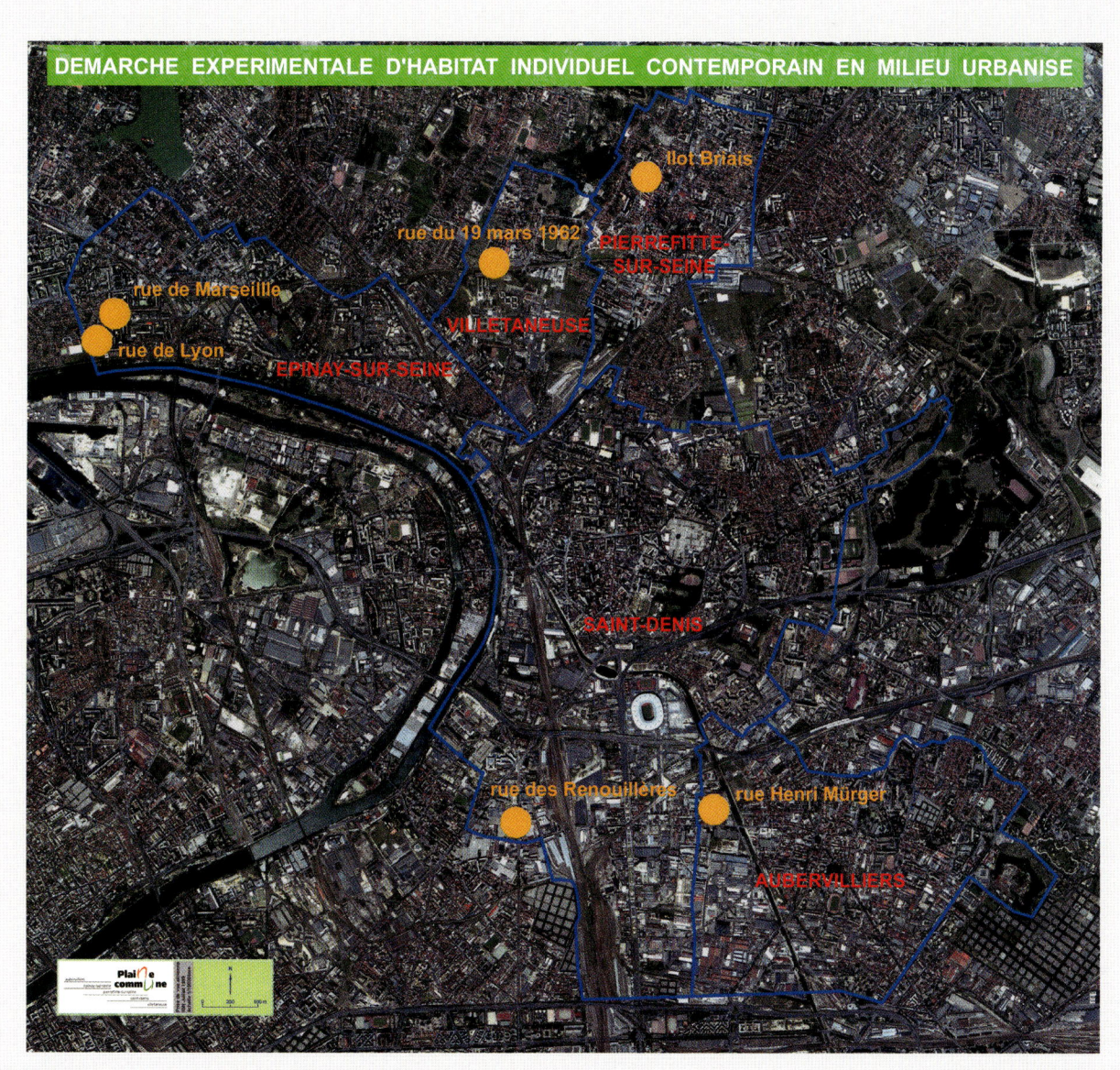

**7.** vue aérienne, repérages des sites des projets © IGN.

# Site Aubervilliers

Maître d'ouvrage : Sedaf
Maître d'œuvre : Studio BNR
(Thibaud Babled, Armand Nouvet
et Marc Reynaud, architectes)
Début des études : 2002

**1.** Vue aérienne.
**2.** Plan-masse – principes d'insertion.
**3.** Vue de la maquette générale.

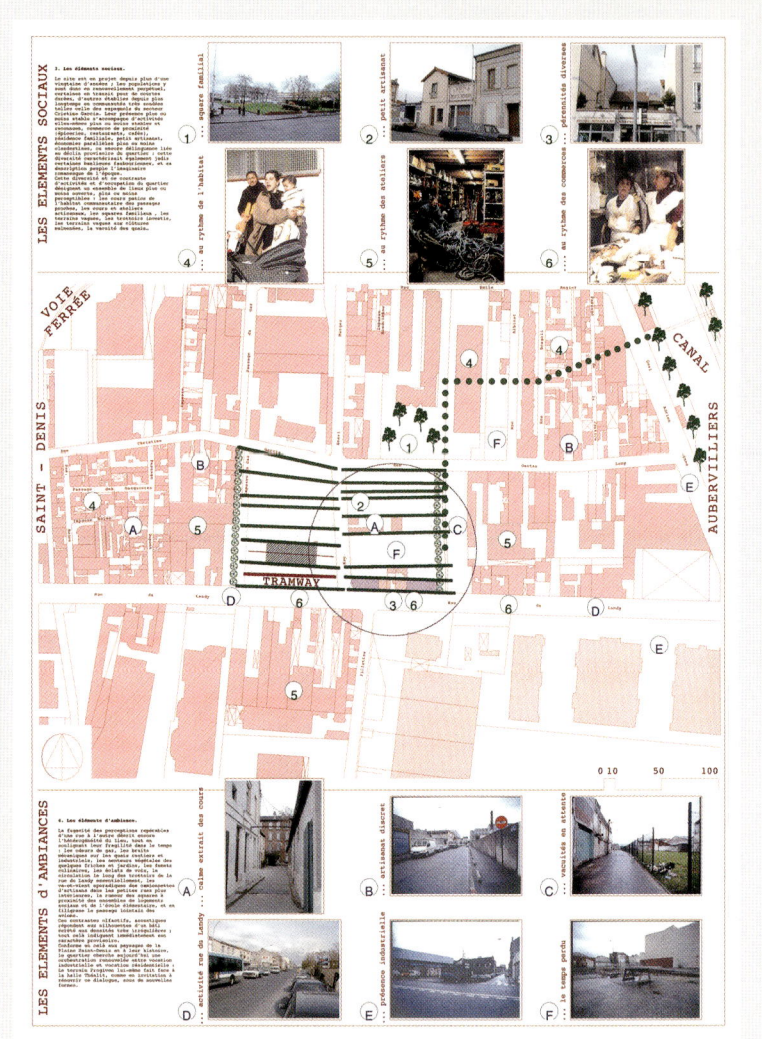

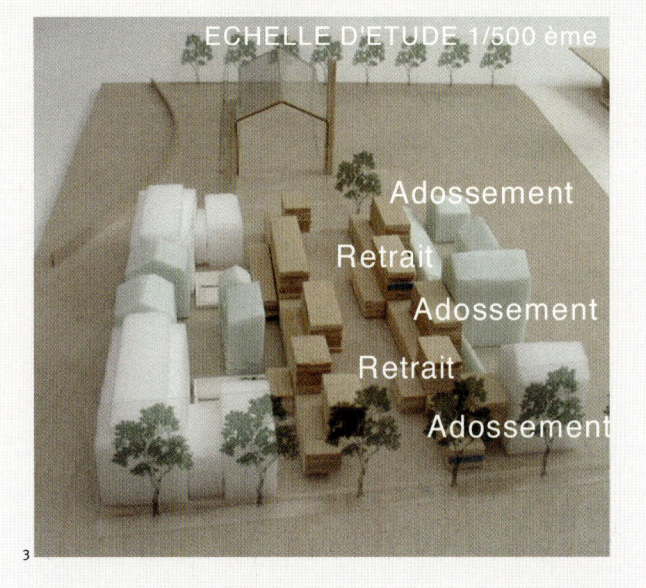

De l'habitat

# Site Saint-Denis

Maître d'ouvrage : DCF
Maîtres d'œuvre : Emmanuelle Marin-Trottin et David Trottin, architectes, Périphériques
Début des études : 2002

1. Plan du 2e étage.
2. Plan du 1er étage.
3. Plan du rez-de-chaussée.
4. Axonométrie du projet.
5. Les jardins intérieurs.
6. Traversée des îlots.

# Site Villetaneuse

Maître d'ouvrage : DCF
Maîtres d'œuvre : Atelier d'architecture et d'urbanisme Marjoliin et Pierre Boudry, architectes et urbanistes
Début des études : 2002

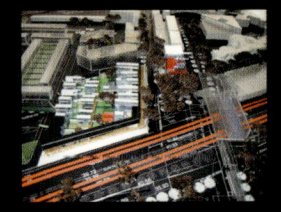

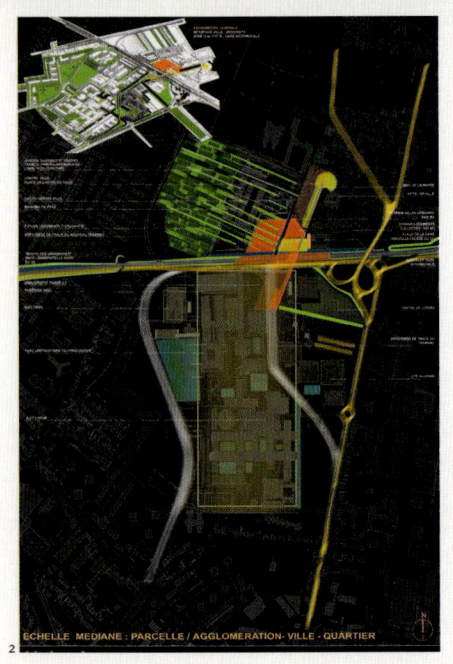

1. Vues aériennes et élévations du projet.
2. Plan d'ensemble de Villetaneuse.
3. Perspective sur les maisons.

**De l'habitat**

# NOUVELLES CENTRALITÉS

# DE L'INFORMATION MUTUELLE DE LA PETITE ET DE LA GRANDE ÉCHELLE : LES MICROCENTRALITÉS

**Djamel Klouche**
Architecte-urbaniste, AUC

Il est sans doute encore plus que jamais nécessaire de se demander pourquoi les situations urbaines comme les cités des années 1960, qui ont porté les valeurs et l'espoir d'une époque, sont arrivées aujourd'hui à de tels états de dégradation, après toutes les politiques publiques lourdes qui se sont succédé depuis vingt-cinq ans.

L'objectif ici n'est pas de refaire l'histoire de la politique de la ville, ni celle singulière des grands ensembles, mais d'ouvrir des hypothèses de réflexion sur le devenir de ces quartiers et sur une approche parmi d'autres pour envisager le projet.

L'objet de cette contribution est d'interroger les modalités d'intervention construites sur une lecture attentive des espaces, de leurs usages, de leurs pratiques et de leurs potentiels de transformation. Nous nous intéressons aux projets, aménagements et programmes de petites échelles introduisant des effets d'externalités à rendement croissant et donc, par voie de conséquence, contribuant à développer des formes alternatives de renouvellement social et urbain.

Cette hypothèse se base sur la construction de projets qui prennent en compte la réalité du terrain, sa transformation par les pratiques et qui mobilisent sa dynamique de transformation comme axe contextuel et dynamique de projet.

La petite échelle d'intervention ou le microprojet, en tant que symptôme ou annonciateur d'un projet plus large, plus ambitieux, ne peut pas toujours se désolidariser d'une réflexion à plus grande échelle et plus englobante. À partir d'exemples, nous nous demanderons de quelle manière ces deux échelles d'appréhension peuvent s'informer mutuellement pour élaborer un processus de développement attentif aux multiples enjeux qui se posent dans ces quartiers.

Michel de Certeau, dans son célèbre ouvrage *L'Invention du quotidien,* critique l'urbanisme qui fait de la ville un sujet universel, qui rassemble toutes les propriétés des sujets dispersés, et élimine pour cela tous les traits de singularité non traitables par ses instruments de mesure et de représentation. Selon Michel de Certeau, la planification urbaine ne peut être efficace que si elle se fait pensée du pluriel : elle ne peut pas venir à bout des programmes multiples et conflictuels qu'elle organise. L'espace est un lieu pratiqué ; il ne peut être doté d'une univocité et d'une stabilité : c'est une variation, une tendance, un devenir.

De la même façon, il met en perspective et montre cette réserve de pratiques « innombrables, restées "mineures", toujours là pourtant, quoique non organisatrices de discours, et conservant les prémices ou les restes d'hypothèses différentes pour cette société et pour d'autres. » Il nous propose de les regarder, de les comprendre telles des créativités cachées par les discours dominants. Il ajoute qu'aujourd'hui, « quels qu'aient été les avatars de ce concept, force est de constater que si, dans le discours, la ville sert de repère totalisant et quasi mythique aux stratégies socio-économiques et politiques, la vie laisse de plus en plus remonter ce que le projet urba-

**1.** Sarcelles pendant la réhabilitation, intervention des habitants avec Armand Gatti.

nistique en excluait. La cité est livrée à des mouvements contradictoires qui se compensent et se combinent hors du pouvoir panoptique. La ville n'est plus un champ d'opérations programmées et contrôlées. »[1]

C'est dans ce type d'analyses que peuvent surgir des pratiques de projet contemporaines, mettant en synergie et démultipliant les énergies microlocales avec les enjeux urbains et territoriaux plus larges. Cette posture nous semble appropriée à la question des grands ensembles, qui ont vu leur édification se faire dans une période de pure planification, et qui ont vu leur évolution au fil de ces trente dernières années transgresser sans cesse dans le sens où les différentes politiques ont voulu les diriger ou les discipliner.

Les pratiques de projet sont étonnamment similaires, alors même que d'un quartier à un autre, les caractéristiques sociales, économiques et géographiques sont totalement différentes. Peut-on opérer de la même façon sur le quartier des Courtillières à Pantin et sur la ZAC de la Noë à Chanteloup-les-Vignes ? Le premier bénéficie de sa situation en continuité du nord de Paris, la seconde est véritablement dans un isolement spatial. Le seul point de comparaison réside dans le fait que la conception et la réalisation des deux quartiers revient au même architecte : Émile Aillaud, lui-même singulier en son temps.

Effectivement, la pensée du projet urbain, dit projet de renouvellement urbain dans les quartiers d'habitat social, tourne aujourd'hui autour de deux grandes idées :
– banaliser le grand ensemble, notamment dans l'organisation de son espace public (il faudrait qu'il ressemble à tous les quartiers de la ville, alors même que sa conception d'origine l'en singularise, alors que la manière dont l'espace y est pratiqué l'en éloigne) ;
– réintroduire l'échelle intermédiaire, l'échelle de l'îlot, du quartier et de l'unité résidentielle dès qu'il s'agit de repenser la domanialité privée.

Toute forme de développement sortant de ce pré conceptuel n'est pas

**2. 3.** Sarcelles, 41 logements locatifs avant et après réhabilitation.

**Sarcelles (Val-d'Oise), restructuration d'une résidence en 41 logements locatifs**
Maître d'ouvrage : groupe SCIC
Maître d'œuvre : Atelier Seraji, architectes
Livraison : 1997

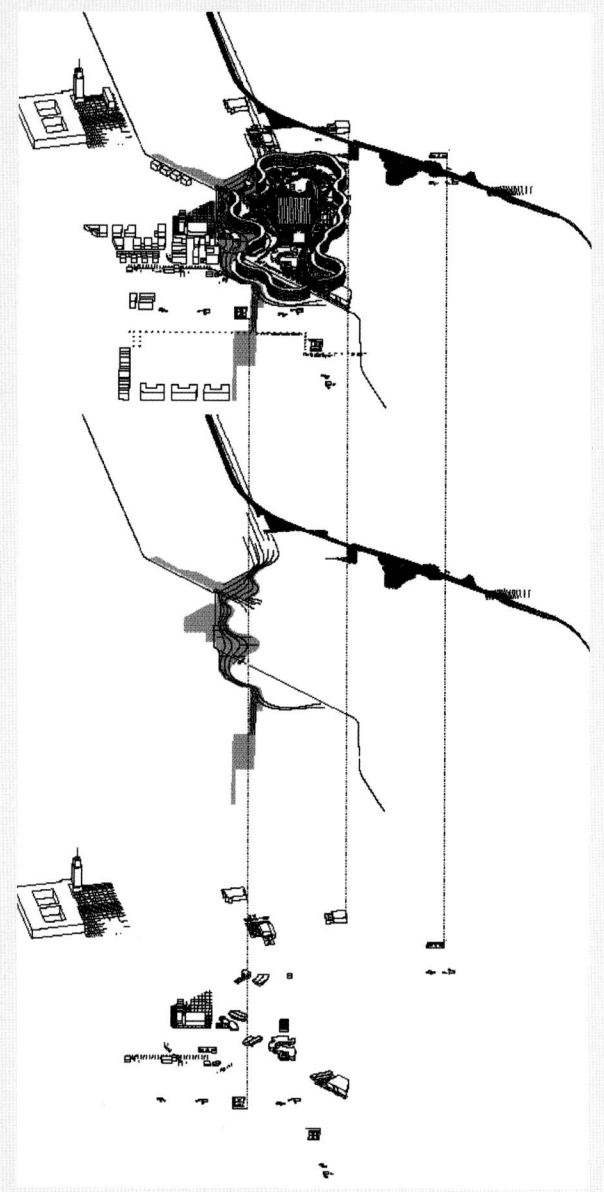

**4.** Pantin, quartier des Courtillières – axonométrie éclatée : liens / micropolarités, 2002.

**Pantin (Seine-Saint-Denis), étude de définition pour la requalification urbaine du quartier des Courtillières**
Maîtres d'ouvrage : Ville de Pantin, OPHLM Pantin
Maître d'œuvre : l'AUC – architectes urbanistes consultants (François Decoster, Djamel Klouche et Caroline Poulin, architectes et urbanistes, mandataires)
Concours : 2002

audible aujourd'hui, alors qu'il semble nécessaire, dans cette question largement discutée et débattue par le politique dans le bon ou le mauvais sens, de défricher et de donner une chance à des modes de faire autres. Ceux-ci peuvent ouvrir d'autres champs d'intervention et, dans ces quartiers plus divers, rendre le projet moins répétitif et moins caricatural. Ils ne peuvent qu'enrichir ce champ de la transformation des territoires urbains. En clair, il faut créer des précédents, des expérimentations et des projets innovants, les discuter et les évaluer. Ce n'est que dans la pluralité que le projet de quartier approchera d'un résultat prenant en compte la diversité des pratiques, des attentes et des potentiels de transformation.

## Du microprojet au projet global de gestion d'un patrimoine départemental

Il est aujourd'hui évident qu'un des sujets majeurs de la restructuration des grands ensembles réside dans la réinvention du rapport des bâtiments au sol et à l'espace public.

L'Atelier Seraji a réhabilité une barre à Sarcelles, intervention globale sur un bâtiment mais dont on retiendra ici la proposition fine de revoir totalement le rapport du bâtiment à l'espace public (la rue accueillant le grand marché hebdomadaire sarcellois). Inverser les entrées a permis que chaque immeuble retrouve une réelle interface avec l'espace public ; et les halls d'immeubles entièrement rénovés ont gagné en surface, en qualité d'aménagement et en personnalité.

Cette intervention dans la micro-échelle du rapport entre les entrées des immeubles et la rue, entre l'accès aux habitations et les seuils a dessiné, par la compréhension des usages, des pratiques et de la topographie, une véritable gradation des liens privé / collectif / public.

À la suite de cette mission, la SCIC a confié à l'Atelier Seraji la réhabilitation d'un ensemble de halls d'entrées sur deux résidences à Bagneux.

Après ces deux expériences concluantes, la SCIC a demandé à l'Atelier Seraji de réfléchir à l'harmonisation des interventions d'entretien – aux abords directs des immeubles – sur son patrimoine immobilier des Hauts-de-Seine. Il s'agissait d'établir un cadre de référence qui permettrait de rendre cohérents les aménagements ponctuels ou successifs entrepris par ses agences locales.

L'Atelier Seraji a étudié dans cette perspective le patrimoine concerné et a établi un diagnostic des problèmes qui se répétaient d'une opération à l'autre pour remédier à cet état des choses et penser les projets à venir dans leur globalité. Le travail a consisté en l'élaboration d'un cahier de prescriptions et de principes simples, censé assister dans leur tâche ceux qui sont chargés de ce patrimoine en les aidant

**Nouvelles centralités**

**5.** Pantin, vue aérienne du quartier des Courtillières.
**6. 7. 8.** Le parc intérieur du quartier des Courtillières.

peu à peu construit un projet global de gestion ; partant d'une première réflexion sur la réhabilitation d'un ensemble de halls d'entrées, on aboutit, de proche en proche, au gré des discussions avec les gestionnaires, des visites et des observations sur les différents sites, à développer une véritable stratégie de gestion et d'entretien d'un grand patrimoine immobilier.

C'est ce passage de la micro-intervention à la charte globale d'entretien et de gestion qui donne à cette entreprise une valeur d'exemple.

### Microprogrammes et corridor

Villetaneuse est une commune fortement déstructurée par un développement fragmentaire (centre-ville inachevé, la cité Allende en dévalorisation, abandon du projet d'autoroute, une université n'ayant jamais atteint son véritable seuil de développement). Aujourd'hui, l'ouverture de la ligne de grande ceinture au transport des passagers et l'arrivée d'une ligne de tramway offrent des perspectives de mise en œuvre d'une centralité urbaine élargie entre ville et université.

Pour aller vers un projet qui ne se contente pas d'accompagner l'infrastructure de transport (comme c'est souvent le cas des aménagements qui prônent la lisibilité et la qualification de l'espace public, et ne font en général que souligner les abords directs de l'infrastructure), mais qui opère sur l'espace par le temps, il s'agit d'élaborer des microstratégies programmatico-temporelles sur les espaces ayant le plus de potentiels, afin d'en préserver d'autres pour des usages futurs, aujourd'hui inconnus. La somme de ces microstratégies constitue une véritable topographie des usages. Cette topographie, s'avérant opérante à terme, pourrait aussi procéder par contamination sur les fragments existants et initier des mutations vers des configurations spatiales plus malléables, plus souples et plus ouvertes. C'est en cela que nous avons évoqué l'idée de corridor anti-Potemkine, qui outrepasse une représentation de la ville

à répondre à tous les types de problèmes détectés.

Les prescriptions avaient pour but de conférer à la rénovation des lieux un esprit contemporain sans pour autant contredire leurs caractéristiques d'origine (matériaux + conseils architecturaux de base, tels par exemple les principes à respecter pour la disposition rationnelle et lisible de la signalétique ou du mobilier).

L'intérêt d'une telle opération tient dans la succession des missions qui ont exclusivement spatiale, basée sur le visible, pour apprendre à penser la ville dans son temps de mutation. La combinaison des microprogrammes et des flux dessine ce corridor, sous-tendu par le tracé du tramway, qui établit la connectivité de différents espaces. Le corridor relie le centre-ville à la future gare d'interconnexion, à l'université, à la cité Allende et se prolonge jusqu'au centre commercial.

**9.** Villetaneuse, vue aérienne.

Chaque opération viendra en son temps modifier la condition générale du corridor et contribuer à l'émergence de cet espace particulier. La proposition ne préconise pas, au stade du concours Europan, d'actions déterminées pour la restructuration des fragments urbains en présence sur le site ; elle n'impose de contrainte que sur les limites, les interfaces programmatiques et le corridor.

### Coproduction liens/micropolarités

Plutôt que de recomposition urbaine du quartier des Courtillières, nous préférons parler de production d'une nouvelle urbanité, et des leviers susceptibles de concourir à celle-ci.

Si les actions passées d'implantation d'activités économiques (liées par exemple à l'hôpital Avicenne) et universitaires (sur le bâtiment du Département illustration) ont déjà amorcé une forte mixité urbaine, le cœur du grand ensemble n'est pas encore touché par ce mouvement. Peut-être faut-il chercher à prévenir les risques d'une nouvelle ségrégation territoriale qui verrait les activités nobles se localiser à la périphérie du quartier et les programmes fragiles rester au cœur du quartier, dans les espaces les moins qualifiés.

Il s'agit donc de conjuguer une intervention lourde et globale avec un mode d'intervention plus diffus, « en dentelle », touchant de très près le quotidien du quartier.

Le croisement de ces deux échelles d'intervention se traduit, d'une part, par un travail sur le lien territorial, par la mise en réseau des grands pôles jouxtant le quartier comme l'université, la future gare tangentielle, le métro, etc., et d'autre part, par la localisation autour d'un espace public singulier – incluant une partie du Serpentin – conçu comme un oued (lit de rivière), d'un certain nombre de microprogrammes venant chacun à leur manière introduire une forme d'institution renouvelée sur le territoire – ludothèque, jardin en serre, espace 3ᵉ âge, associations, centre socio-médical, espaces de jeux, espace jeunes, etc.

### De l'information mutuelle des petite et grande échelles

Le projet urbain doit pouvoir articuler des stratégies de projet descendantes et ascendantes :
– des politiques descendantes mettent en place le cadre de référence stratégique et régulateur pour un développement urbain intégré ;
– des politiques ascendantes se situent dans une perspective d'écoute et de valorisation des spécificités locales ; des processus de « subjectivation » collective produisent une communauté qui contribue à développer une culture de la ville et de l'habiter porteuse d'idées nouvelles.

L'interaction entre une stratégie ascendante et une stratégie descendante favorise l'émergence d'attitudes (surtout et nécessairement institutionnelles) d'innovation porteuses de *projets-saillies* ayant valeur d'expérimentation.

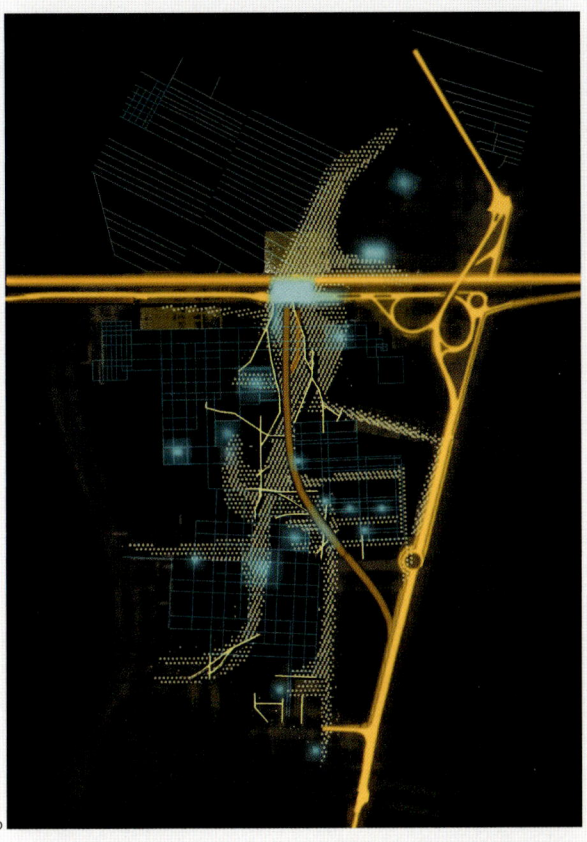

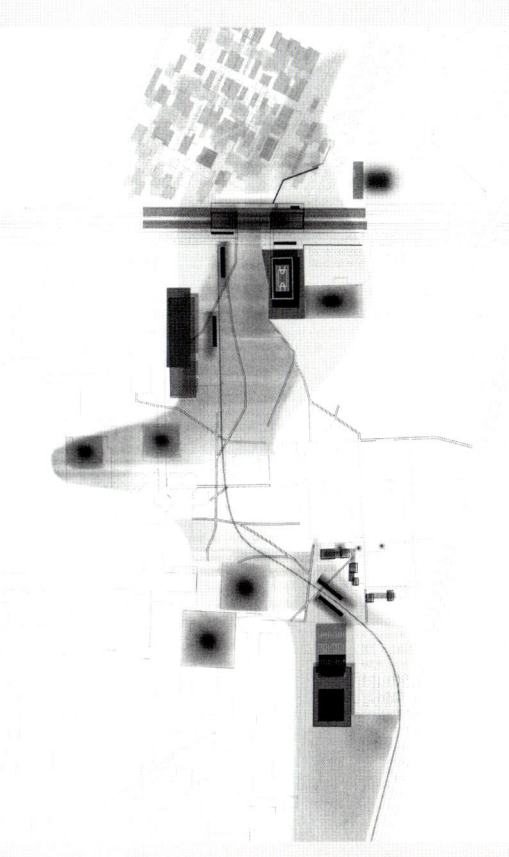

**10.** Villetaneuse, analyse urbaine.
**11.** Villetaneuse, le « corridor anti-Potemkine ».

**Villetaneuse
(Seine-Saint-Denis),
le « corridor anti-Potemkine »**
Projet lauréat, Europan V
(concours européen pour des
architectures nouvelles) : 1999
Maître d'œuvre : l'AUC –
architectes urbanistes
consultants (François Decoster,
Djamel Klouche et Caroline
Poulin, architectes et urbanistes)

Cette proposition ne se fonde pas sur un principe abstrait de flexibilité, mais permet et donne la potentialité de singulariser des devenirs, afin que chaque intervention (programmatique, architecturale, constructive…) puisse, compte tenu des contraintes collectives, composer et recomposer dans l'espace et dans le temps sa trajectoire particulière.

Ce texte propose, en quelque sorte, que la *couche* des spécificités locales et des qualités dans un espace ou dans un territoire puisse construire des éléments de projet de la même façon que les outils classiques. Un projet doit pouvoir, simultanément, prendre en compte la très petite échelle et ses potentiels, et trouver sa capacité d'innovation dans les ressorts de la grande échelle en tant que vecteur de porosité, de liens et de partage d'une vaste étendue territoriale. Ce n'est qu'à ce prix que l'on peut parler de quartiers « comme les autres » avec leur spécificité et leur appartenance à des mouvements, des variations et des flux dépassant largement le périmètre envisagé.

1. Michel de Certeau, *L'Invention du quotidien*, t. I : *Arts de faire*, Paris, UGE, coll. « 10-18 », 1980.

# LA MÉTROPOLE UNIVERSITAIRE

**Catherine Chauffray**
Urbaniste, bureau de l'Aménagement des sites, de l'Architecture et du Cadre de vie des établissements
Sous-direction des Constructions et du Développement régional
Direction de la Programmation et du Développement
Ministère de la Jeunesse, de l'Éducation nationale et de la Recherche

Après une longue période de stagnation des constructions universitaires, les années 1989-1990 voient le lancement, par le ministère de l'Éducation nationale, de la Jeunesse et des Sports, d'une politique de développement quantitatif et qualitatif de grande envergure.

Afin de répondre aux objectifs fixés pour l'Ile-de-France – décongestionner les universités parisiennes et offrir un enseignement de proximité performant –, il est décidé de créer les quatre universités nouvelles de Cergy-Pontoise, Marne-la-Vallée, Versailles / Saint-Quentin-en-Yvelines et Évry-Val-d'Essonne, principales bénéficiaires dans cette région du schéma Université 2000.

Les priorités du plan Université du 3e millénaire (U3M), relayé par les financements du contrat de plan État-Région 2000-2006, s'inversent : un « rattrapage » pour les universités de Paris et de la banlieue parisienne est nécessaire, qu'il s'agisse de la restructuration des sites existants ou de l'amélioration de la vie étudiante et universitaire.

De nouveaux pôles universitaires seront créés, dont celui de la ZAC Paris-Rive-Gauche.

La résorption de l'insuffisance des locaux d'enseignement des universités de la petite couronne sera réalisée « dans le cadre d'une stratégie générale d'aménagement des campus »[1].

**De l'autonomie urbaine des campus au « retour de l'université dans la ville »**
En septembre 1989, les recteurs d'académie sont invités à préparer l'amélioration du cadre de vie dans les universités : élaboration de schémas directeurs de développement des sites universitaires devant traduire une réflexion globale sur chaque site en liaison avec l'environnement urbain, développement de « centres de vie » avec l'implantation de commerces et de services, mise en place d'une politique paysagère pour les grands campus dont les espaces extérieurs sont délaissés depuis longtemps.

Ainsi, de nombreuses études sont engagées sur une quarantaine de sites, y compris en Ile-de-France.

*Les premiers schémas directeurs*
Claude Brévan, urbaniste, fait en 1992 une évaluation d'une vingtaine de ces schémas dans un rapport interne pour le ministère de l'Éducation nationale.

Les rendus montrent une grande diversité des propositions, depuis des orientations très générales jusqu'à un plan de composition urbaine détaillé. Souvent, il s'agit d'un travail très théorique, peu opérationnel, décalé par rapport aux programmes de constructions à réaliser. L'objectif d'insertion urbaine est difficile à appréhender et à formaliser, et les villes se tiennent, pour la plupart, encore en retrait vis-à-vis de l'université et de ses étudiants.

Enfin, ces documents sans statut précis ne sont pas opposables « aux tiers », reposant uniquement sur des accords obtenus à un moment donné au sein de chaque établissement.

*Les nouvelles approches de l'aménagement des campus : des pleins... aux vides*
Le traitement de l'espace public, porteur de continuité entre la ville, le quar-

tier et l'université, apparaît dans une première étude qui préfigure ce renversement de l'urbanisme universitaire, « L'aménagement du quartier universitaire de Villetaneuse », finalisée en 1994 par Christian Devillers, architecte-urbaniste. Ce travail est actualisé en 2001.

Comme le souligne Florence Lipsky, architecte-urbaniste, « traditionnellement, on a mis l'argent dans les pleins. Avec U3M, on commence à comprendre que les aménagements extérieurs, la signalétique, le marquage des limites, lorsqu'il s'agit d'un domaine universitaire et, généralement, de tous les vides qui se situent entre les pleins et qui constituent le paysage spécifique de chaque campus, sont la base de la "carte d'identité" d'une université. »[2]

La mise en place de démarches de projet et la mise en œuvre de procédures plus complexes comme les études de définition reflètent l'évolution des pratiques actuelles.

## Quelles mutations pour les campus de la banlieue parisienne ?

Les campus des années 1960 de l'agglomération parisienne sont dans des situations particulières.

Ils ont été localisés dans la proche banlieue « là où la ville se délite et où zones d'activités, lotissements résidentiels et autres grands ensembles constituent l'ordinaire de leur voisinage. C'est le cas par exemple [...] du campus de Nanterre »[3], de Villetaneuse dans la banlieue nord, de Châtenay-Malabry pour les premières implantations d'universités parisiennes « déconcentrées ».

Le campus d'Orsay a, lui, été créé... dans la nature.

### Les facteurs déclencheurs d'une ouverture sur la ville

Ce sont des facteurs exogènes qui, très souvent, poussent les universités à agir, à défendre leur territoire et leur identité. L'arrivée d'un transport collectif lourd, la réalisation d'un nouvel équipement de gare, un projet de politique urbaine – revitalisation d'un centre, reconversion d'une friche urbaine ou industrielle, opération d'urbanisme de grande envergure – sont de formidables catalyseurs.

### Les conditions nécessaires

Mais, pour ne pas seulement en rester à une réflexion théorique ou subir la pression extérieure, des conditions sont nécessaires : le portage politique du projet par l'établissement, l'organisation de sa maîtrise d'ouvrage, l'adhésion des usagers, le partenariat et..., le nerf de la guerre, des moyens financiers à la hauteur des projets.

### Comment gérer l'ouverture ?

Le contact avec des quartiers sensibles pose le problème de l'insécurité qui se développe aux franges du campus et même en son sein. Ce constat déjà fait au début des années 1990 – quand on a parlé de « psychose à Villetaneuse » – reste une des « failles » du bilan d'Université 2000, malgré ses succès unanimement partagés : « Si le retour de l'université dans les centres-ville est incontestablement une réussite, le développement de l'université dans les communes de banlieue se heurte aux difficultés économiques et sociales de celles-ci. La cohabitation entre une population en difficulté et une population considérée comme nantie – même si ce n'est que très relatif – par la première est conflictuelle et aboutit à des vols, des agressions physiques, du vandalisme... »[4]

## Université de Paris X-Nanterre : le campus dans une nouvelle dynamique urbaine

Issue de la Sorbonne, installée en 1962 sur d'anciens terrains militaires loin de Paris et déjà en partie enserrés par des infrastructures, la faculté de Nanterre, ainsi dénommée à l'époque, accueille ses premiers étudiants à la rentrée 1964. La construction de tous les bâtiments sera achevée en janvier 1968.

Aujourd'hui, le campus compte, sur une emprise foncière de 30 hectares,

35 000 étudiants. Son patrimoine immobilier – 24 bâtiments représentant 140 000 m² de SHON – comprend des équipements universitaires assez exceptionnels comme une importante résidence étudiante, une piscine olympique et un théâtre.

Le plan U3M donne un nouveau souffle à l'établissement pour repenser – après diverses études non abouties – ses problématiques patrimoniales immobilières (restructuration, desserrement et transfert de locaux, localisation de bâtiments nouveaux d'enseignement et d'accueil) et d'aménagement des espaces publics, avec un objectif fort de marquage identitaire.

### Un territoire en pleine évolution : le secteur situé entre la Seine et l'Arche de La Défense

Le campus de l'université Paris X-Nanterre fait partie de la ZAC multisites Seine-Arche dont le périmètre opérationnel couvre 119 hectares. L'approbation du dossier de réalisation est prévue à partir de 2003, en même temps que celle du PLU. Des programmes d'activités tertiaires et de logement borderont le territoire du campus dans de nouvelles limites...

La reconstruction et le déplacement de la gare Nanterre-Université pour créer un pôle multimodal, l'aménagement du parc du Chemin-de-l'Ile sur les bords de Seine par l'établissement public chargé de l'aménagement, et la réalisation, à proximité, d'un complexe sportif par la ville de Nanterre : ce sont autant de projets déjà lancés et qui devraient considérablement changer l'ouest de La Défense.

### Le schéma directeur d'aménagement de l'université Paris X-Nanterre (décembre 2001)

Christian Devillers, architecte-urbaniste, Laurence Schlumberger-Guedj, architecte-programmatrice et Bénédicte d'Albas, architecte-paysagiste, équipe lauréate d'une étude de définition lancée à l'automne 1999, proposent de réaliser un « remembrement » physique des espaces du campus en réutilisant « au mieux les ouvrages et les plantations existants », en intégrant les constructions nouvelles, en retravaillant les limites, les accès, la circulation, les espaces extérieurs, etc. dans un plan cohérent qui prenne en compte le prolongement éventuel du tramway venant de Saint-Denis.

Des îlots, deux axes structurants – le mail et l'esplanade – et un « réseau de rues » vont donner sens et urbanité au campus, ainsi que l'entrée en interface avec la future gare et sa place aménagée. La requalification de son cœur, le carré central, participe d'une identité retrouvée. Les franges seront le point de contact avec le projet Seine-Arche.

Tous ces projets, s'ils sont réalisés, devraient enfin donner à l'université un environnement urbain de meilleure qualité, atténuer les coupures existantes et favoriser de nouvelles mixités.

### Le schéma directeur d'Orsay Paris-Sud : les enjeux de l'évolution d'un grand campus scientifique

À l'origine investi comme lieu de recherche sur la physique nucléaire, le domaine de Launay traversé par l'Yvette accueille, en 1958, le premier cycle de la faculté des Sciences de Paris qui deviendra, en 1965, la faculté des Sciences d'Orsay.

Le site, un immense territoire de 236 hectares avec des bois protégés séparant la vallée d'un plateau, une rivière, près de 20 kilomètres de voies, est implanté sur trois communes : Orsay, Bures-sur-Yvette et Gif-sur-Yvette.

Après plus de quarante ans de fonctionnement sans approche globale, une réflexion générale sur l'évolution du centre scientifique s'impose pour les quinze prochaines années. Une nouvelle image, le devenir de la recherche, les connexions avec l'environnement urbain, la liaison vallée/plateau constituaient autant de problématiques encore en attente de projets. Pour mieux répondre à la complexité du site dans ses multiples dimensions, les responsables du campus ont décidé d'engager, ici aussi, une étude de définition.

L'équipe lauréate de l'étude faite en juin 2000 – Lipsky-Rollet, architectes-urbanistes, et l'agence Onne paysage – définit des stratégies d'aménagement à l'échelle du campus et à partir de thématiques spécifiques au site : « écologie et paysage, transports, stationnements et connexions urbaines, vie et confort, identité culturelle, programmation et gestion du patrimoine bâti ».

Principes d'aménagement et thématiques sont déclinés sur chacune des entités du territoire orientées par rapport à un nouveau repère, déjà inscrit mais qui est révélé, « le cardo-décumanus », support de l'allée des découvertes, futur axe fédérateur du campus. Six lieux d'intervention sont traités dans le détail, selon différents états projetés, avec des variantes de programme et une estimation des coûts. Ainsi, l'aménagement de l'allée des découvertes a été estimé en valeur janvier 2002 à 1,5 million d'euros hors taxes.

L'approche environnementale est très présente, avec la question de l'eau intégrée dans le projet de paysage et abordée dans le schéma directeur « à l'échelle du territoire de l'eau, à l'échelle des lieux d'eau, à l'échelle des points sources ».

Cet « outil de gestion du territoire, [ce] plan de marche » pour la décennie à venir, comment l'université va-t-elle pouvoir le mettre en œuvre et passer des objectifs aux réalisations avec les moyens dont elle dispose aujourd'hui ?

## Conclusion

Un nouveau contexte démographique en baisse caractérise le plan U3M. Paris *intra-muros* aurait ainsi perdu 30 000 étudiants.

Par ailleurs, le nouveau pôle universitaire parisien mobilise des financements importants, au-delà des moyens nécessaires pour atteindre les objectifs de restructuration et de réhabilitation des bâtiments existants.

Enfin, le développement des universités nouvelles dans les « villes nouvelles » franciliennes doit être soutenu.

Les projets de campus périphériques apparaissent dès lors dans une situation de concurrence, qui pourrait s'accentuer à leurs dépens. Ils ne sont pas encore achevés, on l'a bien vu. Ils cherchent encore leur image, leur place, plus de vie. Miser sur la qualité, c'est leur avenir, comme c'est celui de la plupart des campus universitaires de province qui ont engagé des projets analogues.

1. Le contrat de plan État-Région, Ile-de-France, 2000-2006, pp. 48-49.
2. Interview de Florence Lipsky, « Les défis urbains des universités françaises », *Urbanisme*, n° 317, mars-avril 2001, p. 55.
3. Jacques Sbriglio, « Construire et reconstruire les campus » in *Ville, architecture, université : réalisations du schéma Université 2000*, ministère de l'Éducation nationale, de la Recherche et de la Technologie, Paris, 1998.
4. Florence Kholer (architecte, chef du bureau de la Politique de la ville, ministère de l'Éducation nationale), « Bâtir pour apprendre. Le domaine de l'enseignement supérieur universitaire : de "U 2000 à U3M" », *Revue de l'Association française des administrateurs de l'éducation*, n° 2, 2000.

# LE VIDE EST UNE VERTU

« Je hais le mouvement qui déplace les lignes [...]. »
Charles Baudelaire

**Jean Nouvel**
Architecte-urbaniste

L'architecture d'Albert est difficile à vivre. Elle est pourtant pétrie de qualités, de vigueur et de précision, elle est d'une élégance inexorable et revêt un caractère quasi métaphysique suscité par la répétition du paysage. Comme une portée de musique où seules comptent les notes.

Le hic de la musique d'Albert, c'est qu'elle doit s'inventer avec le temps. Mais, ici, comme le poète, « je hais le mouvement qui déplace les lignes » et j'ai acquis la conviction que rien de bon ne peut advenir par la déformation du support, qu'aucune création supplémentaire, à côté, déconnectée du système « albertien », n'est de nature à résoudre le problème d'ensemble. Quant à exister auprès d'Albert, malgré lui, en le prenant comme faire-valoir, ce n'est que résoudre sa propre équation sans apporter de réponse à la globalité de la question.

Le paradoxe de la situation réside dans le fait qu'il s'agit simultanément d'implanter des programmes complémentaires et de dé-saturer le lieu. Ou : « Donnez-nous, donnez-nous, de l'oxygène, de l'oxigèèène ! », autrement dit, de l'espace libre pour respirer, du vide à aspirer, de la lumière, des arbres, des pelouses, de la profondeur de champ, des points de fuite, des traversées, des trous.

Ici, le vide devient vertu.

Une dynamique s'instaure avec le trop-plein d'Albert et les deux barres limitrophes de notre territoire, au nord et à l'est.

La perspective depuis le débouché du boulevard Saint-Germain est essentielle : elle doit être profonde et claire, ordonnée et libérée de toute velléité de prouesse sans rapport avec le sujet. Il serait si tentant d'exécuter là son numéro. Et si facile avec un peu de myopie égoïste. L'Institut du monde arabe (IMA) ouvre la porte. Le parvis en léger contrebas ouvre sur le territoire de l'université.

Je propose donc de suivre les lignes d'Albert. Fidèlement, rigoureusement et de vider largement le reste. C'est du dénivelé créé que naît la possibilité de nouveaux bâtiments invisibles et ouverts sur un double espace intérieur bordé d'un péristyle. Espace vert, régulièrement planté, espace ensoleillé, clairement délimité, prolongement aisé du restaurant-cafétéria, de certaines salles d'enseignement aussi...

C'est une place urbaine dominée par ses promenades périphériques.

Le socle des bâtiments d'Albert est réécrit. Avec des trous sur diverses activités qui seront éclairées, colorées, comme les nouvelles activités situées en limite de dalle avec vue sur la nouvelle place.

Les murs-pignons sont le juste emplacement pour l'implantation de nouveaux bâtiments-écrans qui, eux aussi, cadreront la vie de la faculté.

Les barres sont dégagées en rez-de-chaussée des fermetures hâtives qui ont permis d'abriter en urgence les activités sportives et une bibliothèque. En bref, du vide, encore du vide pour que, du quai, le promeneur ou l'automobiliste perçoive la place de l'université, pour que, du Jardin des Plantes, le visiteur devine ce prolongement.

En superstructure sur les lignes d'Albert s'installent les bibliothèques.

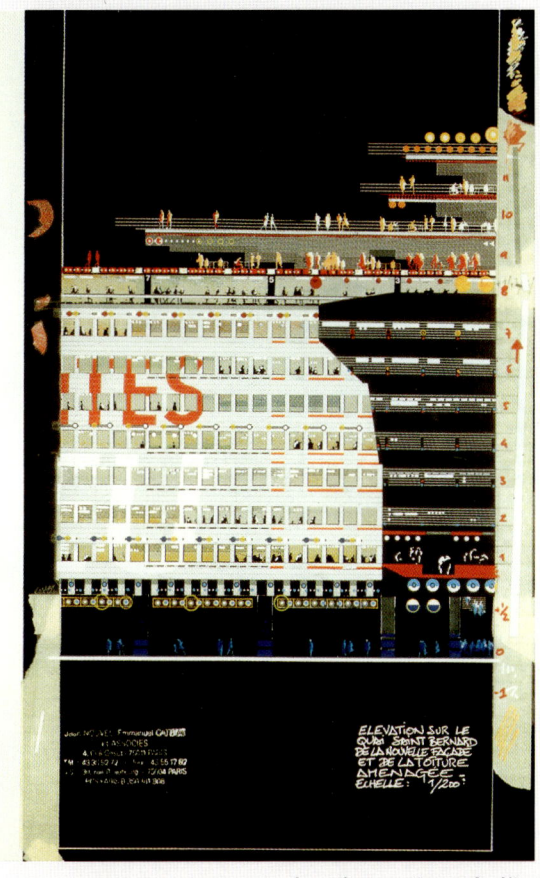

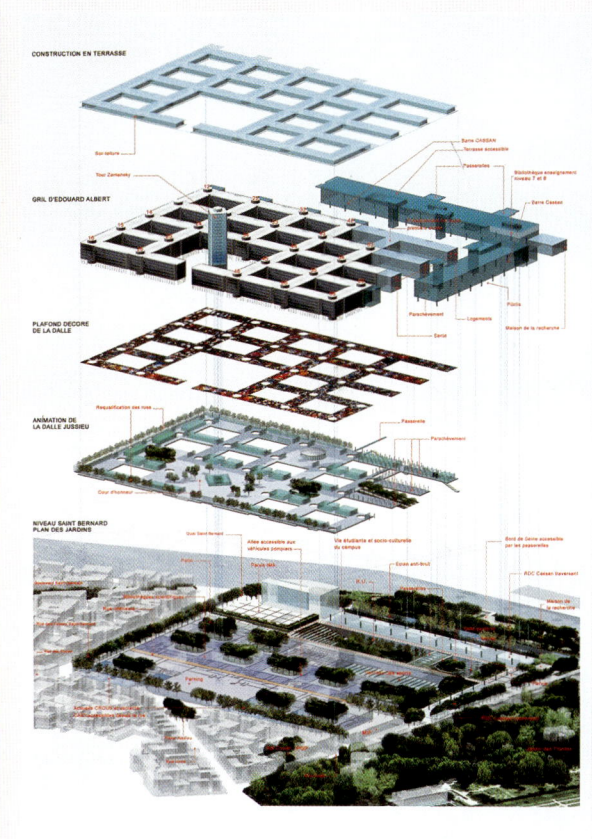

**1.** Projet de la façade de l'université de Jussieu sur le quai Saint-Bernard © Ateliers Jean Nouvel.
**2.** Axonométries © D.Ghislain.

La lumière y vient de l'intérieur par de nombreux éclats, comme ceux de ces « yeux larges aux clartés éternelles », ces « purs miroirs qui font toutes choses plus belles » dont parle notre poète.

Les façades, toutes de verre au nord et à l'est, rendent virtuelle l'enveloppe. Les lignes deviennent légères, incertaines. Avec le soleil, le contre-jour fait le reste. Avec la nuit, l'intérieur devient façade dans un jeu savant de montré/caché qui restera à perfectionner par les aménagements intérieurs… Des noires, des blanches, toujours des notes sur les lignes.

Les systèmes esthétiques se superposent. Les bibliothèques se reflètent sur les toits brisés des « serres » recouvrant les gymnases. Et sous le verre se glisse le vert des feuilles… La dalle prolongée devient, pour les enfants, jardin sous les arbres, puis rampe-promenade vers les expositions et la librairie. Le vert se glisse aussi sous l'auvent qui, au-dessus du métro, abrite la place en contrebas.

À chaque extrémité de cette place, deux grands « escaliers » faits de larges terrasses plantées abritent un prolongement de l'IMA et une bibliothèque. D'un côté, ce sont les mêmes arbustes taillés du parvis qui symbolisent l'appartenance à l'Institut ; de l'autre, des arbres de haute tige dans de micropatios ombragent les lecteurs de la bibliothèque. Deux dénivelés plantés, comme un jardin italien qui se serait étiré…

Cet aménagement par le vide se complète de l'architecture déjà proposée pour les deux barres : grandes terrasses sur Paris et le Jardin des Plantes, larges passages vers le quai Tino Rossi… Avec comme point final (?) un aménagement ou un changement radical de la tour Zamansky, pour que ce signal lointain soit enfin le clocher de la ville étudiante.

J. N. 1993

**Paris 5e,
rénovation du Campus de Jussieu**

**Présentation**
La rénovation du campus de Jussieu demande aujourd'hui une réflexion

**3.** Requalificaton des façades rues Jussieu et Fossés-Saint-Bernard © D.Ghislain.

d'ensemble, que l'Établissement public de Jussieu, par un marché de prestations intellectuelles, a confié à Ateliers Jean Nouvel.

Libellé de la mission[1] : élaboration des « orientations d'architecture et d'urbanisme pour la rénovation du campus » par Ateliers Jean Nouvel, en trois phases :
– réalisation d'un schéma général d'aménagement ;
– élaboration de scénarios d'implantation ;
– cahier des charges.

**Établir une nouvelle relation entre l'université de Jussieu, l'Institut du monde arabe, le Jardin des Plantes et la ville**

Le campus a été réalisé dans l'urgence des années 1960. Une série de questions émerge de l'analyse des composants :
– comment concilier l'intégration de Jussieu à la ville avec les contraintes de contrôle et de sécurité des laboratoires ?
– comment donner à la dalle de Jussieu les qualités d'urbanité et de confort ?
– comment transformer le socle pour éliminer la symbolique de rejet de la ville ?
– qu'inventer dans la relation au Jardin des Plantes ?
– comment régler les circulations entre les différents bâtiments ?
– comment, enfin, sauver l'architecture d'Édouard Albert mise en danger par la sécurité incendie, le désamiantage et l'évolution des fonctions ?

Albert est en France, avec Lods, le grand architecte du métal. Ses inventions structurelles, typologiques, ses façades sont des jalons architecturaux importants. Il faut concilier l'évolution de Jussieu avec le respect de l'esprit d'Albert.

Le XX$^e$ siècle a vu beaucoup d'architectures se construire dans l'urgence. Nous entrons dans l'ère de la transformation, de la mutation. Transformer une architecture est aujourd'hui un acte culturel aussi fort qu'une création *ex-nihilo*.

L'étude met notamment en scène les conditions de l'ouverture d'une perspective entre le boulevard Saint-Germain et le Jardin des Plantes, et suggère un parachèvement du campus de Jussieu dans ses parties est et nord.

Confrontés aux problèmes du « gril d'Édouard Albert » – circulations, vents, socle, nécessaires développements, liai-

Linné), ainsi que la perception de la tour en vue lointaine. En périphérie, en vue rapprochée, le traitement des entrées, du socle, du gril et des barres de Cassan, des principales options pour l'îlot Guy de la Brosse et l'îlot Cuvier.
b) La perception du campus depuis l'intérieur ; le problème de repérage dans le gril est essentiel.

Les questions suivantes sont traitées :
– comment établir des points de repère ?
– comment rendre perceptible le Jardin des Plantes ?
– comment jouir de l'incroyable vue depuis les terrasses ?
– quelles relations établir entre les différentes composantes architecturales du site : gril, tour, barres, Institut du monde arabe ?
– comment établir les relations de continuité entre les bâtiments ainsi qu'avec le Jardin des Plantes ?
– comment faire appartenir le campus à une séquence urbaine qui va du boulevard Saint-Germain à la ZAC Seine-Rive-Gauche ?

1. L'étude a été menée en concertation avec l'Établissement public, l'université et le rectorat. Les réunions du comité de pilotage ont permis de lister les besoins et remarques des intervenants. Les séminaires organisés par le rectorat ont aidé à formaliser les scénarios d'implantation des nouvelles fonctionnalités, notamment pour l'aménagement de la résidence universitaire, du restaurant et des bibliothèques.

4. Axonométrie © Gaston.
5. Le campus de Jussieu et l'IMA © Ateliers Jean Nouvel.
6. Traitement de la sous-face de la dalle des bâtiments de Edouard Albert © D.Ghislain.

sons avec les barres d'Urbain Cassan –, nous proposons de traiter ces différents dysfonctionnements dans un esprit d'unité. La restructuration des dites barres comprend l'utilisation des terrasses, le dégagement des pilotis et la jonction avec le quai Saint-Bernard.

Les scénarios concernant l'inscription du campus dans la ville sont établis en prenant en compte :
a) La perception du campus à l'extérieur à distance moyenne, depuis les quais, le Jardin des Plantes et les différentes vues (au sud, rue des Écoles, rue

**Le vide est une vertu**

# COMMERCE ET MARCHANDAGE

**François Leclercq**
Architecte-urbaniste

Vu de nos villes d'habitude et de nostalgie, le bilan peut *a priori* paraître sombre.

En cinquante ans, les mutations du commerce et de la distribution en général ont profondément modifié notre pratique quotidienne de la ville – à Paris sans doute moins qu'ailleurs –, pour des raisons de structures urbaines et sociales.

Dans la ville moyenne française, un schéma s'est organisé mécaniquement : d'abord, l'installation négociée d'un super ou d'un hyper en périphérie dans les années 1970 et, plus tard, l'émergence de boîtes multicolores à proximité. Le centre-ville asséché se transforme au mieux en quelques boutiques franchisées d'un luxe piétonnier. Y habiter alors en appartement, quand on ne peut y acheter le quotidien, perd tout son intérêt ; les commerces, et souvent l'emploi, situés à l'extérieur, sont souvent plus proches d'une campagne de village et de pavillonnaire de rêve. Le centre se vide de ses habitants. Restent entre autres des personnes âgées, des immigrés essayant de réinventer une vie urbaine, puis les conflits, etc. Le schéma se fige à Lons-le-Saulnier, Bollène ou Pont-l'Abbé.

Dans les grandes métropoles, les centres commerciaux d'intérêts régionaux ont été considérés par les grands commis de l'État comme des nécessités pour répondre au sous-équipement des cités construites dans l'urgence. La croyance au tout automobile et la nécessité de faire baisser le prix du panier de la ménagère en temps de forte inflation ont amplifié le mouvement, malgré les épisodiques tentatives de régulation et de modération initiées par quelques ministres concernés, de Royer à Raffarin.

Après ces centres basiques, des développements nombreux ont été proposés, développant une gamme très large de consommation, de la distribution de masse *hard discount* aux pôles de loisirs, *fun-shopping* ou ciné-restau-boutiques chics, comme à Bercy. Ainsi, à Paris, les gares se redéploient en galeries marchandes, les grandes structures urbaines se reconfigurent en centres commerciaux à ciel ouvert, plus ou moins spontanés, et sont reprises en main selon un système de *merchandising* sophistiqué, alliant shopping et tourisme : c'est le cas de la rue de Rivoli, puis des Grands Boulevards. Ce sera sans doute le destin des Maréchaux. Se dessine alors la carte d'un réseau de circulations et de commerces superposés qui enferme les quartiers résidentiels, calmes villages quasi

**1.** Centre commercial d'Aulnay-sous-Bois, Seine-Saint-Denis
© Jean-Marie Monthiers.

inaccessibles et perdant au fur et à mesure tous ces commerces dits de proximité.

Mais au-delà des multiples analyses déplorant la spécialisation territoriale toujours plus marquée et la mixité – garantie de la vie de quartier – perdue, reconnaissons aux commerces et à leur initiateur promoteur leur grande force d'initiative, d'invention et d'adaptabilité. L'imagination est sans limites quand la rentabilité est au rendez-vous.

En quelque temps, seuls le commerce et les réseaux complexes sont devenus les vecteurs effectifs d'aménagement urbain, remplaçant ainsi le couple logement social-équipements républicains qui était *a priori* la base de la conquête territoriale, le reste devant suivre. Le seul événement important qu'ont connu les villes nouvelles depuis vingt ans se situe autour de la création d'un centre de loisirs (Disney), de ses systèmes d'accès multiples et performants, et de ses commerces adjacents, les logements et les bureaux apparaissant en second plan.

À force d'attractivité, les centres commerciaux définissent une réelle intercommunalité, appelée plus prosaïquement zone de chalandise : Belle Épine, au milieu de nulle part, réinvente un lien entre plusieurs communes (Thiais, Chevilly, Orly, Rungis) ; ils sont moches, peut-être, mais confortables, généreux, accessibles, lumineux, y compris la nuit.

De guerre lasse, épuisées par la quête d'une urbanité publique à inventer *ex nihilo,* la ville nouvelle de Sénart et ses dix communes agglomérées sous-traitent complètement leur identité territoriale à un immense Carré Sénart. Lui seul sait s'occuper des loisirs, des plaisirs, de la promenade, et même du commerce au gré de places, de rues, de passages – certes d'opérette, mais désespérément efficaces.

Architecturalement, ces centres ne valent souvent pas grand-chose, leur rentabilité ne dépend que très peu de l'investissement foncier. Il serait alors peut-être temps de profiter des capacités physiques de ces centres commerciaux, de leur force d'adaptabilité, de leur transformation, de leur déménagement possible pour les utiliser en outils de reconfiguration du territoire. Il est plus facile de déplacer les commerces que les habitations.

Porte de la Chapelle, l'entrelacs de l'échangeur fabrique un trajet sinistre

**2.** Centre commercial Belle Épine
© Jean-Marie Monthiers.

**3.** Centre commercial Carré Sénart © Philippe Simon.
**4.** Centre commercial Boulogne-Billancourt, « Les passages de l'Hôtel de Ville » © Jean-Marie Monthiers.

pour le piéton qui tente de rejoindre Paris depuis la Plaine Saint-Denis. Un centre commercial qui réinventerait un parcours jonglant librement entre les épures autoroutières pourrait se substituer là où l'espace public ne peut que défaillir. Aubervilliers a sans doute plus besoin de taxes professionnelles que Paris, mais le choix géographique des grandes implantations commerciales pourrait se faire d'abord selon une réalité physique, selon de vrais consensus de développements intercommunaux. Le problème est posé, similairement, entre Paris et Ivry-sur-Seine, et dans bien d'autres sites lourds de réseaux et de limites violentes. À Vanves, Saint-Ouen ou Montreuil, les puces démontrent parfaitement la juste adéquation entre commerces spécifiques et ces lieux de l'impossible aménagement.

Tous ces endroits abandonnés, *a priori* inoccupables, peuvent être l'occasion de multiples expérimentations pour transformer le périphérique en lien plutôt que barrière. Couvrir c'est cher, mais

5. Centre commercial Carré Sénart © Philippe Simon.

facile et efficace : jardins, promenade, silence… Passer dessous, c'est terriblement plus complexe, mais possible, même au risque d'une ville partiellement privée.

On a beaucoup tenté pour nos banlieues dites difficiles, par un travail souvent acharné et mal récompensé : traitement social en embellissement poétique et obligatoire, reterritorialisation tendance paysagère, etc. Et maintenant, on casse souvent sans trop compter. Au-delà de la nécessaire rénovation des superstructures, c'est souvent le sol, rez-de-chaussée de ces lieux, qui leur donne une base trop faible, trop vide, trop inexistante, et urbainement inacceptable. Là encore, essayons de réinventer des opportunités d'occupation, entre autres commerciales : un socle organisé, basé non pas seulement sur de fragiles bonnes initiatives, mais sur un système rodé, fonctionnant en réseau. Les grands centres commerciaux de la Seine-Saint-Denis peuvent aussi s'occuper des commerces impossibles dans les socles des immeubles de leur zone de chalandise.

Les grandes compagnies de promoteurs-distributeurs sont peu nombreuses, très puissantes financièrement, et en constante nécessité de négociation avec les autorités territoriales. Elles s'occupent autant de vastes centres à l'ancienne que de centres-ville, où elles rachètent boutique après boutique pour une organisation raisonnée de la consommation. Négocions, marchandons avec eux un investissement territorial concerté pour s'attaquer à ces lieux où seul le commerce peut habiter, comme il le faisait avant : sous les ponts (de l'actuel viaduc Daumesnil aux sous-faces éventuelles de l'A 86 ou du périphérique), greffé aux interstices démesurés des grands réseaux, dans les rez-de-chaussée que les années modernes ont sublimés et puis oubliés. Les compagnies commerciales sont de toutes façons un des principaux aménageurs de ce territoire. Mieux vaut alors les considérer comme des alliés puissants et contraints plutôt que de se laisser toujours aller à la fascination-répulsion de ces machines dévorantes.

**Commerce et marchandage**

# (BAN)LIEUX DES PLAISIRS

**Marc Mimram**
Ingénieur-architecte

### La bouteille de Klein
Le regard de la périphérie vers le centre est souvent (ou a souvent été) un regard de dépendance. Dépendance en termes d'emploi, d'équipement, de culture. Cette dépendance est fondée sur une vision historique erronée : les villes se développeraient à partir d'un noyau cellulaire, un centre génétiquement informé à partir duquel elles suivraient un processus de croissance centrifuge.

Cette vision trop souvent partagée fait abstraction des polarités, des histoires spécifiques, des racines géographiques de la ville.

En réduisant la lecture de l'agglomération parisienne (mais qu'agglomère-t-on ?) à celle de l'histoire de ses monuments, on abandonne d'autres histoires, celles de son paysage, du travail, des habitants.

La limite administrative n'a que peu de sens et la barrière du périphérique peut être dépassée, comme le furent celles des barrières d'octroi et des fermiers généraux.

Ainsi le regard des impressionnistes sur les courbes de la Seine prend autant d'importance que le musée d'Orsay, et les murs à pêches de Montreuil que les jardins royaux. L'histoire industrielle de Boulogne-Billancourt, ou celle des tanneurs de la vallée de la Bièvre, autant que celle des institutions du boulevard Saint-Germain. Le canal Saint-Denis autant que la rue éponyme.

Notre rapport à la Banlieue ne doit plus être celui d'un gant que l'on retourne au gré des points de vue, le centre restant toujours le même. Dans un regard topologique plus complexe (à l'instar de la Bouteille de Klein), il s'agit de faire varier la surface de la limite sans pour autant définir l'intérieur et, par exclusion, l'extérieur.

Les qualités des lieux, des vies, des gens tissent en banlieue une multitude de réseaux, de compétences, d'audaces, de productions d'aventures pour lesquels le schéma radioconcentrique est obsolète, en dehors du champ du pouvoir.

Par-delà « les chemins touristiques en Ile-de-France », il s'agit d'éclairer un regard sur la Banlieue qui dépasse les schémas conventionnels fondés sur la dichotomie « misère et violence » face à « musée et volupté ». Cette caricature sociale structure l'exclusion et s'absente des mixités qui se nouent hors des limites administratives de la ville capitale.

### Une cartographie des plaisirs
J'en appelle à une cartographie des plaisirs de Banlieue qui permettrait de mettre en réseau ces lieux spécifiques entre eux ou avec « la capitale ». Cette cartographie est, bien évidemment, vivante, évolutive et n'aspire pas à devenir une collection aboutie ou muséographiée mais la représentation instantanée d'un processus en mouvement.

À titre d'exemple, on pourrait partir de quelques catégories : la culture, le paysage, les pratiques sportives, les lieux de production.

**Pour la culture**, il faudrait dépasser le champ institutionnel afin de retrouver celui des initiatives.

Pour exemple, je me souviens de l'atelier ouvert que le peintre Ernest Pignon offrait à Argenteuil. Celui d'une pratique de la peinture offerte à tous et ouverte sur le monde, tant pour l'adolescent que

1. Montreuil, casse de voitures.
2. Meudon, Skate parc sous la N118.
3. Champs-sur-Marne, Vélo dans la foret du Luzard.
4. Vaires-sur-Marne – Chelles, planche à voile au centre sportif de l'île de Vaires.
© Alice Diestch, Pierre Schneider.

pour les travailleurs, aux heures où ils peuvent se retrouver sans contraintes de prérequis culturels et dans le partage, celui des interrogations sur la place de l'art, des modes d'expressions dans la mixité sociale.

Cette expérience libre et formatrice existe sous d'autres formes aujourd'hui. Il en va de l'atelier de danse de François Verret à Aubervilliers aux lieux de rencontre destinés au hip-hop ou à la techno. Le foisonnement se lit dans la réappropriation des lieux et dans les liens nouveaux qui se tissent entre les disciplines artistiques. Le décloisonnement est autant spatial que culturel. Les « friches artistiques » s'infiltrent. Entre L'Échangeur à Bagnolet, L'Usine à Saint-Denis, Mains-d'œuvres à Saint-Ouen, ou La Caserne à Pontoise, les ateliers s'ouvrent sur de nouvelles pratiques sociales et artistiques. Faire apparaître ces lieux, les repérer sans classification excessive permettraient de superposer à la carte des conservatoires municipaux celle des initiatives locales.

**Pour le paysage,** il s'agit de considérer l'étonnement, l'ailleurs, cette dimension aléatoire, surprenante des lieux de Banlieue qui échappent à l'attendu. Les lieux « qui ne peuvent être que là » et dont seule la pratique quotidienne permet la découverte. *A contrario* des panneaux « point de vue » sur les routes de corniche ou de la forêt ardennaise, nous n'aspirons à aucun balisage mais à la trace de ces caches, offertes à tous.

Des lianes de la forêt d'Orgemont aux sablières de Créteil, des forts du XIX$^e$ siècle aux jardins familiaux de Villejuif, des berges de l'Ourcq aux sous-faces d'infrastructures habitées, du parc du Sausset à celui de La Courneuve, la géographie de Banlieue permet des effets de décalage, de juxtaposition, d'ambiance que la capitale a souvent oubliés.

**Pour les pratiques sportives,** les lieux foisonnent à mesure des initiatives, des inventions, des imaginations. Il est plus aisé de faire du ski nautique sur le lac de Viry-Châtillon ou du canoë en vallée du Loing que sous les ponts de Paris.

Il est plus naturel de faire des évolutions en roller dans le complexe Cosa-Nostra Skate Park de Chelles, en karting ou en moto sur le circuit Carole de Villepinte qu'au-delà du périphérique vers Paris.

Ces pratiques sont foisonnantes, innovantes et concernent des sports souvent en marge des pratiques institutionnalisées.

C'est la vitalité de ces associations qui doit être valorisée, en ce qu'elle ouvre le sport sur des pratiques au quotidien hors du champ « réservé » aux élites.

**Pour la production,** il s'agit également ici de réappropriation de lieux, de pratiques souvent qualifiées de marginales mais qui forment une autre strate du tissu social. Des casses de voiture aux ateliers de confection de Noisy, de l'artisanat de proximité aux traces de compagnonnage, les cours vivent d'une activité qui a déserté le faubourg Saint-Antoine ou le bas Belleville, et qui servait de référence à Perec et Doisneau.

Pour tout cela, il ne s'agit pas de faire un nouveau *Guide du Routard* de Banlieue ou d'idéaliser les difficultés que nous connaissons tous. Sans regard condescendant ou bienveillant, il paraît possible de donner une lecture à ces lieux de vie qui soit celle de pratiques sociales, partagées voire détachées des contingences du quotidien pour offrir la rencontre ou simplement le plaisir.

Sans paraître naïf, il y aurait une hypothèse à explorer : si la Banlieue était « more-rose » qu'on veut bien le dire… au moins un peu.

**5.** Pont de Sèvres, Compétition de Canoë sur la Seine.
**6.** Noisiel, Atelier d'artiste en bord de Marne.
**7.** Issy les Moulineaux, Espace culture multimedia Le Cube
**8.** Meudon, Fête des Guinguettes.
© Alice Diestch, Pierre Schneider.

# ORGANISER LE TERRITOIRE DIFFUS

**Ariella Masboungi**
Architecte-urbaniste en chef de l'État DGUHC, Ministère de l'Équipement, du Transport et du Logement

« Ce qui n'existe pas insiste ». Cette phrase de Michel Tournier vient à point pour rappeler notre responsabilité face à la ville qui cherche son nom, qui se développe sur le territoire sans référence à la mythique ville européenne. Refuser de voir la diffusion urbaine semble dépassé et son existence est insistante. La mobilisation de nombreuses voix autorisées concourt à diagnostiquer le processus à l'œuvre : de la fédération des agences d'urbanisme aux harangues de Rem Koolhaas sur la fin du « contexte », du règne des mégalopoles et du chaos à la *città diffusa* de Bernardo Secchi ou à l'*urbain* par opposition à la ville de Françoise Choay, pour évoquer aussi l'échelle urbano-architecturale revendiquée par Europan[1] qui baptise sa session en cours « le défi suburbain ».

Cette ville diffuse n'est pas une périphérie autour des villes. Elle existe entre les villes, forme des nouvelles polarités autour des pôles d'alignements commerciaux ou des petits noyaux d'habitat, fragments de cent à quelques milliers d'habitants, ou encore d'activités dévorantes en besoins de stationnement.

Si comme le dit Bernardo Secchi, la ville diffuse loge plus de 50 % des Européens, il est temps que les tenants de l'urbanisme, d'abord édiles mais aussi professionnels, s'emparent de manière positive de leur responsabilité face à ces nouveaux Européens qui font fi de la mythique ville européenne.

## Diagnostic incertain, modèles inopérants

Sur le diagnostic demeurent de fortes divergences, non sur le passé, mais sur le présent récent et l'avenir. Processus en fin de parcours pour Bernardo Secchi, mais aussi pour l'IAURIF qui observe que le phénomène se tasserait en Ile-de-France – peut-être pour se développer au-delà ; il est encore très vivace aux dires de bien d'autres, dont François Ascher qui nous interpelle sur la « métapole » que serait l'espace de vie de demain.

Si cette urbanisation généralisée est reconnue et observée, elle ne fait pas l'objet d'un chiffrage scientifique qui permettrait de mieux comprendre les mécanismes à l'œuvre. Mais quel que soit le rythme de poursuite du processus, son ralentissement, voire sa régression dont on pourrait sérieusement douter si l'on suit l'évolution de la tache urbaine, il y a urgence à tenter d'organiser ces territoires pour leur conférer plus d'aménités urbaines, à penser la ville à ces vastes échelles territoriales, sans nier les processus en cours et tout en restant en prise sur les comportements individuels et le jeu du marché.

Le projet urbain a souvent concerné la « ville consolidée », dans le but de l'embellir, de recomposer ses espaces publics, de renforcer ses centralités menacées, de régénérer l'architecture et les quartiers en déshérence. Mais pour agir sur cette nouvelle ville, les modèles de référence à la ville historique ou consolidée autour de ses espaces publics sont inopérants, et la commande politique est d'autant plus rare que ces lieux apparaissent voués à la laideur et à l'indifférence, alors que les mêmes valeurs devraient s'appliquer à la ville-centre et à sa périphérie. « Un territoire pour exister exige de l'attention », alerte le philosophe Thierry Paquot. Il ajoute que « le territoire est relationnel et par consé-

**Nouvelles centralités**

quent l'urbanisme aussi, lui qui espère intervenir sur les formes en ménageant les lieux ».

**Conforter la ville consolidée**
La première action face à l'expansion urbaine paraît résider dans le frein à poser à l'hémorragie en termes d'habitat et de centralité de la ville consolidée. Sans constituer une alternative à la diffusion urbaine, le réaménagement des centralités urbaines et de l'habitat est une condition nécessaire pour consolider ce qui fait l'identité, la mémoire et le sentiment d'appartenance à un lieu, à une société, à une culture, et qui se reconnaît dans la ville sédimentée que nous a léguée l'histoire. À titre d'exemple, on peut citer la recomposition des faubourgs parisiens menée dans le 13e arrondissement mais aussi dans le faubourg Saint-Antoine ou à Ménilmontant, ou encore l'offre d'un habitat combinant les avantages du rapport à la ville et à l'espace public avec la jouissance d'un tissu plus aéré dans le projet expérimental de Christian de Portzamparc pour le quartier Masséna. De la même manière, la recomposition des espaces publics, la création de polarités voire de centralités ludico-commerciales et culturelles dans la ville-centre et son immédiate périphérie s'impose pour renforcer la vitalité des tissus de la ville consolidée, offrant un ensemble de réponses contemporaines à l'évolution des comportements sociaux qui fabrique de l'urbanisation. Deux villes ont une expérience éloquente quant à la capacité d'une collectivité à sauver sa centralité en difficulté : Roubaix et Saint-Nazaire. Dans ces deux situations, les pouvoirs publics étaient porteurs d'un projet urbain puissant, dont l'affirmation a permis d'attirer des investisseurs, notamment commerciaux, sur des sites qui étaient soit abandonnés par le commerce, soit à restructurer. La force du projet urbain, les conditions de sécurité offertes par la collectivité en vertu de son engagement dans la durée sur la requalification urbaine à grande échelle et sur les investissements publics préalables à la venue des investisseurs, notamment en termes d'espaces publics mais aussi de programmes culturalo-ludiques – Escal Atlantic à Saint-Nazaire – ont emporté l'adhésion des partenaires privés. Et aujourd'hui, la réussite de ces deux projets est patente.

Si ces alternatives ne sont pas proposées, la fuite vers la *suburbia* sera encore plus rapide. Nombre d'expériences à échelle réelle démontrent que l'alternative existe pour fixer des centralités, fixer aussi des habitants sans lesquels la centralité n'aurait pas le sens souhaité, celui du mélange des hommes et des fonctions, par opposition aux centres commerciaux monofonctionnels. Car il n'est pas uniquement question de la forme, mais de la réalité programmatique et vécue des lieux d'intervention, de l'aménité des espaces de vie de nombre de ménages, du sentiment d'identité, d'ancrage dans un lieu, de la composition de relations de proximité, etc.

**Créer des polarités suburbaines**
Penser les polarités périphériques s'impose à l'heure où la nappe urbaine autour des villes existe en continuum. Ces polarités peuvent être des centralités de type commercialo-ludique sans se réduire au centre commercial entouré de sa nappe de parkings. Mais elles peuvent aussi être diverses, et notamment liées à la nature et au parc.

Penser ces nouvelles centralités comme une volonté d'agir sur l'usage et sur l'identité d'un lieu impose une mise en cause du rejet par le monde de l'urbanisme d'une forme d'évolution des modes de vie, des comportements sociaux et des stratégies des acteurs économiques. Ces changements ont sans doute été mieux saisis par les « producteurs d'objets commerciaux » que par les acteurs de l'urbanisme et de l'aménagement, qui déplorent que nombre de pôles d'attraction de la ville leur échappent et contrecarrent leur volonté d'agir en faveur d'une vision plus intégrée de l'urbain. Plusieurs expériences montrent cependant qu'il est possible de croiser les deux approches pour agir sur l'urbain, par la mise en œuvre de politiques mieux maîtrisées et davantage en prise sur le réel.

Cette démarche, qui prend en compte les intérêts et les stratégies des différents acteurs, en particulier des acteurs économiques, nécessaires à la production et à la gestion de la ville, vise à lutter contre deux types de dogmatismes : celui d'un urbanisme autoritaire qui voudrait plier en vain la réalité à ses désirs, et celui du laisser-faire qui glorifierait le jeu libre des acteurs et du marché au détriment de toute conduite publique du devenir des agglomérations.

C'est dans cet esprit que s'entend l'offre des nouvelles centralités qui tentent de capter des mécanismes mis en œuvre par le jeu du marché, et dont l'importance pour la structuration des urbanisations suburbaines est essentielle. Cependant, ces centralités sont à lier à la question de l'offre d'habitat, de paysage, de nature qui est souvent à la base de l'étalement urbain, mais qui, dans la forme que prennent les extensions périphériques, nie l'idée même de nature et de paysage.

L'intégration de ces programmes dans le cadre de politiques urbaines fortes modifie leur impact sur l'urbain. Il faut néanmoins savoir penser la périphérie en termes de projet urbain et de nouvelle centralité sans sombrer dans la copie de la ville constituée ni l'abandon de toute prérogative sur l'espace urbain.

### Démarches illustratives

**Bercy-Village**, en limite de Paris, apporte une très belle démonstration de la capacité à créer une nouvelle centralité de nature particulière, ancrée dans une histoire – celle des chais –, au sein d'un projet urbain qui emboîte plusieurs échelles – la revitalisation de l'Est parisien, le projet urbain de Bercy et la structuration du nouveau quartier autour d'espaces publics. Cette centralité a su évoluer au gré des opportunités tout en tenant le fil conducteur de ce qui faisait son essence, le mariage de programmes de nature variée : le musée des arts forains, les cinémas, les restaurants, les commerces « nature », l'espace du Club Méditerranée, etc.

**Carré Sénart**, futur centre de la ville nouvelle de Sénart, illustre d'une autre manière l'ancrage de la centralité dans un projet urbain. Ici, le pôle de centralité est moteur du projet, mais il est également inscrit dans la démarche originale d'un « carré » prévégétalisé qui innove à plus d'un titre. Il s'inscrit en discontinuité des urbanisations existantes, ce choix se justifiant par des distances entre pôles d'habitat comparables à celles de la banlieue pavillonnaire. Le modèle adopté – un carré végétal traversé par une ancienne allée royale reconstituée – se réfère au jardin et non à la ville constituée. Ce projet est à la fois un cadre et une stratégie dans lesquels s'inscriront, au gré des opportunités, les éléments du programme qui restent encore assez peu définis au regard de la faible attractivité économique du secteur. Le centre commercial jouera ici un rôle moteur en matière d'aménagement.

### La centralité induit la perméabilité

L'enjeu majeur de ces nouvelles centralités en termes de vie urbaine, d'espace public, de mixité, notamment au regard des nouvelles temporalités nous rapprochant de la ville vingt-quatre heures sur vingt-quatre, peut se trouver fortement remis en cause par la gestion privée des espaces créés. La localisation souvent stratégique des lieux d'échange, qui jouent parfois même un rôle de « rotule » grâce à des mails ouverts au public entre des pôles urbains existants, nécessite qu'il leur soit porté une attention particulière. Ainsi les heures d'ouverture, mais aussi la configuration intérieure peuvent avoir des impacts sur le fonctionnement global d'un projet d'ensemble. La fermeture des grilles à Bercy-Village, par exemple, modifie les cheminements de transit. Cela peut s'avérer complexe à gérer dans certains cas, comme à Val-d'Europe, où la galerie constitue dorénavant le principal lien entre la gare RER et le futur quartier de la mairie.

## La recomposition territoriale

Bernardo Secchi ouvre une perspective conceptuelle large et féconde en prônant de penser le territoire *dont* la ville, et non la ville et ses périphéries. Ce qui amènerait à ne plus voir les périphéries comme des résidus urbains entretenant un lien avec la ville-centre, mais à les envisager comme des territoires avec leurs focalisations diverses, dont celle représentée par la ville-centre.

Cette démarche conceptuelle peut nous aider à penser la *suburbia* non seulement en référence à la ville-centre mais comme entité méritant – exigeant – l'élaboration d'un projet sinon urbain, du moins territorial. Penser ce territoire ne consiste pas simplement à en améliorer les fragments, enjeu combien nécessaire toutefois. Si peu de projets peuvent être repérés à cette échelle, c'est sans doute aussi faute de commanditaires. Ce défi politique est à présent à la portée des nouvelles instances intercommunales qui voient le jour avec la loi Chevènement, créant les conditions d'une prise de conscience de la bonne échelle de l'urbanisation et de la nécessaire mobilisation de stratégies et de projets pour ces espaces. Mais il faut évoquer également le défi professionnel et conceptuel à relever pour penser un urbanisme de la périphérie, de la suburbanisation qui guide l'implantation des centres commerciaux, de l'habitat individuel, des espaces de travail jalonnant le territoire, les entrées de villes, en termes de réparation ou d'organisation. Il est nécessaire pour ce faire de renouveler les approches conceptuelles et projectuelles en appui sur les disciplines de l'urbanisme, enrichies par d'autres champs disciplinaires tels ceux du paysage ou de l'éclairage. D'autres créativités aussi, dont celle des artistes, peuvent aider à repérer des potentialités d'une situation, d'une géographie pour provoquer un imaginaire urbain. Enfin il nous faudra lever le défi méthodologique pour inventer les méthodes et les outils du passage de l'intention à la réalisation, un passage plus ardu qu'en territoire dense et central.

Cependant, les lieux de réflexion et de mobilisation se multiplient. Après la grande aventure de la Plaine Saint-Denis à présent en cours de concrétisation, la Plaine de France offre un concentré des questions évoquées résumant bien les enjeux qui attendent les professionnels de l'urbain. En effet, le projet d'Hippodamos est une avancée conceptuelle quant à la manière de retisser des liens et une trame sur un espace hérité de l'industrie, partant de ses réalités hétérogènes vues non comme des handicaps mais comme des atouts. Nombreuses sont les déclinaisons possibles de l'inventivité de ce projet urbain à la fois souple dans ses interprétations et ferme sur l'essentiel – l'espace public, le lien, les plantations aléatoires et non ordonnancées, l'écoulement naturel des eaux, l'utilisation du programme levier qu'est le Stade de France pour permettre l'enclenchement du projet et notamment l'indispensable couverture de l'autoroute, etc.

À présent, c'est la vaste échelle du territoire de la Plaine de France qui fait l'objet d'une mobilisation politique locale et nationale majeure, avec la création d'un Établissement public. Le défi est d'ampleur, sur les plans conceptuel, programmatique, économique et social, méthodologique… Il s'agira notamment de réfléchir à constituer l'identité qui liera les particularités locales, à organiser ce territoire suburbain, à lui conférer des aménités urbaines, à lier les fragments tant historiques que récents de l'urbanisation, à mettre en valeur l'espace naturel, etc. Ce laboratoire vivant donne l'occasion de régénérer une manière de penser sinon un projet urbain, du moins une attitude relevant de cette approche qui développe avec créativité les nouveaux lieux de vie de l'espace urbanisé.

# 75012, BERCY VILLAGE : RÉHABILITATION DES ANCIENS CHAIS, VILLAGE COMMERCIAL

Maître d'ouvrage : ALTAREA
Maîtres d'œuvre : Denis Valode et Jean Pistre, architectes
Livraison : 1998-2001

Murs de pierres rugueuses, toits de tuiles plates et brunes, les anciens chais de Paris sont organisés, rangés presque, le long du cours Saint-Émilion, perpendiculairement à la Seine. Boutiques, bars et restaurants inscrivent dans ce lieu rénové une animation nouvelle, conservant de son activité originelle – les réserves de vin pour la ville entière – l'évocation du raffinement et de l'abondance.

Restaurés, les chais conservent de leurs altérations celles qui, sans brouiller l'organisation initiale, révèlent leur histoire. De nouveaux chais prolongent les anciens.

De part et d'autre, une longue toiture plissée de zinc reprend leur rythme et leur géométrie à une échelle supérieure. Structure métallique, remplissages de pierre, de verre ou de clins de bois, la composition varie, entre marché couvert parisien et enseigne commerciale.

Transition dans les hauteurs, matériaux traditionnels pour une architecture contemporaine : du quartier d'affaires au Jardin de la Mémoire, des cheminements transversaux guident les passants de la ville au village sans rupture.

Des petits entrepôts du début du xxe siècle aux commerces nouveaux, les chais de Bercy Village composent avec le temps et le lieu dans une recherche d'authenticité : espace qui donne la mesure du temps et octroie aux passants le temps de mesurer l'espace.

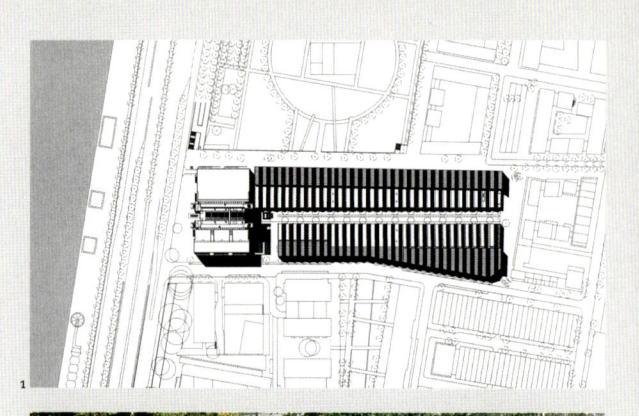

**Denis Valode**
**Jean Pistre**
Architectes

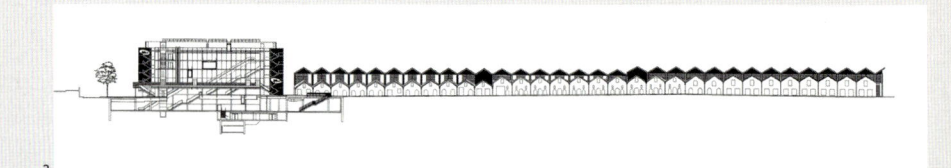

1. Plan de masse.
2. Cours Saint-Emilion © Demonfaucon.
3. Coupe longitudinale sur l'UGC-Cité-Ciné et élévation sur les chais.
4. Les chais rénovés © Benoît Fougeirol.

Nouvelles centralités

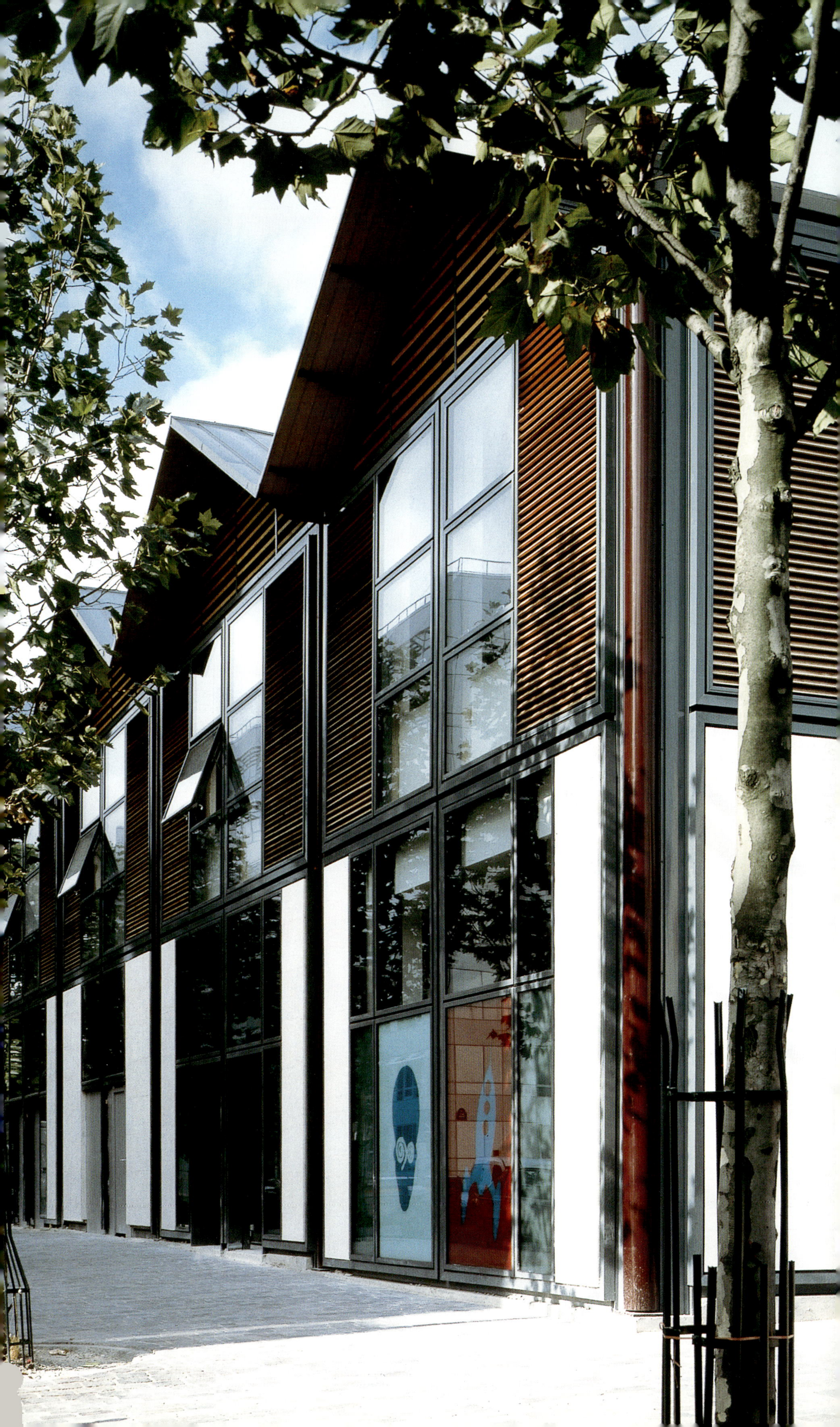

# VILLE NOUVELLE DE SÉNART – CARRÉ SÉNART (SEINE-ET-MARNE ET ESSONNE)

Ville nouvelle de Sénart : EPA Sénart, représentant de l'État, aménageur
SAN Sénart ville nouvelle : 8 communes de Seine-et-Marne (Cesson, Combs-la-Ville, Lieusaint, Moissy-Cramayel, Nandy, Réau, Savigny-le-Temple, Vert-Saint-Denis)
SAN Sénart en Essonne : 2 communes d'Essonne (Tigery, Saint-Pierre-du-Perray)

## Un centre pour demain

Située en bordure de la vallée de la Seine à 30 kilomètres au sud-est de Paris, Sénart c'était, il y a 25 ans, 30 000 habitants. En 1998, les dix communes en comptent 92 000. Aujourd'hui, 25 ans après ses premiers développements et avec l'objectif de 150 000 habitants, l'enjeu pour Sénart est d'atteindre le rang d'une ville à part entière en se dotant d'un centre symbole d'identification et d'unité. D'où ce projet : le Carré Sénart.

Structuré par des allées plantées d'arbres, des voies et des canaux, le Carré s'adosse à l'Allée royale, monument végétal reliant les forêts de Sénart et de Rougeau. Situé au carrefour des voies de communication, c'est le point central où se développent un ensemble commercial et de services, des équipements publics, une gare, des activités… Le Carré Sénart ne reproduit pas un modèle urbain du passé, il se tourne vers le futur ; dans un cadre paysager fort, il invite à créer, imaginer, innover, construire, entreprendre, proposer, agir, faire… librement.

**François Tirot**
Directeur de l'urbanisme et du paysage de l'EPA Sénart

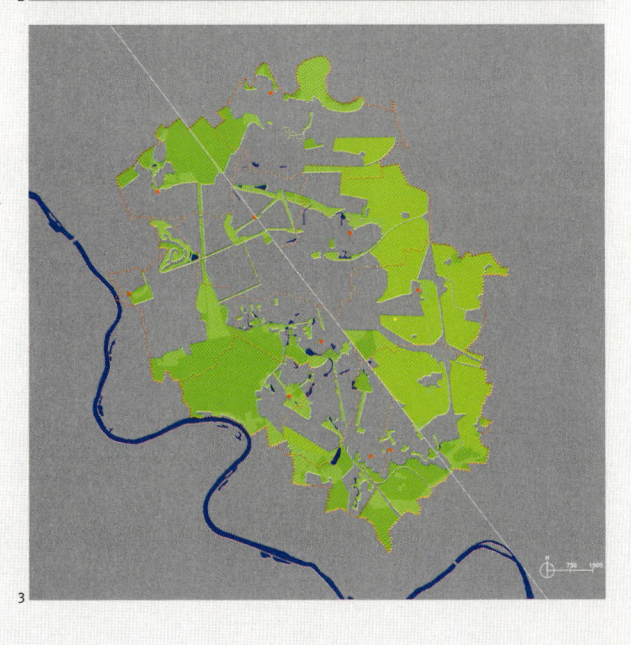

**1. 2. 3.** Principes d'organisation du plan du Carré Sénart : la répartition des activités, le traitement des entre-deux, la trame verte © Jean-Paul Hourdy.

**Nouvelles centralités**

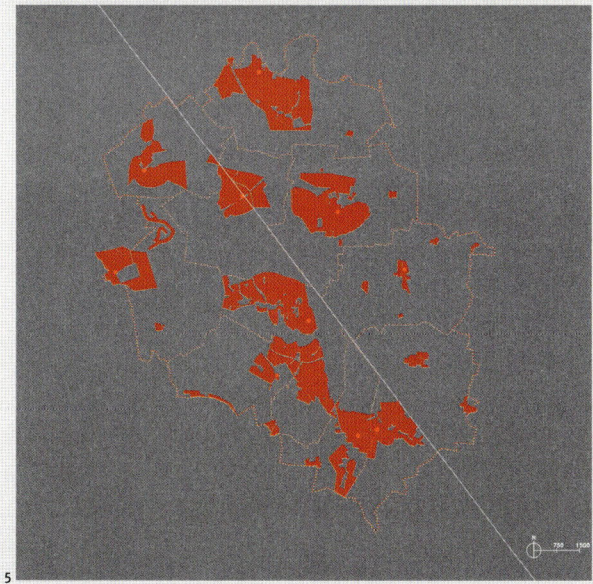

**4.** Plan de référence du Carré Sénart.
**5.** Principes d'organisation du plan du Carré Sénart : l'habitat, © Jean-Paul Hourdy.
**6.** Schéma de développements à l'horizon, 2015.

**7.** Façade sur le boulevard urbain © Philippe Simon.
**8.** Façade sud © Philippe Simon.
**9.** Entrée principale © François Fauconnet.

**Centre commercial du Carré Sénart**
Maître d'ouvrage : Espace Expansion-Groupe UNIBAIL
Maître d'œuvre : Jean-Paul Viguier, architecte
Livraison : 2002

**Nouvelles centralités**

# CHILLY-MAZARIN (ESSONNE), RÉAMÉNAGEMENT DES ESPACES PUBLICS ET DES ÉQUIPEMENTS DU CENTRE-VILLE

Maître d'ouvrage : Ville de Chilly-Mazarin
Mandataire pour les équipements et bureaux :
Les Nouveaux Constructeurs
Maîtres d'œuvre : Eva Samuel et Patrick Sourd,
architectes associés
Livraison : 1994

Le projet de réaménagement du centre-ville de Chilly-Mazarin présente l'originalité d'une intervention polymorphe, qui concerne autant les espaces publics, la recomposition du territoire que l'architecture.

Plusieurs motivations guident ce projet :
– revaloriser un cadre de vie à l'échelle d'une ville de banlieue soucieuse de marquer son identité ;
– offrir des services groupés et une qualité architecturale durable.

Le projet regroupe ainsi un marché, l'aménagement de la place de la Libération, un immeuble-signal, un parc urbain, la « Maison des Chiroquois », une centaine de logements, la ZAC du centre-ville.

**1.** La place de la libération et l'immeuble signal © Jean-Marie Monthiers.
**2.** Insertion du projet, photomontage.
**3.** Un deck de bois limite provisoirement la place © Jean-Marie Monthiers.
**4.** Plan de situation.

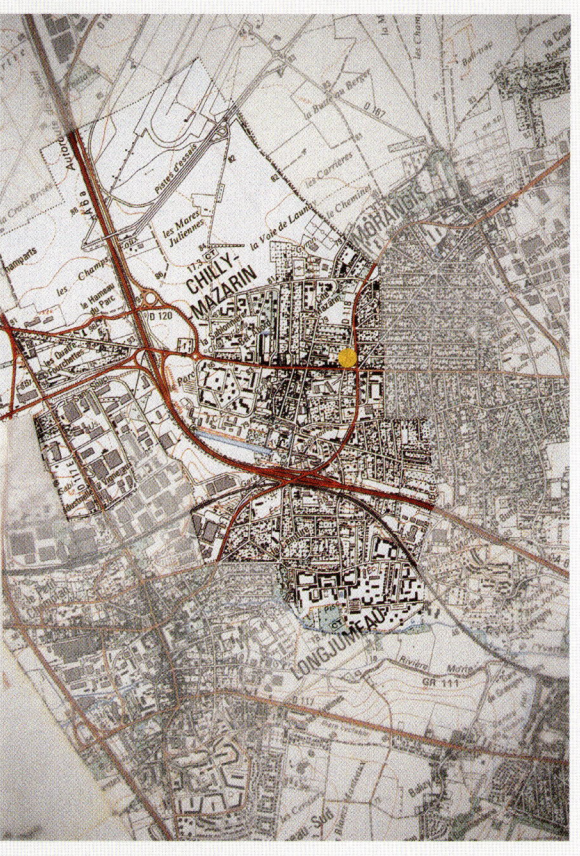

# LA COURNEUVE (SEINE-SAINT-DENIS), RESTRUCTURATION DE LA CITÉ DES 4000

Projet urbain de la Cité des 4000
Concours : 1996
Maître d'ouvrage : Ville de La Courneuve
Maîtres d'œuvre : C+H+, architectes, urbanistes

L'OPHLM de la Ville de Paris a construit 4 000 logements à La Courneuve entre les années 1959 et 1968. Leur localisation à la porte de Paris en faisait un grand ensemble tout à fait atypique.

Le procédé de préfabrication (vice de conception et défaut de réalisation) a contribué à la dégradation rapide du bâti.

En 1994, l'ensemble est cédé à l'OPHLM de la Ville de La Courneuve.

« Le projet urbain de La Courneuve se résume dès lors en quelques notions simples : rétablissement des continuités, perméabilité aux flux, maillage ; il affirme le rôle déterminant de l'espace public du grand ensemble qui ne peut continuer de figurer dans le plan de la ville comme autant de mailles filées. Les principes du désenclavement ainsi posés par la Ville de façon très élémentaire et loin de toute rigidité typologique, nous avons fait une rue sur les pas du chemin que s'étaient frayé les gens vers la ville dans la boue d'une parcelle maraîchère abandonnée, prolongé la rue Balzac vers la gare dont les auteurs du grand ensemble avaient oublié la présence, fait un jardin, une place... »[1]

Un projet de renouvellement urbain exemplaire s'engage dans les quartiers ouest du grand ensemble par la réhabilitation de la place François-Villon (architectes APRAH) et la réalisation de la ZAC du Moulin-Neuf. Il se concrétise dans les quartiers Braque et de l'Orme par un vaste programme de réhabilitation, de démolition/reconstruction de logements et de création d'espaces publics (Jean et Maria Deroche, Lipa et Serge Golstein, Catherine Furet, Laurent Israël, Bernard Grimaud, Linda Leblanc, Marta Pan, Alain Damagnez et Ricardo Porro).

Ce processus de transformation se poursuit avec le remodelage du quartier de la Tour (agence Paul Chemetov C+H+), qui priorise :
– la redistribution du sol ;
– la création de rues donnant une adresse à chaque habitant ;
– la revalorisation des espaces paysagers avec la réhabilitation du mail de Fontenay ;
– la construction, en cours, d'une place permettant de réaliser, sur l'avenue du Général-Leclerc, la suture entre les quartiers Braque et de la Tour.

Le centre commercial est en étude de restructuration, et la barre Renoir, impossible à réhabiliter, est détruite en 2000, laissant place à de futurs logements.

1. Projet d'origine de La Courneuve, circa 1950 © DR.
2. Vue aérienne avant la démolition de la barre Debussy, février 1986 © DR.
3. Ombre portée de la Tour des 4000 sur le mail de Fontenay © DR.

1. Bernard Barre (responsable du service de l'Urbanisme et de la Programmation de la Ville de La Courneuve), Le projet urbain de La Courneuve, avril 2001.

**Nouvelles centralités**

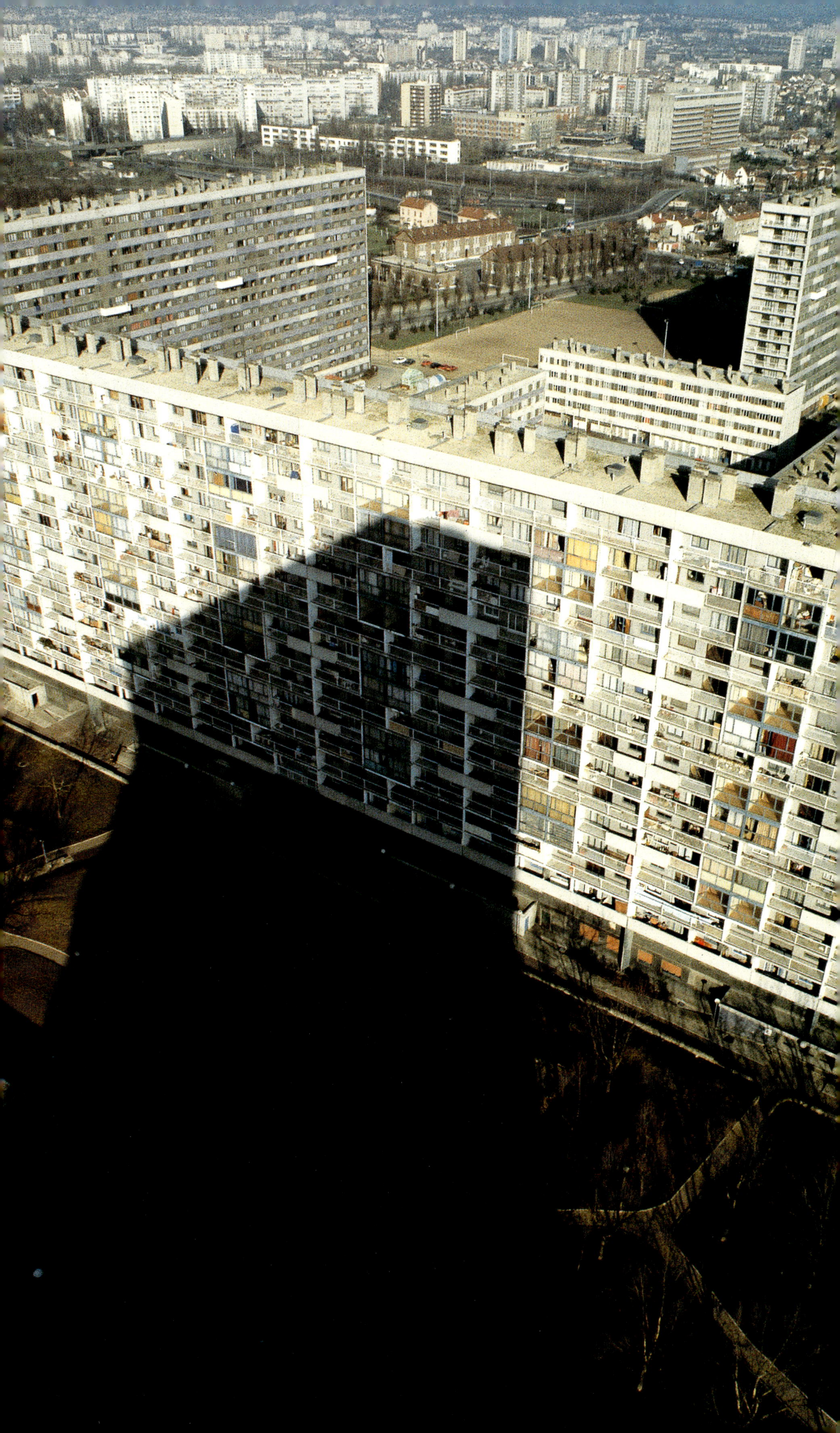

**4.** La rue Renoir depuis la Barre Presov © DR.

**5.** La rue Saint-Just © DR.

**Logements de l'OPHLM**
Maître d'ouvrage : OPHLM de La Courneuve
Maître d'œuvre : Catherine Furet, architecte
Livraison : 1989

**Nouvelles centralités**

**6.** Plan de référence du projet urbain, 1998.
**7.** Le mail de Fontenay © DR.
**Mail de Fontenay**
Maître d'ouvrage : Ville de La Courneuve
Maîtres d'œuvre : Paul Chemetov C+H+, architectes (PierreGeorgel)
Comptoir des projets, paysagistes
Livraison : 2000
**8. Place et centre commercial de la tour**
Maître d'ouvrage : Ville de La Courneuve, Plaine Commune Développement
Maîtres d'œuvre : Paul Chemetov C+H+, architectes ;
(Pierre Georgel) Comptoir des projets, paysagiste
Études en cours
**9.** Démolition de la Barre Renoir © C+H+.

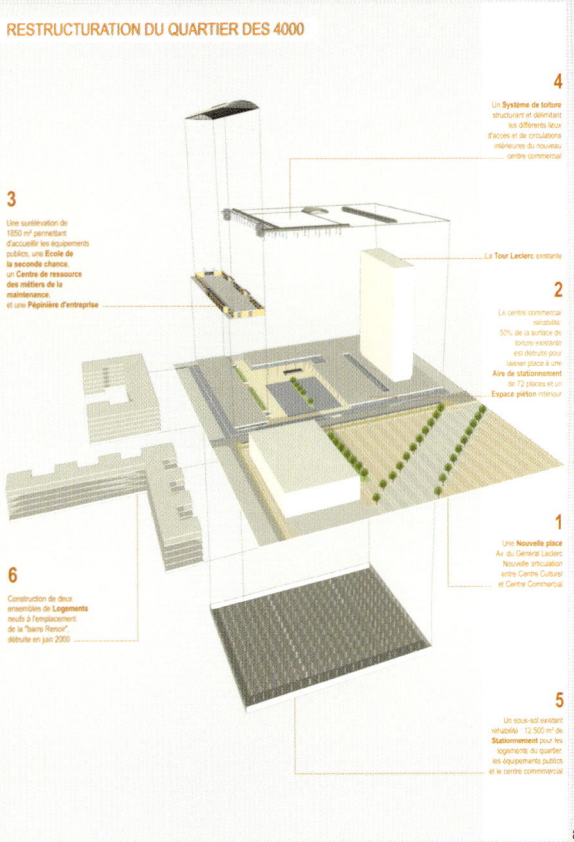

RESTRUCTURATION DU QUARTIER DES 4000

# MONTREUIL (SEINE-SAINT-DENIS), PROJET URBAIN POUR LE CENTRE-VILLE

Maître d'ouvrage : Ville de Montreuil
Maîtres d'œuvre : Alvaro Siza, Laurent et Emmanuelle Beaudouin, Christian Devillers, architectes et urbanistes, Michel Corajoud, paysagiste.
Début des études : 1993

### Le projet d'Alvaro Siza à Montreuil

Plus que l'architecte du centre-ville, Alvaro Siza est l'élément central dans la définition des lignes directrices fondamentales du plan d'urbanisme de Montreuil élaboré depuis 1992 : la préservation du patrimoine ancien autour du centre, l'importance de l'architecture banale et de petite échelle, du paysage des cœurs d'îlot, et surtout du tracé des murs à pêches dans l'architecture et l'urbanisme de la ville.

Pendant deux ans de présence continue à Montreuil, Alvaro Siza et les concepteurs associés (Christian Devillers, Laurent et Emmanuelle Beaudouin et Michel Corajoud) établissent le tracé directeur du centre-ville, véritable schéma d'organisation spatiale du centre et de ses pourtours qui va constituer par la suite la première pièce du projet urbain définissant le développement du territoire à long terme. Projet d'envergure qui dépasse largement les attendues du départ dans sa dimension, dans les temps de sa réalisation et surtout dans l'influence sur les autres projets.

En mettant en valeur la trame des murs à pêches présente partout et sous-jacente à tout le développement de Montreuil, en montrant comment cette trame en relation étroite avec la géographie forme un paysage urbain particulier qui peut non seulement être préservé mais se renouveler, Siza montre le chemin d'une attitude nouvelle. À une image négative de mur en ruine, d'une trame parcellaire étroite et difficile à utiliser pour accueillir de nouvelles opérations, Siza et son équipe opposent la notion de patrimoine et d'identité. Non plus rupture mais continuité. À travers la présentation du projet, les croquis, les photographies de l'existant, Siza a démontré que la recherche de continuité n'avait rien d'une attitude archéologique ; mais qu'il y avait dans ce territoire une particularité, des rythmes propres, des pleins et des vides, où des modes stables de pratiques sociales se sont depuis longtemps consolidés par la rencontre de ces formes originales et leur capacité à produire du sens.

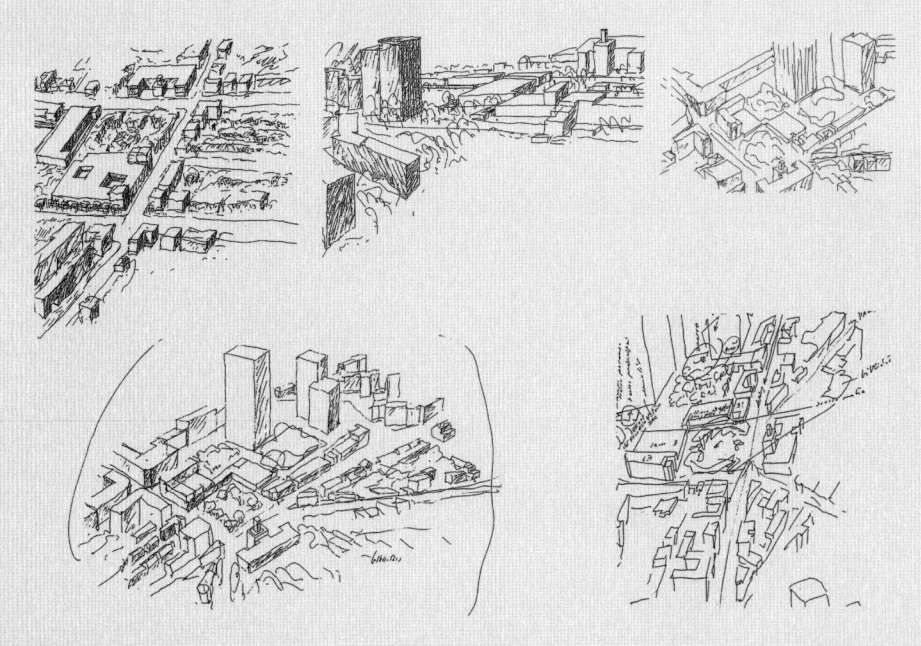

**1.** Croquis d'intention, phase d'étude 1992.

**Nouvelles centralités**

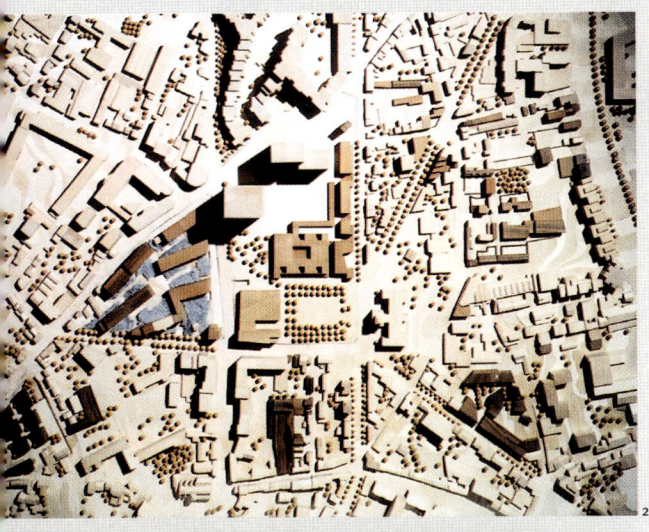

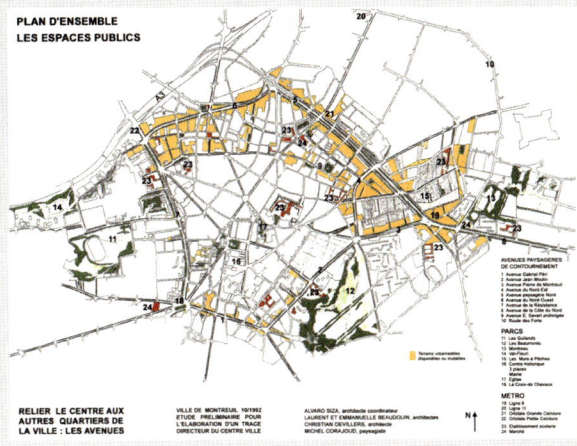

Quant au projet du centre-ville, dont l'architecture de l'ensemble des bâtiments et des espaces publics est confiée à Siza, son montage est en cours : acquisitions foncières, déplacement des fonctions existantes, réalisation d'une entrée provisoire aux tours avant démolition, élaboration d'un nouveau schéma de circulation et recherche de financements privés et publics. Le programme a évolué avec l'introduction d'un théâtre devant accueillir un centre dramatique national. Le plan de Siza intégrant les nouvelles données est en cours d'élaboration.

**Christina Garcez**
Architecte-urbaniste
Mairie de Montreuil

Ainsi, le projet d'aménagement du centre, fondé sur cette recherche de compréhension du fonctionnement de la ville bien au-delà de son périmètre, pour en revenir chargé de sens, a effectivement permis d'inverser la politique urbaine de la ville, en la réconciliant avec son histoire.

### L'évolution du projet

Depuis 1993, les services de la ville mettent en œuvre les outils réglementaires (nouveau POS), juridiques et financiers pour créer les conditions de réalisation des propositions d'Alvaro Siza et de son équipe. La proposition de Christian Devillers de démolir l'autoroute A 186 pour lui substituer une avenue où passera le tramway a été inscrite au contrat de plan ; les îlots entourant le centre sont déjà en chantier et la mise en fonctionnement de cette avenue est prévue pour 2006.

**2.** Maquette du projet urbain
© Michel Denancé.
**3.** Étude de Michel Corajoud sur le paysage du centre ville de Montreuil, 1993.
**4.** Étude de Christian Devillers sur les espaces publics de la ville de Montreuil.

# De la ville...

Extrait du document d'élaboration d'un tracé directeur du centre-ville (octobre 1993)

**La ville de Montreuil entend arrêter la tendance de progressive dégradation et de perte de caractère de son centre historique**

Les démolitions effectuées autour de la place Jean-Jaurès, pendant les années 1960-1970, pour la construction de deux tours de bureaux et d'un grand centre commercial, ont produit une rupture du tissu préexistant, à la fois dans la réalité construite, les usages et les activités.

Ce premier geste de transformation radicale à Montreuil, comme dans d'autres villes, se révéla incapable de promouvoir le nouveau cadre urbain proclamé.

Apparemment « rentable » et structurante au début, l'intervention apparaît aujourd'hui comme un obstacle à l'évolution de la ville, à la rénovation des commerces dégradés.

L'articulation des systèmes de transports alors adoptée, comprenant la gare de bus, le terminal de métro et le parc de stationnement, à cause de sa concentration, entraîne des problèmes de trafic et de confort dans l'utilisation des espaces publics.

Les anciens commerces en rez-de-chaussée, dans l'alignement de la rue Galliéni, assurent, malgré tout et encore, depuis la place de la Croix-de-Chavaux, l'existence urbaine vivante et communicante. Celle-ci résiste au vide existant sur l'avenue Wilson; l'attraction relative des commerces rue de l'Église, la présence de la mairie et son jardin public permettent, au moins, de maintenir la tendance à la réorganisation, à la continuité des équipements et des activités.

Malgré l'introduction de fragments de transformation déconnectés, le caractère du Montreuil des XVIIIe et XIXe siècles subsiste avec une étonnante persistance : les façades, en brique ou en enduit strié dessinant les joints d'une pierre imaginaire, entourent encore et reflètent la vie familiale de communautés différentes. Celles-ci se prolongent sur la rue à travers les activités traditionnelles ou nouvelles, les équipements et les magasins.

**Les signes d'une attitude nouvelle sont déjà évidents en ce qui concerne la transformation de la ville**

Au lieu de rupture, prend place le maintien du tissu, à partir de la consolidation des îlots et des espaces publics : rues, places, parcours secondaires, éventuellement piétons.

Cette tendance apparaît néanmoins de façon fragmentaire, non adossée à un projet de ville. Elle n'est pas suffisamment sensible à la délicate et complexe articulation des espaces intérieurs, jardins, usines et petites constructions en cœur d'îlot.

Rares sont les interventions capables d'assumer la nécessité de maintenir, en les récupérant, les beaux exemples d'architecture des époques antérieures, même modestes. Cette condition s'avère pourtant indispensable pour appuyer la construction d'une nouvelle architecture liée à l'identité propre de cette ville, comme celle de toute autre.

De plus, la plupart de ces interventions ne constituent pas un ferment efficace pour une vision globale de la ville. L'idée de zonage, de partage du territoire en secteurs différenciés subsiste, empêchant le surgissement d'une tendance capable de préfigurer ou de poser les lignes de force de l'évolution de la ville.

La dégradation et le manque de viabilité constatés en centre-ville rendent urgente et indispensable l'intervention. Elle se définit clairement comme partie d'une reformulation plus profonde sur la ville.

*Place Jean-Jaurès/Rond-Point 93*
– Démolition des volumes correspondant au centre commercial, au centre des expositions, à la Bourse du travail, à la gare des bus, à la station-service, et de la passerelle entre la cité de l'Espoir et la tour Rond-Point 93.
– Construction de bâtiments sur le site des démolitions, ainsi que sur le parking de surface devant l'hôtel de ville. Ces bâtiments forment un système constitué par trois espaces publics majeurs, disposés en damier.
– Libération des pieds des tours et dégagement des 2 niveaux (R + 1).
– Déplacement de l'entrée/sortie des parkings sur la rue Franklin, au sud du bâtiment A.
– Gare des bus remplacée par des Abribus en liaison directe avec le métro au long de l'avenue du Président-Wilson.

*Emplacement des nouveaux bâtiments*
A : situé face à l'hôtel de ville, occupant la totalité de l'îlot « parking de surface », ce bâtiment constitue par sa situation privilégiée l'élément symbolique majeur du centre-ville après la mairie.
B : situé sur le côté sud de la place Jean-Jaurès, c'est la pièce maîtresse des trois espaces publics créés.

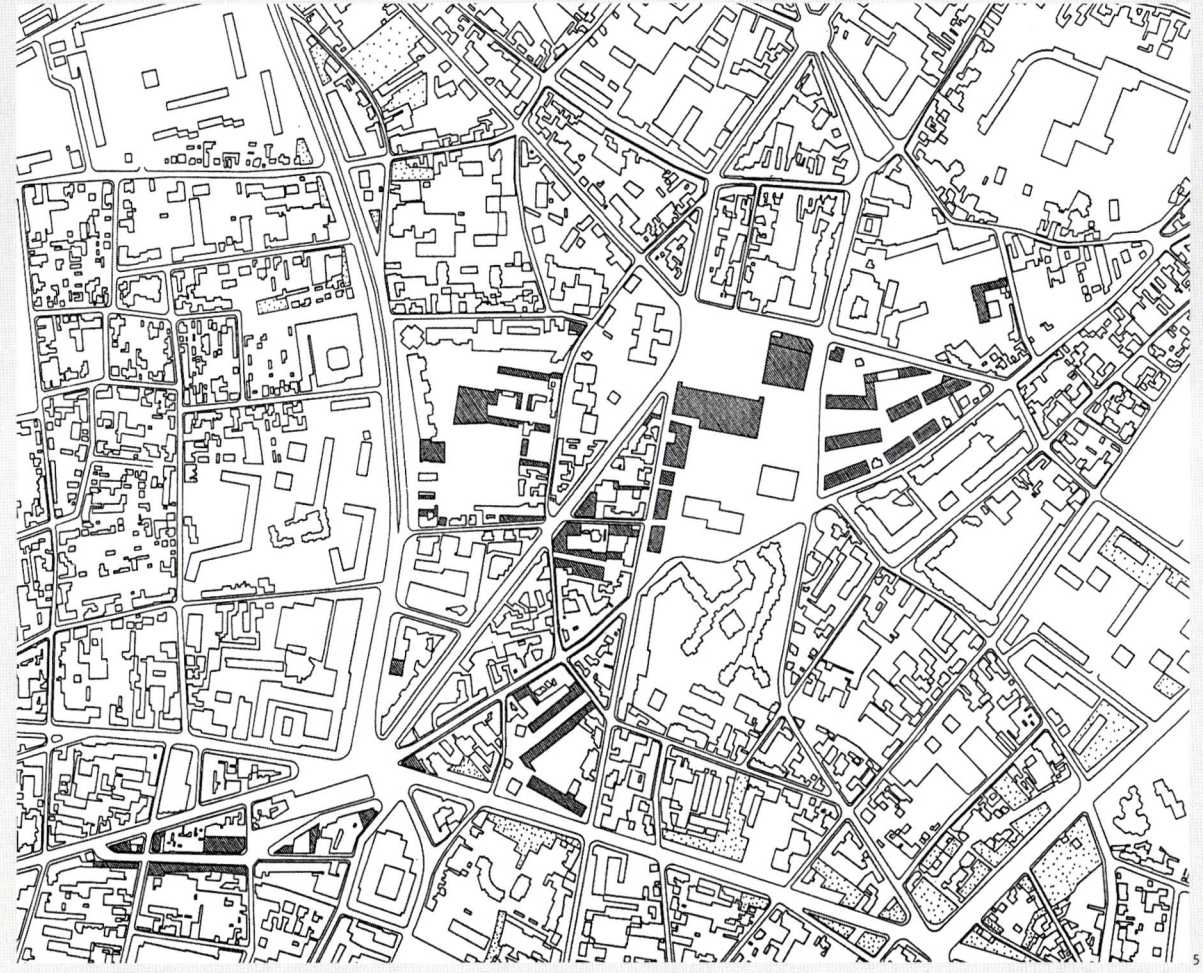

Ces bâtiments, dont la hauteur ne dépasse pas 13 mètres par rapport à la place Jean-Jaurès, constituent les deux principaux éléments de la composition.

Au long de l'avenue Walwein, il est proposé de conserver l'immeuble abritant la pharmacie et de construire dans le prolongement, sur une hauteur de 25 mètres (R + 7), un immeuble pouvant accueillir un hôtel.

D, E, F, G : bâtiments de hauteur R + 4 à R + 5.

Ces bâtiments, situés dans l'alignement de l'avenue du président Wilson, rétablissent la continuité commerciale et l'échelle de la rue par rapport aux constructions existantes. L'alignement est interrompu par des passages (rampes ou escaliers) permettant l'accès aux commerces et à la place publique.

H : bâtiment sur pilotis laissant le passage et la vue au rez-de-chaussée totalement libres (9 étages) ; sa position et son orientation permettent à la fois de gérer l'échelle entre les tours et la cité de l'Espoir, et de marquer l'entrée de la rue commerciale, liaison fondamentale entre la rue Galliéni et la rue de l'Église.

*Phasage*

L'ensemble des volumes proposés a été conçu en correspondance de la trame existante du parking souterrain, d'une part, et en tenant compte du découpage des volumes existants, d'autre part.

Ceci permet une opération de démolition / construction par phases.

**Alvaro Siza**
Architecte-urbaniste

**5.** Plan de référence du projet urbain.
**6.** Maquette du projet : centre commercial, théâtre, commerces, logements, bureaux, espaces publics © DR.

# Montreuil (Seine-Saint-Denis) 36 logements sociaux et aménagements paysagers

Maître d'ouvrage : OPHLM de la Ville de Montreuil
Maîtres d'œuvre : Studio BNR (Thibaud Babled, Armand Nouvet et Marc Reynaud, architectes), Frédéric Bonnet, paysagiste
Livraison des logements : octobre 2001
Livraison des aménagements paysagers : janvier 2002

La réinterprétation d'un parcellaire aussi caractéristique et emblématique de l'organisation de nombreux tissus parcellaires agricoles que les murs à pêches a été le fondement de ce projet.

À partir d'une parcelle de 110 m de profondeur, le projet a cherché à se glisser dans le linéaire de ces grandes venelles qui font l'identité de ces territoires. Émerge ainsi une reconnaissance de ce qu'est intrinsèquement la nature même d'un habitat enraciné dans une histoire minutieuse, à l'écart des grands modèles d'urbanité reconnue.

Logements en rez-de-chaussée avec patio et logements en étage constituent la savante combinaison de ce projet rare dans le contexte actuel du logement social.

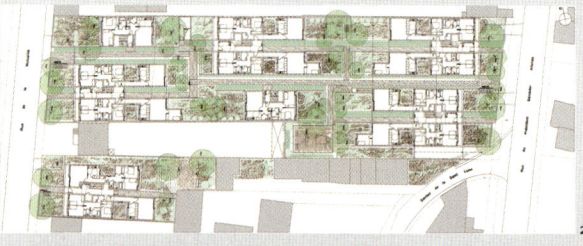

1. Plan de masse.
2. Plan du rez-de-chaussée.
3. Vue depuis la rue de la Mutualité © Philippe Ruault.
4. Dans la profondeur de la parcelle © Philippe Ruault.
5. Venelle © Philippe Ruault.

**Nouvelles centralités**

# PLAINE SAINT-DENIS (SEINE-SAINT-DENIS)

Maître d'ouvrage : SEM Plaine Développement
Maîtres d'œuvre : Hippodamos (Yves Lion, architecte et urbaniste ; Michel Corajoud, paysagiste ; Pierre Riboulet, architecte et urbaniste ; Bernard Reichen et Philippe Robert, architectes et urbanistes pour le projet urbain) ; Yves Lion, architecte et urbaniste pour l'aménagement des nouvelles voies est-ouest
Études : 1992-1994

Due à l'initiative des communes de Saint-Denis et d'Aubervilliers, la transformation de la Plaine Saint-Denis (800 ha) est l'un des grands projets de mutation du territoire métropolitain : d'un lieu voué au travail devrait émerger une ville plurifonctionnelle.

Après une période d'élaboration de 1990 à 1994, le groupe d'architectes Hippodamos a précisé et développé le projet urbain autour de trois principes :
– la mise en valeur de l'existant, c'est-à-dire les horizons paysagers ;
– l'espace public, le maillage viaire et la trame végétale ;
– le logement et la mixité fonctionnelle des quartiers.

Concernant les horizons paysagers, le canal Saint-Denis, le faisceau de voies ferrées, l'avenue du Président-Wilson et la plaine de la Plaine Saint-Denis seront requalifiés et réintroduits dans la perception et l'usage du territoire.

L'espace public est le fondement principal du projet. De grands aménagements sont proposés comme la couverture de l'A 1, le traitement des berges du canal ou une grande esplanade plantée à la porte de Paris. Un maillage est à consolider et à compléter grâce en particulier à la création de nouvelles voies est-ouest.

Enfin la vocation « activiste » de la Plaine est conservée, et complétée par la création de pôles tertiaires et universitaires ainsi qu'une augmentation du logement résidentiel.

La mixité des usages à l'échelle des parcelles, des îlots et du territoire est l'objet central recherché dans ce grand projet de renouvellement urbain.

1. Plan de situation.
2. Vue aérienne de la Plaine Saint-Denis, 1992 © DR.

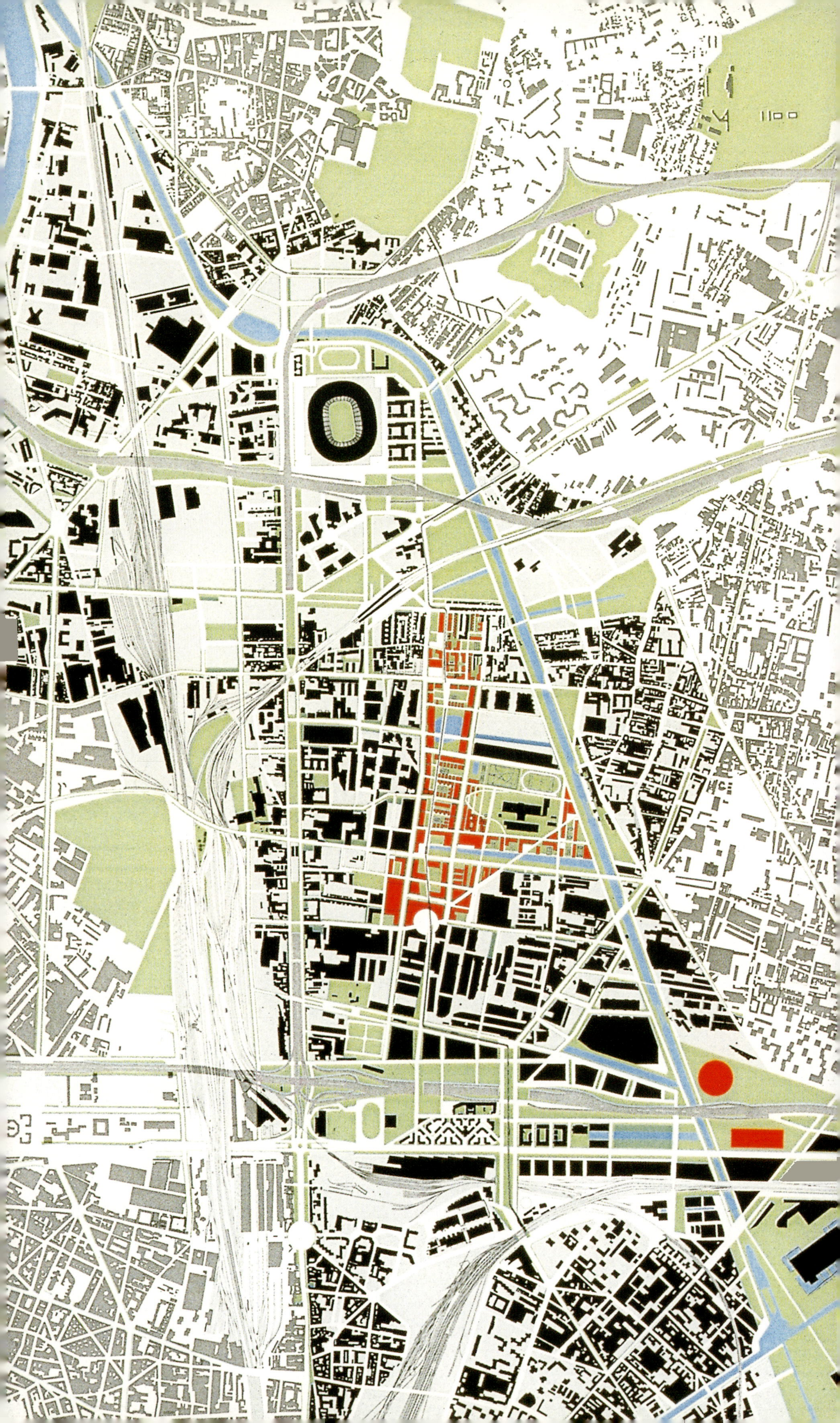

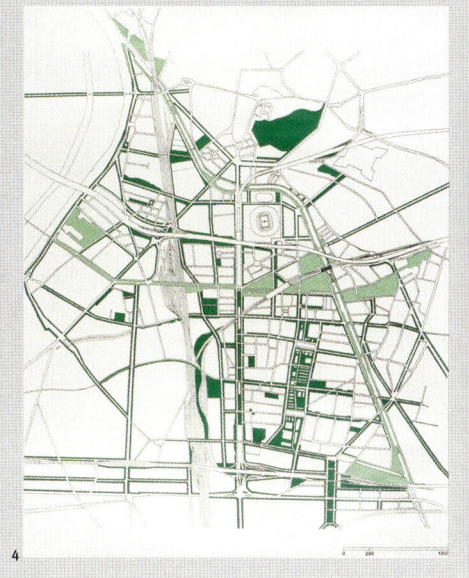

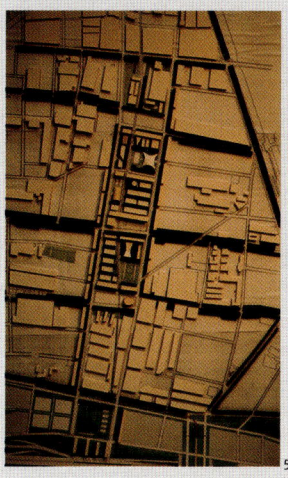

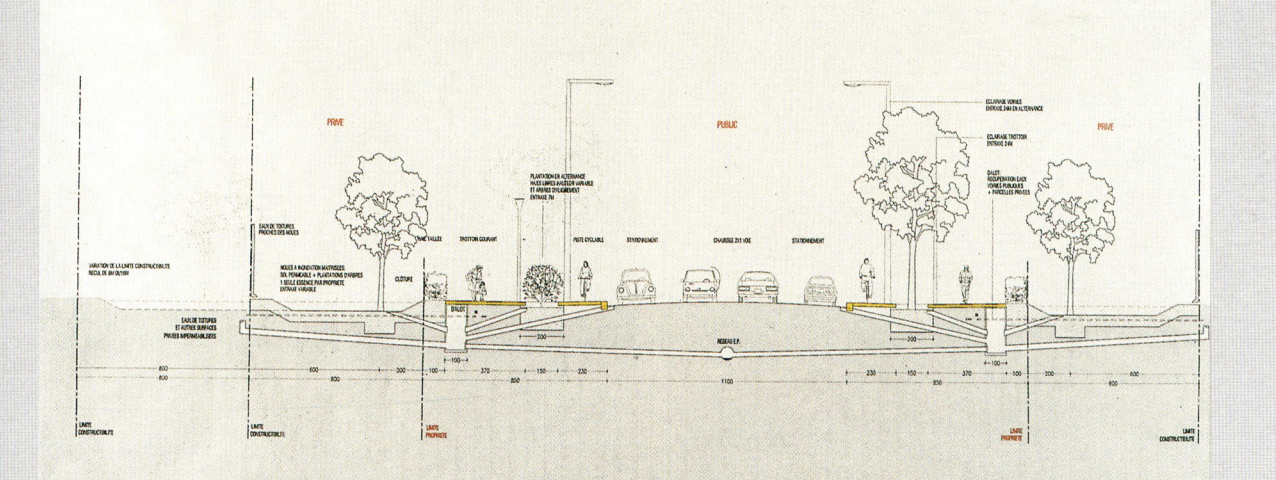

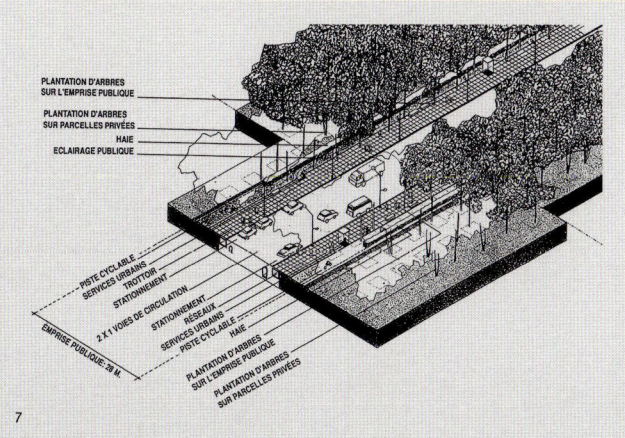

3. Plan de référence.
4. Maillage urbain et trame verte, 1998.
5. Maquette du projet pour la « Plaine de la plaine ».
6. 7. Principe d'aménagement des nouvelles voies Est-Ouest.

# LE PROJET SEINE-ARCHE À NANTERRE

**Un territoire en quête de réparation**

Sur trois kilomètres, de la Seine à l'Arche de La Défense, le territoire du projet Seine-Arche est un cas d'école, celui d'un territoire de la banlieue parisienne marqué dans sa « chair » par les conditions de sa production : deux siècles d'une juxtaposition de logiques sectorielles qui ont stratifié les incohérences ; puis un demi-siècle de théorie urbaine fondée sur la séparation des fonctions… Aujourd'hui, la topographie de ce territoire est illisible : relief artificiel, entrelacs de franchissements piétons, routiers, ferroviaires et autoroutiers témoins de la sédimentation des réseaux, délaissés de voirie morcelant le paysage. La densité extraordinaire de son réseau de desserte (RER, lignes SNCF, A 14 et A 86), qui fait la richesse de ce territoire, a parallèlement induit la multiplication des coupures urbaines. Les quartiers insérés dans le périmètre de l'opération se sont progressivement enclavés, développant des pratiques sociales et urbaines de repli avec des catégories d'usagers de la ville (étudiants, habitants, salariés, etc.) qui ne se rencontrent pas.

**Concilier les échelles de la métropole et de la quotidienneté**

Lorsqu'en 1990 l'État envisage le développement de ce territoire comme un prolongement du quartier d'affaires de La Défense, il rencontre l'hostilité de la ville de Nanterre, favorable à une refondation du projet à partir d'une approche de quartier. La focalisation du débat autour de « l'axe historique », qui poursuit le tracé de Le Nôtre des Tuileries à la Seine, illustrait les positions de chacun : les uns favorables à l'idée d'un axe magnifié à l'échelle métropolitaine et internationale du site, les autres, à un axe de circulation plus banalisé, destiné aux relations de voisinage et intégré à un projet de recomposition urbaine privilégiant l'échelle de la ville. Après dix années de dialogue conflictuel entre l'État et la Ville de Nanterre, un compromis était trouvé avec la signature en 2000 d'un protocole Ville-État et la création d'un nouvel établissement public instituant ce partenariat. Symbole d'un changement de « posture », son nom, l'EPA Seine-Arche (« de la Seine à l'Arche »), traduisait une nouvelle vision de la relation de Nanterre au quartier d'affaires, et au-delà, à la capitale.

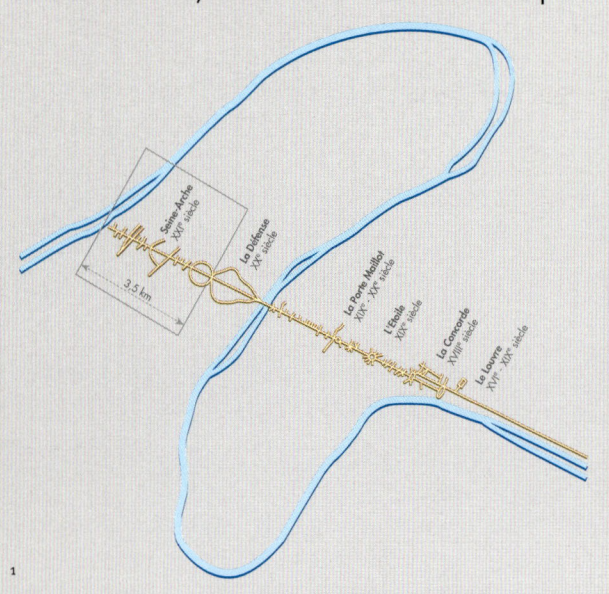

**Un management du projet produit par l'histoire**

Créé en décembre 2000, l'Établissement public Seine-Arche assume une fonction de maîtrise d'ouvrage urbaine. Pour répondre à la complexité des enjeux, il est conduit à dépasser son rôle classique d'aménageur et à prendre en compte toutes les dimensions du projet : renouvellement urbain, politique de la ville, développement local…

La conduite des marchés de définition, attribués au terme d'une consultation européenne à trois équipes pluridisciplinaires constituées autour de Bruno Fortier, Christian Devillers et le cabinet Treuttel-Garcias-Treuttel, a privilégié la concertation, l'appel à l'expertise indépendante et l'articulation étroite avec le projet de la Ville de Nanterre.

– La concertation est organisée en amont des décisions. Elle constitue pour l'EPA Seine-Arche une garantie de qualité du projet et de son appropriation sociale. Ainsi, à chaque étape du marché de définition, les différents partenaires du projet sont associés à travers un comité de pilotage constitué des élus et des services de la ville, des représentants associatifs et de l'environnement économique du site, des grands acteurs institutionnels (université, SNCF, RATP, RFF, etc.), des

Nouvelles centralités

différentes collectivités territoriales, des chambres consulaires et des bailleurs sociaux. Ce comité a formulé les objectifs et les enjeux du projet, fixé la méthode de travail, suivi et évalué le travail des trois équipes de conception.

— En permanence, il a été fait appel à l'expertise indépendante. En amont du travail des trois équipes, des compétences spécialisées dans différents domaines ont nourri la réflexion des concepteurs et de la maîtrise d'ouvrage. Cette méthode de travail est pérennisée aujourd'hui à travers un Comité de prospective où se croisent différentes cultures et disciplines. Composé de personnalités indépendantes faisant chacune référence dans leur domaine, il est, notamment, le lieu où le projet est mis en perspective avec les objectifs de développement durable qui fondent l'opération.

**Michel Calen**
Directeur général de l'EPA Seine-Arche

1. Grand axe Seine Arche.
2. Axonométrie du grand axe.

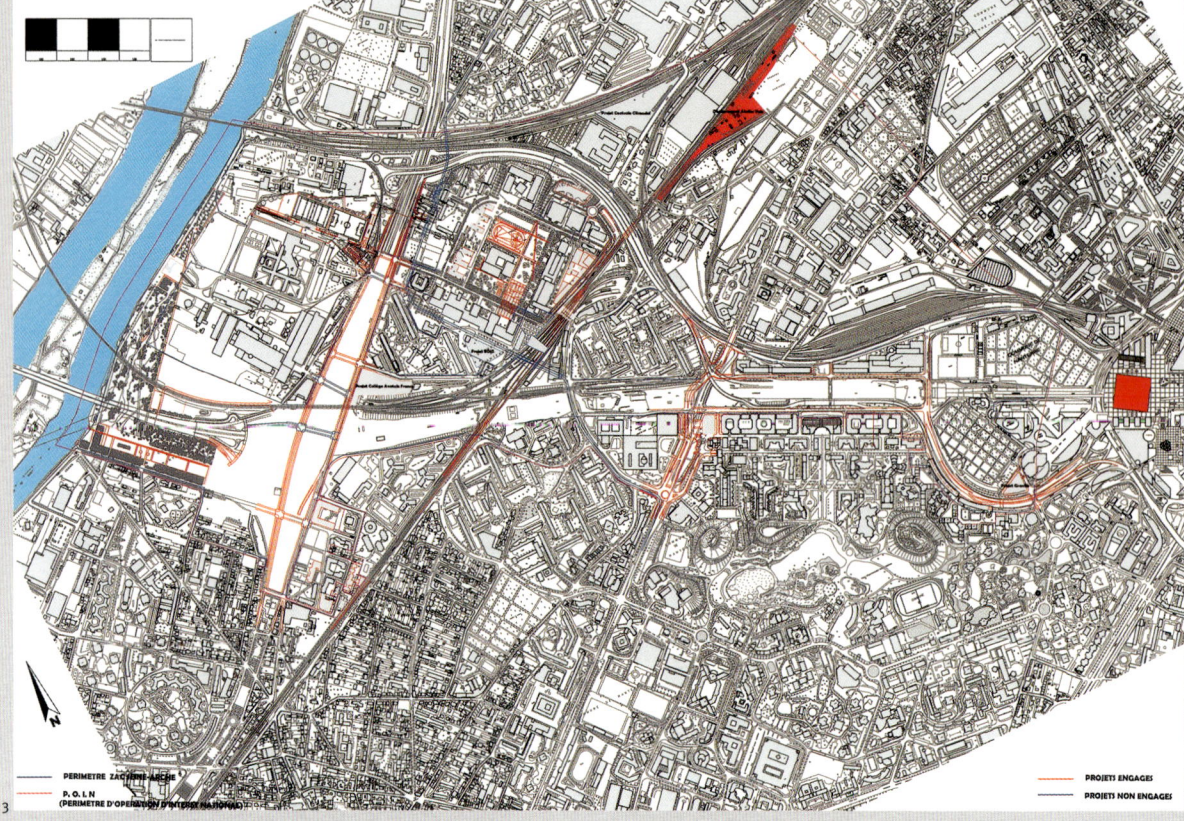

### Fiche d'identité du projet Seine-Arche

L'EPA Seine-Arche couvre un territoire de 320 hectares, soit environ 30 % de la ville de Nanterre.

Le projet Seine-Arche s'inscrira dans le PLU de la ville de Nanterre, en cours d'élaboration. Le site concerné s'étend de la Seine jusqu'à la Grande Arche de La Défense, et correspond globalement au territoire parcouru sur trois kilomètres en souterrain par l'A 14, dans le prolongement de l'axe historique. Il se réalisera dans le cadre de deux ZAC : la ZAC Seine-Arche, de 119 hectares, créée en mars 2001 ; la ZAC Rouget-de-Lisle, de 5 hectares, en cours de réalisation.

Le programme issu du protocole d'accord Ville-État prévoit la réalisation de 290 000 m² de logements, 205 000 m² de bureaux, 100 000 m² d'équipements publics et privés, commerces et activités, et 40 000 m² d'équipements de proximité.

**EPA Seine-Arche**

### Seine-Arche : la mise en tension du local et du métropolitain

Incontestablement, l'aménagement de Seine-Arche à Nanterre est un projet métropolitain. Il l'est naturellement par la position stratégique du site aux portes de Paris, dans la proximité immédiate de La Défense, et par les équipements de rayonnement régional, national voire international qu'il porte : l'université Paris X, le centre administratif Nanterre-Préfecture, le théâtre national des Amandiers, l'école d'architecture, etc. Ce projet est également métropolitain, au sens moderne du terme, puisqu'il vise à mettre en mouvement un territoire et oblige ainsi à penser les liaisons, les étages intermédiaires. Face à un double enjeu, celui de permettre à Nanterre de refaire son unité *et* de trouver sa place dans l'ouest de l'Ile-de-France, le projet Seine-Arche doit en effet mettre en compatibilité l'échelle locale et l'échelle régionale, « confondre » à la fois le temps et l'espace pour régler ensemble la quotidienneté, l'immédiateté, le « recollage » d'une communauté éclatée et le monumental, la perspective, le rayonnement...

Ce qui, à mon sens, procéderait de cette pensée métropolitaine et serait de nature à intégrer ces différentes échelles, c'est la création d'un « désir de Nanterre » qui fait défaut aujourd'hui : créer une aspiration chez les habitants des quartiers à dépasser les frontières de leur cité, susciter l'envie chez les étudiants et le personnel de l'université de sortir du campus pour « consommer » la ville dans sa globalité, donner aux Parisiens, aux Franciliens et aux salariés de La Défense des occasions d'y venir. C'est en rétablissant cette mobilité dans Nanterre, redevenue attractive dans son ensemble, que l'on installera les conditions à la fois de sa cohésion et de son rayonnement.

La poursuite de cet objectif qui n'est autre que la volonté de restaurer le bouillonnement de la vie urbaine dans le prolongement de la capitale, de créer des possibilités de « liant », interpelle à la fois l'aménageur et la Ville de Nanterre. Pour l'aménageur, il s'agit de dépasser les limites du périmètre opérationnel et la stricte forme urbaine afin de réfléchir plus largement à toutes les jonctions possibles – physiques, institutionnelles, culturelles, économiques – qui permettront aux éléments anciens et nouveaux de s'attirer mutuellement. Pour Nanterre, il s'agit de se penser moins comme une addition de quartiers et plus comme un tout (une ville en d'autres termes), se nommer par exemple comme une grande ville universitaire au sein de la métropole parisienne plutôt que comme une ville périphérique.

**Marcel Roncayolo**
Géographe
Professeur des universités
Membre du Comité de prospective de l'EPA Seine-Arche

**3.** Plan d'ensemble avec l'inscription des infrastructures dans le site.
**4.** De l'arche de La Défense à la Seine © EPA Seine-Arche.

## De Nanterre à Nanterre

Entre la Grande Arche et la Seine, mais aussi de Nanterre à Nanterre, les trente dernières années nous ont laissé un paysage puissant et contrasté : l'assemblage le plus incongru d'hésitations et de projets, la succession la plus étourdissante de coupures assassines, enfin – sans bien savoir ce que l'on en ferait – l'incroyable anticipation que constituent les trois longs kilomètres de vide auxquels il faut à l'heure actuelle trouver une vocation urbaine. Zébra étroit et couturé, collant puis s'écartant de l'axe qu'avaient imaginé Le Nôtre et Perronnet, et dont Nanterre et l'EPA Seine-Arche souhaitent désormais faire un pont entre ce qui s'est fait.

Des projets antérieurs (ceux du concours qu'avait lancé l'EPAD en 1990) proposaient de garder ce site, de se glisser dans le dédale de ses infrastructures et d'y faire couler l'eau à l'envers : des bassins, un canal devaient se faufiler entre métro et RER et remonter vers l'Arche, disciplinant d'un bleu liquide le kaléidoscope de tours, de barres ou bien encore d'îlots laissés là par les architectes, et y créant une perspective tout autour de laquelle les cités garderaient leur autonomie et les objets leur traditionnelle «liberté». Ambition stimulante, mais difficile à régler compte tenu d'un dénivelé d'une cinquantaine de mètres, et que l'enterrement de l'autoroute interdit désormais.

Reste donc une tout autre voie, explorée par Paul Chemin et qui, elle, consiste à relier des ensembles auxquels l'axe resterait étranger. Loin de leur être hostile, il serait pour eux un visage, un levier à partir duquel exiger un peu plus de délicatesse. Chacun des deux jardins qui s'installent aujourd'hui en contrebas de l'Arche et de la Seine, servirait d'extrémité à une onde partiellement construite dont le parcours, d'abord limpide à hauteur des stations RER, viendrait ourler le jaillissement du train, choisissant de l'accompagner : pierre et béton, piles et parois de verre, formant une nouvelle centralité dont les cicatrices resteront, tumultueuses et, nous l'espérons, plus humaines que celles qu'offre aujourd'hui cet étrange délaissé.

**Bruno Fortier et David Mangin**
Architectes-urbanistes

## Les terrasses de Nanterre

Étonnante Nanterre! Le long d'une balafre urbaine de trois kilomètres se côtoient pavillons, ateliers, logements sociaux, bureaux – avec leurs milliers de cols blancs sortis de *Playtime* –, deux RER, un chemin de fer et deux autoroutes. On y voit même une bergère lectrice de Hegel qui mène son troupeau sur les pelouses de l'université.[1]

Déterminée par la pesante proximité de la capitale, les techniques de franchissement du méandre et les modes architecturales successives, l'histoire urbaine a engendré à Nanterre un tissu à la fois fragmenté, hétérogène et peu renouvelable. Cette forme – ou absence de forme – a cela de spécifique qu'elle est *in-représentable* en plan. Le relief est tellement artificiel, et la voirie tellement typique de l'urbanisme moderne, qu'il est quasiment impossible aux visiteurs, urbanistes compris, de s'y repérer. Le profil du sol archaïque sur le tracé du «grand axe» – renversé récemment en «Seine-Arche» – était pourtant simple : forte pente du pont de Neuilly à la butte de La Défense, puis pente douce avec un ressaut jusqu'au pont des Anglais. Le sol actuel est au contraire truffé de trémies, tubes et sorties de secours, bardé de viaducs et remblais, creusé de tranchées et cuvettes comme après un bombardement. À Seine-Arche plus encore qu'ailleurs, le projet urbain exige de comprendre les profils, donc de les représenter en coupe(s) et en maquette(s). La première lecture du territoire passe par la représentation des sols.

L'autre lecture – sociopolitique – est clairement exprimée par le retournement sémantique : «le projet urbain Seine-Arche» vient de succéder à «l'aménagement de La Défense» entamé il y a près de quarante ans. On schématise à peine en soutenant que «La Défense» a signifié la ruée vers l'ouest soutenue par l'appareil d'État. Pour moderniser le secteur tertiaire tout en évitant d'attenter à la *skyline* de la capitale, la décision fut prise dans les années 1960 de créer un petit Manhattan aux confins de Puteaux, Courbevoie et Nanterre. Curieux Manhattan au demeurant, qui préservait l'axe initié par un jardinier de l'époque baroque, et qui remplaçait l'austère grille américaine par des autoroutes serpentines en poire et en pomme, les blocs par des escalopes foncières en sursol et les gratte-ciel par des tours trapues. Cette offensive est venue buter à Nanterre contre les cimetières, la crise économique et la résistance de la municipalité, soucieuse de préserver ses grandes cités d'habitat social. Après des années de bras de fer, la Ville de Nanterre, les opérateurs privés et l'État ont accepté de faire chacun *la part du feu*. Seine-Arche symbolise aujourd'hui une attitude moins crispée de la part de la Ville, moins agressive de la part des investisseurs, moins dirigiste de la part de l'État. La seconde lecture du territoire est celle d'une stabilisation des rapports de force entre logiques libérale et sociale, un compromis historique urbain.

**Treuttel-Garcias-Treuttel et Associés**
Architectes-urbanistes

1. Rencontrée lors d'une visite du site en juillet 2001.

**5.** L'Ile fleurie, l'arrivée de la A14
© EPA Seine-Arche.
**6.** Le site du parc du *Chemin-de-l'Ile*
(livraison 2004) © EPA Seine-Arche.

**7.** Croisement de la A14 et de la A 86
© EPA Seine-Arche.

Nouvelles centralités

## Le parti pris des choses

Il existe peu d'exemples de territoires dont la forme ait été plus déterminée par des décisions venues « d'en haut » que celui de Seine-Arche. Grandes entreprises, grandes infrastructures, cités, Universités, Préfecture, quartiers de La Défense implantés là par l'État, dans une juxtaposition de logiques sectorielles effaçant les restes fragiles du « local » ancien : une campagne qui descendait jusqu'à la Seine, une commune dont le territoire n'était pas encore coupé entre le grand et le petit Nanterre, des bidonvilles dont le souvenir n'est pas si lointain. Ailleurs, une histoire plus tenace avait pu laisser dans le sol ou le cadastre la trace durable des tracés. Ici, même le fameux « grand axe » s'évanouit, La Défense passée, dans le résiduel des infrastructures et des « urbanisations » ; son invocation rituelle à travers toutes les tentatives récentes de « compositions urbaines » désigne un manque probablement définitif.

On aura du mal à retrouver la force organisatrice d'un tracé qui aurait pu imposer une discipline locale à ces aménagements régionaux. Mais aucune instance locale, ni la Ville ni, *a fortiori*, ses habitants, n'avait voix au chapitre. Pour autant, les aménagements de ce secteur répondaient à un projet de modernisation qui a fait la preuve de son efficacité mais qui reste inachevé : création d'un quartier d'affaires hors Paris, préfecture et université en périphérie, logements modernes. Chacune de ces entités constitue aujourd'hui une localité, a déjà une histoire, et est entrée dans un processus de réaménagement.

La vision du territoire et les projets diffèrent donc selon que l'on se place du point de vue d'un aménageur d'ensemble chargé de réaliser un demi-million de mètres carrés de bureaux, d'équipements et de logements neufs, ou du point de vue des cités de logements sociaux qui entourent le grand axe. Le projet urbain est l'instrument révélant ces logiques et échelles souvent contradictoires, leur permettant de trouver place dans un agencement spatial négocié.

Notre démarche se base ainsi sur les principes suivants.
– Repartir du local, du « bas » vers le « haut », de chaque quartier et de chaque lieu en se demandant quels sont leurs besoins, leurs intérêts, leur logique propre, quitte à bousculer la logique d'ensemble.
– Repartir du terrain, prendre le « parti pris des choses ». Ce qui ne signifie pas manque d'ambition : un bon projet urbain s'appuie sur un plan qui se réalise, qui se pose constamment la question de sa réalisation.
– Prendre le parti pris de l'usage et du sens, considérer qu'il n'y a pas de territoire maudit ou inutile. Que chaque lieu a vocation à être habité, investi d'une plus ou moins forte intensité d'usage et de sens. Privilégier, dans l'ordre, l'usage, la gestion, la fabrication et, enfin « l'image »… quand les projets vont souvent à sens inverse.

**Christian Devillers**
Architecte-urbaniste

# BOULOGNE-BILLANCOURT (HAUTS-DE SEINE) AMÉNAGEMENT DES TERRAINS RENAULT

Maîtres d'ouvrage : Ville de Boulogne-Billancourt, Syndicat mixte du Val-de-Seine
Livraison première tranche opérationnelle : fin 2006

Après dix ans de gestation, le projet d'aménagement des usines Renault a aujourd'hui trouvé ses grandes lignes d'orientation selon un découpage en quatre grands secteurs : la fondation Pinault, l'île Seguin, le trapèze et le secteur du pont de Sèvres. Sur ce territoire de 48,8 hectares, va donc s'amorcer une des plus vastes opérations immobilières de l'Ouest parisien.

La vocation culturelle donnée à l'île Seguin, à travers la fondation Pinault (Tadao Ando, architecte) et la création d'un pôle tourné vers les sciences et les arts sur la partie est de l'île, va se substituer à la mémoire ouvrière d'un site emblématique de l'histoire du territoire métropolitain (projet d'aménagement : François Grether, urbaniste, Michel Desvigne, paysagiste).

La reconquête et l'aménagement des secteurs du pont de Sèvres (Christian Devillers, urbaniste) vont permettre de requalifier par une vaste esplanade ce lieu d'entrée de la ville, réduit aujourd'hui à un nœud routier.

Enfin le quartier du trapèze va accueillir 800 000 m² de surfaces à construire, selon des principes aujourd'hui reconnus de mixité, autour d'un parc longitudinal de 7 hectares parallèle à la Seine (Jacques Ferrier et Patrick Chavannes, architectes, Thierry Lavernes, paysagiste).

**1.** Plan de situation.
**2.** L'échangeur de l'Ile Seguin et la passerelle reliant la fondation Pinault au secteur du pont de Sèvres.
**3.** Secteur Ouest du quartier du trapèze, perspective du nouveau pont vers l'Ile Seguin.

**Nouvelles centralités**

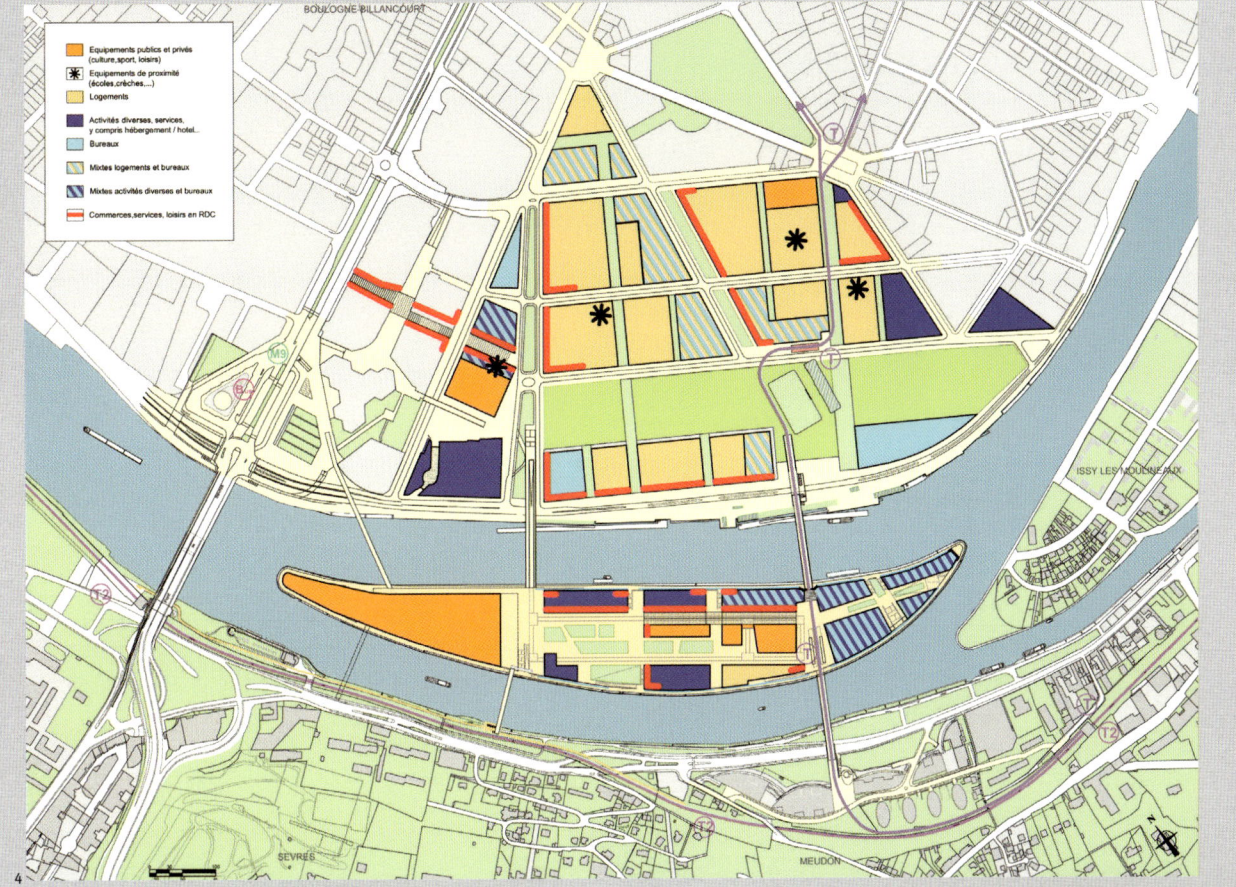

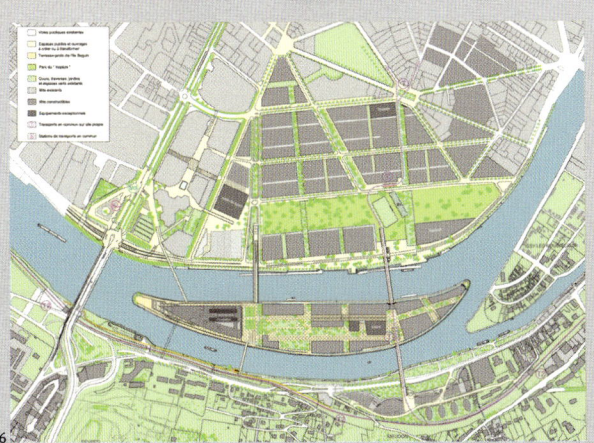

**4.** Plan de répartition des programmes.
**5.** Secteur du quartier du trapèze Est, projet d'aménagement du quai face à l'Ile Seguin.
**6.** Plan de référence.

# PANTIN (SEINE-SAINT-DENIS) UN CENTRE-VILLE SUR LE CANAL DE L'OURCQ

Travaux d'embellissement des berges du canal de l'Ourcq, tranches 3 et 4
Maître d'ouvrage : Ville de Pantin
Maître d'œuvre (conception) : Isabelle Schmitt, paysagiste
Maître d'œuvre (réalisation) : service aménagement et services techniques, Ville de Pantin

L'ancien centre administratif, construit par Jacques Kalisz et Jean Perrotet en 1972, accueille désormais le Centre national de la danse.

Aujourd'hui, le bâtiment et son architecture imposante font partie du paysage urbain. Amarré au bord du canal, il est à l'échelle de cet ouvrage hydraulique. Perçu jusqu'alors comme un étrange mastodonte de béton, vidé et abandonné, il est cependant fréquemment désigné en tant que repère pour qui s'aventure dans la ville sans la connaître.

Si l'enjeu architectural fut sa propre transformation, le défi déclaré est que ce bâtiment soit à nouveau apprécié par tous car ouvert sur la ville.

Cette nouvelle affectation est à la mesure des enjeux d'aménagement et de développement que se donne la Ville : la reconquête du canal de l'Ourcq comme élément fondateur d'une nouvelle centralité. Au-delà du trait d'union que l'Ourcq constitue entre des bâtiments remarquables tels les Grands Moulins ou des espaces de loisirs majeurs tels ceux du parc de la Villette, il y a une relation à établir entre le canal et la ville en mutation.

L'extension dans ce secteur des ateliers Hermès, la reconversion industrielle des Grands Moulins sont des éléments de cette transformation.

Les études menées intègrent l'évolution du bâti existant, la création de nouveaux programmes de logements, la revitalisation des commerces ou encore la création de jardins et d'espaces publics.

**1.** Aménagement du quai du canal de l'Ourcq © DR.
**2.** Restructuration du site des Grands Moulins, Reichen et Robert, architectes, © Philippe Drancourt.
**3.** Vue aérienne du centre ville de Pantin.
**4.** Schéma d'orientation © Ville de Pantin.

# Pantin
# Reconversion du centre administratif de Pantin en Centre national de la danse

Maître d'ouvrage : ministère de la Culture et de la Communication
Mandataire : Établissement public de maîtrise d'ouvrage des travaux culturels
Maîtres d'œuvre : Antoinette Robain et Claire Guieysse, architectes
Livraison : 2003

Implanté en bordure du canal de l'Ourcq à Pantin, le bâtiment de l'ancien centre administratif construit en 1972 par l'architecte Jacques Kalisz a subi une très profonde dégradation.

La volonté des architectes a été avant tout de respecter le caractère puissant de cet édifice en béton apparent, tout en l'adaptant aux contraintes techniques et fonctionnelles liées à sa nouvelle destination. L'ensemble du programme est réparti sur les cinq premiers niveaux du bâtiment.

Un méticuleux travail de réfection des bétons a été entrepris. Les éléments nouveaux qui redéfinissent la façade sont clairement indiqués par l'utilisation de l'aluminium anodisé. Les deux écritures architecturales se superposent sans se confondre.

D'après un texte de A. Robain et C. Guieysse.

1. Le hall d'accueil © DR.
2. Façade Nord.
3. Plan rez-de-quai.

# BAGNOLET (SEINE-SAINT-DENIS) 35 MAISONS INDIVIDUELLES À CARACTÈRE SOCIAL

Maître d'ouvrage : OPHLM de la Ville de Bagnolet
Maîtres d'œuvre : Jean et Aline Harari, architectes
Livraison : 1998

1. Un jardin privatif
© Jean-Marie Monthiers.
2. Venelle d'accès aux logements
© Jean-Marie Monthiers.

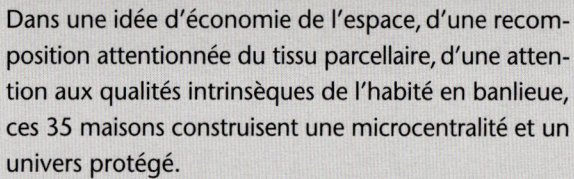

Dans une idée d'économie de l'espace, d'une recomposition attentionnée du tissu parcellaire, d'une attention aux qualités intrinsèques de l'habité en banlieue, ces 35 maisons construisent une microcentralité et un univers protégé.

L'option d'implantation de ce groupe de maisons sur un certain modèle de densité, a permis d'aménager en particulier une placette à l'intérieur de l'îlot, lieu d'échange communautaire. Cette micro-centralité est représentative, de ce que peut être une démarche attentive sur des lieux de vie, qui enrichissent la vie urbaine des habitants de la métropole.

Sur la base d'un type de maison en L, assemblées par décalage avec un jardin de 40 m2, est garantie une forme d'intimité malgré la densité importante. La suppression des dégagements optimise les espaces de vie et donne au jardin une présence insoupçonnée.

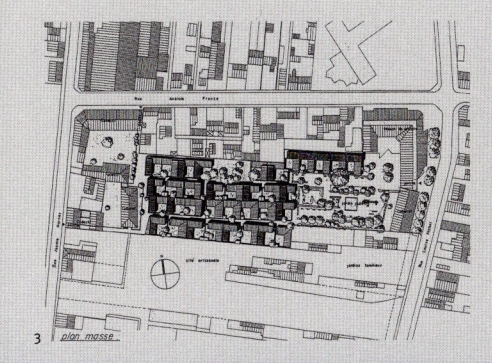

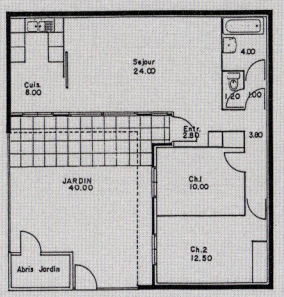

**3.** Plan masse.
**4.** Plan de rez-de-chaussée d'un logement 3 pièces.
**5.** La place intérieure de l'îlot
© Jean-Marie Monthiers.

# ORLY (VAL-DE-MARNE) D'OUEST EN EST, L'HISTOIRE D'UNE VILLE 1965-2002

Depuis qu'il a été élu maire d'Orly en 1965, Gaston Viens s'évertue à réunir le vieux bourg et les cités HLM, à réduire les fractures urbaines et sociales, à donner une âme à la banlieue par-delà les infrastructures.

Son action de plus de trente-cinq ans semble s'être incarnée et avoir trouvé son centre avec la réalisation du quartier de l'hôtel de ville, d'une nouvelle mairie et d'un centre administratif. Ce projet, symbole de la réunification des quartiers, s'inscrit dans un long, discret mais tenace travail de fond, mené en étroite collaboration avec les architectes Jean et Maria Deroche.

Sans annonce de grand projet urbain spectaculaire, ils ont œuvré, d'opérations en études, de proche en proche, pour l'affirmation de la structure urbaine d'Orly, le développement et la qualification des quartiers.

Cette histoire se confirme aujourd'hui avec la constitution du boulevard urbain est/ouest et la perspective de conquête de la Seine, selon le projet en cours d'étude par la mission Seine-Amont d'un pôle environnemental sur les communes d'Orly, de Choisy-le-Roi et de Villeneuve-le-Roi.

**1.** Les terrasses d'Orly sud © Cadou-ADP.
**2.** Un grand ensemble : la cité des aviateurs © Photothèque municipale d'Orly.
**3.** Quartier pavillonnaire du Bas Clos © photothèque municipale d'Orly.
**4.** Secteur d'intervention du projet urbain © DR.

D'après Pascale Blin, *Orly, ou la chronique d'une ville en mouvement,* Éditions de l'Épure, 2001.

**Nouvelles centralités**

**5.** Porte ouest de la ville nommée « cour du silence », Laurent Salomon, architecte, 2001.
**6.** Résidence Claude Bernard, quartier du nouveau Calmette, Emmanuelle Colboc, architecte, 1999 © DR.
**7.** Quartier de l'Hôtel de ville : mairie, centre administratif et centre technique, Jean et Maria Deroche, architectes, 1997 © Cadou-ADP.

# 75013, PARIS RIVE GAUCHE NOUVEAU PÔLE UNIVERSITAIRE

Premier programme universitaire construit à Paris depuis trente ans (la tour d'Andrault et Parat à Tolbiac date de 1973), le nouveau pôle qui sera implanté à l'est du quartier Paris-Rive-Gauche est investi du projet ambitieux d'intégrer réciproquement l'université à la ville et la ville à l'université. Sur le plan urbain, il s'agit d'éviter l'embolie et les problèmes d'enclavement que peuvent provoquer les grandes emprises universitaires jetées d'un seul tenant sur un quartier. Sur le plan social, le but est d'établir un cadre où l'étudiant sera moins coupé du monde professionnel, et la recherche universitaire plus en prise sur la vie économique. Les moyens donnés à cette mixité escomptée sont le fractionnement du programme en plusieurs bâtiments, voisins sans être mitoyens, d'époques et de styles différents, distribués par les rues du quartier et non par des allées réservées.

Le nouveau quartier Masséna, qui se structure autour de cette université après avoir été pensé sans elle (par Christian de Portzamparc en 1995), pourra-t-il devenir un quartier « à caractère universitaire » comme le furent le Quartier latin, Oxford ou Cambridge avec leur constellation de lieux d'enseignement mêlés à la vie locale ? Le nombre restreint d'édifices qui composent ce nouveau « pôle du savoir » (à terme six ou huit pour l'université, un institut de langues orientales, l'école d'architecture Paris-Val-de-Seine), ainsi que la présence du jardin public voisin incitent plutôt à se référer, avec optimisme, à l'université principale de New York, dont les bâtiments encadrent Washington Square. Les fondateurs de cette université luttaient alors contre la mode américaine du campus hors la ville. Ce « retour en ville de l'université », maintes fois invoqué en France après les campus des années 1960, concrétisé à Amiens par Henri Gaudin dans le cadre du plan Université 2000, est mis en œuvre à Masséna dans ce qui sera l'une des actions majeures du plan U3M (Université du troisième millénaire).

Ce nouveau site universitaire est destiné à héberger l'université pluridisciplinaire Paris VII-Denis Diderot, ex-pensionnaire du campus de Jussieu engorgé à deux reprises par rapport au nombre d'étudiants prévu au moment de sa construction. […]

[…] Les quatre concours lancés pour l'accueil – d'ici 2005 – des premiers jalons de l'université traduisent les nombreux enjeux urbains, universitaires et sociaux de cette opération. Les politiques universitaires qui s'expriment à travers ces programmes apparaissent déterminées et ambitieuses. […]

[…] Les deux concours de reconversion ont été remportés par les équipes qui ont choisi d'atteindre les surfaces demandées en densifiant les bâtiments de l'intérieur plutôt qu'en les agrandissant. Rudy Ricciotti et Nicolas Michelin validaient ainsi la valeur désormais consensuelle des deux édifices industriels en conservant leurs façades. Dans une logique de rentabilité fidèle à l'ancienne affectation du lieu, Ricciotti a mis de grands plateaux libres au service des besoins permanents d'évolution de l'université.

Les concurrents des deux bâtiments neufs, les pôles de physique et de biologie, ont dû démêler les difficultés d'un programme aux composantes multiples, et le glisser dans les volumétries voulues par Portzamparc. François Chochon et l'équipe Chaix-Morel l'ont emporté en traduisant fidèlement cette attente. […]

Le projet est sous l'égide du ministère de l'Éducation nationale (plan Université du troisième millénaire), représenté par le recteur de l'Académie de Paris. Un mandat de maîtrise d'ouvrage a été confié à l'EMOC (Établissement public de maîtrise d'ouvrage des travaux culturels), la SEMAPA étant l'aménageur de la ZAC. L'opération mobilise les moyens financiers de l'État, de la région Ile-de-France et de la Ville de Paris.

**Pascale Joffroy**
Architecte-journaliste

# 75013
# Paris Rive Gauche
# École d'architecture
# du Val-de-Seine

Maître d'ouvrage : ministère de la Culture et de la Communication
Mandataire : Établissement public de maîtrise d'ouvrage des travaux culturels
Aménageur : Ville de Paris/SEMAPA
Maître d'œuvre : Frédéric Borel, architecte
Concours : avril 2002

Le projet se définit comme un milieu conciliateur en osmose avec les différentes échelles urbaines qui se télescopent sur le site. Ce dispositif protéiforme participe à l'organisation du quartier Masséna et renvoie à l'inscription diffuse de l'université de Jussieu dans la ville tout en dialoguant avec les témoins du passé industriel. Il se présente comme une composition formelle clairement identifiable dans la façade monumentale qui se déploie le long de la Seine, et fonctionne, par-delà le boulevard de ceinture, comme un condensateur d'activité permettant l'intégration de la proche banlieue.

Nous avons choisi d'opérer une coupure entre le bâtiment neuf et les locaux réhabilités de la Sudac. L'un contient les ateliers, alimentés par un socle servant qui reprend le thème de la plate-forme off-shore pour abriter l'administration, les amphithéâtres et les salles de cours. L'autre, comme un satellite, renferme les salles informatiques, les salles d'exposition, et en partie haute, sous la voûte longitudinale, la bibliothèque.

Entre ces deux bâtiments complémentaires reliés par des passerelles transparentes, se déploient au rez-de-chaussée trois séquences de l'espace d'accueil (la cour d'entrée et sa cheminée, le hall et l'accueil des étudiants).

**Frédéric Borel**
Architecte

1. Raccordement du projet avec l'existant.
2. Coupe transversale, du boulevard Masséna à la Sudac.
3. Plan de masse.
4. Plan du rez-de-chaussée.

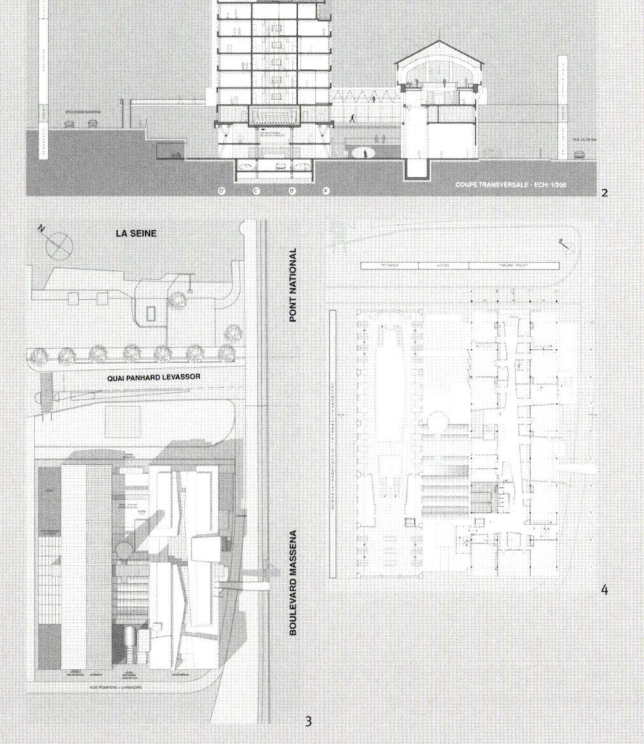

# 75013
# Paris Rive Gauche Université Denis Diderot-Paris VII
# Pôle de physique : salles de travaux pratiques, laboratoires et services techniques de l'UFR de physique

Maître d'ouvrage : ministère de la Jeunesse, de l'Éducation nationale et de la Recherche
Mandataire : Établissement public de maîtrise d'ouvrage des travaux culturels
Aménageur : Ville de Paris / SEMAPA
Maîtres d'œuvre : Philippe Chaix et Jean-Paul Morel, architectes
Concours : décembre 2001

Le projet identifie par sa volumétrie les éléments du programme. À partir d'un socle commun, deux corps de bâtiments accueillent recherche et enseignement.

La forme en équerre permet en outre de faire entrer la lumière jusqu'au cœur de l'édifice. La terre cuite et le zinc constituent les deux matériaux pérennes qui donneront une identité forte à ce bâtiment, dont la silhouette se découpera dans le ciel parisien.

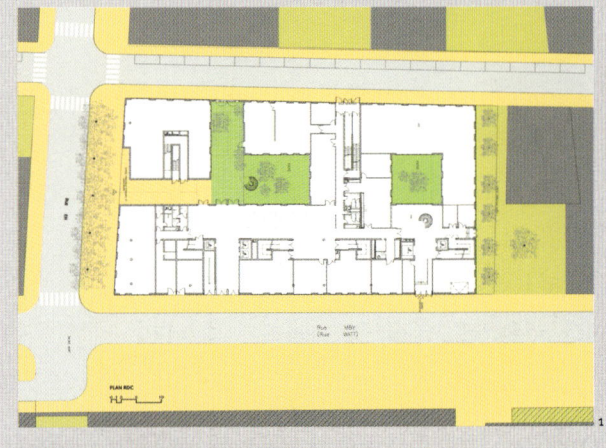

1. Plan du rez-de-chaussée.
2. Le patio.
3. La bibliothèque.
4. Le pôle de physique : vue de l'entrée principal.

Nouvelles centralités

# 75013
# Paris Rive Gauche
# Université Denis Diderot-Paris VII
# Reconversion de la halle aux farines : pôle central d'enseignement (salle de cours et amphithéâtre), restaurant universitaire

Maître d'ouvrage : ministère de la Jeunesse, de l'Éducation nationale et de la Recherche
Mandataire : Établissement public de maîtrise d'ouvrage des travaux culturels
Aménageur : Ville de Paris / SEMAPA
Maître d'œuvre : LABFAC (Finn Geipel et Nicolas Michelin, architectes)
Concours : décembre 2001

« Créer une machine à enseigner efficace et rationnelle, tout en lui donnant un caractère urbain, ouvert aux usages de la ville, une nef que l'on traverse » : tel est le thème majeur de la transformation de ce bâtiment.

Pour concrétiser cette approche, l'édifice est densifié en son intérieur par la succession des amphithéâtres. Les circulations longent les amphithéâtres ; au sommet, une rue intérieure devient le lieu de rencontres et d'échanges majeur.

La totalité des services (restaurant et service commun des ressources informatiques) est de même intégrée à l'enveloppe du bâtiment existant.

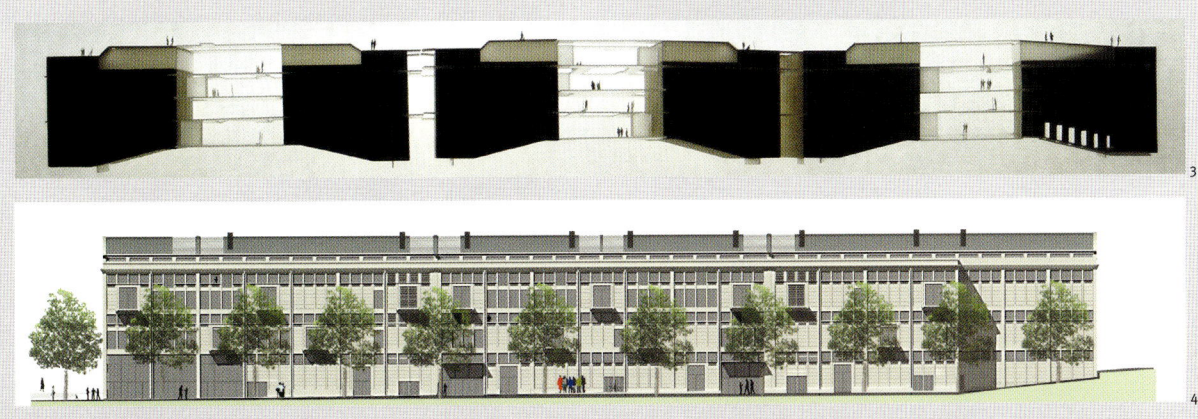

1. La rue intérieure.
2. Accès des amphithéâtres.
3. Coupe longitudinale.
4. Élévation ouest.

# 75013
# Paris Rive Gauche
# Université Denis Diderot-Paris VII
# Pôle de biologie : salles de travaux pratiques, laboratoires et services techniques de l'UFR de biologie, Institut Jacques Monod, restaurant universitaire

Maître d'ouvrage : ministère de la Jeunesse, de l'Éducation nationale et de la Recherche
Mandataire : Établissement public de maîtrise d'ouvrage des travaux culturels
Aménageur : Ville de Paris / SEMAPA
Maîtres d'œuvre : Laurent Pierre et François Chochon, architectes
Concours : décembre 2001

Dans le cadre du concept de « l'îlot ouvert », le projet propose une complexité volumétrique répondant à l'identification souhaitée de chaque laboratoire.

La complémentarité avec les futures opérations de logements est ainsi assurée par cette architecture élégante. Le choix des matériaux a fait l'objet également d'une attention particulière : béton poli et cuivre prépatiné.

1. Plan de masse.
2. Vues offertes depuis les espaces de circulation.
3. Le jardin intérieur.

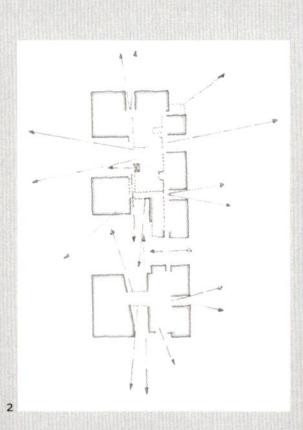

**Nouvelles centralités**

# 75013
# Paris Rive Gauche
# Université Denis Diderot-Paris VII
# Reconversion des Grands Moulins : bibliothèque, services généraux aux étudiants, restaurant universitaire

Maître d'ouvrage : ministère de la Jeunesse, de l'Éducation nationale et de la Recherche
Mandataire : Établissement public de maîtrise d'ouvrage des travaux culturels
Aménageur : Ville de Paris/SEMAPA
Maître d'œuvre : Rudy Ricciotti, architecte
Concours : décembre 2001

La contrainte économique et le respect de l'architecture puissante de ce bâtiment ont fondé la demande et les options du projet intitulé « L'aventure technique au service de plateaux évolutifs ».

L'acte élémentaire consiste à redistribuer de nouveaux planchers à l'intérieur du bâtiment et à exprimer subtilement dans les façades néoclassiques ce nouveau découpage. Seul événement marquant, des ascenseurs panoramiques reliant les niveaux 5 à 9 permettent d'accéder à la bibliothèque.

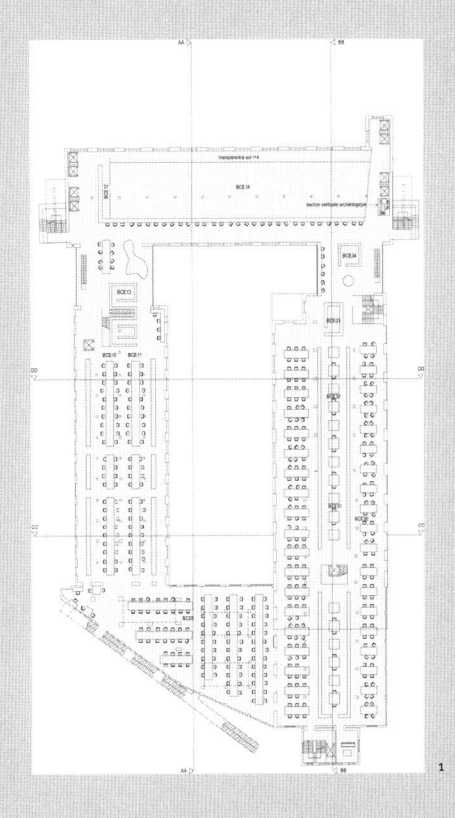

1. Plan du cinquième étage.
2. Vue depuis le quai Panhard-Levassor.

# Villetaneuse (Seine-Saint-Denis), schéma directeur universitaire et urbain de l'université Paris XIII-Villetaneuse

Maître d'ouvrage : ministère de la Jeunesse, de l'Éducation nationale et de la Recherche
Maître d'œuvre : Christian Devillers Associés, architectes et urbanistes, partenaires développement
Études : première étude 1994 ; deuxième étude 2001

**Le schéma directeur universitaire et urbain de Paris XIII-Villetaneuse**

L'université Paris XIII à Villetaneuse est le seul fragment réalisé d'un vaste plan d'urbanisme qui, dans les années 1960, devait s'étendre sur les communes avoisinantes jusqu'à Enghien-les-Bains. Ignorant le parcellaire ancien, les bâtiments universitaires et les immeubles d'habitations devaient être reliés par des passerelles sur le thème (toujours d'actualité) de l'intégration de l'université à la ville.

Malgré la qualité architecturale des bâtiments réalisés par Adrien Fainsilber au début des années 1970, cette belle idée vola en éclat devant la réalité sociale. Les logements HLM furent occupés non par des chercheurs mais par des familles aux revenus de plus en plus précaires, dont les enfants n'auraient probablement jamais accès à cette université alors que leur immeuble était implanté dans le campus qu'ils pouvaient assez logiquement considérer comme leur terrain de jeux. Ce qui n'alla pas sans conflit avec les universitaires. Le dit campus resta d'ailleurs un vaste *no man's land*, une réserve foncière en attente d'une croissance universitaire qui dût attendre la fin des années 1990. Ce vide plein de bonnes intentions urbanistiques et l'absence du moindre chemin piéton sécurisé vers la gare d'Épinay-Villetaneuse (on est à cheval sur trois communes et deux départements) allaient plonger cette université méritante (laboratoires de pointe, plus fort taux d'enfants d'ouvriers en France) dans un climat d'insécurité, empêchant son fonctionnement après six heures du soir. À l'arrogance d'une planification étatique en panne répondait la méfiance d'une commune dont la population était en quantité inférieure aux effectifs universitaires. Il en résulta un immobilisme et une absence de dialogue qui ne furent rompus qu'avec un premier schéma directeur (1995), puis un second. Celui-ci, presque semblable au premier, est en train de se réaliser grâce à la création de la communauté d'agglomération Plaine Commune (Aubervilliers, Saint-Denis, Épinay-sur-Seine, Villetaneuse, Pierrefitte-sur-Seine) et de l'établissement public Plaine de France, enfin capables d'assurer la maîtrise d'ouvrage urbaine de l'aménagement de ce territoire fragmenté. Grâce aussi à la promesse de réaliser une gare sur la future Tangentielle Nord, et un tramway qui viendra de Paris et de la Plaine Saint-Denis. La cité Allende va être dédensifiée et réhabilitée (S. et L. Goldstein architectes, OPHLM 93), et séparée de l'université par un grand espace public accueillant le tramway et conduisant à la gare et au centre de Villetaneuse.

Les nouveaux bâtiments programmés – bibliothèque, gymnase, centre technique de l'Institut de formation des maîtres – vont border cet espace et redonner une façade est à l'université.

À l'espace non défini dont l'appropriation était conflictuelle sera substitué un espace public accessible à tous, où chacune des institutions en présence (collectivités locales, université, État, OPHLM…) concentrera ses efforts d'investissement.

Le front ouest de l'université, déjà amélioré par les aménagements dus à Alexandre Chemetoff et par l'Institut Galilée (Sabatier et Tribel), sera conforté par de nouveaux bâtiments et des espaces d'accueil.

Le parc scientifique et technologique sera créé dans la vaste friche en direction d'Épinay et Montmagny. Il a vocation à recevoir, autour d'un espace vert, des activités liées à la recherche universitaire et s'intègre dans une requalification plus large des zones d'activité du secteur (Villetaneuse, Épinay, Montmagny). À terme, il s'agit de créer une offre attractive pour les entreprises, basée sur un foncier peu cher, la présence de l'université, l'arrivée des transports en commun et un environnement requalifié. Des cheminements seront aménagés pour se rendre à la gare d'Épinay.

Au cœur de l'université, le Forum, vaste place couverte, a été aménagé (cafétéria, Philtre Architectes). Les autres espaces collectifs seront progressivement améliorés. Le découpage en grands îlots (Lettres, Droit et IUT, Sciences, CNRS) répond au double souci de renforcer la sécurité et de ne pas gaspiller un territoire qui reste un des atouts de cette université, mais dont la capacité n'est pas inépuisable.

**Christian Devillers**
Architecte-urbaniste

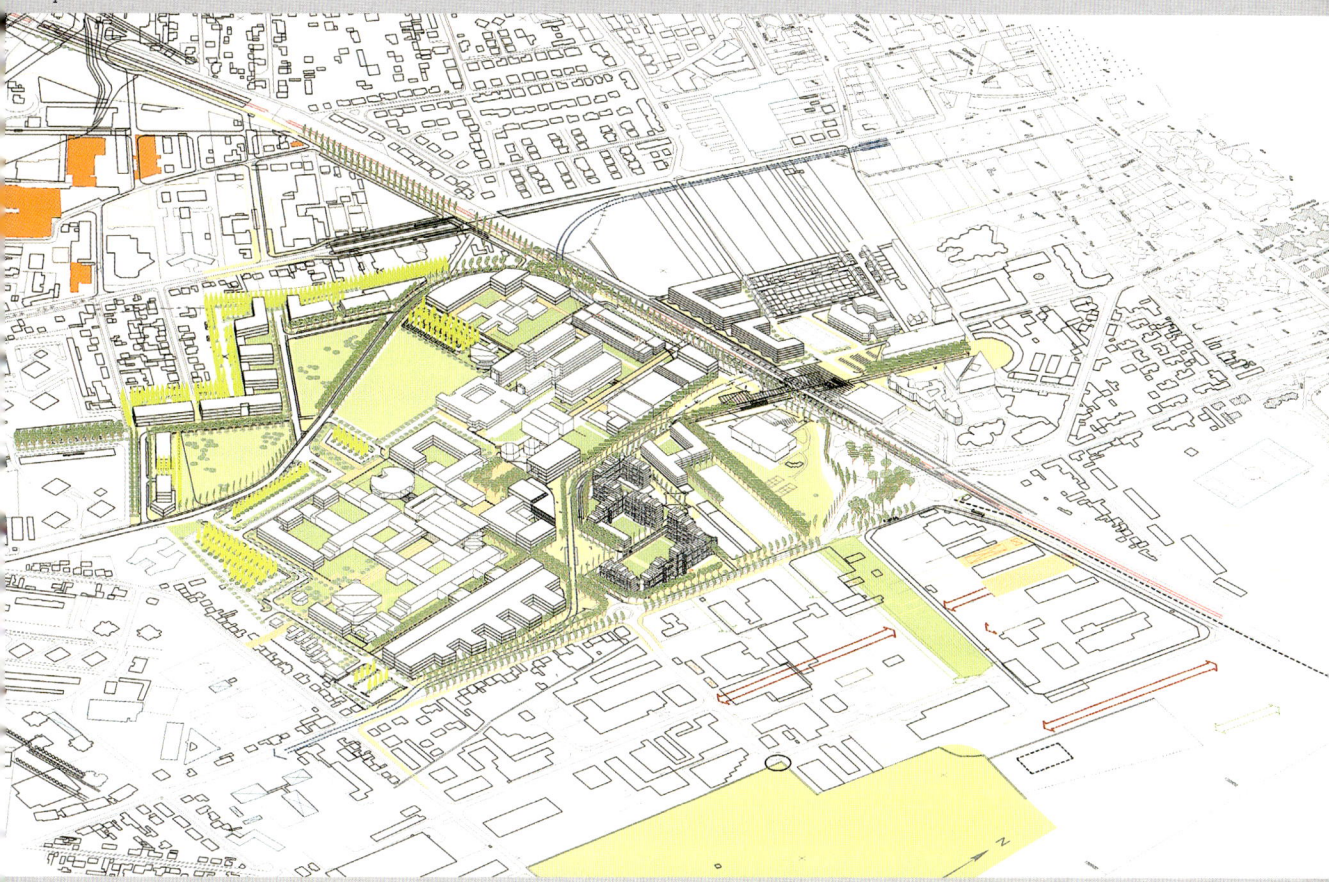

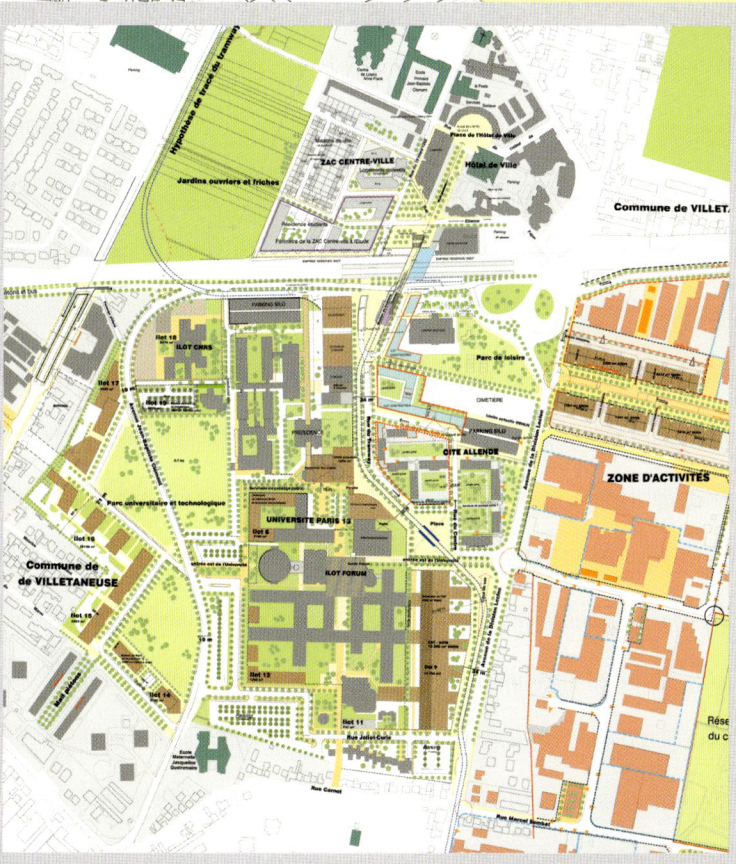

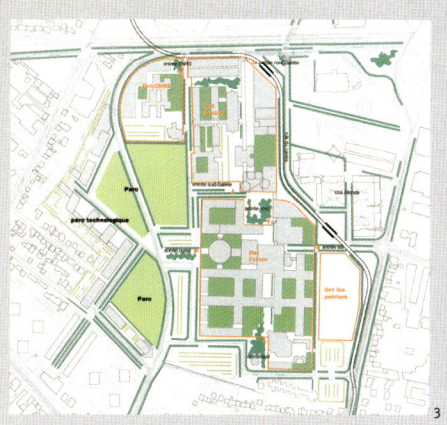

1. Axonométrie du projet de réaménagement du campus.
2. Trame végétale.
3. Plan de référence pour le réaménagement du campus.

# NANTERRE (HAUTS-DE-SEINE), SCHÉMA DIRECTEUR D'AMÉNAGEMENT DE L'UNIVERSITÉ PARIS X-NANTERRE

Maître d'ouvrage : ministère de la Jeunesse, de l'Éducation nationale et de la Recherche
Maîtres d'œuvre : Christian Devillers Associés, architectes et urbanistes ; Bénédicte d'Albas, paysagiste ; Laurence Schlumberger-Guedj, architecte-programmatrice
Étude : 1999-2000

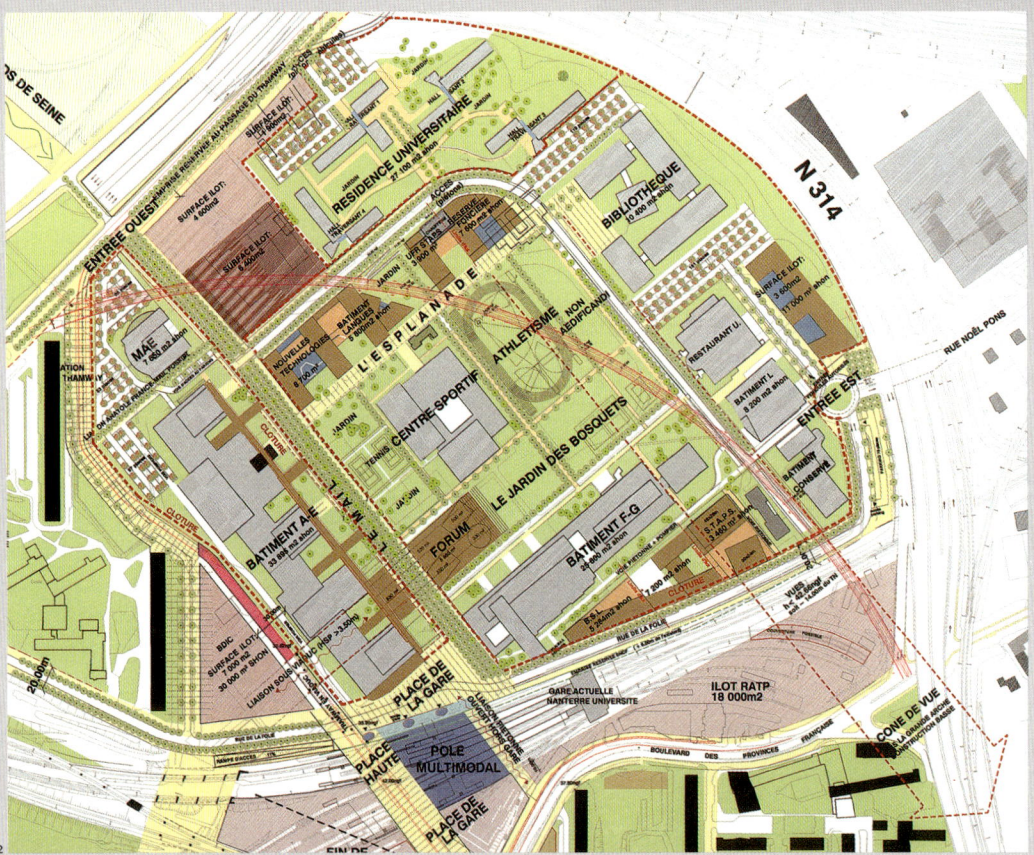

**1.** Le campus de Nanterre, au loin La Défense © DR.
**2.** Schéma directeur à terme.
**3.** La structure végétale, préfiguration.

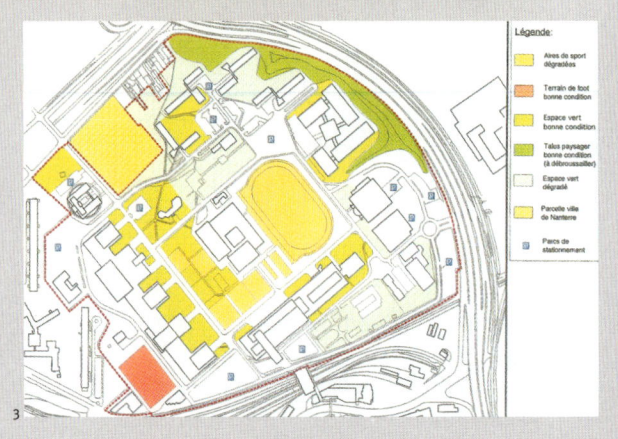

Nouvelles centralités

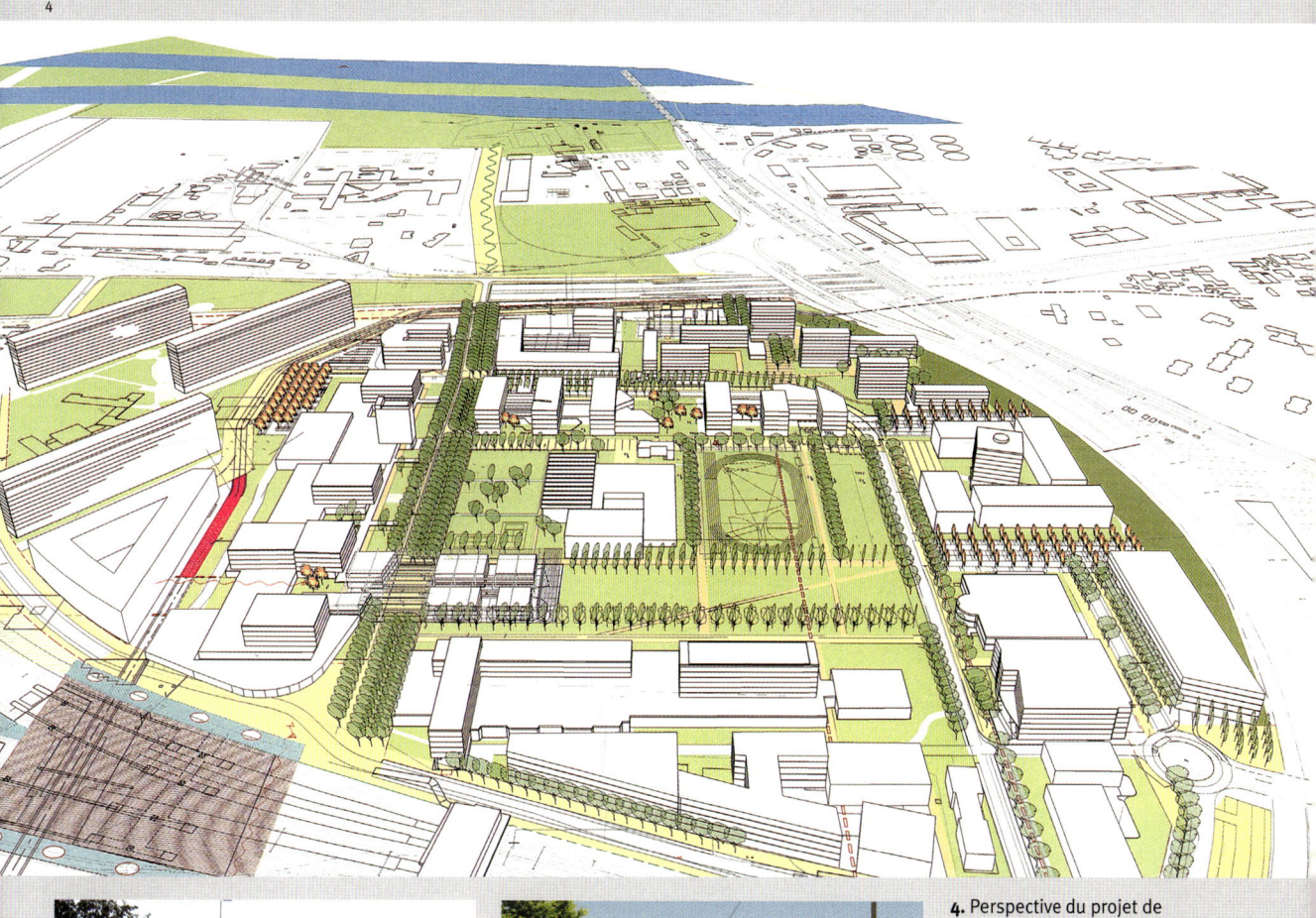

**4.** Perspective du projet de réaménagement du campus vers la Seine.
**5. 6.** État existant / état projeté, exemple de réaménagement de l'espace public.

# Orsay (Essonne), schéma directeur du campus de l'université Paris XI-Orsay

Maître d'ouvrage : ministère de la Jeunesse, de l'Éducation nationale et de la Recherche
Mandataire : université Paris-Sud, campus d'Orsay
Maîtres d'œuvre : Florence Lipsky et Pascal Rollet, architectes ; Agence Onne Paysage
Étude : fin 2000

1. Vue aérienne © DR.
2. Plan général d'aménagement du campus d'Orsay.

Nouvelles centralités

**DE LA MOBILITÉ**

**Le mouvement des chemineurs** présente
# [BOUES] DE PISTES
Trois parcours depuis le terminus

Où se trouve-t-on une fois au bout de la ligne, une fois arrivé au terminus ? Le *mouvement des chemineurs* témoigne de trois parcours à travers des fragments de la banlieue, depuis les terminus d'une ligne de RER, de métro et de bus. Choisir un prétexte pour cheminer et proposer trois points de départs autour de Paris, trois mises à distance de la *ville intra-muros,* autant de territoires différents à raconter dans un mouvement.

Les *chemineurs* inventent leurs sentiers au fil de promenades, depuis des points géographiques différents de la petite ou grande couronne, de la proche ou lointaine banlieue.
Les marcheurs vont simplement voir là-bas parce qu'ils croient savoir et peut-être reconnaître. Ils se rassemblent pour se perdre ensuite, le temps d'une promenade. On y va ensemble pour faire marcher sa tête comme on digère un repas partagé. Choisir un point de départ, inviter ceux qui nous entourent à se joindre au groupe, dresser une carte en blanc à compléter, gribouiller, dessiner, noircir ou colorier… se donner carte blanche et chercher.
Par ces expériences, ils n'ont d'autre motivation que celle de saisir ces bouts de pistes qui nous permettent de continuer à avancer.

S'attacher à mettre bout à bout ces croquis, pas à pas, produire des images et les contester. Recueillir des morceaux choisis, les fragments d'un parcours comme des débuts d'idées pour susciter des envies neuves, rafraîchies. Sauter le pas dans la lecture de ces espaces en les racontant au retour. Parce que se situer et adopter un point de vue, c'est prendre position, simplement, à la suite d'une promenade.

Décrire ce geste, raconter ces territoires, faire parler nos yeux, c'est mettre en avant une démarche : celle de se confronter physiquement aux lieux, de les écouter pour faire à partir d'eux, de mesurer ses idées à ces réalités. Il s'agit d'avancer avec curiosité, investiguer ces sentiers et faire quelque chose de notre regard, pour se donner d'autres pistes et voir plus loin, demain.
De cet herbier de textes et d'images ramassés, ce ne sont pas tant les illustrations qui importent que les pistes de projets qu'elles fixent dans nos esprits, les envies que suscite cet engagement sur le terrain.
Alors, aux dires des autres nous ajoutons nos petites fabriques d'idées, ces bouts de pistes.
On va voir, on va faire.

Initier cette collecte de banlieue, c'est témoigner de ces parcours sur ces terrains d'action, s'engager là avec d'autres, inventer pour écouter… rentrer plein de boue et en mettre partout.

---

Le *mouvement des chemineurs* réunit architectes, paysagistes, urbanistes, écrivains, photographes, artistes et autres nécessaires promeneurs autour d'un même mode de lecture de nos territoires et de ses paysages : celui de la marche. Cette association fonctionne comme un atelier itinérant, organise des promenades dans des lieux toujours différents et invite ses voisins à se joindre à eux. Leurs participants y cherchent un moyen de traduire ce qu'ils voient par des expérimentations personnelles ou des expressions qui naissent au hasard des rencontres.
D'un pas lent, il s'agit d'aller là où on ne s'attend pas, en considérant la suite des événements à venir comme les ponctuations d'une longue déambulation…

**11 Mairie des Lilas**

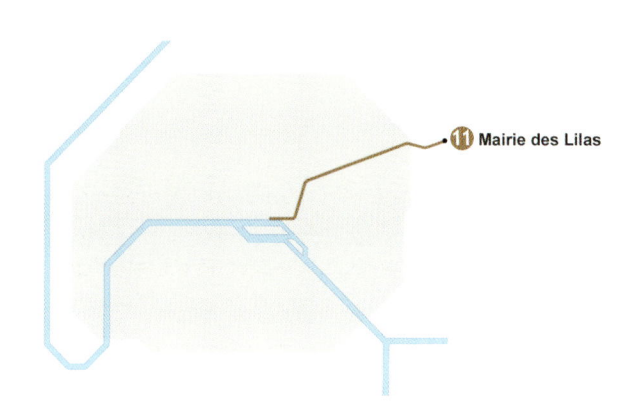

*319*

**24**
Ecole Vétérinaire
de Maisons-Alfort

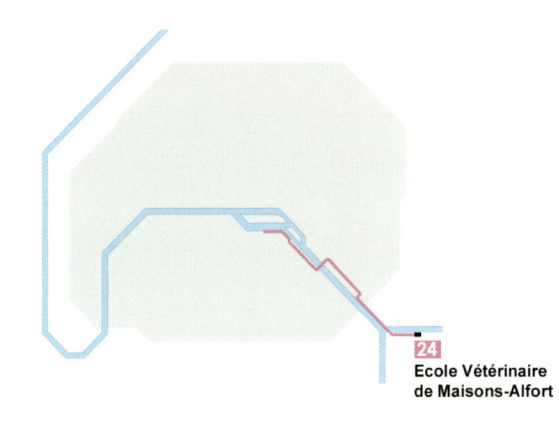

B5 Mitry-Claye

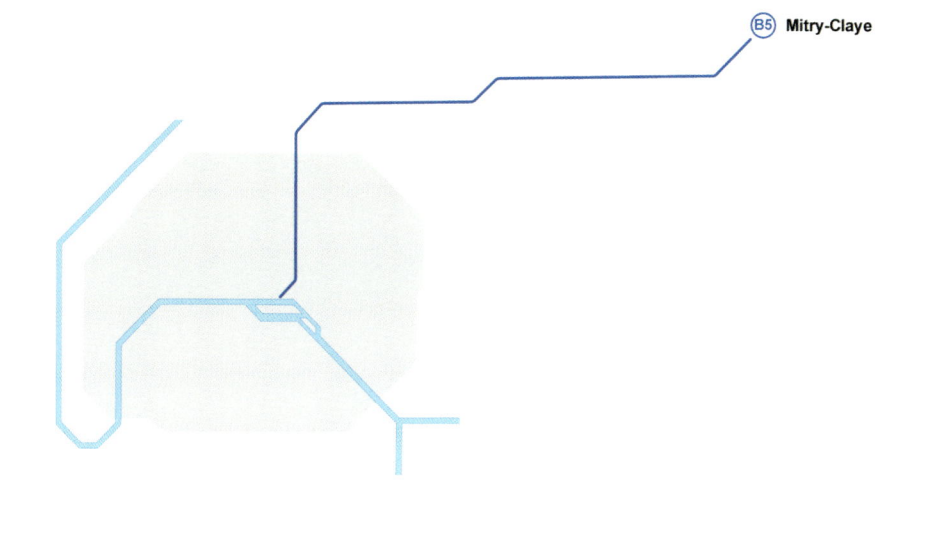

# UN PROJET OPÉRATIONNEL, LA NATIONALE 7 ENTRE PARIS ET ORLY

**Yves Lion**
Architecte-urbaniste

De Paris à Orly, la route nationale 7 apparaît comme une ligne culminante du territoire. Le plateau de Longboyau qui l'abrite est délimité à l'est par la vallée de la Seine, à l'ouest par la vallée de la Bièvre et au sud par la vallée de l'Yvette. Ce plateau se situe presque entièrement à une cote comprise entre 80 et 100 mètres, soit en moyenne à 60 mètres au-dessus de la plaine alluviale de la Seine. Cette domination n'est peut-être pas évidente pour le passant, mais elle l'est à coup sûr pour le géographe ou l'urbaniste. Dans l'ensemble, c'est d'abord sur la plaine inondable et sur le coteau en pente que s'est propagée l'urbanisation qui fut plus tardive sur les plateaux. La route nationale 7 a donc pour caractéristique une situation de ligne culminante qu'il s'agit d'affirmer dans les projets du secteur.

Au moment où une approche intercommunale se développe en région parisienne, il faut considérer les lieux et non pas la totalité de l'aire métropolitaine

De la mobilité

**1.** Paysages traversés par la RN7
© Jean-Marie Monthiers.
**2.** La RN7 de Paris à Belle-Épine.

pour célébrer la rencontre entre les communes ; il ne faut surtout pas les noyer dans un long et vaste projet d'aménagement global mais intervenir par touches ponctuelles chaque fois que l'on rencontre un territoire propice. Ce qui nous intéresse avec l'ancienne route de Fontainebleau, c'est qu'elle est historiquement un lieu de convergence bien plus que de centralité. Cette question de la centralité dans le débat sur les nouvelles relations entre les communes ne doit pas être escamotée, bien au contraire. Ce que les communes ont à craindre des influences de leurs voisines, c'est une perte d'identité, cette identité qui donne à la banlieue parisienne les atouts, les qualités, et le charme que l'on sait. Cette identité est bien sûr historiquement fondée, mais son lieu d'expression privilégié est au centre de chacune des entités communales. Il ne faut sans doute pas, à travers la politique urbaine, estomper les particularités : il conviendrait plutôt, ici comme ailleurs, de combattre les inégalités.

Voici donc une ligne culminante du territoire pour tous ceux qui, le long de cette route, souhaitent tirer parti de ce site.

L'intérêt pour Paris, Le Kremlin-Bicêtre, Villejuif, L'Haÿ-les-Roses, Vitry-sur-Seine, Chevilly-Larue, Thiais, Rungis, Orly est de pouvoir partager un territoire commun le long de l'ancienne route de Fontainebleau sans avoir à renoncer à quoi que ce soit de ce qui fait leur originalité. Le territoire est ici d'abondance, il est distribué par un réseau viaire conséquent, une station de métro à Villejuif ; il est traversé par le périphérique et l'A 86. Il existe un vaste programme de transport en commun avec une belle intermodalité à la station Louis-Aragon, qui culmine sur le site. Aménager la nationale 7, y compris dans la partie qui accueillera la nouvelle ligne de tramway, ce n'est pas imaginer un énième boulevard urbain, mais plutôt mettre en avant les qualités de rassemblement et d'échange qui donnent à ce lieu une

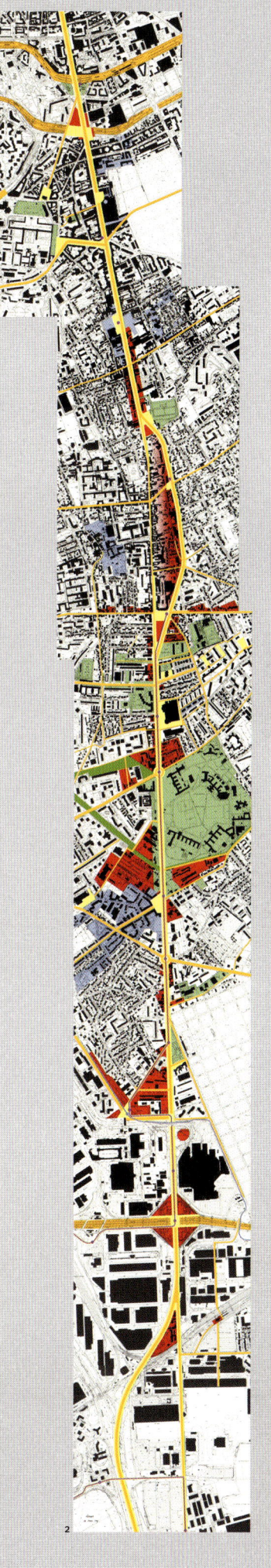

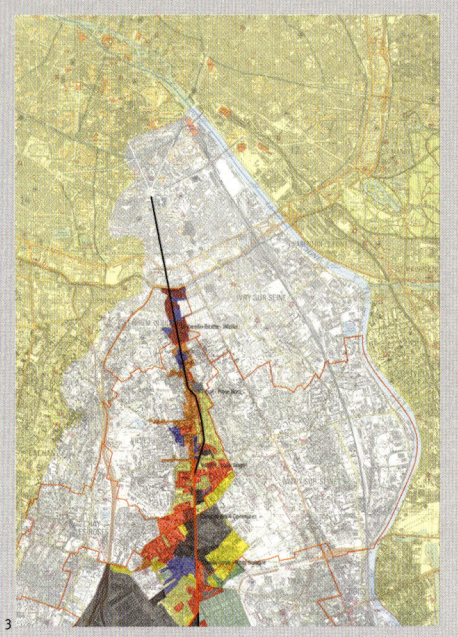

très grande capacité de modification. Ainsi on peut dire que le long de la nationale 7, une centaine d'hectares sont aujourd'hui immédiatement mutables et peuvent être bonifiés, et que l'économie générale peut être renforcée sans grand bouleversement. Les bouleversements, eux, nous les trouverons peut-être :
– dans la couverture du périphérique où il serait si aisé de mettre en relation claire, directe, la mairie du Kremlin-Bicêtre et la porte d'Italie, aujourd'hui séparées ;
– dans la suppression des trémies routières qui ont coupé Le Kremlin-Bicêtre et Villejuif en deux parties ;
– dans la suppression du viaduc qui mène à Villejuif et qui a été élaboré entre les deux guerres pour un tramway aujourd'hui oublié. Ainsi Villejuif retrouverait ses deux rives avec un espace public commun d'où l'on pourrait jouir de magnifiques points de vues sur la région parisienne du fait de cette situation de culminance.
– plus loin, dans le nouveau tramway et toutes ses civilités ;
– dans une meilleure attache du cimetière de Thiais à la route nationale 7 ;
– enfin, plus radicalement, dans des transformations du secteur Belle Épine-Rungis-Orly : ici il s'agit d'une réinterprétation du « tout automobile » et de la situation exceptionnelle de la terrasse du centre commercial de Belle Épine, de l'héritage infrastructurel d'un Rungis devenant plus ou moins obsolète, d'une recomposition complète des zones d'activités type Sogaris laissées pour compte, et peut-être même, à plus long terme, d'une modification sensible de l'aéroport d'Orly dès lors que les « gros porteurs » auraient modifié le trafic (voir à ce sujet les travaux des étudiants de l'École d'architecture de la ville et des territoires à Marne-la-Vallée et ceux de l'École d'architecture de Mendrisio, Suisse).

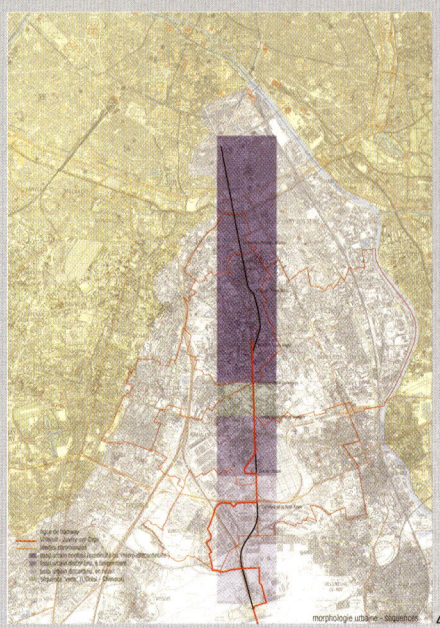

La topographie de ce paysage dégradé reste très structurante. Les communes ont déjà manifesté leur intérêt pour un système d'espaces verts interdépartementaux qui, légitimement, pourrait être fédéré par l'existence de cette culminance. Si vous assemblez les POS de toutes ces communes, vous n'obtenez pas grand-chose de très cohérent, et c'est tant mieux si l'on se contente de l'existence même de cette part commune, de cette route comme structure de développement et comme espace public. La route n'est pas hostile dès lors que l'on admet les hétérogénéités qu'implique la reconnaissance des identités communales.

Voici venu le temps de l'intercommunalité ? Alors oublions le boulevard Saint-Germain et son harmonie d'un autre âge.

**De la mobilité**

**3.** Assemblage du POS, zones riveraines de la RN7.
**4.** Morphologie urbaine, séquences.
**5. 6.** Paysages traversés par la RN7 © Jean-Marie Monthiers.
**7.** Requalification de la RN7, perspectives des aménagements projetés.

**RN7**
Maître d'ouvrage : Département du Val-de-Marne et Communes de la communauté d'agglomération du Val de Bièvre et de l'ARREFU 7
Maître d'ouvrage délégué : SADEV 94
Maîtres d'œuvre : Ateliers Lion Architectes Urbanistes
Rendu de l'étude : juin 2001

**Un projet opérationnel, la nationale 7 entre Paris et Orly**

# PENSER LES TRANSPORTS POUR UNE VILLE ACCESSIBLE

**Édith Heurgon**
Responsable de la Prospective à la RATP

Villes et transports ont partie liée. Dans les villes se jouent désormais la capacité d'initiative économique et jusqu'à l'équilibre écologique de la planète. L'urbanisation est aussi porteuse de menaces : les agglomérations se fragmentent, les banlieues s'hypertrophient. Alors que la ville, « fête des échanges et théâtre de l'égalité »[1], accorde une large part au politique, le transport est souvent appréhendé dans sa seule dimension fonctionnelle : organiser les déplacements d'une origine à une destination.

**1.** T1, un tram « bien intégré », facteur de requalification
© RATP G. Dumax.

Au cœur des débats, les pratiques de mobilité qui, avec les nouveaux rythmes urbains, se diversifient (le « métro-boulot-dodo » a laissé place à des systèmes d'activités complexes, ponctués par divers événements). Alors que pour certains, la mobilité devient un mode de vie, pour d'autres elle est vécue comme une contrainte. Les enjeux s'énoncent alors en termes de services à la mobilité qui invitent à dépasser les conceptions classiques du transport : il faut « servir la mobilité » des individus, la faciliter et l'enrichir d'opportunités – aménités, nouveaux services –, afin que le transport soit vécu comme un temps riche. Il faut encore organiser l'accessibilité aux activités qu'offrent les territoires pour éviter que l'immobilité devienne un nouveau facteur d'exclusion.[2]

Longtemps marquée par une logique technicienne, la RATP a engagé dans les années 1980 un processus de modernisation visant, d'une part, à instaurer une culture de services aux clients et, d'autre part, à exercer son rôle d'acteur de la ville, partenaire des collectivités territoriales et des entreprises franciliennes. Dans cette double perspective, elle a reformulé sa mission comme contributrice d'un service public d'accessibilité capable de combiner modes collectifs et individuels pour répondre aux demandes de déplacements tous azimuts des Franciliens.

### Coévolution de l'aménagement urbain et des transports

Lier urbanisme et transport n'est pas une idée neuve.[3] Dès 1917, Henri Sellier (élu socialiste de la banlieue) défend une conception des transports publics acteurs de la ville. Au XXᵉ siècle, s'est manifestée à deux reprises la volonté d'associer aménagement et transport : au début du siècle, avec la construction du métro pour la ville de Paris[4]; dans les années 1960, avec la réalisation du RER reliant les villes nouvelles et la capitale[5]. Dans les deux cas, a prévalu une conception du transport comme service public. À l'inverse, deux périodes illustrent la dissociation du transport et de l'urbanisme : dans les années 1930, ce fut le démantèlement du réseau de

2. Système d'information en temps réel indiquant la durée d'attente des bus
© RATP G. Dumax.

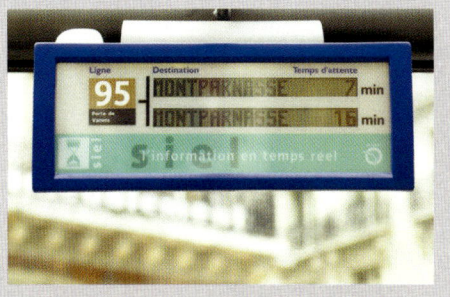

tramways (1 000 kilomètres de lignes!)[6]; dans les années 1980, une politique de laisser-faire a conduit à une explosion du périurbain.

Ainsi convient-il d'envisager les relations entre aménagement et transport en termes de coévolution et d'imaginer un modèle urbain traduisant un choix de ville, et donc un choix de vie, capable de donner du sens aux politiques et projets sectoriels, et de stimuler une dynamique de développement durable.

### Un nouveau modèle de ville : la ville accessible

D'où notre thèse : un nouveau modèle de ville, alternatif à la fois à la ville historique et à la ville émergente, peut être défini comme celui d'une ville accessible fondée sur un développement équilibré des territoires suburbains intégrés au sein des agglomérations, capable d'associer urbanisme et transport d'une part, dimensions spatiales et facteurs temporels d'autre part.

La ville accessible doit relever au moins trois défis, auxquels sont associées des politiques de transport :
– être performante au plan économique pour attirer des activités et créer des emplois ; les transports publics, dès lors que leur coût est maîtrisé, sont un élément majeur de sa compétitivité ;
– être agréable à vivre : les transports publics, limitant la pollution, permettant des économies d'énergie et d'espace, sont porteurs d'une véritable écologie urbaine ;
– offrir un bon niveau d'intégration urbaine afin de limiter les risques d'exclusion ; facteurs de cohésion sociale, les transports publics y contribuent en assurant l'accessibilité aux activités de la ville.

Afin de dépasser l'opposition entre ville historique et « ville émergente », le modèle de la ville accessible pose comme enjeu central le suburbain[7] et l'intégration au sein des agglomérations des banlieues denses, lieux de confrontations, d'échanges culturels, de métissage et de modernité[8]. Loin des zonages fonctionnels, des politiques intégrant urbanisme et transport peuvent y favoriser des pratiques urbaines où la mixité des usages se conjugue à la fluidité des espaces et la densité urbaine à la qualité de l'environnement.

Les difficultés spécifiques des politiques d'aménagement en Ile-de-France tiennent en effet au rôle dominant exercé par Paris, à la volonté de limiter la croissance de la population, ainsi qu'à des institutions inadaptées. D'où une situation paradoxale : alors que le transport public connaît dans Paris un niveau de développement exceptionnel[9], les couronnes périphériques accusent un retard considérable, principalement pour les déplacements en rocade.

Le schéma directeur, complété par le plan de déplacements urbains, préconise une organisation polycentrique de la région grâce à un réseau maillé de transport multimodal, qui offre à la fois des dessertes de proximité irriguant les bassins de vie et des services de transport à haut niveau de qualité, assurant les connexions aux réseaux internationaux.[10]

Les intercommunalités qui se mettent en place, ainsi que les engagements de la municipalité parisienne élue en 2001 de travailler en partenariat avec les communes limitrophes, sont des éléments favorables à un développement intégré de la capitale et des territoires suburbains, permettant de tisser entre les divers espaces de l'agglomération francilienne des liens de solidarité.

### Les trois niveaux d'intégration des dimensions spatiales et temporelles

Si l'aménagement de l'espace conduit à développer des infrastructures pour résoudre des problèmes de capacité, les

**3.** « Îlot vélo » à Neuilly-Plaisance : location et réparation de vélos © RATP B. Marguerite.

nouveaux rythmes urbains posent d'abord la question des équipements, ainsi que le problème d'une gestion plus continue de services.[11] À cet égard, trois niveaux peuvent être distingués :
– L'échelle des aires urbaines et le temps long des armatures comportent des infrastructures qui contiennent les pressions de l'étalement urbain et préservent les équilibres globaux. Pour les transports, il comporte les réseaux en site propre (le RER et le Transilien, le métro et le Tram).
– L'échelle des bassins de vie et le temps des équipements assurent un *maillage du territoire* et organisent des *centralités* tenant compte des *accessibilités* au travers de divers équipements multiservices ou événementiels (le Stade de France). Si le tramway exerce un rôle déterminant à cet égard et favorise la fréquentation de divers types d'équipements, le réseau principal de bus, de lignes et de pôles, Mobilien, illustre des services capables, grâce au partage de la voirie et à une desserte de haut niveau, de structurer les bassins de vie.
– Les espaces-temps de la gestion urbaine comportent des équipements et services de proximité définis dans le cadre de démarches partenariales et participatives de développement local. Divers services peuvent être regroupés dans des lieux accessibles sur des durées allongées, comme les « centres multiservices », offrant un fonctionnement de type « guichet unique ». Pour satisfaire à des demandes moins denses, il importe d'enrichir la gamme des services de transport par des dessertes souples (Colombus à Colombes, P'tit Bus à Nanterre, Bus du Port à Gennevilliers, desserte des Magasins généraux à la Plaine Saint-Denis, etc.), ou encore par des nouveaux usages publics de véhicules individuels (voitures en libre service, covoiturage, auto-partage).

**La gouvernance de la ville accessible**
Qu'il s'agisse d'aménagement ou de renouvellement urbain[12], il convient de substituer aux outils de planification actuels, lourds et technocratiques, un « *management* stratégique » intégrant urbanisme et transport, en agençant, selon les niveaux spatio-temporels distingués ci-dessus, infrastructures, équipements et services, par des démarches adaptées à une société complexe et à un avenir incertain. Un tel management

prend en compte les divers horizons et espaces pour élaborer une multiplicité de projets soumis au débat public. Il s'appuie sur les savoir-faire du design urbain pour concevoir des équipements alliant accessibilité, commodité et esthétique. Il favorise les dynamiques d'adaptation temporelle des services, et donc de leurs règles d'usage, de leur maintenance, de leur renouvellement.

**4.** « les tacos de Montreuil » des véhicules électriques pour le transport individualisé © RATP J.F. Mauboussin.

C'est ainsi vers des espaces de dialogue élargi à tous les acteurs concernés par la vie quotidienne du territoire qu'il convient de s'orienter. Ces espaces doivent permettre d'anticiper les problèmes et de partager les analyses, et, faisant appel aux expertises nécessaires, de construire collectivement les modalités d'une ville accessible, d'une ville plurielle, tant pour les populations qu'elle accueille que pour les usages qu'elle favorise, assurant une forte mixité culturelle, générationnelle, sociale, temporelle, mais aussi une mixité décisionnelle publique/privée. Il s'agit en somme de la création d'un espace public qui accorde un temps suffisant à l'exercice de la démocratie, avec pour enjeu le renouvellement du politique au quotidien.

1. Jacques Le Goff, *L'Amour des villes*.
2. Jean-Paul Bailly et Édith Heurgon, *Nouveaux rythmes urbains : quels transports ?*, rapport du Conseil national des transports, La Tour-d'Aigues, L'Aube, 2001.
3. Dominique Larroque, Michel Margairaz et Pierre Zembri, *Paris et ses transports*, Paris, éditions Recherches, 2002.
4. « Un métro, exclusivement urbain, à voie étroite, électrique, indépendant des grands réseaux et de la petite ceinture, souterrain au cœur de la ville, aérien sur certains parcours périphériques. Il correspond à un modèle de la *ville dense*,

joue un *rôle innovant dans la transformation de la société*, par son tarif uniforme et bas qui réduit les inégalités liées à la distance, par les conditions de travail favorables au personnel. » Ainsi conçu, « il unifie le territoire, élargit le marché de l'immobilier, allège la pression sur la rente foncière et les loyers, stoppe l'exode populaire, contribue au maintien de l'équilibre social de la capitale » (citations issues de l'ouvrage cité en note 3).
5. Réseau distinct du métro et des lignes SNCF de banlieue, disposant d'une tarification spécifique, le RER a été conçu pour desservir les villes nouvelles et permettre aux classes moyennes habitant en banlieue de venir travailler à Paris. Dans un projet d'aménagement fondé sur une organisation régionale polycentrique, qui se préoccupait peu des petites mailles et du tissu pavillonnaire, il a contribué à la mise en place de transports rapides collectifs alors que les autoroutes assuraient la circulation automobile.
6. Dès le début du siècle, *le tramway est apparu comme le mode d'aménagement des périphéries urbaines*, visant « non pas à desservir l'agglomération existante, mais à créer l'agglomération », instrument essentiel du développement des agglomérations, de leur cohésion sociale, de leur richesse économique. Mais, faute d'un acteur suffisamment fort pour le soutenir, le tramway n'a pu accréditer le modèle urbain dont il était porteur. Si le projet des cités satellites s'était concrétisé, il aurait sans doute pu l'accompagner.
7. Mis en évidence par une recherche conduite dans le cadre du Prédit de Vincent Kaufmann, Christophe Jemelin et Jean-Marie Guidez, *Automobiles et modes de vie urbains : quels degrés de liberté ?*, Paris, La Documentation française, 2001.
8. Ce qu'affirmaient déjà en 1996, lors du colloque « Entreprendre la ville » à Cerisy (actes publiés par L'Aube en 1997), deux maires de villes de banlieue : Patrick Braouezec (Saint-Denis) et Patrick Devedjan (Antony).
9. Selon une étude comparative conduite par l'IAURIF pour Paris, Londres, Berlin, New York et Tokyo.
10. Voir le texte de Jean-Michel Paumier dans cet ouvrage.
11. Voir Jean-Paul Bailly et Édith Heurgon, *Nouveaux rythmes urbains […], op. cit.*; Jean-Paul Bailly, *Le Temps des villes. Pour une concordance des temps dans la cité*, rapport au Conseil économique et social, Paris, Les Journaux officiels, 2002.
12. François Ascher, *Les Nouveaux Principes d'urbanisme*, La Tour-d'Aigues, L'Aube, 2001.

# UNE STRATÉGIE POUR LES TRANSPORTS

Entretien avec **Jean-Marie Duthilleul**, Président directeur général de l'AREP, propos recueillis par **François Lamarre**, journaliste

Le train est un des lieux les plus fréquentés par les Franciliens dans leur vie quotidienne. Il demeure à ce jour le plus puissant moyen de gommer les frontières. Les gares sont autant d'entrées dans les différentes parties de l'archipel – pour reprendre l'intitulé de l'exposition –, de même que les grandes gares parisiennes sont les traditionnelles portes d'entrée dans Paris. Avec le rail, la coupure du périphérique est physiquement abolie et, en périphérie, l'urbanité se construit autour des gares. Le train donne aux gens la possibilité d'aller d'un bout à l'autre de cet archipel en une vingtaine de minutes. Sur ce point, les cartes isochrones sont éloquentes, compactant les extrémités du territoire régional à l'image de cette France raccourcie par la desserte en TGV.

Aussi le train et ses gares créent-ils la possibilité de se déplacer en Ile-de-France souvent plus vite qu'en automobile. Bien cadencé, le réseau ferroviaire est le moyen de transport plus efficace en capacité et en rapidité.

### Du schéma concentrique au maillage du territoire

Dans l'avenir, on va sortir du schéma rayonnant convergeant sur Paris. Deux voies tangentielles sont en projet sur les versants sud-ouest et nord-est de l'agglomération, la première allant de Saint-Germain-en-Laye, Versailles, Massy, Évry jusqu'à Melun, la seconde de Pontoise vers le Grand Est en passant par Roissy. On est en train de réaliser à l'échelle de l'agglomération ce que le métropolitain a fait au cours du XXe siècle dans Paris, à savoir de passer d'un système concentrique à un système maillé. Dans des métropoles asiatiques comme Pékin ou Séoul, le réseau métropolitain est directement constitué à l'échelle de notre RER, c'est-à-dire à l'échelle de l'agglomération entière.

Les gares forment un ensemble très dense sur le territoire de l'agglomération parisienne. La juxtaposition des périmètres de 500 mètres autour des gares couvre quasiment l'ensemble de la première couronne et laisse peu de délaissés dans la seconde. Cependant, quand on passe en train d'une gare à l'autre, on perd ses repères dans la ville, même entre deux gares rapprochées. La ville vue dans l'entre-deux n'est plus la même. Le domaine ferroviaire induit une rupture avec le milieu urbain et ses ambiances. Pourtant les voies ferrées, par leur fréquentation, sont comme les avenues de nos villes, et il faudrait les aménager et les embellir comme des avenues.

### Continuité urbaine du train aux trottoirs de la ville

Dans la gare elle-même les quais sont d'ailleurs en quelque sorte comme le prolongement naturel des trottoirs, même si les dénivelés liés aux infrastructures exigent d'autres mises en scène. La station Stade de France/Saint-Denis du RER B est ainsi établie à huit mètres au-dessus du sol, en balcon sur l'espace public, mais celui-ci remonte par des rampes jusqu'aux quais, donnant ainsi l'impression aux gens de descendre du train directement dans la ville : l'espace public commence sur le quai, même si celui-ci n'est pas au niveau des rues avoisinantes. D'ailleurs, dans la déambulation des quais, vers les rues,

**1.** Saint-Denis : au premier plan la gare du RER D « Stade de France-Saint-Denis » © SNCF AP / AREP DR.

les vues et la lumière sont des fils conducteurs qui guident les gens. Notre obsession de concepteurs est de faire en sorte que le ciel de la ville soit toujours présent, visible au-dessus de leurs têtes même lorsqu'ils descendent dans les profondeurs de la terre comme à la Gare du Nord.

### Les gares, des espaces très publics

Près de deux millions de personnes passent chaque jour dans les six gares parisiennes, soit l'équivalent de la population de Paris *intra-muros*. Chaque train peut représenter un flux de 1 500 personnes qui se dilue aux abords de la gare jusqu'à ce que chacun arrive à destination, chez soi, au travail ou ailleurs. Les gares sont comme autant de cœurs où les gens momentanément se concentrent avant d'irriguer tout le territoire. La rencontre s'y fait entre tous les modes de transport ; l'aménagement urbain s'y accorde. À l'occasion de chaque projet de gare, on repense et réorganise tout l'écheveau des transports qui la desservent et ses abords. On s'attache aussi à faire venir tous les services et commerces dont les gens ont besoin dans leur vie de tous les jours.

### Les gares, lieux fédérateurs

Les gares sont aussi des lieux éminemment symboliques, chargés d'affectivité. Pour une population très attachée au patrimoine historique, la gare compte car elle est bien souvent, en Ile-de-France, l'un des plus anciens bâtiments de la ville. Celle d'Enghien-les-Bains ou celle de Versailles-Chantiers, désormais inscrite à l'Inventaire des Monuments historiques, en sont des exemples significatifs. Notre approche en tient compte et les travaux de modernisation se font au diapason du lieu. La gare étend alors ses bras, galeries légères, autour du noyau patrimonial revalorisé. Et quand ce patrimoine n'existe pas, il nous appartient de le créer de toutes pièces, en s'appuyant sur la grande échelle du train et des autres modes présents sur place. La gare contemporaine se pose alors en « station de tous les transports », centrée sur les aménagements pour les gens à pied. Car la gare est le lieu où, d'un transport à un autre, on est toujours à pied : le piéton est le dénominateur commun de nos aménagements. Il est au cœur de nos préoccupations dans une ville façonnée et transformée par un siècle de développement des transports mécaniques.

Fédératrice des transports, la gare est aussi fédératrice des territoires. Elle s'inscrit volontiers dans l'intercommunalité quand le réseau reprofile, ligne par ligne, l'identité territoriale et le sentiment d'appartenance. Le train fait la ville et la ville par sa gare s'identifie aussi au réseau.

# PENSER LES TRANSPORTS : LE PROJET DE SAINT-DENIS

De la gouvernance de la ville accessible : ou comment passer d'un mode de pensée en termes de partage de compétences à un mode de pensée en termes de responsabilité partagée.

### La démarche partenariale dans le quartier Pleyel

Le quartier Pleyel est un centre d'activités où se concentrent 13 000 salariés, essentiellement dans le tertiaire. Dans le cadre des expérimentations du plan de déplacements urbains, neuf entreprises du quartier mettent en place un plan de mobilité des employés afin de modifier leurs habitudes de transport en faveur des modes les moins polluants.

La gestion de la mobilité est délicate sur ce secteur multifonctionnel, la variété de demandes traduisant des rythmes diversifiés. Il y a là une opportunité de collaboration réelle entre les partenaires : l'État, les communes, la RATP, le STIF, les entreprises et les salariés.

Une enquête qualitative auprès d'un certain nombre de responsables des sociétés partenaires de « l'expérimentation transport Pleyel » et une enquête quantitative à laquelle près de 2 500 salariés ont répondu, ont permis de mettre en place des objectifs très concrets pour l'amélioration de l'accessibilité du quartier Pleyel : si ce quartier d'affaires est globalement bien desservi, des griefs ont été exprimés sur le fonctionnement des transports en commun, les accès routiers au site, le stationnement anarchique..., qui font apparaître la nécessité d'une coordination entre les différents modes de transport. La RATP et la STIF envisagent de renforcer certaines lignes de bus entre le quartier et les pôles intermodaux. Cet effort se substituera aux navettes d'entreprises par une mutualisation des divers moyens existants et par la mise en œuvre de moyens nouveaux pour assurer la cohérence du dispositif.

C'est donc bien là qu'apparaît le défi des acteurs en matière de mobilité : pouvoir collaborer pour mieux appréhender les mutations et être en mesure de les anticiper.

### « Partenaires pour la Ville 93 »

La démarche de l'association Partenaires pour la Ville à Saint-Denis s'inscrit dans le cadre du Club des entreprises partenaires pour la Ville, qui a engagé depuis 1996 une réflexion sur l'emploi partagé des jeunes dans les territoires sensibles.

Des structures locales ont été créées pour permettre aux grandes entreprises publiques partenaires de participer à des projets locaux en lien avec les villes : elles visent la mise en place de services nouveaux (médiation, sécurisation) dans le but d'améliorer la qualité globale de leurs prestations.

L'association Partenaires pour la Ville s'inscrit dans cette démarche globale sous la forme d'un dispositif de médiation intervenant sur des microterritoires, avec comme double finalité de proposer des nouveaux services à la population, et de favoriser la reconnaissance, l'activité et l'insertion des jeunes dans les cités.

Dans ce cadre, sur le territoire de Saint-Denis, au-delà d'un travail sur certaines lignes de bus, l'association participe à plusieurs projets :
– à l'espace Service public dans le quartier Franc-Moisin, elle anime des ateliers d'information sur les offres de transport en lien avec les autres partenaires présents ;
– sur le pôle de la gare de Saint-Denis, elle participe à des actions de prévention et d'information ;
– dans le quartier Allende, elle participe aux actions d'animation sur le site et en lien avec le pôle de Saint-Denis-Université.
– Sur le projet de la ligne de bus 153 et du quartier Floréal, elle s'occupe du bus Info et fait des animations dans les écoles autour d'un film réalisé par les machinistes du 153.

### La démarche partenariale de la Ville de Saint-Denis et de la RATP dans le quartier Floréal

Partant de l'hypothèse que l'insécurité est un phénomène coproduit (par le transporteur d'un côté et les usagers de l'autre), le pari est fait que la sécurité peut de la même manière être coproduite. Le projet mené par la Ville de Saint-Denis et la RATP a pour double objectif l'amélioration du service rendu aux habitants et l'amélioration des conditions d'exercice des métiers du transporteur. S'appuyant sur la démarche en cours sur le quartier, elle s'est inscrite dans cette dynamique sociale.

**1.** Schéma des principaux flux de déplacements dans la métropole.
**2.** Le réseau RATP en Seine-Saint-Denis.

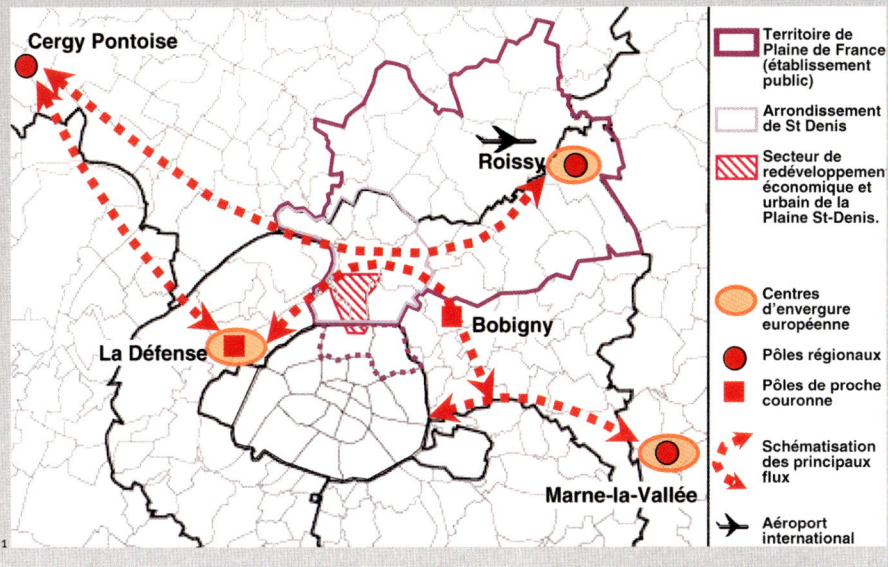

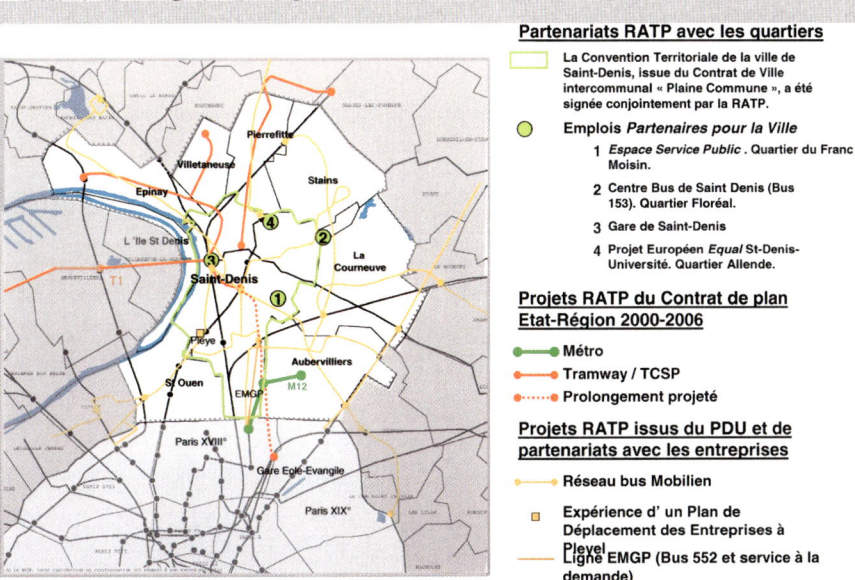

Ce projet découle sur de multiples actions impliquant les machinistes du centre de bus (ligne 153) de Saint-Denis et des partenaires du quartier : coréalisation d'émissions pour une radio locale, tournage d'une vidéo, bus Info maillant la RATP et la Ville, etc. De ce processus résultent une meilleure compréhension mutuelle et une régulation de problèmes gérables sur le terrain. En outre, la démarche favorise chez les différents partenaires des prises de conscience relatives à des questions portant sur l'offre de transport et l'aménagement urbain.

**Patrick Maugirard**
Responsable du développement territorial de la RATP

## Tramway T1

**Tramway T1 existant, de Bobigny à Saint-Denis**
Maître d'ouvrage : RATP
Maîtres d'œuvre : RATP ; Paul Chemetov et Borja Huidobro, architectes ; Alexandre Chemetoff, paysagiste
Mise en service : 1992

**Prolongement du T1, de Bobigny à Noisy-Le-Sec**
Maître d'ouvrage : RATP
Maîtres d'œuvre : RATP ; Paul Chemetov et Borja Huidobro, architectes
Mise en service : été 2003

**Prolongement du T1, de Noisy-Le-Sec à Val de Fontenay**
Maîtres d'ouvrage : RATP ; DDE 93 ; DDE 94 ; conseil général 93
Maître d'œuvre : non désigné
Mise en service : fin 2007

**Prolongement du T1, de Saint-Denis à Gennevilliers**
Maîtres d'ouvrage : RATP ; conseil général 92 ; DDE 93
Maître d'œuvre : non désigné
Mise en service : 2007

En 1992, la RATP ouvre la ligne de tramway T1, qui relie Saint-Denis à Bobigny, et en confie la mission d'aménagement à Paul Chemetov (architecte-urbaniste) et Alexandre Chemetoff (Bureau des paysages).

« Le choix pour le tramway Saint-Denis/Bobigny d'un tracé transversal, alors que tout est de tradition rayonnant dans la région parisienne, révélait une situation de juxtapositions et de contraintes urbaines que notre travail devait surmonter. L'essentiel de l'habitat est aujourd'hui dans les périphéries, les centres anciens ne regroupent que le tiers des urbains. Ce fut en outre un défi. Il s'agissait là, en France, du premier exemple qui mêla en permanence des architectes à une opération d'infrastructure. C'était extrêmement motivant !

[…] La mission qui nous fut confiée allait de "mur à mur". L'affinement des tracés, les pavements, les plantations… furent de notre ressort. Nous voulions un grand boulevard (9 km) sans fractures. Nous nous sommes tenus à quatre idées très simples : une ligne de tramway, une ligne d'arbres, une ligne de sols et une ligne de mobilier urbain. » (Paul Chemetov et Alexandre Chemetoff)

En 2002, l'agence Paul Chemetov (C+H+) s'est mise à travailler sur le prolongement de 3 km de cette ligne jusqu'à Noisy-le-Sec. L'implantation d'un tramway dans un milieu urbain implique un nouveau partage de l'espace public qu'il traverse et dont il impose la requalification. Le travail mené dans la continuité de la ligne existante se contextualise différemment, mètre après mètre, dans l'aménagement des nouveaux sites traversés.

La livraison de cette deuxième tranche est programmée pour l'été 2003, et une troisième phase est prévue pour 2006.

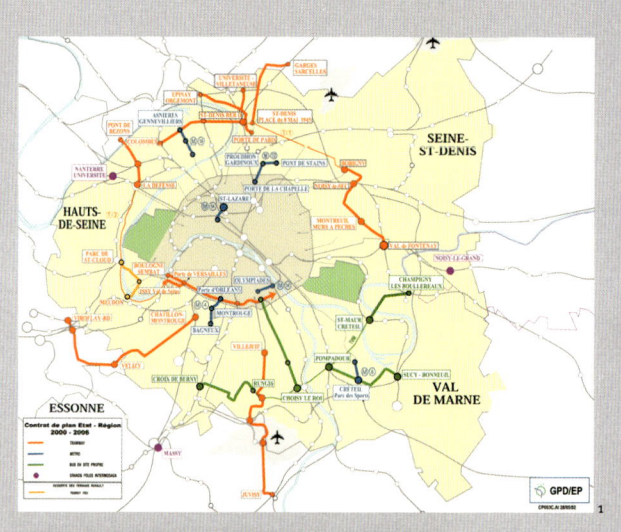

**1.** Contrat de plan État-Région 2000-2006 © RATP.
**2.** Le tramway T1 à Saint-Denis © RATP G. Dumax.

*De la mobilité*

**3.** Station théâtre Gérard-Philippe à Saint-Denis © RATP J.F. Mauboussin.
**4.** Le tramway T1 à Saint-Denis © RATP B. Marguerite.
**5.** Prolongement du T1 de Bobigny à Noisy-le-Sec, tronçon Bobigny-Bondy, projet 1999 © C+H+.
**6.** Jour de marché à La Courneuve © RATP B. Chabrol.
**7.** Prolongement du T1 de Bobigny à Noisy-le-Sec, site de Noisy-le-Sec, projet 1999 © C+H+.
**8.** Le tramway T1 à La Courneuve © RATP D. Sutton.

# Tramway T2

**Tramway T2 existant, de Issy-les-Moulineaux à La Défense**
Maîtres d'ouvrage : SNCF ; RATP
Maîtres d'œuvre : RATP ; Plan Créatif
Mise en service : juillet 1997

**Prolongement du T2, de La Défense au pont de Bezons**
Maîtres d'ouvrage : DDE 92 ; RATP ; DDE 95
Maître d'œuvre : non désigné
Mise en service : 2008

**Prolongement du T2, d'Issy/Val de Seine à la porte de Versailles**
Maîtres d'ouvrage : RATP ; Ville de Paris ; RFF
Maîtres d'œuvre : RATP ; Gautrams
Mise en service : 2006

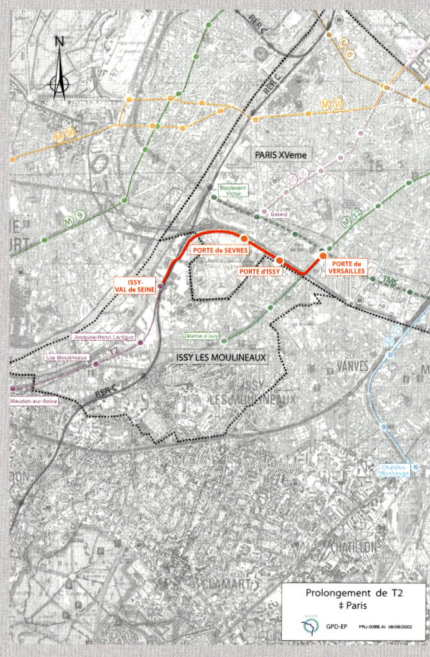

**1. 2.** La gare Suresnes-Longchamp en 1995 et en 1997 © RATP D. Dupuy.
**3.** Tramway T2 en circulation le long de la Seine © RATP J.F. Mauboussin.

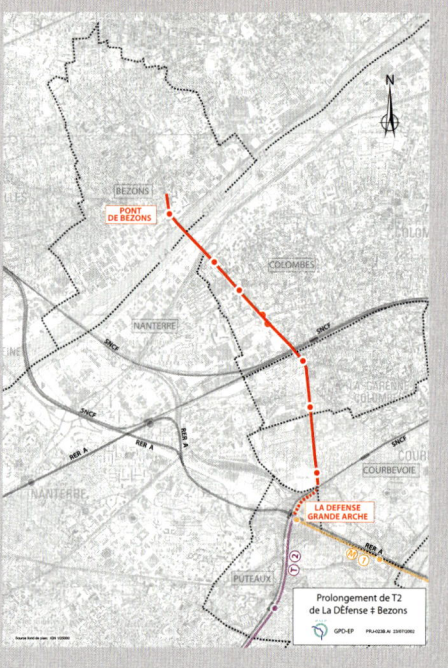

De la mobilité

**3.** Station théâtre Gérard-Philippe à Saint-Denis © RATP J.F. Mauboussin.
**4.** Le tramway T1 à Saint-Denis © RATP B. Marguerite.
**5.** Prolongement du T1 de Bobigny à Noisy-le-Sec, tronçon Bobigny-Bondy, projet 1999 © C+H+.
**6.** Jour de marché à La Courneuve © RATP B. Chabrol.
**7.** Prolongement du T1 de Bobigny à Noisy-le-Sec, site de Noisy-le-Sec, projet 1999 © C+H+.
**8.** Le tramway T1 à La Courneuve © RATP D. Sutton.

# Prolongement de Météor, de la Madeleine à Saint-Lazare

Maître d'ouvrage : RATP
Maîtres d'œuvre : RATP ; Agence ARTE Charpentier, architecte
Mise en service : décembre 2003

De la mobilité

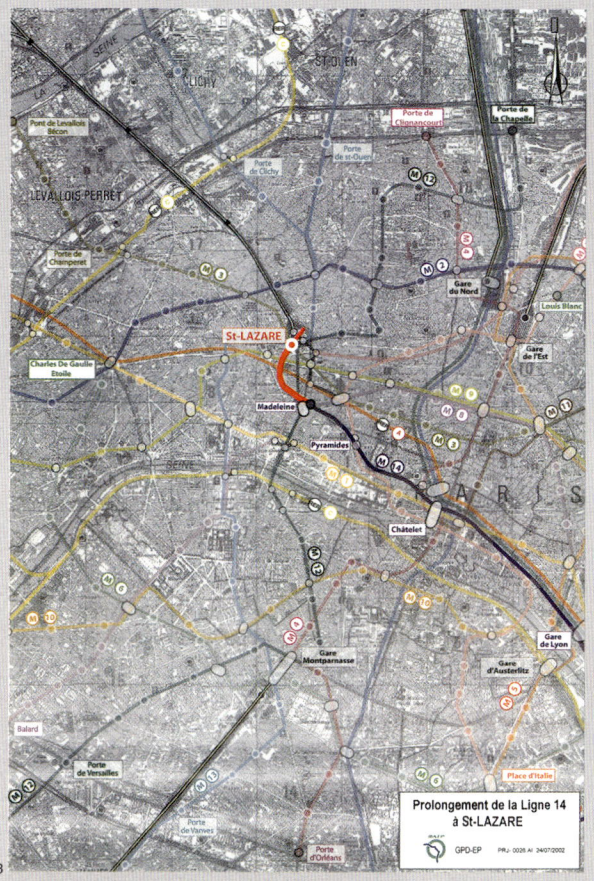

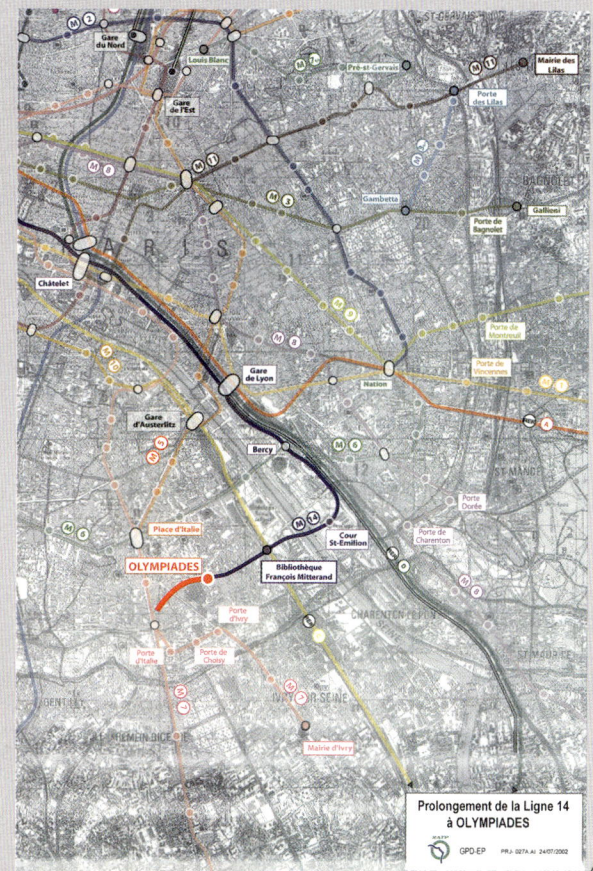

**1.** Station Météor Châtelet © RATP.
**2.** « La lentille » cour de Rome Arte Charpentier, architecte © RATP.
**3.** Le prolongement de la ligne 14 (Météor), Madeleine/Saint-Lazare © RATP.
**4.** Le prolongement de la ligne 14 (Météor), Bibliothèque François-Mitterrand/Olympiades © RATP.
**5.** Le puits de lumière, Arte Charpentier, architecte © RATP.

# CARREFOUR POMPADOUR

À l'étude depuis plus de dix ans, la gare intermodale de Pompadour, située sur la commune de Créteil dans le Sud-Est parisien, qui doit créer l'interconnexion entre le RER D et le bus en site propre appelé « Trans-Val-de-Marne », verra le jour en 2006. Jalon essentiel dans la progression du maillage en transports collectifs du département, elle viendra s'inscrire dans un site particulièrement meurtri par les infrastructures lourdes et marqué par le dynamisme routier de son territoire.

**Un archipel façonné par l'histoire**
De prime abord, le site apparaît comme une déchirure dans le tissu urbain relativement régulier de cette première couronne de banlieue. La massivité des infrastructures fait irruption dans le paysage, ne laissant à leurs abords qu'un certain nombre de petites entités, archipel de résistance.

Ce paysage en creux est le fruit de l'histoire, et notamment de la formidable poussée industrielle de la région parisienne depuis la fin du XIXᵉ siècle. Le rejet des équipements indésirables dans cette véritable « arrière-cour » de Paris va durablement grever ses opportunités d'urbanisation. L'accessibilité aisée à la capitale a son revers, et la fragmentation actuelle du territoire en est l'héritage. Les axes fluviaux et ferrés, jadis porteurs du développement local et territorial, constituent aujourd'hui autant de coupures. Vastes parcs, buttes et merlons sont venus cloisonner les quartiers environnants, tandis qu'une autre logique, commerciale cette fois, visant à profiter du succès croissant de l'automobile, a présidé à des implantations au coup par coup, donnant au site un caractère d'entrée de ville. Ainsi, malgré les obstacles, le carrefour est un lieu qui « vit », centralité départementale qui abrite des usagers divers, sans pour autant connaître une dynamique d'ensemble.

**Le renversement du territoire**
Le projet d'implantation d'une gare au carrefour est le signe d'un renversement des logiques qui touche toute l'Ile-de-France. Si la mobilité demeure une valeur positive, on la veut plus qualitative et offerte à tous. L'accent est mis sur les transports en commun et le maillage de banlieue à banlieue. Cette évolution touche au symbolique : avec la remise en cause de la voiture, c'est un ensemble d'objets et de pratiques qui est montré du doigt. La concentration, à Pompadour, de tels éléments, associés à l'automobile et conçus à son échelle, fait d'abord apparaître le projet de gare comme marginal, voire inutile par rapport au fonctionnement général du lieu.

La constitution d'un « pôle intermodal » à Pompadour nécessite un renversement qualitatif du territoire. Faute d'un événement spécifique, qui permette de rêver d'un destin immédiatement « renversant », c'est modestement, par phases successives, que l'on peut envisager la transformation du lieu, en recréant progressivement une certaine perméabilité.

La première étape s'attache à ouvrir sur leurs abords immédiats les axes supportant les nouveaux réseaux de transports. Aujourd'hui conçues pour être efficaces, ces voies traversent des territoires qui leur tournent le dos. L'ouverture sur les entités paysagères qui les bordent, le rétablissement de traversées pour les piétons constituent une première brèche dans un système cloisonné. Néanmoins, agir sur les transports à Pompadour sans se préoccuper du maillage routier serait une aberration. Dans un second temps, il devient donc nécessaire de dénouer les fils entremêlés sur le carrefour. L'occasion nous en est fournie par l'ouverture d'une nouvelle voie transversale au nord du site. Permettant de dissocier deux échangeurs jusqu'alors superposés, elle autorise un changement profond dans le caractère du lieu. De vastes emprises, auparavant mobilisées par les bretelles d'autoroutes, se trouvent dès lors libérées.

Grâce à la réappropriation de tels espaces de projet, il est enfin possible de repenser le rapport territoire/infrastructures. Un nouveau maillage, en lien aux quartiers environnants, est support d'une densification du site. Un quartier émerge, conçu selon une logique est-ouest qui prolonge l'usage du pôle intermodal. Les percées ainsi ménagées offrent des perspectives sur les parcs et le fleuve ferré. La volumétrie du lieu, qui prend sa source au sud et augmente pour rejoindre le niveau des routes surélevées, permet au quartier de combler les vides, d'incorporer en son sein infrastructures et buttes, qui deviennent finalement des éléments paysagers et ludiques.

**Dorothée Boccara, Céline Gipoulon, Marion Picquet, Sonia Vannois, Ying Jie Zhang**

1. Le carrefour Pompadour depuis le Parc de Créteil.

# Créteil (Val-de-Marne), étude urbaine pour l'aménagement du carrefour Pompadour

Maîtres d'ouvrage : RATP, SNCF
Étude réalisée dans le cadre du master AMUR de l'École nationale des ponts et chaussées : Dorothée Boccara, architecte ; Céline Gipoulon, géographe ; Marion Picquet, ingénieur ; Sonia Vaunois, géographe ; Ying Jie Zhang, architecte
Étude : septembre 2002

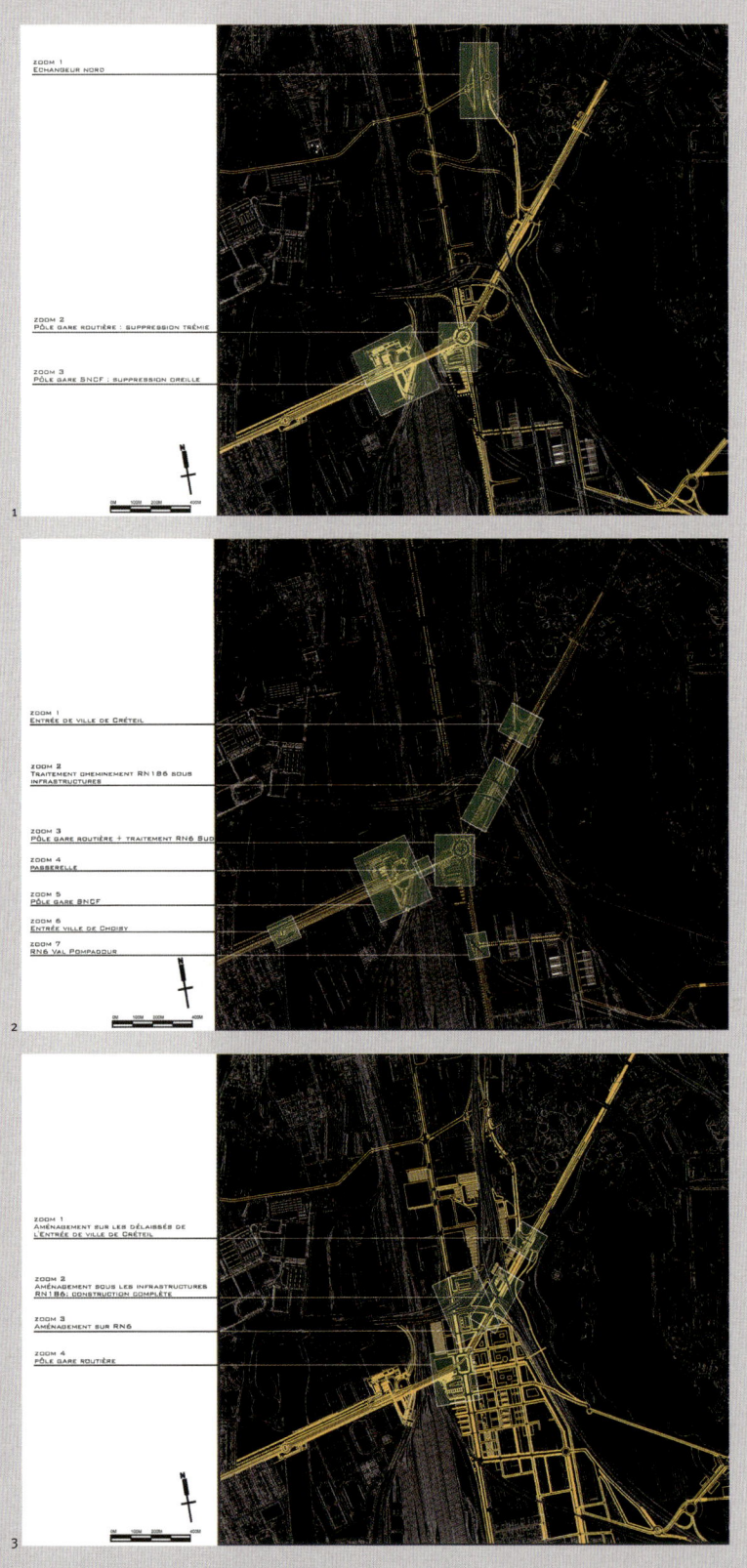

De la mobilité

**1.** Plan d'ensemble, phase n° 1.
**2.** Plan d'ensemble, phase n° 2.
**3.** Plan d'ensemble, phase n° 3.
**4.** Axonométrie du projet.
**5.** Plan de référence.
**6.** Coupe transversale sur RN 6.

# TRANSPORT, DÉPLACEMENT ET RECOMPOSITION DES TERRITOIRES : LA TANGENTIELLE NORD

**Un projet de rocade à l'épreuve de la métropole**

En accord avec les orientations du SDRIF, le projet TGN (Tangentielle Nord) est issu d'une compréhension radioconcentrique du développement de la capitale. Cette nouvelle offre de transport sera la première réalisation effective d'une ligne reliant des banlieues des grande et petite couronnes parisiennes sans passer par Paris. Plusieurs projets similaires se sont succédé depuis vingt ans et attestent la prégnance d'un modèle de liaison circulaire permettant une interconnexion avec les grandes radiales de transports collectifs. Ainsi, Lutèce, Orbitale ou Grand Tram ont tous tenté de ceinturer la capitale et illustrent les difficultés de mise en œuvre d'un tel archétype. La lenteur des réalisations ainsi que la diversité des hypothèses de tracés témoignent des problèmes soulevés par une mise en commun des territoires.

Aujourd'hui, en se raccrochant à l'ancienne infrastructure de la grande ceinture, le projet Tangentielle s'affranchit pour un temps d'une considération des limites de l'agglomération parisienne. Si elle opère un arbitrage de fait quant au choix des villes à desservir, elle amène les communes à se positionner dans un nouveau rapport à la capitale et dans un réseau de villes plus ou moins contiguës. Une rocade pose en effet la question de la transversalité plus fortement que toute autre figure. En révélant les discontinuités et l'hétérogénéité des territoires traversés, elle pose également la question de leur continuité. Quels peuvent être les points communs entre Sartrouville, commune principalement résidentielle située au cœur d'une boucle de Seine, et la préfecture de Bobigny ? Au-delà d'un rapport à Paris, peut-on parler d'un territoire commun et quelle peut être la nature de ce rapprochement dans un contexte de villes dont les caractéristiques et les perspectives de développement sont relativement contrastées ?

Le projet Tangentielle Nord nous pousse donc à nuancer notre approche du territoire et à dépasser l'apparente dichotomie entre la figure idéale d'un arc unifiant et les singularités traversées. Dans un premier temps, nous avons dû nous affranchir de la vision conventionnelle d'un développement radioconcentrique de Paris. Une représentation sélective nous a aidés à distinguer la tendance à l'intégration de ces territoires à la métropole, des logiques locales différenciées au sein desquelles la nouvelle offre de transport intervient. L'accessibilité depuis les gares de la Tangentielle Nord a permis de délimiter un premier territoire apparent et d'en comprendre les caractéristiques morphologiques. Une mise en valeur des différents usages rattachés à cette accessibilité a ensuite mis en tension ces éléments dissociés, constituant ainsi un territoire plus pertinent.

**Des territoires dissociés mis en tension par l'accessibilité**

À sa création, la grande ceinture relie les principales gares de triage de la région. La section nord de la ligne s'insère alors dans des territoires ruraux, et établit une liaison entre des bourgs anciens comme Argenteuil, Le Bourget ou Noisy-le-Sec, dont les tissus urbains sont encore compacts et limités. La suppression du trafic voyageurs sur une grande partie de la ligne au profit du seul transport de marchandises est décidée en mai 1939. C'est à partir de l'après-guerre que l'urbanisation rattrape puis dépasse par endroit la ligne de grande ceinture, déconnectant sa présence du développement de l'agglomération. Sa section nord se retrouve alors « oubliée » par les tissus urbains qu'elle traverse désormais sans les desservir, et voit se diffuser à ses abords zones industrielles, grands ensembles et nappes pavillonnaires. Si en effet son infrastructure a durablement conditionné l'urbanisation de ses abords, les quartiers de gares n'ont pas fondamentalement orienté le développement urbanistique des communes. Les centralités actuelles restent dépendantes des anciens centres, et les gares qui se rattachent aux interconnexions radiales du RER laissent leurs villes dans un rapport univoque à Paris, qui les exile dans une relation de plus ou moins grande proximité.

Reprendre aujourd'hui le tracé de la grande ceinture équivaut à tirer un fil au travers de territoires hétérogènes et dissociés. Mais cette nouvelle accessibilité complexifie le positionnement des communes en ajoutant une dimension transversale. Si le rattachement à la métropole reste la principale caractéristique de ce territoire au sein de l'Ile-de-France, cette nouvelle situation place Paris comme une externalité, au même titre que d'autres pôles, tels Roissy et Cergy. Les anciens bourgs autrefois isolés et qui ont, depuis, rejoint l'urbanisation de la première couronne parisienne fonctionnent alors comme des centralités paradoxales. Sans établir un portrait complet des interdépendances entre les territoires de l'Ile-de-France, nous avons voulu comprendre les liens qui peuvent exister entre ces villes au regard de l'accessibilité proposée par le projet Tangentielle Nord.

La nouvelle offre de transport en effet vient s'insérer dans un système de relations complexes entre déplacements et lieux de fixation. Les centres-ville, les quartiers d'habitat, les équipements, les centres commerciaux, ou encore les zones d'activité existent indépendamment de la tangentielle et ont leurs propres logiques de fonctionnement. Leur zone de chalandise, leur capacité et leur attractivité les qualifient au même titre que leur situation et leurs caractéristiques morphologiques. D'autres variables, tels les déplacements automobiles à une échelle intercommunale ou les cheminements de proximité qui leur sont liés, participent à ces systèmes autonomes. Ces entités ont donc leur propre échelle et n'influent pas toutes également sur le système Tangentielle Nord. C'est l'accessibilité depuis les gares qui, en les mobilisant au sein du territoire, les met en tension les unes avec les autres et les hiérarchise. Des continuités d'usages peuvent ainsi être appuyées ou créées entre plusieurs communes et éventuellement se superposer. Les intérêts croisés au sein du système élargissent l'éventail des acteurs concernés par une mise en commun du temps des populations. Le partage des usages et des compétences qui leur sont liées est en effet la première condition d'un partage des espaces.

Dans un contexte d'espaces interrompus, desserrés et au développement lent, c'est bien l'addition ou la superposition de cohérences locales et étendues qui assureront la solidarité de ce territoire. C'est en effet dans une compréhension renouvelée des usages et des intérêts croisés qui leur sont liés que résident les modalités d'une action et les conditions de l'émergence de projets collectifs. Car bien avant une mise en commun spatiale, elle permet l'identification partagée d'un territoire qui, jusque-là, n'était qu'un entre-deux villes, un entre-deux coupures, un après Paris.

**Pénélope Goldsztein, Gwénael Lecocq, Jérôme Nicot, Fabienne Perbost**

# Tangentielle Nord, regard et analyse d'un territoire

Commanditaire : IAURIF
Étude réalisée dans le cadre du master AMUR de l'École nationale des ponts et chaussées :
Pénélope Goldsztein, juriste ; Gwénael Lecocq, architecte ; Jérôme Nicot, aménageur ; Fabienne Perbost, ingénieur
Étude : septembre 2002

Le projet de ligne Tangentielle Nord constitue la première étape de la future rocade ferroviaire suburbaine d'Ile-de-France. Cette dernière s'appuie sur la réouverture au service des voyageurs des infrastructures de l'ancienne Grande Ceinture construite entre 1877 et 1886. La ligne sert encore aujourd'hui au trafic fret sur certaines sections mais est fermée au trafic voyageurs depuis l'après-guerre. La liaison Sartrouville et Noisy-le-Sec est inscrite au contrat de plan Etat-Région à hauteur de 330 millions d'euros pour le projet ferroviaire. Cette ligne desservira 8 gares existantes à Sartrouville, Val d'Argenteuil, Argenteuil, Epinay-sur-Seine, Epinay-Villetaneuse, Pierrefite-Stains, Le Bourget, Noisy-le-Sec. Cinq gares seront créées à Sartrouville Val-Notre-Dame, Villetaneuse-Université, Stains-La-Cerisaie, Bobigny-Drancy et Bobigny-La-Folie. La gare de Dugny-La Courneuve est seulement « réservée ». La fréquence prévue pour cette ligne est d'un train toutes les dix minutes.

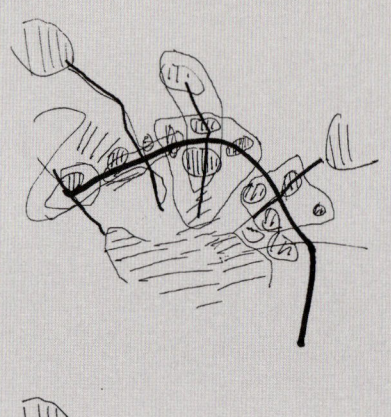

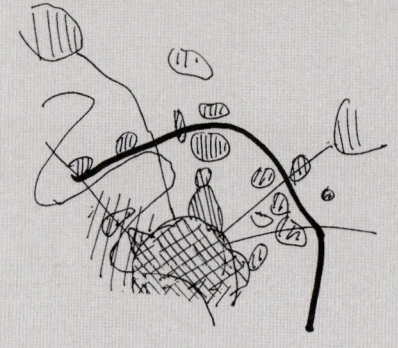

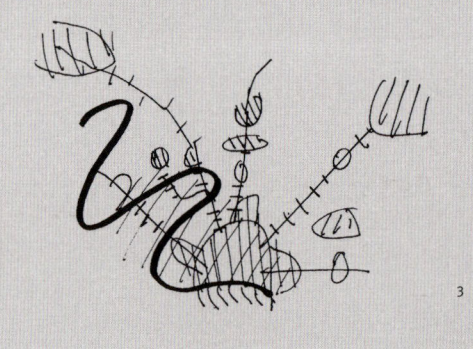

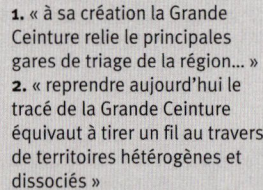

1. « à sa création la Grande Ceinture relie le principales gares de triage de la région... »
2. « reprendre aujourd'hui le tracé de la Grande Ceinture équivaut à tirer un fil au travers de territoires hétérogènes et dissociés »
3. « la nouvelle offre de transport vient s'insérer dans un système de relations complexes entre déplacements et lieux de fixation... »
4. Site de la tangentielle, boucle de la Seine à Gennevilliers.
5. Le projet Tangentielle Nord, prospective territoriale : le territoire physique.
6. Le projet Tangentielle Nord, prospective territoriale : le territoire accessible.

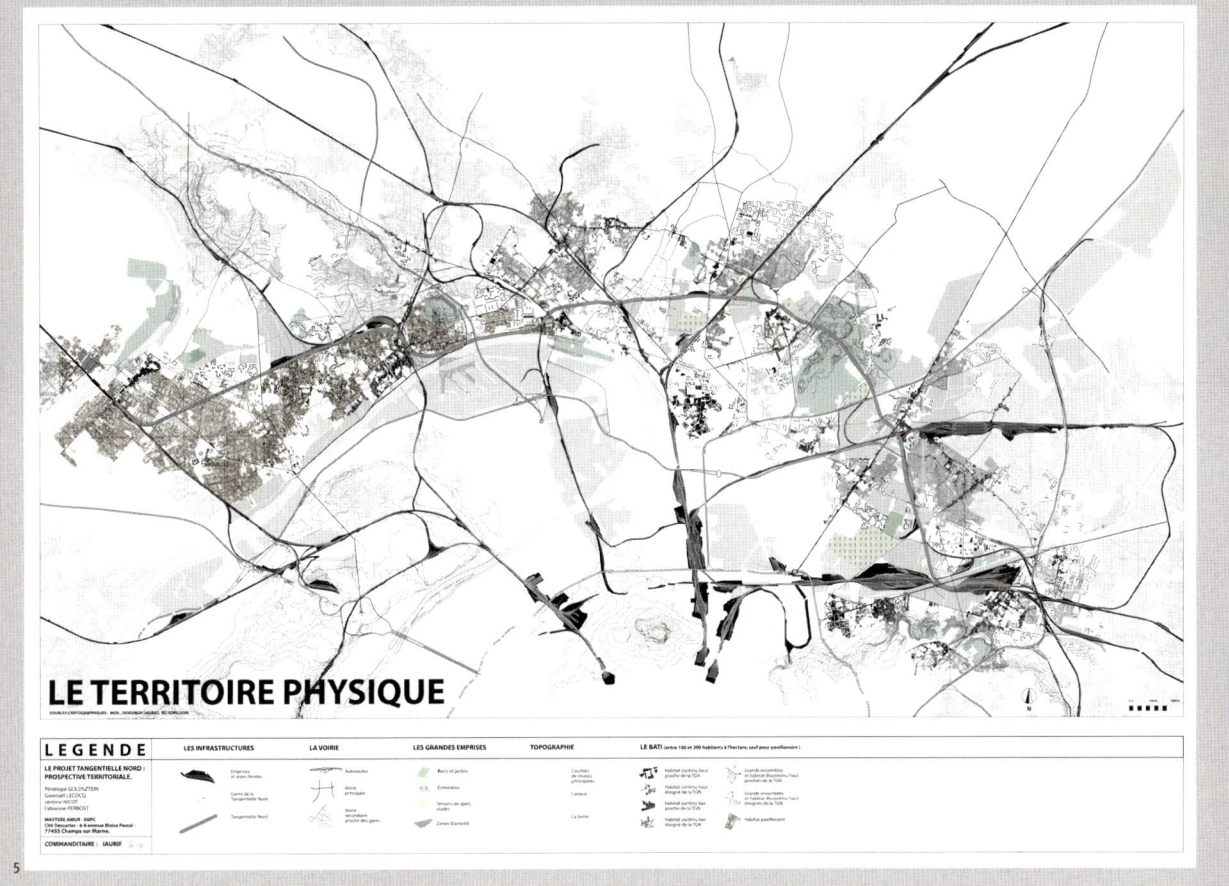

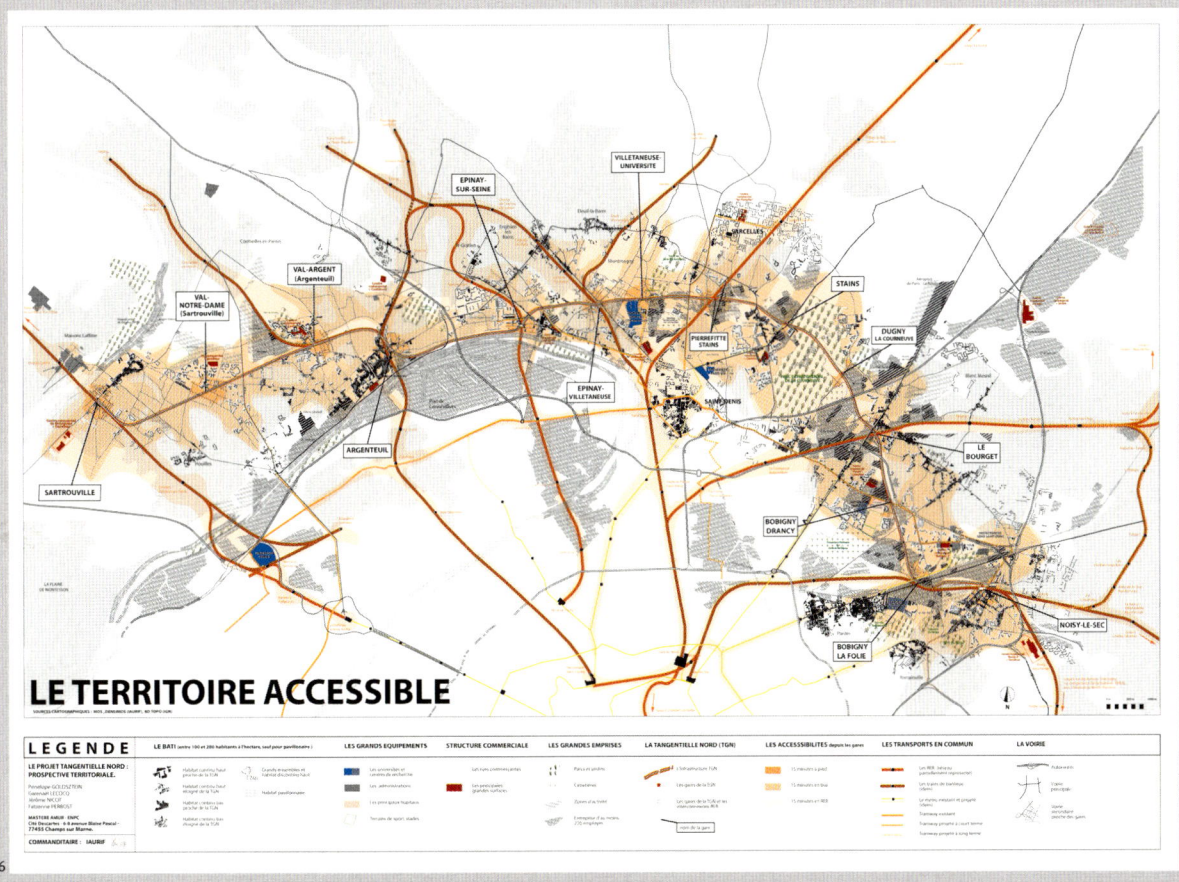

**LE TERRITOIRE PHYSIQUE**

**LE TERRITOIRE ACCESSIBLE**

# Gares Magenta et Haussmann-Saint-Lazare de la ligne du RER E

Maître d'ouvrage : SNCF
Maîtres d'œuvre : Agence des gares ; DOIF-direction de l'Ingénierie (SNCF)
Livraison : 1999

À cheval sur les 8e et 9e arrondissements, la gare Haussmann-Saint-Lazare est implantée au cœur d'un important quartier d'affaires, comprenant de nombreux bureaux, des grands magasins, l'Opéra Garnier, la Madeleine, la gare Saint-Lazare… Elle met en communication 4 lignes de métro, le RER A, la gare Saint-Lazare et, à terme, la nouvelle ligne prolongée du métro MÉTÉOR.

Dans cette gare, deux grands halls constituent le dispositif des salles d'échanges.

Le hall Caumartin – 3 000 m² de surface – est le point de convergence des correspondances. Le hall Havre, de surface plus réduite, a une structure en voûte.

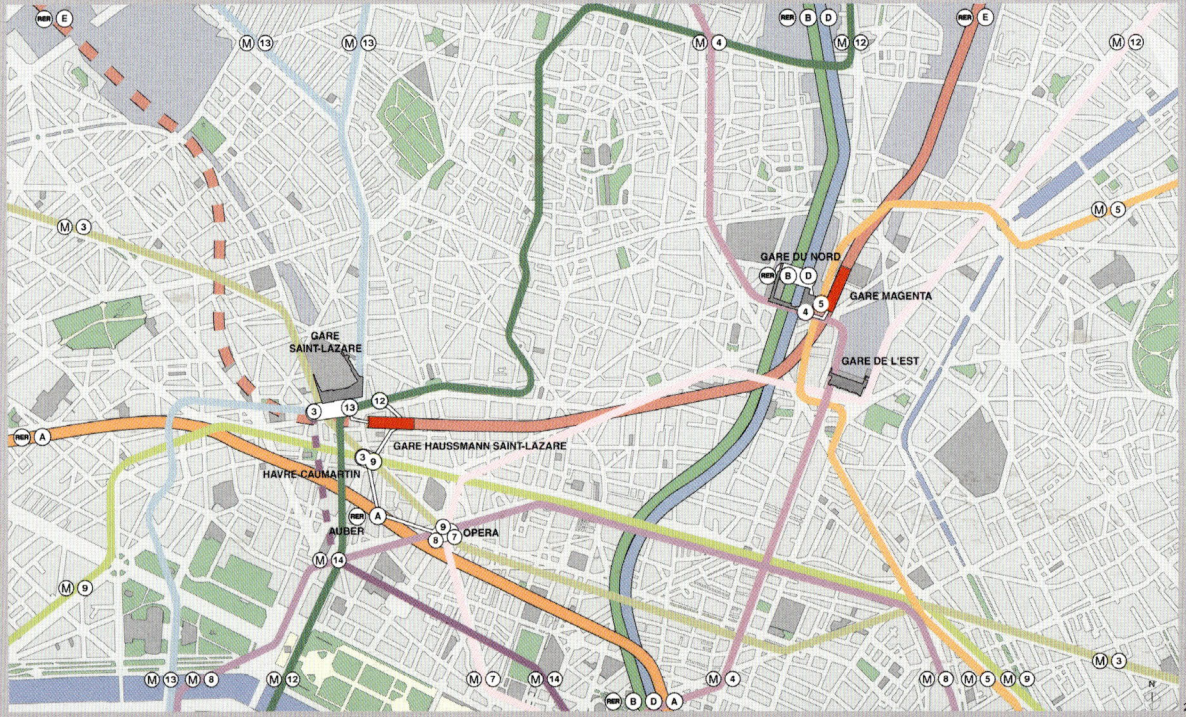

1. La gare Haussmann-Saint-Lazare.
2. Carte du réseau Éole.
3. 4. La gare Magenta.

De la mobilité

# Massy, pôle d'échanges et développement urbain

Maîtres d'ouvrage : Ville de Massy, SEM Massy, RATP, APTR, SNCF
Maîtres d'œuvre : Agence des gares (SNCF), AREP
Début des études : 1995

Depuis fin 1995, la Ville de Massy, la SEM Massy, le STP, la RATP, l'APTR et la SNCF ont mené en commun une réflexion d'ensemble sur la restructuration de la plate-forme multimodale des gares de Massy (gares RER C et RER B, gare TGV et gares routières, parcs de stationnement).

Trois approches complémentaires, basées sur des échelles territoriales différentes, sont proposées : rapport entre la ville et le pôle d'échanges, maîtrise des franges du territoire ferroviaire où ces gares se situent, maîtrise architecturale des éléments constitutifs du projet « transports ».

À l'échelle de la ville de Massy, l'ensemble architectural du pôle d'échanges propose d'« amarrer » à une grande passerelle – traitée comme un tube transparent – des escaliers couverts d'accès aux quais, tandis qu'aux extrémités de la passerelle, des pavillons prennent pied dans des tissus urbains en développement, à la structuration desquels ils participent.

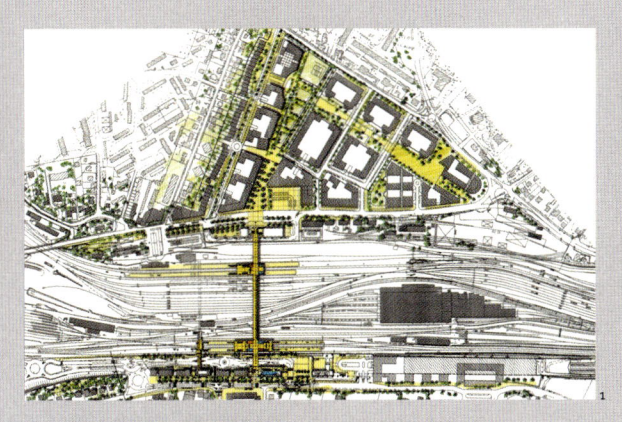

**1.** Plan, la passerelle reliant la ville à la gare © SNCF AP-AREP.
**2.** Perspective de la place de la gare © SNCF AP-AREP.

# Espace transilien de la gare du Nord

Maître d'ouvrage : direction des gares, direction Ile-de-France (SNCF)
Maître d'ouvrage délégué : direction régionale de Paris-Nord (SNCF)
Maîtres d'œuvre : Agence des gares, Jean-Marie Duthilleul, Étienne Tricaud et Daniel Claris, architectes
Bet : AREP (Joëlle Deson, architecture), OTH (Nicolas Green, verrières), Observatoire 1 (éclairage)
Direction des travaux : SNCF – EVEN, Paris-Nord
Début des études : 1997

La partie souterraine de la gare du Nord a été créée à la fin des années 1970, en même temps que la ligne du RER B, pour connecter ce nouveau moyen de transport avec le métro, les trains de banlieue et de grandes lignes, la gare routière, les taxis... Elle est devenue inadaptée au trafic actuel, aux exigences des clients et des exploitants en termes de confort, de services mais aussi de sûreté et de facilité d'exploitation.

La nouvelle gare Ile-de-France de la gare du Nord est composée d'une double halle s'inscrivant dans la continuité des couvertures de la gare d'Hittorf. La première halle existante a été réhabilitée tandis que la deuxième, qui est nouvelle, reprend le gabarit en utilisant un vocabulaire contemporain.

Cette double halle, en verre et métal, entièrement transparente, abrite un espace clair, lisible et sûr, s'articulant sur une trémie centrale, et permettant sur quatre niveaux superposés d'accéder aux différents modes de transports. Dans cet espace d'environ 100 x 100 m, véritable puits de lumière apportant du jour jusqu'aux niveaux les plus profonds, s'implantent les escaliers et les passerelles assurant les liaisons verticales et horizontales.

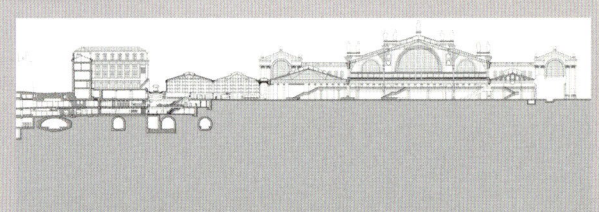

1. La grande Halle
© SNCF AP-AREP.
2. La nouvelle gare Ile-de-France de la gare du Nord
© SNCF AP-AREP, S. Lucas.
3. Coupe © SNCF AP-AREP.

PAYSAGES

**Le séminaire Lapierre, Lucan, Pinard, EAVT 2002** présente
## *LE VOYAGE IMMOBILE*

La ville contemporaine tend à devenir un parc à thèmes grandeur nature. Dans le grand espace ouvert des réseaux de circulation rapide, des programmes opportunistes s'agglomèrent, en fonction du degré d'accessibilité de chaque point : autour des ronds-points de sorties de voies à grande vitesse apparaissent des activités de bureaux ou de service (restaurants à thèmes et hôtellerie économique, notamment) ; plus à l'écart, des enclaves de logements, symboliquement ou physiquement clôturées, constituent autant de mondes refermés sur eux-mêmes ; de loin en loin, des centres commerciaux créent des pôles de centralité dans cet environnement distendu.

Les architectures de ces diverses constructions ont aujourd'hui en commun d'être issues de la culture des marques : le *marketing* a remplacé la théorie de l'architecture comme champ de référence, et l'histoire est occultée par le recyclage de ses propres signes. Il s'agit moins de construire des bâtiments que de mettre en scène des modes de vie : l'architecture doit, à la fois, être lisible à grande distance depuis l'espace de l'automobile et, pour le consommateur, « constituer une expérience unique » ; elle devient donc décorative, pourvoyeuse d'ambiance et, dans de nombreux cas, support d'identité d'une marque. Cette architecture est celle d'un monde dans lequel le loisir occupe une place prépondérante : la distinction entre la banalité de la vie quotidienne et l'exceptionnalité des moments de loisirs ou de vacances tend à s'estomper. Les catégories les plus défavorisées de la population, cantonnées dans l'espace social des grands ensembles, sont, de fait, exclues de ce ghetto majoritaire et « sympa », conçu pour répondre aux aspirations des différentes strates de la classe moyenne. Le promoteur Apollonia recompose un environnement à la fois exotique et quotidien, en juxtaposant divers motifs architecturaux qui sont comme autant de souvenirs de vacances : la « plus petite maison d'Amsterdam » côtoie telle loge de la Renaissance italienne dans laquelle des chaises longues fabriquées en Malaisie ont remplacé les marbres ; les restaurants à thèmes proposent, le temps d'un repas, l'expérience d'un voyage lyophilisé dans lequel l'architecture joue le rôle d'exhausteur d'ambiance, tout comme les divers excipients qui entrent dans la composition de la nourriture industrielle pallient son manque d'intérêt gustatif – les restaurants Léon de Bruxelles possèdent ainsi quatre pignons « flamands », de sorte que le signe bruxellois n'échappe à aucun point de vue.

« Le spectacle de la réalité brouille la distinction entre habitat et décor. Il place des figurants dans un décor qui donne au spectateur l'impression du naturel, en

1. Coignières – Façade nord sur la nationale 10 © Thibaut Barrault, Camille Flammarion, Gaspard Saint-Macary.
2. Rond-point – La Queue en Brie © Ludovic Brochier, Nicolas Rochiccioli.
3. Restaurants à thème © Bénédicte Spinau, Sébastien Sera.
4. Résidences Apollonia © Carrie Harmeyer, Edouard Pernod.

même temps qu'il sert de cadre de vie. La facticité de l'habitat en fait un décor, et le décor comme milieu de vie devient un habitat. »[1] Cette assertion du philosophe Olivier Razac à propos des émissions de téléréalité peut s'appliquer à la ville des 35 heures car, en rendant l'exception si quotidienne et la banalité si extraordinaire, celle-ci participe d'un brouillage entre réalité et fiction très proche de celui auquel se livre ce type de télévision. Par ailleurs, à l'image de la télévision qui constitue un réseau homogène visible en tout point du territoire, la ville du loisir répand partout sa banalité outrancière. Cet environnement dans lequel l'excès est devenu la norme tend à plonger l'architecture savante au sens traditionnel du terme dans une situation particulièrement critique : que devient son statut lorsqu'elle est aux prises avec le pouvoir écrasant d'images simplistes ? Quelle est sa raison d'être dans un environnement qui semble lui être, *a priori,* hostile ? Et, enfin, de quelle manière peut-elle être repensée, pour continuer à constituer un environnement complexe et riche de sens ?

Le séminaire « Programmes et territoires de la périphérie », animé conjointement par les architectes Éric Lapierre et Jacques Lucan, et par le photographe

5

6

7

8

Emmanuel Pinard, à l'École d'architecture de Marne-la-Vallée, cherche à déconstruire les situations urbaines contemporaines dans les banlieues et les périphéries, en tentant de comprendre à quelles logiques et à quels types d'occupation du territoire elles correspondent. L'approche photographique de ces situations, dans la lignée de la photographie documentaire, fait partie intégrante de la démarche de recherche afin, d'une part, d'autoriser une plus complète appréhension des situations et, d'autre part, de permettre aux étudiants d'acquérir une véritable culture de l'image qui leur permette de décrypter des paysages toujours plus façonnés par les images d'un imaginaire franchisé.

**Éric Lapierre, Jacques Lucan et Emmanuel Pinard**
**Séminaire EAVT 2002**

1. Olivier Razac, *L'Écran et le zoo. Spectacle et domestication des expositions coloniales à Loft Story*, Paris, Denoël, 2002, p. 111.

**5.** Coignières – Façade sud sur la nationale 10 © Thibaut Barrault, Camille Flammarion, Gaspard Saint-Macary.
**6.** Rond-point – Villiers-sur-Marne © Ludovic Brochier, Nicolas Rochiccioli.
**7.** Restaurants à thème © Bénédicte Spinau, Sébastien Sera.
**8.** Résidences Apollonia © Carrie Harmeyer, Edouard Pernod.

# NATURE INTERMÉDIAIRE, PAYSAGES FERROVIAIRES

**Michel Desvigne**
Paysagiste

Durant une année avec les étudiants de Harvard, nous avons exploré certains sites abandonnés en périphérie de Boston, nous avons cartographié et quantifié les surfaces à l'abandon ou dans l'attente d'un changement d'affectation, et envisagé différents modes de transformation. Il nous est apparu que probablement près de 25 % de la surface de la périphérie était dans cette situation et que les mutations prendraient souvent plus de vingt ans.

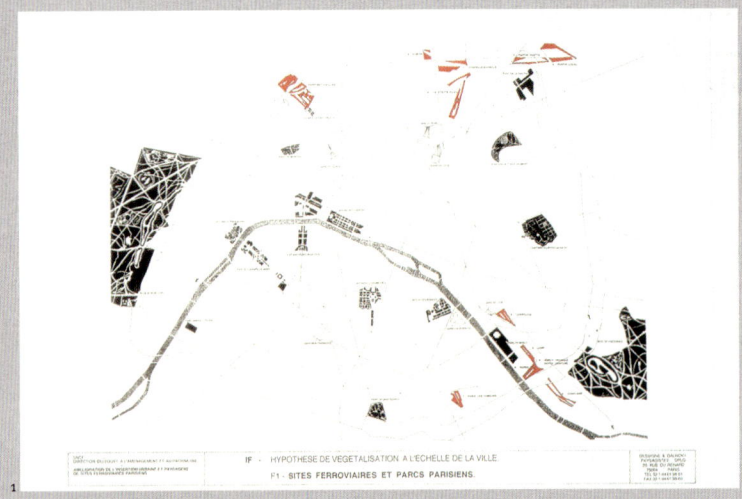

**1. Hypothèse de transformation
Échelle de la ville
Carte montrant les différents sites ferroviaires parisiens transformés (en rouge) et les jardins parisiens (en noir)**
Cette carte fait apparaître l'ensemble des surfaces potentiellement transformables des sites ferroviaires parisiens, sans altération des usages industriels. Ces surfaces ont été déterminées selon la méthode pragmatique illustrée par l'exemple des Batignolles. La comparaison de ces surfaces avec celle des jardins parisiens nous semble éloquente. Bien qu'il s'agisse d'hypothèses de transformations extrêmement modestes, utilisant des espaces résiduels, leur impact est à l'échelle des grands jardins de Paris.

Aussi cet immense territoire occupé nous est-il apparu extrêmement important. Nous avons développé de multiples hypothèses de gestion et de requalification de ces surfaces, principalement par le végétal. Les Américains ont une sorte d'écologie pragmatique qu'ils considèrent comme un outil de transformation.

La décontamination des sols, la collecte des eaux, leur traitement, sont autant de pratiques qui permettent progressivement à une végétation puissante de s'installer parmi les territoires abandonnés. Cette sorte de nature définit un paysage qui s'immisce dans la ville à une échelle géographique. La forme de ce paysage parasite, déconcertante, relève plus du processus à l'œuvre que d'une quelconque composition.

L'occupation de tels terrains par une nature « intermédiaire » donne à cette géographie un rôle puissant de transformation urbaine. Pour le moins, il s'agit d'un paysage en attente qui valorise les délaissés. Avec un peu d'ambition, ce pourrait être un paysage refondateur à partir duquel la banlieue pourrait être régénérée.

À la suite de la publication de ces travaux, la SNCF, et plus précisément Jean-Marie Duthilleul, nous a demandé de réfléchir aux sites ferroviaires parisiens. L'objectif était, dans une situation provisoire, d'envisager l'amélioration de leur « paysage » tout en conservant l'intégralité de leurs usages industriels.

La méthode a consisté à étudier – sommairement – trois cas : les Batignolles, Bercy, La Chapelle, pour comprendre les possibilités, définir une sorte de système et l'étendre aux autres sites parisiens.

Il s'est avéré, par exemple pour le site des Batignolles, qu'environ 20 % de la surface était libre à la plantation. Cependant les surfaces disponibles, par définition résiduelles, sont dispersées, quelconques et sans aucune relation avec les quartiers où elles se trouvent. On pourrait alors juger la démarche désespérée ou dérisoire. Pourtant la dimension de ces reliquats – six hectares pour le site des Batignolles – et l'inévitable lenteur des « grands projets », qui ne durent jamais moins de vingt ans, nous ont convaincu bien au contraire de son grand intérêt.

Nous avons imaginé un système de plantation inspiré de l'enclos forestier, qui permet l'installation progressive de très grands arbres sur les sites. Ce système est peu coûteux et ne nécessite pas d'entretien, sinon une sélection périodique des meilleurs arbres.

Il s'agit d'un dispositif explicitement artificiel. Nous n'avons pas cédé à l'esthétique de la « friche » et de ses mécanismes de recolonisation qui nous apparaît déplacée dans ces sites à la grande dureté et à l'image de terrain vague. Ce sont de très grands arbres de parcs que nous voulons produire avec notre dispositif d'enclos, et en aucun cas une sorte de nature. Nous imaginons une très faible densité pour les arbres mâtures, de sorte à échapper progressivement aux formes contraignantes des surfaces plantables et pour permettre une modification des usages du sol.

Malgré cette faible densité, les quantités d'arbres sont encourageantes : 370 très grands sujets pour les Batignolles.

La carte de l'ensemble des surfaces des sites ferroviaires potentiellement transformables, comparée à celle du jardin parisien, est éloquente. Bien qu'il s'agisse d'hypothèses de transformation extrêmement modestes, utilisant des surfaces résiduelles, leur impact est à l'échelle des grands jardins de Paris.

Nous pouvons alors rêver, comme nous l'avons fait avec les étudiants de Harvard, à d'autres expériences sur d'autres délaissés. Car il est bien probable que la proportion des 20 % du territoire en attente existe en banlieue parisienne aussi. Je continue à croire que cette « nature intermédiaire » qu'il est possible d'y développer serait une puissante contribution à l'évolution de la banlieue.

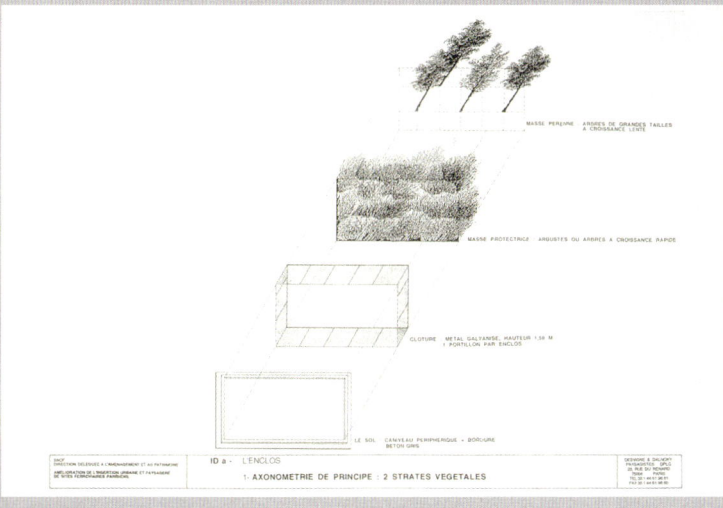

**2. Système de plantation**
**L'enclos**
**Axonométrie de principe**
La plantation des surfaces interstitielles du site nécessite certains dispositifs de protection. À l'image des systèmes forestiers, il s'agit d'enclos d'exploitation protégés et inaccessibles.
Un caniveau périphérique protège l'enclos des eaux polluées de surface ; une clôture de type forestière interdit l'accès ; une strate arbustive à croissance rapide remplit l'enclos en constituant une masse vivante « protectrice ». Dans cette strate arbustive sont plantés de jeunes arbres adaptés aux conditions du site : pas d'entretien ni d'arrosage, exposition au vent.
**3. Le site des Batignolles.**

**Nature intermédiaire, paysages ferroviaires**

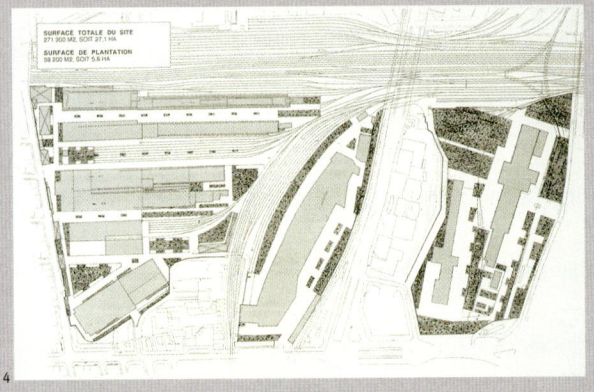

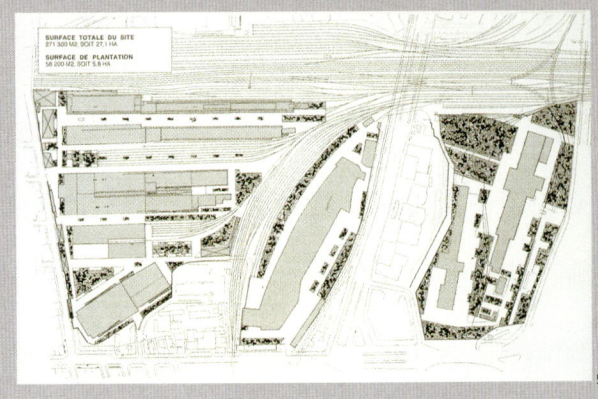

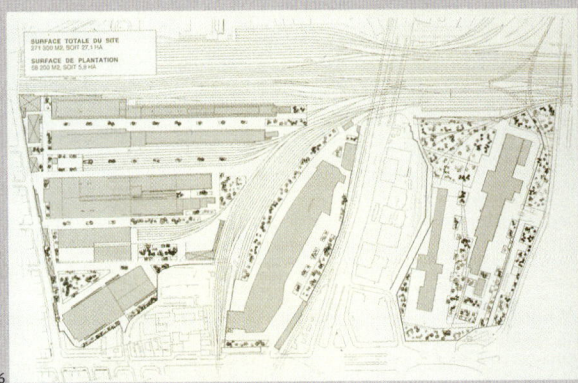

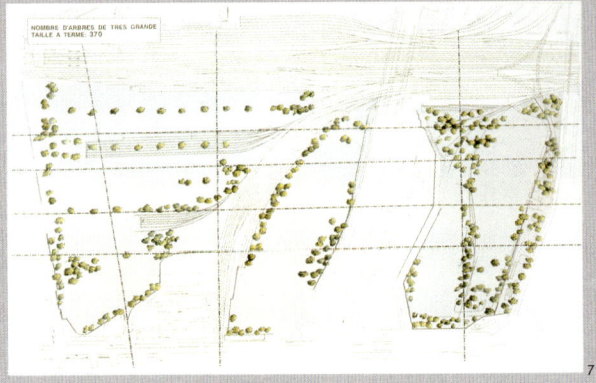

**4. 5. 6. 7. Site des Batignolles
Hypothèse de transformation
Plans**
**4.** Temps 0 : à la plantation
**5.** Temps 1 : + 10 ans
**6.** Temps 2 : + 30 ans
**7.** Temps 3 : + 50 ans
**4.** Sur les 27 hectares du site, environ 6 hectares sont plantés durant les 10 premières années, ce sont de vastes « tables » arbustives.
**5. 6.** Progressivement, les arbres apparaissent et dominent la masse protectrice arbustive. Au début, leur densité est importante puis, à l'image de l'exploitation de la forêt, il est procédé à des « éclaircissements » ou dédensifications progressives.
**7.** À terme, après différentes étapes de sélection, environ 370 arbres de très grand développement sont conservés. Leur densité est relativement faible, d'une part pour permettre d'éventuels usages de leur sol, mais aussi pour ne pas souligner la forme des enclos par des masses trop compactes. Le site peut être recomposé sans que les masses d'arbres constituent une contrainte de tracé.
Avec très peu de moyens, dès après 30 ans, la présence de ces 370 arbres majestueux est une requalification puissante du site que ne laisse pas envisager le caractère résiduel des surfaces disponibles.

**8. 9. Site des Batignolles
Requalification des limites du site
Substitution des murs existants par des enclos plantés
Photopontage à la plantation**
**8.** Les sites conservent leur usage industriel et ne sont pas accessibles au public. Cependant leur périphérie est partiellement transformée : une partie des murs d'enceinte est remplacée par des enclos de plantation. La transformation des sites est visible par les riverains. La rue change de caractère ; une certaine transparence, positive, existe.
**9.** À l'intérieur du site, les utilisateurs se trouvent dans un environnement visiblement transformé. Le caractère linéaire des surfaces disponibles à la plantation permet la constitution de lignes d'horizon végétales.

**Paysages**

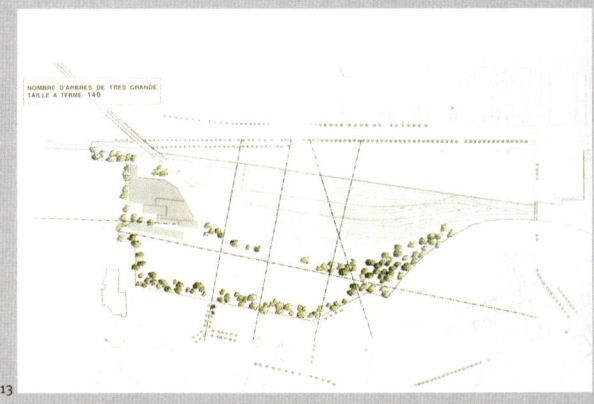

**10. Site de Bercy
Hypothèse de transformation
Plan**
Le même processus que celui développé aux Batignolles permet le développement de 270 arbres de première grandeur en faible densité pour le site de Bercy.

**11. 12. Le site de Bercy**
© J. M. Monthiers

**13. Site de La Chapelle-Évangile
Hypothèse de transformation
Temps 3 : + 50 ans**
Le même processus que celui développé aux Batignolles permet le développement de 140 arbres de première grandeur en faible densité pour le site de La Chapelle-Évangile.

**14. Vue du site de La Chapelle-Evangile.**

# PAYSAGES ARTIFICIELS : LE BONHEUR EST DANS LES PRÉS...

**Étienne Régent**
[siz '- ix] architectes

En termes d'aménagement du territoire, Val d'Europe est un cas unique. La convention signée en 1987 entre Disney et les pouvoirs publics lance le projet de développement d'une destination touristique européenne, ainsi que celui de l'aménagement du quatrième secteur de Marne-la-Vallée, aujourd'hui appelé Val d'Europe.

Le développement de ce nouveau pôle urbain à l'est de Paris se réalise dans le cadre d'une collaboration de forme inédite, où chacun des participants s'est projeté dans une vision à long terme du projet. L'EPA France – aménageur et représentant de l'État –, Euro Disney – développeur privé –, et les cinq communes constituant le secteur IV de Marne-la-Vallée – Chessy, Coupvray, Magny-le-Hongre, Bailly-Romainvilliers et Serris – réunies au sein du syndicat d'agglomération nouvelle de Val d'Europe (SAN), sont les trois acteurs principaux du projet.

En 1987, le site de Val d'Europe est un territoire rural, dont les communes sont constituées de bourgs et de champs cultivés. Il devra subir, comme toutes les villes nouvelles, une formidable mutation afin de devenir un grand pôle d'activités, de commerce, de travail et d'habitation.

Les grands axes développés par les administrateurs de Val d'Europe sont les parcs de loisirs, le commerce de masse et l'accueil d'entreprises. Le secteur est desservi par de nombreuses infrastructures comme la gare TGV Val d'Europe – Euro Disney, l'autoroute A 4, une gare RER.

Les tracés de ces infrastructures fondent et forment la figure de cette ville nouvelle : un gigantesque cercle quasi magique que Marianne et Mickey auraient tracé dans le paysage pour raccrocher les cinq communes satellites et créer ainsi le centre mythique de "la nouvelle urbanité". Ce cercle à deux centres : le centre de loisirs et d'hôtellerie international autour de la gare TGV, et le centre urbain et commercial autour de la gare RER. Un geste, un cercle qui fonde l'absolue artificialité et en un sens, donc, la toute moderne utopie de cette cité de la fin du XX$^e$ siècle.

La projection d'une nouvelle ville dans le temps passe, pour ces aménageurs, par la recherche de l'historicité du lieu et de sa valeur identitaire. « Nous nous sommes posé la question de savoir ce qui allait faire de Val d'Europe une ville à part entière, différente des autres, pouvant exister de façon autonome et à laquelle ses habitants vont pouvoir s'attacher et dans laquelle ils se reconnaîtront », a déclaré Dominique Cocquet, directeur général adjoint d'Euro Disney SCA, en charge du développement et des relations extérieures.

Une ville, à thèmes, est en train de se développer à l'est de Paris. Actionnant tous les leviers de l'ingénierie services et du « marketing » de masse, à travers le processus d'une maîtrise d'œuvre urbaine globale, elle cherche sa légitimité en se racontant une histoire sur l'Histoire, le lieu et l'ailleurs.

« Dans ses choix, Val d'Europe n'a pas la prétention de recréer ce qui a mis des siècles à se construire, mais plutôt d'en emprunter le meilleur et de l'unir à la modernité d'une ville du XXI$^e$ siècle.

**Paysages**

**1.** Euro Disney et le Val-d'Europe
© IGN.

Il s'agit d'une ville réellement adaptée aux besoins d'aujourd'hui, ouverte sur l'Europe, la nouvelle frontière, et sur le reste du monde.

Par ailleurs, dans cette vision à long terme, chacun des acteurs du développement de Val d'Europe s'est attaché à mobiliser tous les paramètres qui font une ville afin de se différencier des principes urbanistiques et architecturaux retenus par exemple dans la première génération des villes nouvelles. L'accessibilité bien sûr, avec une gare RER centrale et des rues aménagées et conviviales. Une variété de lieux de vie différents qui se côtoient, avec des commerces de proximité, des bureaux, des habitations, mais aussi des équipements et services publics. De plus, le respect de l'environnement est présent partout, passant par un respect écologique certain, mais également l'enrichissement du cadre de vie des résidents et des visiteurs, notamment par des espaces verts et paysagers de grande qualité […]. » (Euro Disney SCA)

Le projet/récit de cette cité se situe en réaction à la déliquescence des grands récits politiques positivistes et « progressistes » et à l'échec médiatisé de l'urbanisme dit « moderne » des années 1960 et 1980. Véritable recherche pragmatique d'une urbanité perdue, le décor est planté, le scénario établi : Val d'Europe est une cité-territoire théâtre de l'alliance du « paysagement », de l'historicisme urbain et de « l'ex-urbanisme » global.

Unité de lieu : la « trame verte », formidable projet d'écologie urbaine unifiant le site naturel, le cercle d'infrastructures et les pôles d'activités. Elle est l'élément de vraisemblance, l'épaisseur qui transfère le site existant et ses communes villageoises dans le récit d'une ville nouvelle.

Unité de temps : l'espace public et le logement du XIX$^e$ siècle d'Haussmann à

Paris; l'université des années 1930 et les équipements publics des années 2000. L'éternité : le présent fixé dans la représentation de l'histoire comme origine.

Unité d'action : des projets de grandes pièces unitaires d'environnement totalement maîtrisés. La galerie marchande du centre commercial égale la place d'Ariane dans la mystification d'un atavisme recomposé.

Val d'Europe ressemble aujourd'hui, pour le grand nombre de gens qui vont y habiter, à un rêve : le rêve d'une nature retrouvée et maîtrisée, le rêve d'un présent intemporel brodé dans un passé bourgeois localisé et idéalisé, le rêve d'une société dépolitisée, médiatisée et rassurante, au service de tout un chacun se plaisant dans la consommation de biens, de divertissements et de services intégrés. Cette cité-territoire allie, en effet, toutes les facilités et fluidités des infrastructures et des services modernes à des espaces d'habitation quotidiens redonnant l'échelle, la variété et les valeurs d'identification de nos villes traditionnelles.

Val d'Europe ressemble, pour nombre d'architectes et d'urbanistes qui travaillent et cherchent, dans le sillon des avant-gardes modernes puis postmodernes, à produire un environnement d'habitation et d'urbanité «contemporain», à un mauvais rêve. On peut dire que cette nouvelle ville/théâtre met en scène les grands «to-thèmes» néolibéraux consuméristes, populistes et hédonistes de notre temps.

Il en serait alors de cette ville comme de certains dessins animés qui opèrent un lissage sémantique et formel, une véritable désubstantialisation de la profondeur analytique et provocatrice des contes traditionnels. On s'y reconnaît et on s'y attache dans ce qu'ils portent d'idéalisme nostalgique sur l'enfance sécurisée et éternelle. Il y a une part d'utopie terriblement conventionnelle dans l'imagerie de Disney, mais quelle dimension prend-elle dans le réel et l'histoire présente de la ville, et quel espace communautaire et politique produit-elle ? N'y aurait-il pas occultation du présent, de son potentiel d'invention et de libération de nos vies individuelles et d'une politique collective, dans ce retournement de l'histoire comme représentation/décorum d'elle-même par un capitalisme tout-puissant ?

Nous voilà reconduits au lieu, tabou, de la fracture entre les désirs populaires et les projections des élites culturelles et politiques. Il faut, pour aller dans les deux sens, ouvrir un débat sans démagogie sur les valeurs qui se mettent en place implicitement à Val d'Europe et sur ce qui fait, sur le fond et la manière, le succès, la cohérence de ce projet d'un retour à l'urbanité avec les outils, les programmes et méthodes d'analyse des besoins/désirs populaires, de création de valeurs et de *management* les plus poussés.

# PAYSAGES, L'ARCHIPEL AU QUOTIDIEN

Jean-Pierre Pranlas-Descours

### Infrastructure et paysage

Saint-Denis, premier évêque martyr de Paris, aurait eu de nombreuses difficultés, il y a quelques années, à se rendre sans danger de la Butte Montmartre à Saint-Denis. Mais aujourd'hui, il pourrait sereinement cheminer la tête entre ses mains le long des jardins Wilson qui recouvrent l'autoroute A 1, blessure infrastructurelle qui avait meurtri depuis 1965 le tissu urbain de la ville et le paysage qui le portait.

Exemplaire dans sa démarche, ce projet de paysage, qui mit plus d'une décennie à aboutir, est révélateur d'un des enjeux majeurs du devenir de la métropole.

Les infrastructures ont ainsi profondément bouleversé, depuis cinquante ans, les équilibres paysagers qui structuraient les développements urbains des communes de la périphérie. Les logiques qui se sont mises en place dans le cadre des grands projets d'aménagement du territoire étaient souvent en contradiction avec la lente histoire de la formation du paysage du bassin parisien. L'étude des cartes nous montre en particulier comment le maillage des grands parcs historiques avait organisé le territoire jusqu'à l'entre-deux-guerres, avant d'être supplanté par le développement des nouveaux réseaux de transports, en particulier ceux liés à l'automobile.

Parallèlement, la densification de la métropole a progressivement rapproché les urbanisations de ces axes rapides, quand ceux-ci ne traversaient pas déjà des secteurs construits. Une géographie artificielle s'est ainsi constituée, faite de réseaux ferrés, de maillages routiers avec tout le vocabulaire y afférant : viaducs, tunnels, murs antibruit fermant les horizons, etc.

Les modèles d'insertion issus d'un rapport précis au paysage, que l'on observait par exemple à partir des villages des coteaux de la Seine, n'ont pas résisté à la puissance technique des infrastructures. Au sein de cette nouvelle géographie coexistent désormais des échelles paradoxales, de l'immense viaduc au simple pavillon avec son jardin potager, dans un même « développé » du paysage.

Aujourd'hui, la question que posent ces nouvelles conditions est comment assumer, en définitive, la réalité de ces infrastructures en tant qu'élément majeur de la ville, de sa morphologie urbaine, de sa logique de croissance.[1] Une nouvelle pensée s'impose, plus contemporaine, sur le paysage, où ville et urbanité ne s'opposent plus à paysage et nature.

À des logiques infrastructurelles de grandes échelles doivent répondre des écritures urbaines prenant en compte l'importance des contraintes techniques. La couverture de l'A 1 à Saint-Denis ou le traitement de l'échangeur de Las Gloriès à Barcelone sont de parfaits exemples de ces paysages qui émergent aujourd'hui dans les métropoles, et qui tentent d'organiser des logiques contra-

**1.** Plantations du Parc du Chemin de l'Ile, Nanterre
© Acanthe, paysagiste.

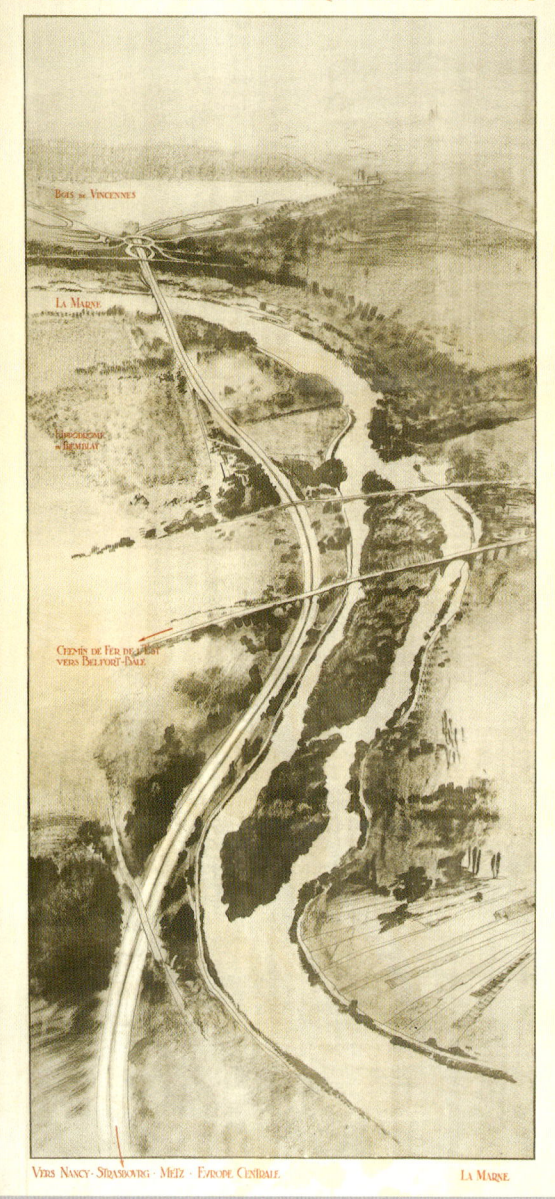

**2.** Paysage de l'Autoroute de l'Est, projet Henri Prost, architecte, 1934 © *Académie d'Architecture, catalogue des collections*, volume 2, 1890-1970, Paris, 1997.

dictoires pour donner forme, consistance et intelligence urbaines à ces nouveaux lieux partagés du paysage métropolitain.

### Friches postindustrielles

L'économie façonne le territoire et influe sur son organisation. Elle a en profondeur imposé ses logiques et participé pleinement à la constitution du paysage de l'Ile-de-France. Une nouvelle géographie est apparue, qui s'inscrit dans des principes de « métropolisation » généralisée du territoire.

Se fondant principalement sur les ressources naturelles et sur la morphologie de ce territoire, l'économie a organisé des flux de circulation des biens et des denrées en exploitant le riche potentiel du bassin parisien. Ainsi la Seine a joué un rôle de premier plan, et continue à être un élément essentiel pour la vie économique (une grande partie des matériaux utilisés pour construire la métropole parisienne transite par voie fluviale).

Cette relation authentique et structurelle avec le paysage a malgré tout profondément évolué depuis la désindustrialisation amorcée il y a trente ans. Des friches sont apparues (gares, terrains d'exploitation de matériaux, usines, bords de canaux, etc.) et ont constitué des interstices importants qui ont déconstruit l'unité générale de nombreuses entités urbaines. Des espaces lacunaires se sont formés, selon des phénomènes en définitive assez courants dans les mouvements cycliques qui qualifient la constitution des villes.

Mais aujourd'hui, ce qui marque peut-être la différence, c'est l'échelle de ces espaces, qui paraissent telles des îles protégées, hors de l'aire d'influence publique. Le cas des canaux de Saint-Denis et de l'Ourcq est de ce point de vue très intéressant. Domaines privés de par leur statut foncier, ils se sont toujours protégés des pratiques polymorphes de la ville. Leur récente intégration progressive dans le domaine public est une fantastique opportunité de constituer de nouveaux liens transversaux entre communes. « Lignes de cohérences » dans un paysage fragmenté pour recomposer le territoire, ils sont l'illustration même de l'idée de lieux partagés.

Deux enjeux majeurs interviennent dans l'engagement de ce processus : le maintien des activités liées aux canaux, le modèle de transformation à adopter par rapport aux rôles qu'ils pourraient être amenés à jouer dans l'organisation territoriale.

Si l'activité au contact de ces voies fluviales a été réduite très fortement ces dernières années, elle demeure malgré tout essentielle à la vie économique, et est partie intégrante de la mémoire et

**3.** Perspective de l'Aire de jeux, Parc des Cornailles, Ivry-sur-Seine, Agence TER, paysagistes.
**4.** Persective de la promenade le long de la Seine, Parc Pierre Lagravère, Colombes, ateliers Bruel-Delmar, paysagistes.

de l'histoire de ces villes ; la compatibilité d'une telle activité avec de nouvelles pratiques est au centre des problématiques de mutation de ces territoires.

En cela, l'idéologie générale actuelle, qui tend à vouloir construire une ville « liftée », propre et verte de surcroît, renonçant aux aspérités des paysages urbains, me paraît profondément appauvrissante et réductrice pour ces lieux profondément enracinés dans l'histoire que lient toutes les strates du paysage naturel aux qualités puissantes des paysages industriels (cheminées, silos, grues, écluses, etc.). Renoncer à cette diversité urbaine, faite de « collusions », au bénéfice d'un espace pacifié, revient à nier l'histoire de ces territoires et leur très grande richesse.

## Parcs et jardins, l'archipel au quotidien

Une des motivations profondes qui animent les habitants de la métropole dans leur choix de vivre un peu à l'écart de la *ville-centre* est cette grande variété de lieux naturels qu'offre le paysage d'Ile-de-France. Toutes les idéologies qui ont été à l'origine de l'urbanisation des communes de banlieue se référaient à cette idée d'une nature salvatrice et d'un ressourcement à son contact.

Maillée à l'origine par un système de grands parcs entre de vastes domaines forestiers, l'urbanisation de la métropole a bien évidemment profité de la richesse d'une telle structure paysagère. Mais par-delà les grands parcs classiques de Saint-Cloud, Versailles, Sceaux, ou ceux plus contemporains, comme le parc du Sausset, le parc André Citroën, ce qui qualifie le mieux ces territoires est l'ensemble des microsituations que constituent les jardins, les aires de jeux, les squares, véritables cadres des relations de proximité que nouent les habitants de ces paysages.

De nombreux projets émergent aujourd'hui dans la métropole qui, par touches ponctuelles, investissent des entre-deux, viennent retisser des liens plus fins dans des situations urbaines souvent anarchiques. Ici, un parc recrée la relation d'une ville à son fleuve (parc du Chemin-de-l'Ile à Nanterre, Acanthe, paysagistes), là, une vaste terrasse offre un magnifique belvédère sur la vallée de la Seine (parc Pierre-Lagravère à Colombes, atelier de paysages Bruel-Delmar), là encore, une topographie artificielle forme un nouvel horizon pour un quartier (parc des Cormailles à Ivry-sur-Seine, agence TER, paysagistes).

Dans une telle démarche, ce qui pourrait apparaître anecdotique, voire dérisoire par rapport à l'idée d'un « grand projet » de la métropole, semble bien au contraire stratégiquement plus pertinent et plus structurant quant au processus même de constitution de ces territoires morcelés, ce qui n'exclut en rien l'idée de projet global ; en effet, ces lieux sont autant de polarités qui tentent, à travers le modèle du parc ou du jardin, de fixer des points d'enracinement liés à des attitudes urbaines. L'identité métropolitaine se situe précisément dans ces espaces définis avant tout par la véritable histoire de territoires ouverts et libres, où s'affirment des pratiques culturelles que partagent les femmes et les hommes habitant aujourd'hui l'archipel métropolitain.

1. Henri Prost, urbaniste visionnaire, avait pris conscience très tôt de cette question à travers ses beaux projets pour les sorties de Paris (voir le projet d'aménagement et les archives générales de la Région parisienne, 1934).

**Paysages, l'archipel au quotidien**

# PORT DE GENNEVILLIERS

Projet global d'aménagement
Maître d'ouvrage : Port autonome de Paris
Maîtres d'œuvre : Odile Decq et Benoît Cornette, architectes urbanistes ; Atelier de paysages Bruel-Delmar, paysagistes
Début des études : 1994

Travailler sur des zones ex-centrées du territoire des villes, sur des territoires industriels est sans doute un moyen de regarder la question de l'aménagement urbain de manière plus synthétique. En effet, la complexité ici ne tient pas dans la multiplicité des fonctions et des programmes, mais dans l'échelle et l'univocité apparente de l'usage du territoire : le port de Gennevilliers, c'est à peu près 400 hectares de territoire industriel portuaire à la porte de Paris.

De maraîchers à l'origine, les terrains sont devenus port pétrolier, port container, port logistique et de matières premières. La résolution des échanges, des connexions et des flux est ici primordiale. Les transferts qui s'effectuent entre les modes de transports – bateaux, camions, trains, oléoducs – constituent le port comme un réseau à couches multiples dont les interfaces ne sont pas des nœuds mais des surfaces.

Conçue au début du XX$^e$ siècle par les services de la Ville de Paris, sur un plan de Fulgence Bienvenüe, la structure du port n'a été réellement achevée que dans les années 1950. Sa forme caractéristique d'alternance structurante de darses et de môles est devenue très peu lisible au fil des implantations successives qui ont perdu peu à peu la cohérence d'origine. Le port est devenu une zone industrielle banalisée.

Les études et les propositions de réaménagement de ce lieu ont eu pour perspective de remettre en évidence les points forts de la structure du port, de les utiliser comme trame structurante des développements futurs, en maintenant le port en activité et en assurant sa mutation.

La stratégie appliquée sur le territoire du port s'oriente donc selon quatre axes principaux :
– la reconquête de la présence de l'eau ;
– l'exposition du système des darses ;
– la création d'une « bande active » ;
– la production d'une « interface » ville/industrie.

### La reconquête de la présence de l'eau
Rendre perceptible la présence du fleuve et plus généralement de l'eau est une nécessité si l'on veut conserver au port son identité et sa symbolique. La restructuration des darses et de leur interface avec les espaces publics permet ainsi de renforcer le caractère portuaire.

### L'exposition du système des darses
La structure initiale d'alternance de darses et de môles est prolongée sur les terrains situés au-delà du port par une structure de darses vertes. Exposer le système des darses à partir des voies d'accès, c'est alors conférer un caractère paysager au port.

### La création d'une « bande active »
La ligne de partage entre les territoires du port tournés vers l'eau et les territoires plus urbains est constituée de trois strates parallèles :
– au centre, la route ;
– côté darses, un quai minéral strié des voies de chemin de fer et prolongé par les perrés, c'est l'esplanade ;
– et côté ville, l'arboretum, longue étendue plantée des diverses essences des bords de Seine, qui constitue une berge « déportée » au cœur du port.

L'esplanade est le lieu d'une double promenade sur le port. Le parcours « flash », en voiture, permet aux visiteurs et aux usagers la lecture rapide du système du port, le repérage de tous ses éléments constitutifs. Le deuxième parcours est la flânerie du bord de l'eau, la promenade dans le parc au bord des quais.

L'esplanade est le lieu de la mise en scène du port. Au long de son parcours, des séquences, des points de vue sont ménagés vers l'eau, vers les darses, qu'elles soient d'eau ou vertes.

C'est au fil de la bande active que s'inscrivent les éléments singuliers significatifs de l'histoire du port : les silos céréaliers, le siège historique du port, le bâtiment de l'ancienne douane, les darses…

### La production d'une « interface » ville/industrie
D'un côté le port, de l'autre la ville.
D'un côté l'eau, de l'autre la terre.
Le territoire de l'interface est le lieu d'une mixité plus grande des activités. Articulée sur le point central

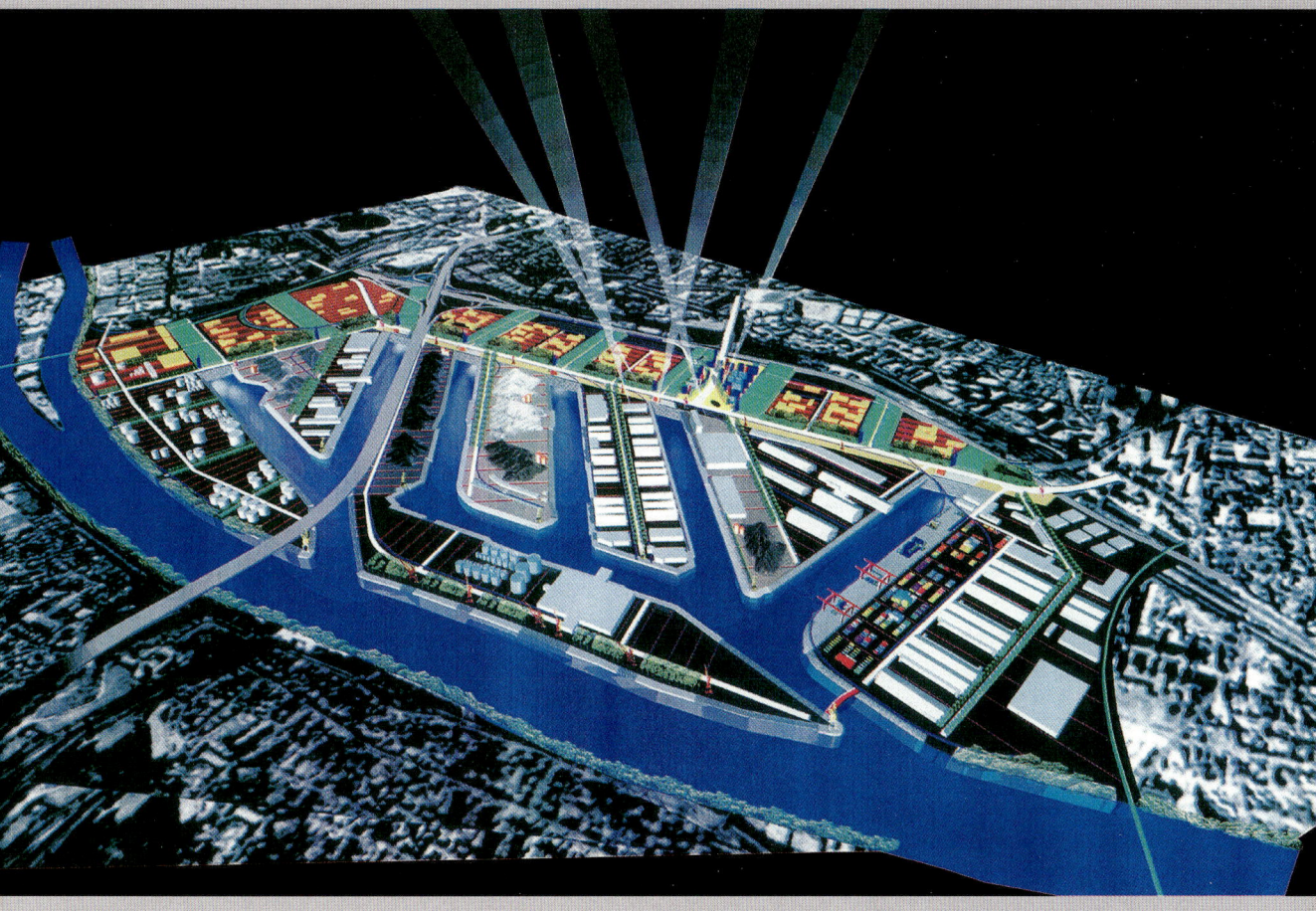

de l'entrée du port, elle prend un caractère plus urbain et moins directement industriel. Les gabarits, les alignements, les densités ne sont plus les mêmes.

Un projet d'aménagement émerge du travail de confrontation, superposition, croisement, puis de mise en cohérence de deux grilles d'analyse et de la gestion fine de leurs interfaces :
– La première grille d'analyse est celle qui émerge du site et de son contexte. On peut la caractériser par une approche de sensibilisation. Elle permet d'établir le diagnostic des différentes valeurs du site et de son environnement.
– La deuxième grille est celle qui émerge du programme et de la vision globale des objectifs assignés à l'aménagement. On peut la caractériser par une approche plus conceptuelle, issue des données objectives comme du système de références utilisé et du niveau d'exigence demandé. Cette grille permet d'établir le concept global du parti d'aménagement.

**Odile Decq**
Architecte-urbaniste

**1.** Axonométrie générale du projet

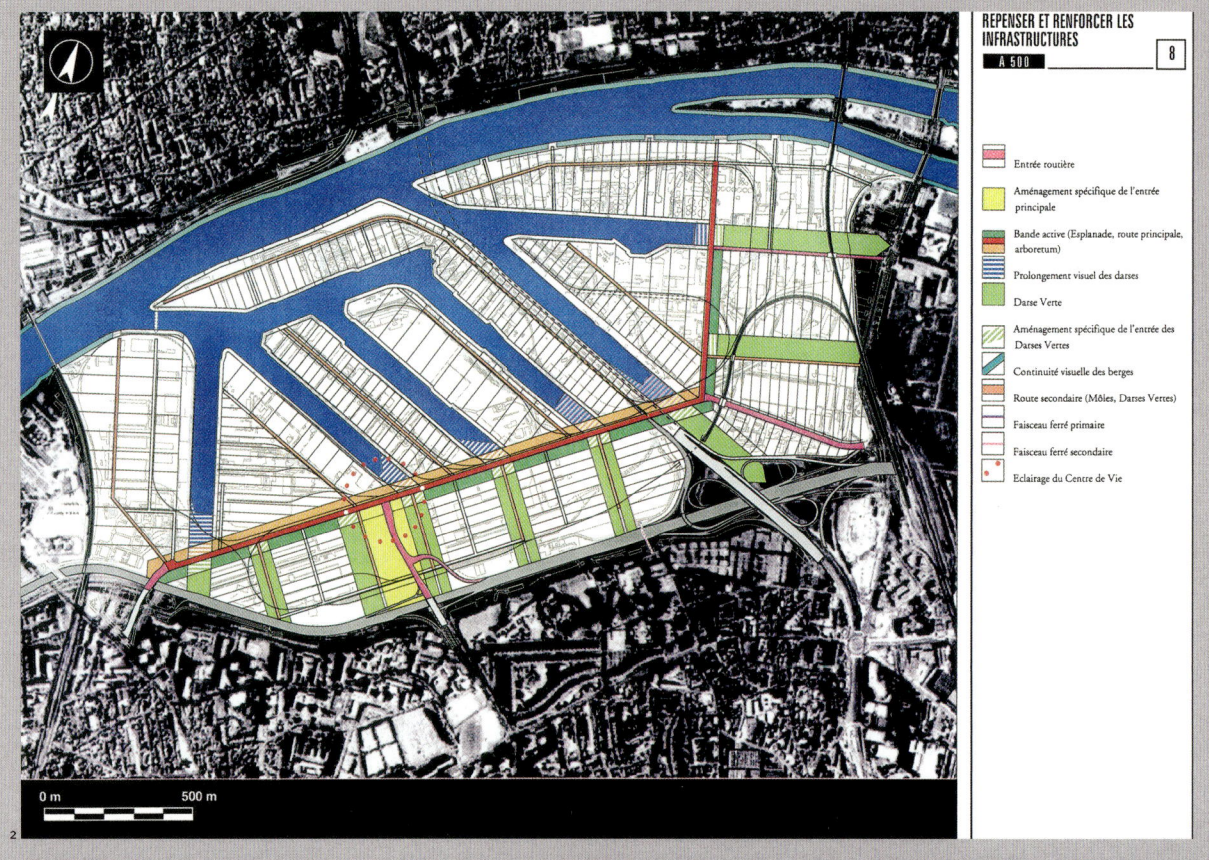

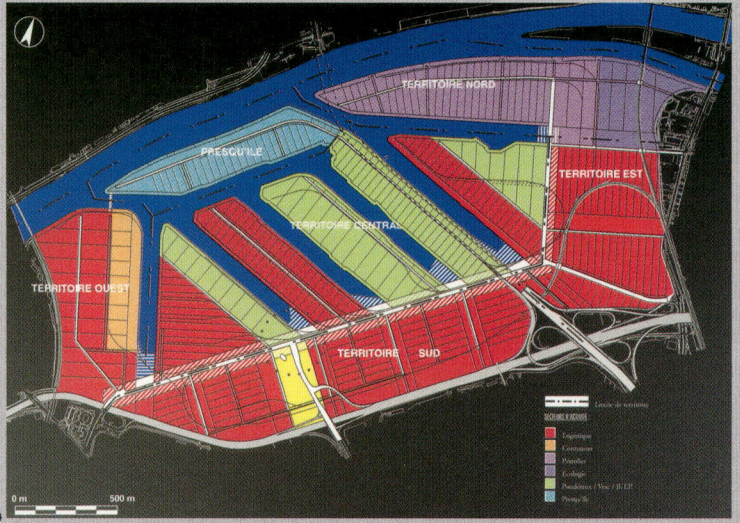

2. Plan des infrastructures.
3. Plan de l'existant.
4. Territoires & secteurs.
5. Mise en lumière du port.
6. 7. 8. L'arboretum, livraison de la première tranche, 2000 (Bruel-Delmar, paysagistes).

Paysages

369

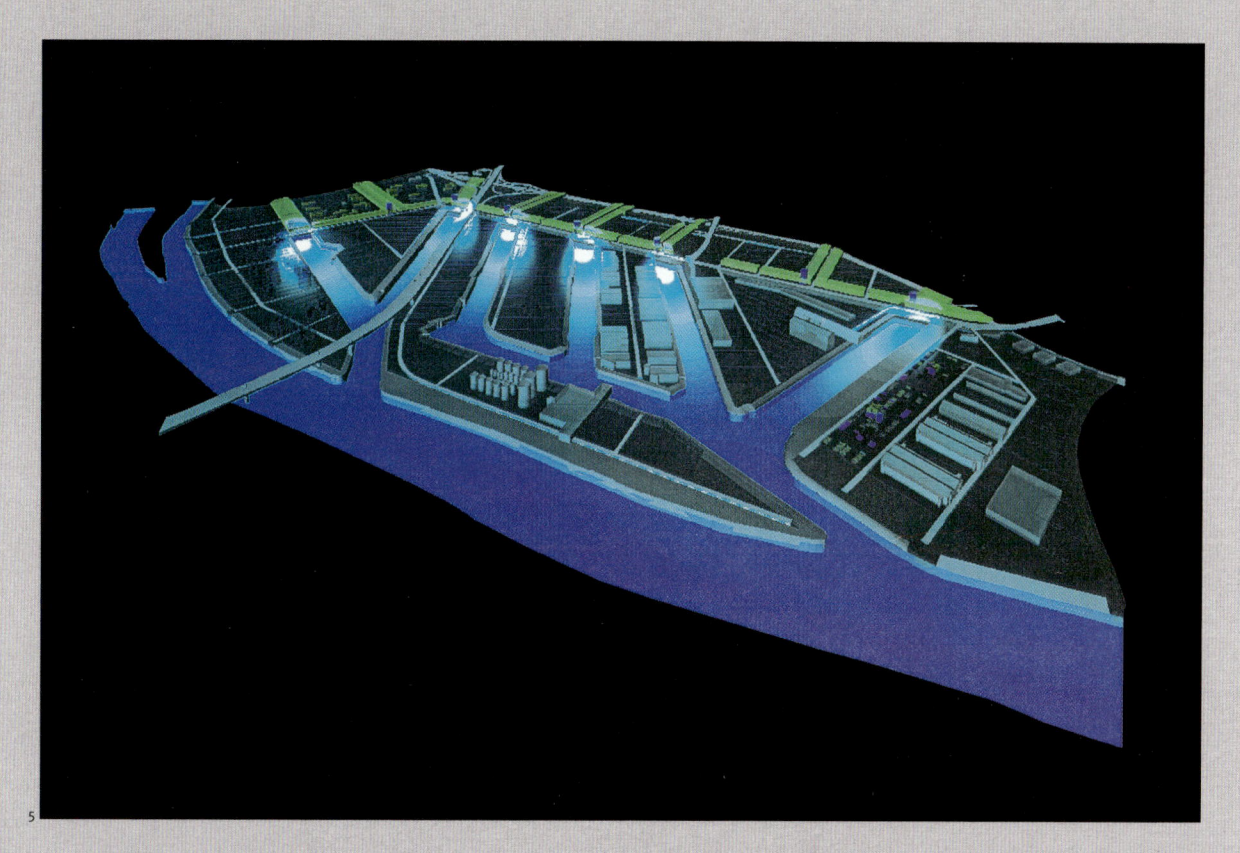

# Aménagement d'un ancien bâtiment des douanes en pépinière d'entreprises

Maître d'ouvrage : Port autonome de Paris
Maîtres d'œuvre : Patrice Dekonink et Emmanuel Kuhn, architectes
Livraison : septembre 2003

Le bâtiment G5, ancien bâtiment des douanes aujourd'hui désaffecté, est implanté sur le domaine du port de Gennevilliers, en fond de la darse. Le projet concerne l'aménagement de ce bâtiment en pépinière d'entreprises, qui aura pour vocation d'élargir les capacités d'accueil et de développement des entreprises en création.

Le bâtiment G5, construit en 1963, est constitué d'une structure de poteaux et de poutres proche de celle des ouvrages qu'ont réalisés les frères Perret après guerre, à l'image du bâtiment voisin abritant les bureaux du port, construit en 1954. Les façades, à ossature de poteaux et de poutres de rive avec remplissage en panneaux préfabriqués, ont une finition en gravillons lavés.

La structure générale du bâtiment sera conservée et simplement adaptée au projet au niveau des circulations verticales et du hall. Le niveau rez-de-chaussée (niveau darse) s'appuiera, après excavation, sur les fondations existantes suffisamment profondes. Les façades seront nettoyées et restaurées dans leur aspect naturel.

D'après un texte de Patrice Dekonink et Emmanuel Kuhn, architectes.

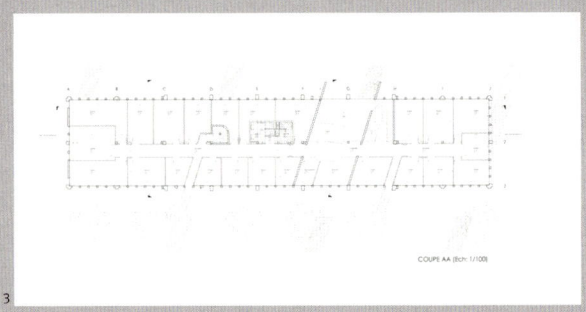

1. Existant.
2. Insertion du projet.
3. Plan du rez-de-chaussée.

Paysages

# Entrepôt

Maître d'ouvrage : Port autonome de Paris
Maîtres d'œuvre : Manuelle Gautrand Architectes
Livraison : 1999

Ce projet s'inscrit dans le contexte très structuré du port de Gennevilliers.

Il présente une volumétrie en deux strates, l'une en béton gris anthracite établissant une relation élémentaire au sol, l'autre en partie supérieure en bardage de polycarbonate, afin de donner une ambiance lumineuse particulière à cet entrepôt. La forme du toit reprend le profil traditionnel des toitures d'entrepôt et tente de donner un aspect original à ce type de bâtiment.

D'après un texte de Manuelle Gautrand, architecte.

1. Plan de masse
2. 3. L'entrepôt © Philippe Ruault
4. Coupe longitudinale

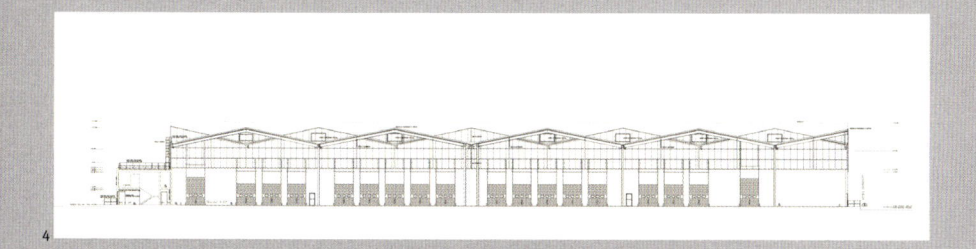

# Immeuble de bureaux

Maître d'ouvrage : Port autonome de Paris
Maître d'œuvre : Dietmar Feichtinger, architecte
Début du chantier : 2003

Le projet s'inscrit dans l'architecture portuaire. Il suit le thème des conteneurs, leur logique rationnelle d'organisation, leur esthétique.

La peau extérieure du bâtiment se réfère à celle des conteneurs, reprenant les couleurs qui se sont atténuées au fil des grands voyages et les stries verticales.

Cet aspect est obtenu par une résille de lames verticales qui donne au bâtiment une apparence uniforme. On identifie les différentes unités par les coloris des lames. La résille répond à des besoins essentiels pour le confort des usagers :
– les lames pivotent manuellement et permettent à chaque utilisateur de gérer l'apport de lumière naturelle dans les bureaux selon les besoins liés à son activité – travail sur écran, réunion, etc. ;
– la protection solaire extérieure appliquée sur toutes les faces ensoleillées du bâtiment donne une parfaite gestion de l'apport de chaleur.

D'après un texte de Dietmar Feichtinger, architecte.

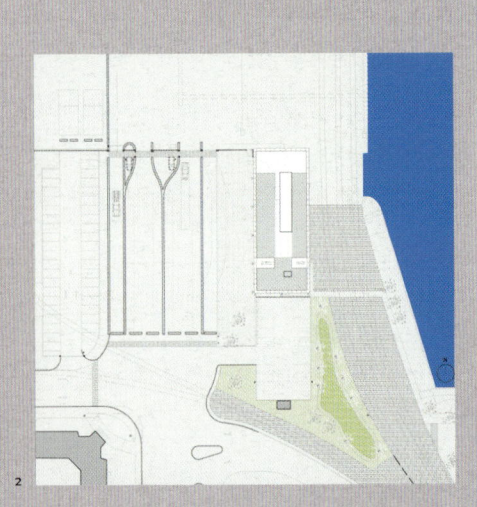

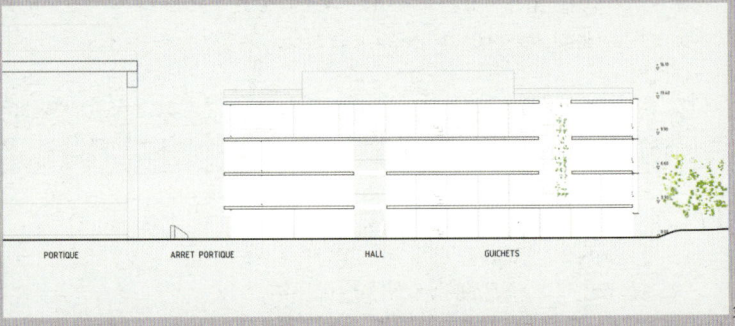

1. Vue de la maquette © DR.
2. Plan de masse.
3. Coupe longitudinale.

Paysages

# Entrepôts C40 et C41

Maître d'ouvrage : Port autonome de Paris
Maîtres d'œuvre : Jean-Marc Ibos et Myrto Vitart, architectes
Projet : 2002

Ici, l'eau découpe précisément dans le paysage le contour des activités.

Du territoire central du port de Gennevilliers, le môle 2-3 est le plus structuré avec l'alternance rigoureuse des pleins et des vides, l'orientation systématique des entrepôts perpendiculairement à l'eau et la lecture successive des pignons qu'elle induit depuis la route centrale.

La répétitivité signifie ici l'adéquation des choses à leur propos.

Elle est l'efficacité même.

Associée à la simplicité des formes, elle participe dans le contexte industriel à la beauté du lieu.

A la succession de volumes basiques, nous ajoutons des volumes basiques.

Les entrepôts sont des parallélépipèdes identiques, perpendiculaires à l'eau.

Leur socle est en béton, surmonté d'un bardage. La toiture intègre l'éclairage naturel sous forme de skydomes. Le sol est en béton renforcé.

Aucune prouesse. Tout est conforme à la norme, simple, robuste et standard.

Rien, cependant, n'est tout à fait normal.

La couleur d'abord : l'entrepôt « est » est argent, l'autre est or.

L'encaisse or et l'encaisse argent transposées ici en emballage de caisse.

Dans le bardage or, les vitrages sont or, dans le bardage argent, argent.

De façon inhabituelle dans un entrepôt, la structure n'est pas apparente.

Pour ajuster au mieux le volume réel au volume utile, optimiser le sprinklage en supprimant les obstacles, mais aussi pour intégrer le garde corps périphérique, la toiture est inversée, les poutres principales disposées en extérieur.

La nappe technique, incluant sprinklage et éclairage, directement suspendue aux pannes, crée alors la continuité du volume.

Pas de poteaux. La surface au sol est libérée.

Les costières circulaires des skydomes sont métallisées or ou argent.

Le retournement de la couleur sur les tranches donne ici l'illusion, paradoxale, de l'épaisseur de la matière.

La lumière naturelle, légèrement colorée par la réflexion sur la paroi cylindrique, introduit de façon inattendue l'aléatoire dans la rigueur géométrique.

C'est par détournements successifs, par décalages répétés entre les matériaux et leur mise en œuvre, pour en révéler la richesse, que nous interrogeons les choses les plus simples, les plus banales, les moins sujettes à questionnement.

Et quelle que soit l'interprétation que l'on en fera, restera toujours à Gennevilliers, dans le territoire central du Port, le jeu magnifique des volumes or et argent sous la lumière.

**Jean-Marc Ibos et Myrto Vitart**
Juillet 2002

1. Les entrepôts

# Reconversion d'un bâtiment en hôtel d'activités

Maître d'ouvrage : Port autonome de Paris
Maître d'œuvre : Claire Petetin et Philippe Grégoire, architectes
Concours : janvier 2001

En janvier 2001, le Port autonome de Paris a lancé un concours sur les trois bâtiments entourant la darse n° 1, afin de « créer un ensemble compact autour d'une cour commune : des ateliers, une pépinière d'entreprises et un hôtel d'activités ».

Le bâtiment qui abritait autrefois une imprimerie est réhabilité en hôtel d'activités. Le parti est de conserver le bâti en l'état par une rénovation à l'identique de ses « désordres » (parties de toitures, parties de façades, menuiseries) et de créer, en périphérie de son rez-de-chaussée, une ceinture-signalétique. Celle-ci permet d'inscrire le bâtiment dans le paysage du port et d'instaurer une zone de contact entre ses activités et l'extérieur.

À l'intérieur, des baies sont ouvertes au sous-sol, une cour à l'anglaise est créée, les menuiseries sont changées, mais les murs sont laissés en l'état. Sur ceux-ci sont projetés des halos de différentes lumières colorées qui permettent d'identifier les zones d'activités : accueil, pôle multimédia, pôle communication…

D'après un texte de Claire Petetin et Philippe Grégoire, architectes.

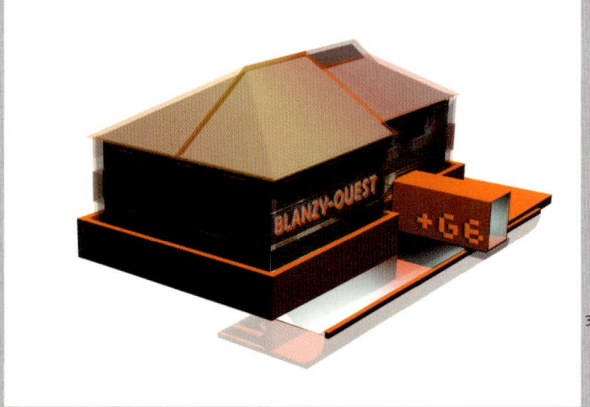

1. Élévation
2. Plan de masse
3. Axonométrie

# SAINT-DENIS (SEINE-SAINT-DENIS) COUVERTURE DE L'AUTOROUTE A 1 : LES JARDINS WILSON

Maître d'ouvrage : Ville de Saint-Denis
Mandataire : SEM Plaine Développement
Maître d'œuvre : Michel Corajoud, paysagiste
Collaborateurs : Benoît Scribe, paysagiste, Yannick Salliot, architecte
Livraison : 1998

Inscrits dans le projet urbain au titre des horizons-paysages, la couverture de l'A 1 et son aménagement ont entraîné un processus de recomposition du tissu urbain après la « blessure » du passage de l'autoroute en 1965. L'idée d'un lieu de vie à part entière a émergé, tout en assumant les contraintes techniques liées à ce type de projet.

Ainsi ont été adoptés des principes pour constituer un sol urbain pouvant recevoir de vrais jardins.
1. Mettre en place un sol nourricier, allégé.
2. Choisir des plantes dont le système racinaire soit compatible avec l'épaisseur des sols de plantation mise en œuvre.
3. Amener sur la dalle l'eau d'arrosage.
4. Assainir avec le plus grand soin.

L'organisation générale est fondée sur l'idée du *paseo,* espace fluide de déambulation. La section courante est composée de deux contre-allées de 14,50 m de large chacune. Chaque contre-allée se décompose depuis la façade bâtie comme suit : un trottoir courant planté d'arbres fruitiers ornementaux de petit développement, une bande continue de stationnement, deux voies de circulation à sens unique, une bande plantée de tilleuls argentés et de lierre.

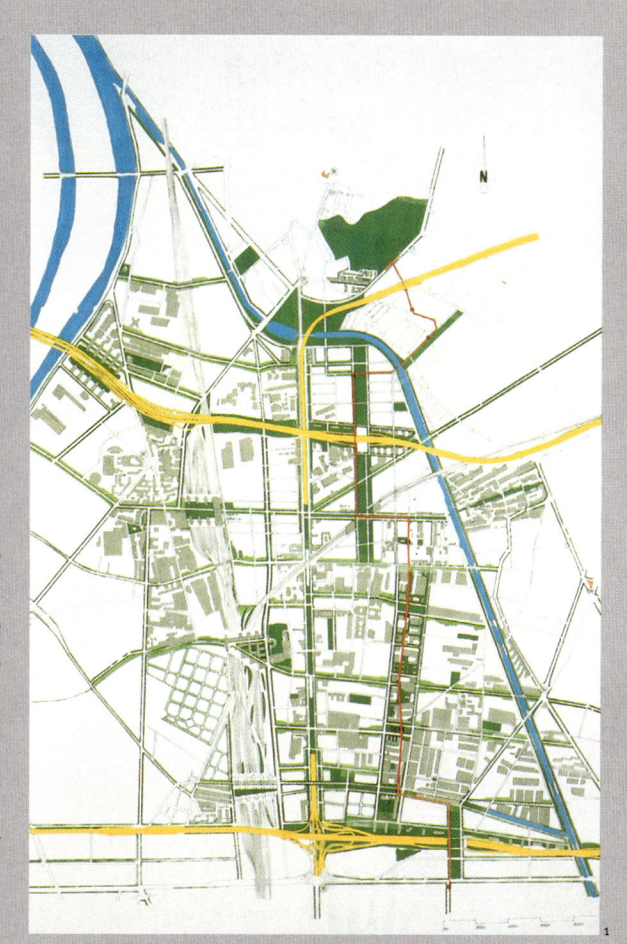

**1.** Plan général.
**2.3.** Vues aériennes avant et après intervention © DR.

**4.** Coupe de la promenade plantée.
**5.** Les jardins Wilson © Gérard Dufresne.
**6.** Détail du plan de masse.

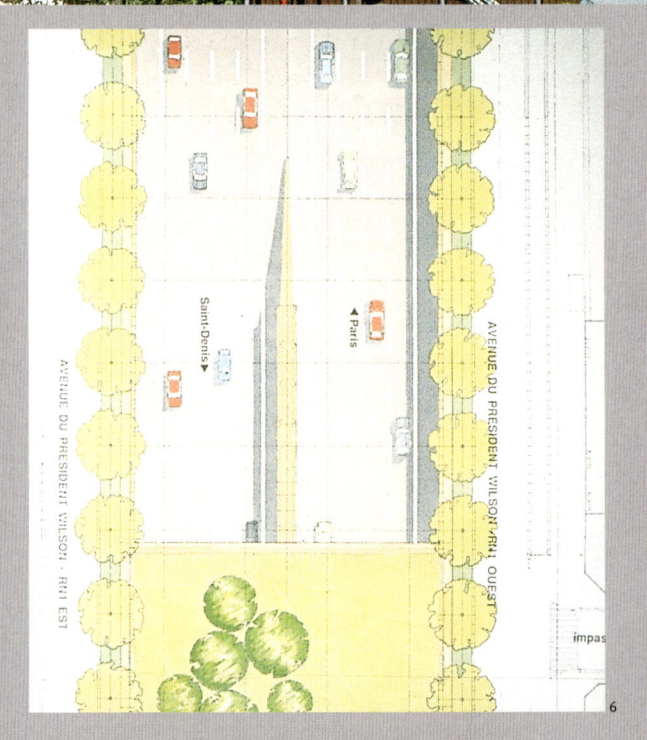

**Paysages**

**7.** Perspective sur la promenade © Gérard Dufresne.
**8.** Aire de jeux © Gérard Dufresne.
**9.** Détail d'un jardin © Gérard Dufresne.
**10.** Vue de nuit de la promenade centrale © Gérard Dufresne.

# (SEINE-SAINT-DENIS) AMÉNAGEMENT DES BERGES DU CANAL SAINT-DENIS

Maîtres d'ouvrage : Villes de Saint-Denis et d'Aubervilliers
Mandataire : SEM Plaine Commune Développement
Maîtres d'œuvre : Catherine Mosbach, paysagiste, associée à David Besson-Girard, paysagiste
Livraison première tranche : 2001

Structure paysagère majeure, le canal Saint-Denis a été identifié dans le projet de la Plaine Saint-Denis comme un « horizon paysage » (Michel Corajoud, paysagiste), devant jouer un rôle majeur dans la réorganisation de ce grand territoire.

La transformation des quais a débuté par une première section sur la rive droite visant à créer un jardin linéaire.

Sur une largeur de 15 m, plusieurs types d'usages sont proposés : accostage des bateaux, promenade piétonne (4 m de large), piste cyclable (2,80 m de large), espaces plantés par strates arbustives et bouquets d'arbres de haute tige (hêtres, ormes, charmes…). Cette partition constitue la règle générale, avec quelques variations selon les situations particulières, tel le domaine des écluses.

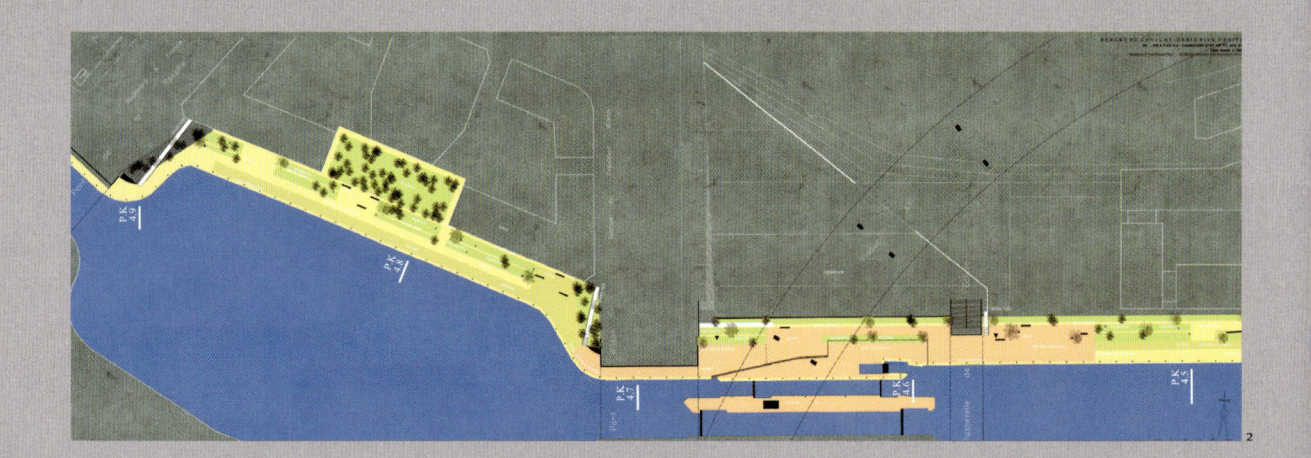

Paysages

1. 3. 4. Vues des aménagements des berges.
2. Plan des berges, fragment.
5. Étude préalable pour la rive droite du canal Saint-Denis, plan de référence.

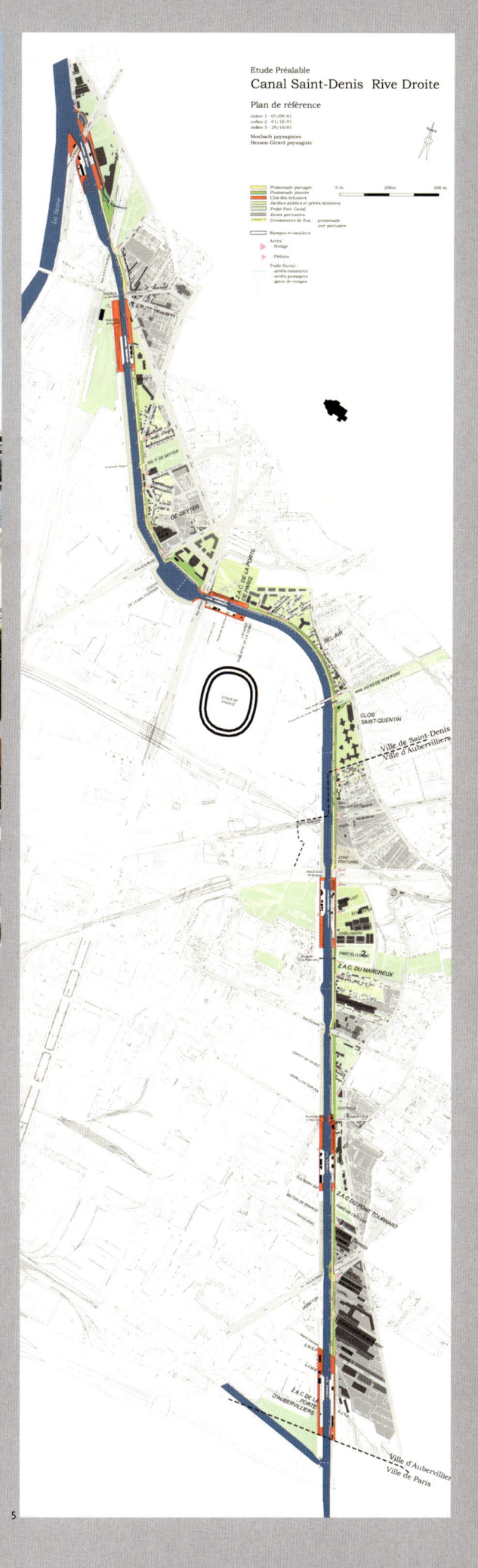

# IVRY-SUR-SEINE (VAL-DE-MARNE) AMÉNAGEMENT DE LA ZONE DE LOISIRS DU PORT D'IVRY-SUR-SEINE

Maître d'ouvrage : Port autonome de Paris
Maître d'œuvre : Atelier d'architecture et d'urbanisme Treuttel-Garcias-Treuttel (Jean-Jacques Treuttel, Jean-Claude Garcias, Jérôme Treuttel, architectes et urbanistes
Livraison : fin 2003

En amont du port d'Ivry, à cet endroit où la Seine fait 130 m de large, l'accès public au fleuve est particulièrement enclavé.

Le projet consiste à aménager les quais en espace ouvert au public pour accueillir des activités de loisirs sur la plate-forme du quai et sur les bateaux de loisirs accostés à 7 m de là. L'objectif est de créer un espace urbain de qualité pour attirer les activités de tourisme et de restauration flottante. Cette orientation correspond à une forte demande aussi bien des acteurs économiques que de la Ville d'Ivry-sur-Seine.

Le parti général du projet développe le principe d'une promenade de bord à quai, accompagnée d'un plateau aménagé et tramé régulièrement sur une largeur de 15 m. Le long de cette bande, un *deck* en bois offre une promenade piétonne et constitue une limite visuelle claire entre la zone de stationnement et la plate-forme. Ce *deck* est rythmé par une série d'ensembles mobiliers : arbre + banc + éclairage + poubelle + stationnement vélos.

D'après un texte de Treuttel-Garcias-Treuttel, architectes.

1. 3. Le site avant l'aménagement.
2. Principe d'aménagement du deck.
4. Plan de masse.
5. Élévation.
6. Plan de situation.

Paysages

381

# COLOMBES (HAUTS-DE-SEINE) AMÉNAGEMENT DE L'AIRE DE JEUX SUD DU PARC PIERRE LAGRAVÈRE

Maître d'ouvrage : conseil général des Hauts-de-Seine
Maîtres d'œuvre : Sylvie Bruel et Christophe Delmar, paysagistes
Livraison : 2002

Ce parc situé au bord de la Seine, sur une longueur de 2 kilomètres, est emblématique des situations du paysage dans le territoire métropolitain. Son insularité est en effet définie par ses limites que sont la Seine d'une part et l'autoroute A 81 d'autre part.

La rénovation d'une première partie, centrale, de ce parc a pour ambition de révéler et de clarifier la relation du territoire au fleuve, de la ville à son paysage. L'intervention a pour but de développer un système de strates orientées vers le fleuve. Une série de terrasses hautes construit ainsi le rapport à l'infrastructure ; elles permettent d'aménager un remarquable belvédère sur la Seine, tout en protégeant des nuisances sonores l'aire de jeux située en contrebas.

Un sens particulier est donné au fonctionnement de ce parc, par le recours à deux éoliennes implantées sur une terrasse haute, qui remontent l'eau de la nappe phréatique et constituent un système d'arrosage gravitationnel.

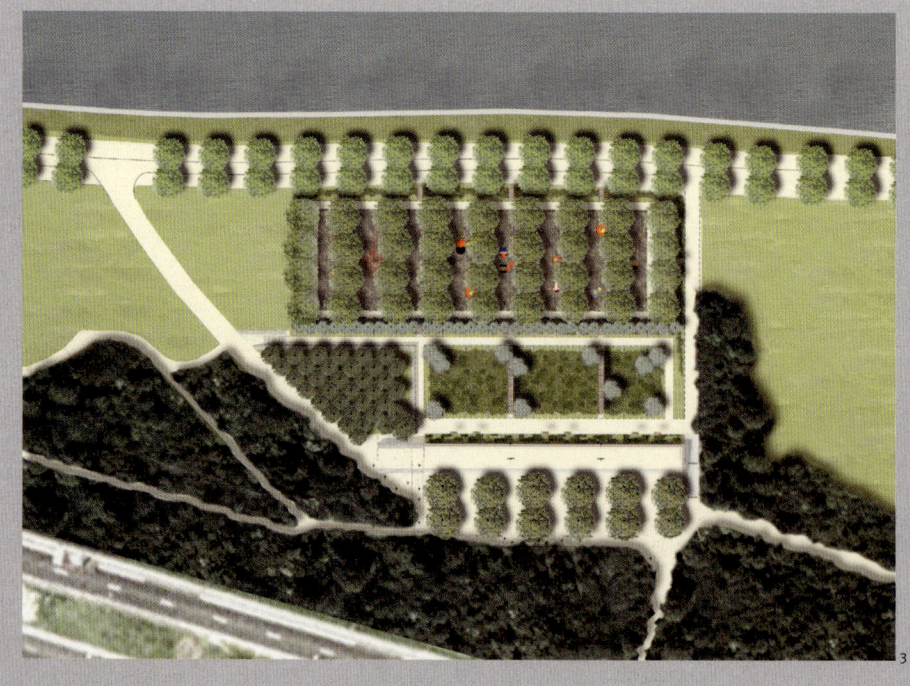

**Paysages**

1. Vue aérienne, DR.
2. Plan de situation.
3. Plan de masse.
4. Le jardin humide.
5. Coupe transversale.
6. La terrasse et les éoliennes
© François Fauconnet, 2002.
7. Le jardin humide de la terrasse intermédiaire,
© François Fauconnet, 2002.
8. L'aire de jeux
© François Fauconnet, 2002.

# NANTERRE (HAUTS-DE-SEINE) PARC DU CHEMIN-DE-L'ILE

Maîtres d'ouvrage : EPA Seine Arche, conseil régional d'Ile-de-France, conseil général des Hauts-de-Seine, Ville de Nanterre
Maîtres d'œuvre : Acanthe (Guillaume Geoffroy Déchaume, Gilles Clément, paysagistes), Paul Chemetov et Borja Huidobro, architectes
Livraison : fin 2004

Ce parc est l'occasion de refonder le lien entre la ville de Nanterre et la Seine, et de réécrire un paysage profondément marqué par les infrastructures. Il s'inscrit comme une future unité fédératrice dans le territoire.

Le parc rassemble plusieurs lieux, des jardins familiaux, une plaine ouverte vers les berges de la Seine, des prairies, des aires de jeux et différents cheminements. Il a l'ambition de constituer un véritable système biologique, particulièrement le long du fleuve, par la mise en place de bruyères, de cariçaies, de roselières, etc.

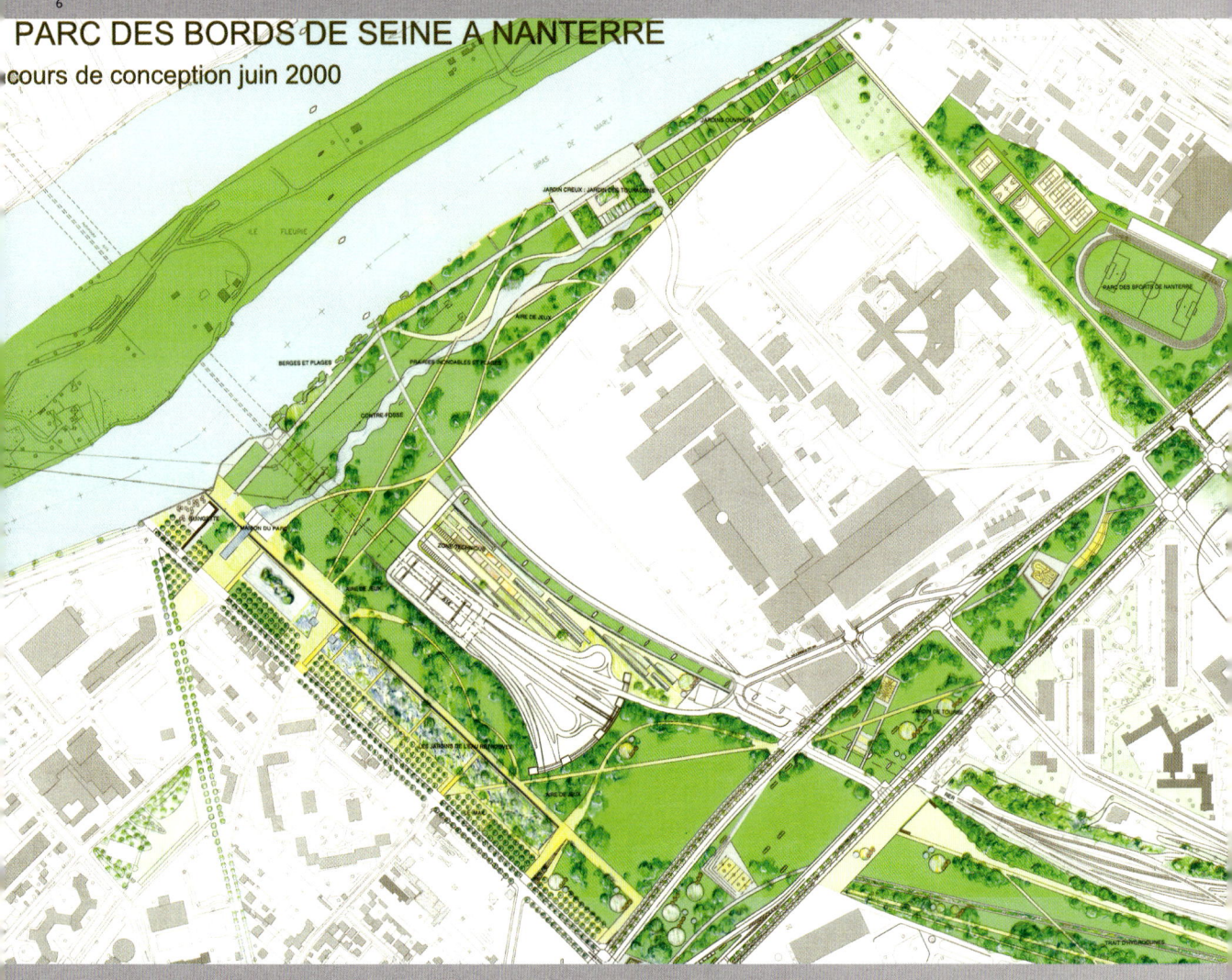

## PARC DES BORDS DE SEINE A NANTERRE
cours de conception juin 2000

1. Les clairières.
2. Construction dans le parc.
3. Lysimachia vulgaris.
4. Populage caltha palustris.
5. Iris pseudacorus.
6. Plan de masse, concours juin 2000.

# PARC DES CORMAILLES À IVRY-SUR-SEINE (VAL-DE-MARNE)

Maître d'ouvrage : département du Val-de-Marne
Maître d'ouvrage délégué : SADEV 94
Maître d'œuvre : Agence TER (Henri Bava, Michel Hoessler et Olivier Philippe), paysagistes mandataires
Début du chantier : 2002

Cet équipement, qui doit répondre à la fois à des objectifs départementaux et à une problématique de centre-ville, est l'occasion de combiner plusieurs échelles de perception – l'échelle du paysage (vues lointaines), l'échelle du parc (véritable pièce urbaine en cœur de ville), l'échelle du jardin (des lieux, des matières, des ambiances) –, et surtout de les rendre chacune lisibles et autonomes.

L'idée fondamentale du projet n'est pas de tendre vers un parc figé et détaché de la ville, mais d'entrer en résonance avec elle, comme une partie indissociable.

Le projet propose 3 entités :
– la pelouse plane, arborée, multifonctionnelle ;
– les jardins thématiques (dont 4 îles-jardins) ;
– la ligne active : eau en mouvement et constructions cursives.

La grande pelouse est le « liant » de la totalité de ce parc et intègre les différents éléments qui le structurent

D'après un texte de l'Agence TER, paysagistes.

Paysages

1. Plan de masse
2. Plan de situation
3. 4. Le site en chantier
© François Fauconnet, 2002
5. Maquette du projet
6. Le parc

# VAL D'EUROPE – SECTEUR IV DE MARNE-LA-VALLÉE (SEINE-ET-MARNE)

La convention d'intérêt national signée en 1987 entre Disney et les pouvoirs publics lance le projet de développement de l'aménagement du quatrième secteur de Marne-la-Vallée, aujourd'hui appelé Val d'Europe.

Les trois acteurs principaux du projet sont :
– l'EPA France, aménageur et représentant de l'État ;
– Euro Disney, développeur privé ;
– le syndicat d'agglomération nouvelle de Val d'Europe (SAN), regroupant cinq communes (Chessy, Coupvray, Magny-le-Hongre, Bailly-Romainvilliers et Serris)

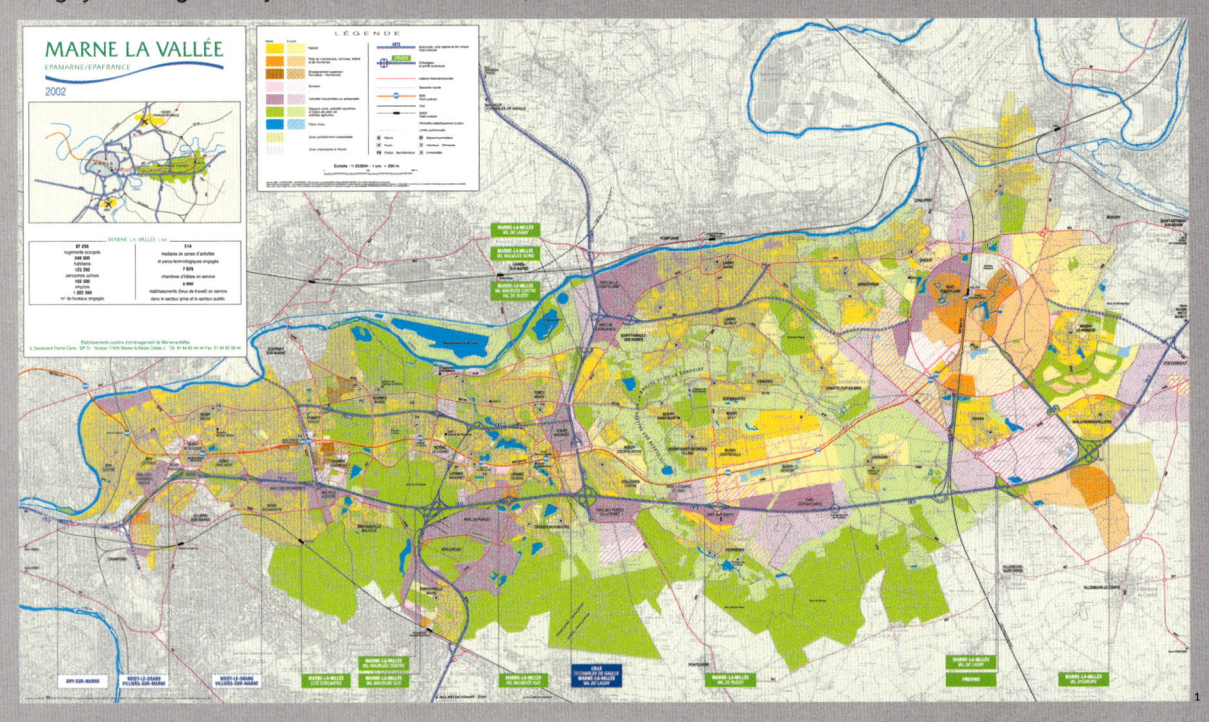

**1.** Schéma directeur de la ville nouvelle de Marne la Vallée
**2.** Les grands secteurs du Val d'Europe
**3.** Plan masse indicatif du Val d'Europe à moyen terme.

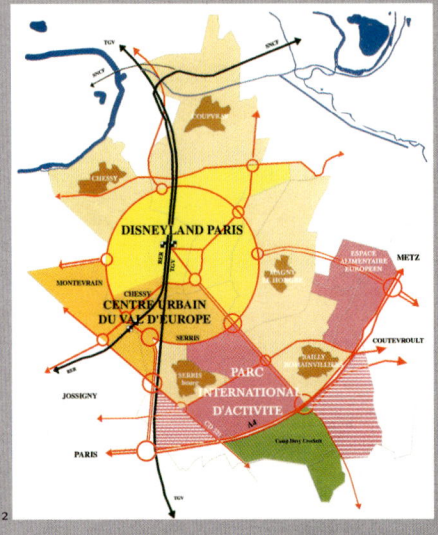

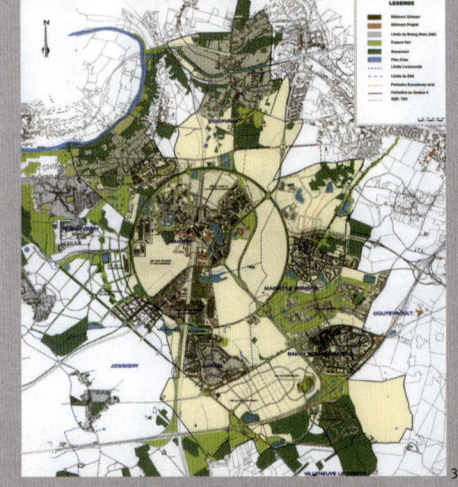

Paysages

**4. 5.** Centre commercial du Val d'Europe
Maître d'ouvrage : SEGECE
Maîtres d'œuvre : Graham Gund et Lebjoiy Associés, architectes ; Chapman et Taylor, architectes d'intérieur
Livraison : 2000

**6.** Espace culturel à Magny-le-Hongre
Maître d'ouvrage : SAN Val d'Europe
Maître d'œuvre : Agence Babel
Livraison : 2002-2003

**7.** Université du Val d'Europe:
Maître d'ouvrage: BUELENS - Les Etoiles d'Europe
Maître d'œuvre: Partenaires
Architectes: Graham Gund
Livraison: Fin septembre 2002

**8.** Groupe scolaire de Serris
Maître d'ouvrage : SAN Val d'Europe
Maîtres d'œuvre : J. M. Lepic et H. Chesnot, cabinet DESL
Livraison : 2002.

**9.** Gare RER Centre urbain, place d'Ariane
Maître d'ouvrage : RATP
Maître d'œuvre : Sirvin Guerrier Associés
Livraison : 2001

**10.** Place d'Ariane
Maître d'ouvrage : SAN Val d'Europe
Maître d'œuvre : Cabinet Urbicus, paysagistes
Livraison : 2002

**11.** Centre de loisirs à Chessy
Maître d'ouvrage : SAN Val d'Europe
Maître d'œuvre : P. Lankry, Avant Travaux
Livraison : 2002

À SUIVRE...

Pavillon de l'Arsenal
Association loi de 1901

Président :
Jean-Pierre Caffet
Adjoint au Maire de Paris, chargé de l'Urbanisme et de l'Architecture

Directrice Générale :
Ann-José Arlot

Assemblée Générale
Conseil d'administration
(octobre 2002)

Jean-Pierre CAFFET,
Adjoint au Maire de Paris chargé de l'Urbanisme et de l'Architecture, Président du Pavillon de l'Arsenal

La Ville de Paris, représentée par Sandrine MAZETIER, Adjointe au Maire de Paris, chargée du Patrimoine
Jean-Baptiste VAQUIN, Directeur de l'Atelier Parisien d'Urbanisme
Florence CONTENAY, Présidente de l'Institut Français d'Architecture
Bruno RACINE, Président du Centre Georges Pompidou
Léon BRESSLER, Président de la Société d'exploitation du Parc des expositions de la Ville de Paris
Claude PARENT, Architecte, Grand Prix National d'Architecture

Censeurs :
La Directrice de l'Urbanisme de la Ville de Paris
La Déléguée à l'Information de la Ville de Paris
Le Délégué à la Communication de la Ville de Paris
Le Directeur du Logement et de l'Habitat de la Ville de Paris
Le Directeur du Patrimoine et de l'Architecture de la Ville de Paris
La Directrice des Finances et des Affaires Économiques de la Ville de Paris

Membres :
Jean-Yves MANO, Président de l'OPAC
Michel LOMBARDINI, Président Directeur Général de la RIVP
Jean-Claude JOLAIN, Président Directeur Général de la SAGI
Georges SARRE, Président de la SEMAEST
Serge BLISKO, Président de la SEMAPA
Roger MADEC, Président de la SEMAVIP
Alain LE GARREC, Président de la SEM-Centre
Anne HIDALGO, Présidente Directrice Générale de la SEMEA XV
Jacques DAGUENET, Président de la SEMIDEP
Gérard WORMS, Président de la SGIM
Le Président de la SIEMP

Pavillon de l'Arsenal
Centre d'information, de documentation et d'exposition
d'Urbanisme et d'Architecture de la Ville de Paris
ouvert du mardi au samedi de 10h30 à 18h30
le dimanche de 11h00 à 19h00
21, boulevard Morland - 75004 Paris
métro Sully Morland
tél. : 01 42 76 33 97 - fax : 01 42 76 26 32
www.pavillon-arsenal.com

Photogravure
Édilog

Achevé d'imprimer en octobre 2002
sur les presses de l'imprimerie
Ingoprint, à Barcelone

Dépôt légal : octobre 2002